說聞解字

彭家发 著

华东师范大学出版社

图书在版编目（CIP）数据

说闻解字/彭家发著.—上海：华东师范大学出版社，2019
ISBN 978-7-5675-8745-8

Ⅰ.①说… Ⅱ.①彭… Ⅲ.①汉字-研究 Ⅳ.①H12

中国版本图书馆CIP数据核字（2019）第061415号

说闻解字

著　者　彭家发
项目编辑　朱华华
特约审读　李　娟
责任校对　林文君
装帧设计　卢晓红

出版发行　华东师范大学出版社
社　　址　上海市中山北路3663号 邮编 200062
网　　址　www.ecnupress.com.cn
电　　话　021-60821666　行政传真 021-62572105
客服电话　021-62865537　门市（邮购）电话 021-62869887
地　　址　上海市中山北路3663号华东师范大学校内先锋路口
网　　店　http://hdsdcbs.tmall.com

印 刷 者　昆山市亭林印刷有限责任公司
开　　本　787×1092　16开
印　　张　29
字　　数　398千字
版　　次　2019年6月第1版
印　　次　2019年6月第1次
书　　号　ISBN 978-7-5675-8745-8/H·1026
定　　价　89.80元

出版人　王　焰

（如发现本版图书有印订质量问题，请寄回本社客服中心调换或电话021-62865537联系）

目 录

序 　　　　　　　　　　　　　　　　　　　　　　1
提要 　　　　　　　　　　　　　　　　　　　　　1

第一篇　说闻

1. 强作"解人" 　　　　　　　　　　　　　　　 3
2. 大哉！爆料！ 　　　　　　　　　　　　　　 4
3. 考古的发现 　　　　　　　　　　　　　　　 6
4. 八卦·八卦新闻 　　　　　　　　　　　　　 8
5. 学《易》匪易，悟《易》尤难 　　　　　　　11
6. 签诗哑联解注 　　　　　　　　　　　　　　16
7. 牛年吹牛皮 　　　　　　　　　　　　　　　18
8. 你像我我也像你：已巳 　　　　　　　　　　21
9. 年年年尾接年头 　　　　　　　　　　　　　23
10. 贴桃符 　　　　　　　　　　　　　　　　　25
11. 虎头年谈太岁、生肖及流年 　　　　　　　　27
12. 山寨与山寨货 　　　　　　　　　　　　　　43
13. 大排（牌）档经济 　　　　　　　　　　　　44
14. 歹年经济的"预言" 　　　　　　　　　　　46
15. 云屯大野起龙吟 　　　　　　　　　　　　　48
16. 大和尚明心见性 　　　　　　　　　　　　　57
17. 养生罗汉拳 　　　　　　　　　　　　　　　58

18.	黄飞鸿与清末台湾民主国	60
19.	全球气温变异下看农历民谚	63
20.	"天圆地方"的古老传说	66
21.	谈舞狮	68
22.	苹果橘子《论语》学	71
23.	推论穷通理，故事一箩筐	79
24.	允执厥中的"理得"	97
25.	《孟子》选句"点评"	99
26.	数字"四书"	104
27.	动新闻是哪门子新闻	118
28.	答客问	122
29.	从媒介看社会：香港网络"妍态"照片点析	126
30.	黄色新闻百年志记	132

第二篇　解字

1.	简说汉文字之源起及发展	149
2.	"独体为文"的《康熙字典》部首	175
3.	可以触类旁通的"字根"	184
4.	汉字的奇趣	194
5.	左形右声	200
6.	重文加码的复式字	202
7.	你是"达人"吗？	208
8.	武则天"遗字"在人间	209
9.	蹩足行路难	210

10.	武、甩的"想象"	211
11.	疑、疑似	213
12.	"三字"经	214
13.	"称"什么？	216
14.	口头字之"拗"、"乔"	217
15.	掖钱，夯起来？	219
16.	通俗语是社会的探射灯	221
17.	英译	222
18.	港台粤词通	223
19.	活脱脱，超现代语也	225
20.	矫枉过正的"一字一体"	226
21.	词非模棱两可	227
22.	字随心象生	228
23.	台风·飓风	233
24.	"搅"字的本尊与分身（搞）	235
25.	刹那间煞车	236
26.	☺ 囧 >_<	237
27.	"得的句读"和"造与做作"	238
28.	说名道字	241
29.	释姓·正词	251
30.	或困于"惑"	254
31.	增释"罕见"字	257
32.	走马灯·灯走马	261
33.	有典有则	263
34.	打破沙锅璺（问）到底	266

35.	你睇靓不靓？	268
36.	漂流语汇之在地化	269
37.	是干涸又是干渴	271
38.	私心・无相	272
39.	闽南小考	273
40.	可以"交待"得了吗？	277
41.	描声字和状声词	278
42.	五・鬼／五鬼	281
43.	测字奇谈	285
44.	家教循古释义	288
45.	字无繁简，体贯古今	291
46.	李男张女	296
47.	这个字嘛——也通	299
48.	人言为信？犬吠成狱？	302
49.	错字简史	308
50.	对对联可以补强逻辑思考能力	323
51.	触景生情来灵感	336
52.	字谜	341
53.	零碎字零碎谈	354
54.	成语的"门槛"	363
55.	成语・今语	376
56.	年度字杂说	377
57.	可识犬马之字？	394
58.	与人事牵扯的"动物字"	400
59.	淫、濕可以通假，刮刮叫、吓吓叫却是不通	409

第三篇　附篇

1. 汉字的变幻特色　　415
2. 汉字书法集论摘要　　419
3. 更多的重文叠字和趣字　　423
4. 本书图文举例　　428
5. 字隅　　430

参考书目　　439

序

说闻无夙夜　解字遍查经

　　说来话长，高中文理分流时，自以为数理化"了得"，选了理科，冀能长大后听从那群忧患余生的老师们嘱咐——"以工实现抱负"。男儿当自强，数理化学是学得"不错"。不过，在成长的年代中，现实环境的俗谚——"工字不出头"，慢慢说服了我，又见遍地荆棘，社会充满不平，好吧，"别人怀宝剑，我有笔如刀"，读大学就"带理念文"——读文科很热门、找工作也不难的新闻系，把老师写给我的诗句——"奋起南溟如旭日，雄才未许守残篇"置诸脑后。自此，传统新闻学、新闻写作，成了我的第一兴趣，因为是"文字工作者"，故又不期然对文字、文字学，有了浓厚兴趣，而且，又喜欢搜集、抄录见到的诗词和残篇断稿，日积月累之下，二三十年后竟至盈箧，而不想这些资料，竟成日后写书、写作的"私房谷歌"。

　　说起来，我与文字实有些因缘。和一般望子成龙的老爹一样，先父自小即要我背诵《三字经》和唐诗，姐姐们和四哥也总好买些"公鸡喔喔啼"的儿童识字书给我读，若果能"过目不忘"，就会令他们觉得"物有所值"。我赋性野流，先母总是谆谆告诫，不努力识字，就会成为文盲，容易受人欺凌。一次先母给我一针一针地缝了一件帅极的棉袄，上面绣了一个"符号"——"ε吉ɜ"。先母告诉我说，那是个快乐的"乐"字。"乐"字？我会，就跟她争了老半天（印象中，依稀记得母亲提过女书，但直到知命之年，才知道这真是女书的"乐"字）。一位小学老师为了安抚我们不要太吵闹，就给我们一个谜语，要我们安静地去想——"晶字加两笔，倒过头来得，孔子问颜回，颜回想七日"，我一猜就中——"間（间）"字，老师为之气结（全班又继续吵闹）。小学上学途中，常常经过冰淇淋店，这些店为了吸引我们，有时会把些谜语贴在门口，猜中，可得冰淇淋一球。记得一次的谜语是："食古不化"——猜一字，我也一猜就中——"固"字也；掌握了这条"冰路"，以后放学回家，就经常可以吃口冰淇淋，真爽（虽然球愈变愈小）。从香港赴台就读前夕，同同学逛庙街夜市，偶过一测字档，也效古士子下马问前程般，随手拈得了个"重"字，给测字者问前途。测字者一连串地说："千里为重，重字加力，是'動（动）'，重字加金是'鍾（钟）'，重又像'軍（军）'，'軍'加船是'運（运）'。小兄弟，相信你会乘船到外面求学，读的是钟鼎文墨之科！"少不更事的我虽然默不作声，但听到这样的一轮口舌便给而又"八九不离十"的江湖铁齿，心中亦难免有些悚然以惊——难道，汉字真的如此神奇？是的，汉字的确是"神奇"的，它无声无息地，就做了我的"岁月神偷"！

　　做了文字工作者多年，做了文字工作者的师者多年，做了文字工作者成果评论人有年，直到步下岗位，心中最悬挂的事，是文字工作者不在意文字，而且一般似乎缺乏从善如流、择其善者而从之的动机。不信？试看书肆文字辨正之书一本又一本，报馆社务月刊，一次又一次郑重地"指出"，而某些文字工作者，还是一错再错，将错就错——噢！就这样"约定俗成"了！

　　非常感谢台湾卓越电子报给我一个写专栏的机会，并替我取了一个如此好的栏目名称——"说闻解字"，"闻"是新闻，"字"是新闻里的文字；至于写什么题目、什么内容，字数多少，则从不过问。我了解这只是不经意地提醒我，东汉有个"五经无双"的许慎，写了一本真正的不朽之作——《说文解字》，而我所写的，连《说文解字》冒牌水货山寨版也差得不可以道里计。有时，偶然间下笔不能自休，沉溺于字海之中而不能自拔时，我就会想到"文章千古事，得失寸心知"这句话。我也许比许慎幸运些——晚生好多好多年的我，可以看到很多甲骨文研究成果。因为尝试用新闻报道指导原则，去处理"说"和"解"，故不得不尽量"引经据典"，道出出处、引史，以支持拙见，说清楚、讲明白，用意固不在效法"彭书袋"之好"掉书袋"也——道姓则曰"陇西之遗苗，昌邑之余胄"，见邻居失火，又喟然而叹曰："自钻燧而降，未有若斯之盛，其可扑灭乎？"（见北宋马令《南唐书·彭利用传》）基于栏目体例和个人风格习惯，故而把引文经典，藏于章节段句之内。阅者倘觉得"古文"不易理解，则大可跳过这些分插古文不看，相信稍微耐心一点，一样可以理解内文的。

《说闻解字》一写经年，篇数渐盈，蒙卓越电子报安排接洽付梓，未以浪费纸张、灾梨祸枣为弃，忝属殊荣。内中各篇，原是分编散论，缘起无心，但总希望能有"俗文学"态势，以了"一闻一世界，一字一如来"的写作心愿。类似这样的想法，这样旷日持久，图书馆式研究的引据各类典籍，非本人一己之力可及；故而，诸如本人参与编撰之台湾版三民书局《大辞典》以及本书书目内容，即为本书写作取材、转引和引据参考之"三坟五典"。

繁体汉字是世界珍贵文化遗产，故在本书"解字"一篇，加入《简说汉文字之源起及发展》及源于《说文》的《"独体为文"的〈康熙字典〉部首》两章，以续其珍。世界上三大古字源流，独留汉字了。

我要感谢的人很多，例如义务替我打原稿的朋友，点阅我稿的朋友，用电话口头传话、电邮鼓励我或同我讨论的朋友，以及同我故意"抬杠"的老朋友（真理愈辩愈明？），我内心是充满感谢的。当然，最要多谢的，是老是痛心我焚膏继晷、睡眠不足会影响健康的老伴汪琪教授，她又"再"让我"食言一次"——还写！又"再"相信我一次——今次是真的，搁笔啦（暂时）！这本书就作为她辛苦侍亲、相夫、教女和教、研、写三十多年之后荣退的贺礼吧！（不光是口惠而实不至啊！）

孟子说，君子有三乐，而王天下不与存焉——父母俱在，兄弟无故；仰不愧于天，俯不怍于人；得天下英才而教育之。很幸运，直至耳顺之年，我还拥有"两乐半"；最椎心之痛的，是子欲养而父母不在，如果双亲以及期许我的先岳父，知道我居然写了本古字今谈、今字趣谈、错字正谈——"谈"字的书，相信他们一定会很高兴的。本书是本人新闻学和新闻写作之外的一本"杂书"。自学之无之后一甲子能不懈地自勉，以专业著作回报母系师长教诲，内心是喜悦的。

《左传·定公十年》孔颖达疏云:"中国有礼仪之大,故称夏;有服章之美,谓之华。"华夏有方块文字之美,其用广博——书写、键字、表情达意、吟诗作对、占卦算命、绘画图设、年画画符,无所不利捷,与时俱进,世代相传,因之汉字永续。我只是偶然踯躅在汉文字研究和文字学丛林里迷途的大笨鸟,完全凭书自学,一心冀想为业界薄尽绵力。然唯恐萤火之光,照人不亮,未逮之处,犹望大雅君子不惜赐教为感。

彭家发

书于香港屯门迭茵庭蜗居

2017.06.06

提　要

　　本书共分三个单元。第一个单元是"说闻"，是从日常媒介得来的我见、我思和我感的新闻；当然，也有借题发挥的，但还都是讲媒体与媒介议题。第二个单元是"解字"，也大部分取材自媒介尤其是印刷媒介值得谈、可以谈的字和词。所引的经典，或许稍为古雅，不过，即使跳过这些"古文"不看，其实也可以了解篇中的内容。第三单元是"附篇"，也就是与"说闻"、"解字"相关的种种增补。为求书篇比较完整，本书添加了《简说汉文字之源起及发展》与《"独体为文"的〈康熙字典〉部首》两篇。望能为文字工作者在使用文字时"一正视听"，用对繁体汉字，使繁体汉字能真正成为"世界非物质文化遗产"。

　　最后，要谢谢为我书名题字的李润桓教授。

第一篇

說聞

1.  强作"解人"

一位曾与某名媛共进晚餐的男士,在一个宴会场合中,不经意被记者碰见,其时,虽只有该男士在场,而媒介在"处理"此则"新闻"时,仍说道:"与某某某绯闻之男友某某某,亦在场……"绯,音非,俗白读为匪;绯闻,在一般人心目中,早已定义为"不正常男女关系",但问题是,未婚男女在一个公开场合(餐厅)中共进晚餐是一般正常的社交活动,算得上是"绯闻"吗?男士与女士相聚,就一定是女士男朋友吗?

一位知名女士,到机场为女儿送行,媒介竟然振振有词说她到机场向女儿"告别"!听起来令人难过,媒体竟然没有把关机制(gate keeping),致令"道别"说成"告别"!(想想什么叫"告别式"!)

一位人士,在解释那个粗俗、不尊重女性的"三八"一词时,说是自清末开放广州为通商口岸之后,外国妇女因为衣着异于我族——耸胸、束腰、放脚,而被视为妖野,故只准她们逢月之初八、十八和二十八这三天,方能入广州城购物。其后,遂有了"三八"这一词,意涵为就像这样妖妖野野的怪女人。

这样的说法很动听,不过可能经不起检验。学术上有所谓孤例引证(single example)之误,亦即所举之例,经不起考验,给人一推就倒。以本例来说,既然语源在广东,则为何"三八"一词,不出自广东人之口,不在广东流传?当然,广东人现在也讲"三八",但那该当是"新方言"而已。

媒介如果乱用名词,胡乱为某词下定义,强作"解人",则社会可能"陷入"词盲危机。

2. 大哉！爆料！

因为"社会剧情"需要，套用一句俗话，"爆料"一词不觉在港台两地大大走红，红得有如当红炸子鸡般。某某爆料，某周刊爆料，几成电子媒介晚间新闻大卖场的例行性开场白。

爆字是个非常丰盛的形容词配搭字，例如，我们熟悉的爆炸、爆红、火爆和惊爆。香港人更常说爆煲（同穿煲，我人说成穿梆，秘密被揭发之意，有如英谚"let the cat out of the bag"）、爆棚（观众满座，或麻将胡牌满贯，也可以形容超好的事），以及爆灯（特指在比赛中，得到最高分数）等等。

爆料一词，相信是随着香港通俗量报之登陆而外渗的。之前，我们只知演员因为忘了台词，而临急临忙瞎唠一番应急，叫"爆肚"；或者上馆子点个羊肚油爆肚兜，大快朵颐一番，不过，多吃了心火燥，脾气会火爆，人际关系会失衡。至于新闻、消息嘛，则叫内幕新闻或内幕消息，迂回些就说据悉、据了解。

香港通俗量报不好用披露、揭露和揭发等比较文雅的说法，而用比较市井的口头语——踢爆和爆料。因为踢爆充满了动感，而爆料的料，听起来，更令人步步期待。料字内涵大矣哉！所谓料，原指材料，如布料；今人则衍义为耐人寻味、内有乾坤之意。它曾经是古代官员薪俸之外的实物配给。（白居易《咏所乐》诗："官优有禄料，职散无羁縻。"）说人有料，表示他是某方面的达人，或有背景之人。合成质料的厚薄轻重，也称为料，如单料、双料。粤谚有谓"单料铜煲（音包，粤字）"，乃讽人与人相交"一滚就熟"（初识便像熟得不得了似的）。港人吃饭加菜，如果是到烧腊店买叉烧、烧鸭之类，就叫斩料。

港人口头语也经常说"鞠到爆"（气炸了，鞠，音菊，阻塞不通也），语气虽略为粗鄙，但十分传神。（爆指爆血管）话又说回来，倘若媒介一味将某某人爆料、某周刊爆料，搬字（口水）过纸（口），作文抄公，以拾人牙慧敷衍阅听众了事，而不去查证，连"传"、"据说"也惜墨如金，不见贤思齐（为何爆料的不是自己），甚而赋予竞争对手可能不该有的江湖（媒介）地位。爆料的料可能真真假假，令人眼花缭乱，但一经引用之后，就可能在某种程度上，肯定被爆之料为真的了！这样就媒介本身招牌、自尊形象而言，值得吗？搞不好，还会吃上诽谤官司。

向媒介提供消息，一般俗称为"报料"，而自市民新闻学（citizen journalism）兴起后，报料新闻学（source-open journalism）也随之而勃兴，但被假料及没有价值之流料充斥。与爆料"疑似"的同位词，应是告密，只是方向、性质和诉求有所不同而已。而说到"爆料至尊"，就近世而言，当属二十世纪七十年代担任美国联邦调查局（FBI）副局长的费尔特（W. Mark Felt）。相信大家记忆犹新，他在七十年代初，扮演深喉角色（deep throat），把尼克松总统竞选的胡作非为，独家提供给《华盛顿邮报》记者伍德沃德（Bob Woodward）和伯恩斯坦（Carl Bernstein）两人知道。有了这样的"猛料"，伍德沃德和伯恩斯坦当然如鱼得水，篇篇特写和报道，都"直击"尼克松要害；就这样一位位尊势雄的总统，亦不得不黯然下台！这就是那有名的水门丑闻。其后，伍德沃德和伯恩斯坦同获美国普利策奖；1974年，他们两人把水门事件写成《总统班底》（*All the President's Men*）一书，1976年，此书拍成同名电影，都叫好叫座，《总统班底》还曾入围奥斯卡八项提名。也许，除了"缠劲"之外，运气是伍德沃德和伯恩斯坦两人的"守护神"；不过，再细心一点，他们两人把调查报道地位，推到极致，也的确可以名留新闻史。

至于遗"爆"万年的，非麦卡锡（J. R. McCarthy，1908—1957）莫属。他是美国共和党参议员，在担任议员时（1947—1957），屡言美国国家机构充斥共产党员，经媒介报道，搞得社会沸沸扬扬，而结果是子虚乌有。自后词典就多了一个"McCarthyism"的词，喻胡乱入人以罪的偏激主义。

3. 考古的发现

报载台湾省台南市南之科南关里遗址处，挖掘出土之兽骨，以狗骨最多，距今约四千五百至五千年左右。这个发现，进一步旁证了我们远祖，确曾以狗肉作为主要肉食之一。

狗，古早即有"地羊"之称，而自然的然，起初作"肰"（音同然），就是狗肉（月，中作"丫"），其后，再加上火（灬），说明狗肉是用煮的、烤的，就像家常菜一样自然，也表征了远祖熟食的开始；因此，然，也就是燃烧之意，把火加上去作形符，将然作为音符是一个后设字。不过，这也看得出汉字演进之逻辑性：两点水为冰，三点水为水（后定形为形符，如荡漾）；一点为炷（丶），灯中之火炷也；而四点则为火，且置于字底部，以凸显火的形状。

另外，科南遗址还挖掘得四千多年前产自澎湖的橄榄石制成之石锄、石斧和石锛等农耕和"工作母机"。如"锛"，音奔，是用作平木之具，大概即今之刨刀或削刀，亦即《诗经》所说"伐柯（执一把斧柄）伐柯（打造另一把同样的斧柄），其则不远"的刨具。

内蒙古翁牛特旗高日苏大黑山亦发现距今约有五千五百年至四千二百年间，属于红山文化晚期至小河沿文化时期的岩画数千幅；其中，十二幅附有上下连贯的初始文字符号，三百七十二幅附有独立体、初始文字符号。宁夏先前也发现距今七八千年的大麦地岩画，数量且超过内蒙古大黑山。如果这些"图画文字"，能够放在汉文字演变脉络中去深化研究，则不啻为结绳记事之后，继"丁公（绳文）陶片"出土，又一次重大发现，追溯1992年元月济南市东南龙山文化中晚期遗址的甲骨文源起。

然而，也有文字学者认为，确认某些符号为"文字"，要有确切证据，否则，难以认定即古文字。不过，也许最不具争议性的是文章的"文"字，古字是"乂"（通纹），是真正成为第一个汉文字的字。古文字研究，真的十分迷人。

# 4. 八卦·八卦新闻

八卦，原指用阴（--，地也，即偶数）阳（—，天也，即奇数）爻数的组合变化，用四方（东南西北）四隅（东南、西南、西北、东北）八个方位，来显示出乾（天／北）、坤（地／南）、离（火／东）、坎（水／西）、兑（泽／东南）、巽（风／西南）、震（雷／西北）和艮（山／东北）等八个基本卦。(《易经》中方位恰与现时所说的方向相反）所以，八卦不但是卦，而且发展成方位，又如金、木、水、火、土般，成为生活纪事符号（宇宙变化：天、地、风、雷；生活所依：火、水、山、泽；灼龟壳的明火用以占卜，家火可以煮食、可以避兽；靠山吃山，靠水吃水），成为文字、数目、符号雏形（如水字"☵"），又是图腾（例如，八卦据传是伏羲氏所创，周文王用之于《易经》中推演卦数，而据《史记·殷本纪》所记，文王子武王克殷后，释商纣叔父箕子之囚，其后箕子避往朝鲜，今日韩国之八卦太极国旗，恐与此段历史因缘脱不了关系），更成为了文化（例如，安徽徽州有八卦村，广东肇庆市高要区回龙镇亦有八卦村——黎槎村；功夫有八卦门、八卦掌，道士有八卦道人；再如清末广东名拳师黄飞鸿擅长之依八卦方位作进退攻击之五郎八卦棍，皆源自八卦概念）。

八既是四方四隅，那卦是什么呢？其实，卦者，圭也，而从字源、字义来看，圭是抟土作问卜的筊杯，如果两筊正面或背面一齐朝上，就是阳（—），一个正面、一个背面朝上的是阴（--）；卜是"｜"（音滚），是一根用以测量立竿见影之竿，又叫做表（圭表，表是高，圭是底，是表即高的地面上投影），是计算竿影长短之直角三角形之股（高）；卜字之一点（丶，音主）是灯中火炷，卜字是烧灼龟壳以占疑。所以，卦字代表了抟土来组合卜爻，灼龟壳以决疑；而｜以后则发展成通天地之琮。而从据说为伏羲所创、周公继承于殷商、书成于西汉的中国第一部数学专著《周髀算经》所说，有了竿长、竿影（勾，

即底）和弦（斜边），就可以定出方向、四季、二十四节气和回归年长度等等，以得农时，并非一定是占卜之事（"大易者不言占"）。（此皆可用勾股定理：〔直角三角形高平方＋底平方〕之开方＝斜边之长，而计算之）

汉司马迁说："《易》著天地、阴阳、四时、五行，故长于变。"（《史记·太史公自序》）因此，八卦（《易经》）很早即深入民间。例如，民谚即有"望天打卦"一语（天见可怜），而百姓用以求神问卜的杯珓，亦以阴（背面）、阳（正面）组合传神"意旨"。而自民间信有捉邪治鬼能力的道士，以八卦作为派徽、作为法器之后（一如港星林正英生前所演之道长僵尸电影），因其易得性（制作易）、经济性（一块木板价钱）和心理作用，八卦于是一如门神、貔貅一样，在民俗中，成了挂在门口、窗口挡邪、挡煞的建筑物民族装饰品（粤谚就有"三叉八卦挡着你"之语）。据说某年新加坡犯煞，有达人指出，非全国各处遍挂八卦不可，否则，星洲危矣，但全国遍挂八卦，在一个文明、现代化社会，真是谈何容易。最后据说有高人指点，令全国人民全天候身带八卦，而危机得以"解除"——这就是新加坡硬币背面铸上八卦的"由来"。

鬼神之说虽是一个宗教观，但却深入中国风俗和民生。例如，相传那位咏菊有"满城尽带黄金甲"佳句但性起时却杀人如麻的黄巢，曾以风车一具赠给某老妇，令其避去身首异处之祸，后世即以风车为避灾讨吉之吉祥物（粤谚"风车辘辘〔转动得快〕，金银满屋"）；所以，在香港那著名可求得灵签的黄大仙庙，每年都卖出不少纸风车。而老一辈的粤妪，还不忘在门口、窗口或某处划上一个三叉（中），以祈平安得福，而此可能是蒙古人入侵中原后，蒙古军队的旗徽（内蒙古呼和浩特居民，至今尚留有此俗）。

由于好将八卦悬挂以辟邪之粤妪，被视为古老、保守、诸多忌讳、好饶舌，满脑子神鬼迷信，死捧着黄历行事的固执的一代，与社会文明进步有了"落差"，八卦就出现了带些讪笑的负面意涵。例如，骂人"八"（形容词，多事、多管他人闲事），"八卦婆"和"八妹"等，都是骂人好打听他人隐私，好七嘴八舌到处讲他人隐私，而且通常是添油加醋，幸灾乐祸，唯恐天下不乱。（在适当语境里，有时则是"亲昵语"）有时，甚至作了动词用，如"你到哪儿去八（去哪儿混）？"又如，"你看他八来八去（到处饶舌）！"

八卦新闻（nose / nosey）的前身是道听途说（hearsay）、窃议（backbiting）、琐闻（gossip）、谣言（rumor）、偷窥（keyhole journalism）、诱人心猿意马（intrigue）和丑闻（scandal）之类，没什么价值的新闻（sleazy story）。自从小报（tabloid）狗仔横行之后，八卦新闻就"一树桃花千树插"，成了总其成的一种后现代流行爵士新闻（jazz journalism），至于是不是"没有灵魂的新闻"（news without soul），恐怕就如耸动夸大黄色新闻（yellow journalism），走激情主义（sensationalism）一样，对向钱（销量）看的老板、媒介负责动点子的人、编辑、记者、学院派的新闻学教授和读者来说，永远都将是选择题。

有人以为"八卦新闻"一词，源自香港报纸副刊专栏之排列形式，无意间"辐射成八卦型"因而得名。又有人解释为乃是香港"新方言"，是"闲扯"或"流言蜚语"之意。诸如此类解释，固有其观点，但值得循本溯源，摸其真象。

苏格兰心理学家认为，人们喜欢八卦新闻，可能是一种远古流传下来的生存机制——要知道其他种族动向，以利自己生存。有的传播学者则认为，八卦新闻既可界定有志一同的社群，又可揭露或许是社会不容的行为，更可教人知道名人其实也是凡人。因此，八卦新闻也有其贡献。如果把八卦新闻视为开胃小菜，也真有可能颇受读者欢迎，但如果将它视为日吃夜吃的山珍海错，多了，恐怕不但会倒尽阅听众胃口，说不准，更会吃上诽谤官司！

5. 学《易》匪易，悟《易》尤难

有则"新闻"，谓两位年未过三十、专业为英语及英美文化的四川姑娘，年纪虽轻，却能挟其对《易经》解释的才华，勇闯上海滩，成为银行、商界咨询顾问师。江山代有才人出，后生可畏，诚令人佩服。因为，古今中外，研习《易经》的才智之士，实在不可胜数，但若说到能登堂入室、一窥奥秘者，则少之如凤毛麟角。

就拿距《易经》演绎者周文王最近的孔子对学《易经》的看法来说好了。(汉司马迁《史记·太史公自序》："自周公卒五百岁而有孔子。"孔子绝对是个好学之人，悟性也高，他说："吾十有五而志于学"(《论语·为政第二》)，"发愤忘食"、"默而识之，学而不厌"(《述而第七》)，"学如不及，犹恐失之"(《泰伯第八》)，"尝终日不食，终夜不寝，以思，无益，不如学也"(《卫灵公第十五》)。孔子自认"非生而知之者"，他的学习方法是"述而不作，信而好古"、"好古，敏以求之者也"(《述而第七》)；他对他的学习态度和方法，是充满信心的，他说："十室之邑，必有忠信如丘者焉，不如丘之好学也"(《公冶长第五》)。孔子最重要的学术著作，是重写《春秋》。①不过吊诡的是，他却是以群弟子笔记他的语录——《论语》，而名垂千古的。研习《春秋》的人，历代都不太多，大概《论语》比较生活化，易读和易懂吧！不过《春秋》地位崇高，晚孔子五百年生的司马迁，就有很高的评价，他说："夫《春秋》，上明三王（夏禹、商汤、周文王）之道，下辨人事之纪，

---

① 《春秋》在孔子以前，本属"旧法世传之史"，古说"左史记言，右史记事"，事就是《春秋》（见《汉书·艺文志》），至战国末期，才把诗、书、易、礼、乐和春秋称为经。

别嫌疑，明是非，定犹豫，善善恶恶，贤贤贱不肖，存亡国，继绝世，补敝（弊）起废，王道之大者也。""《春秋》辨是非，故长于治人。""《春秋》以道义。拨乱世反之正，莫近乎《春秋》。《春秋》文成数万，其指（旨）数千，万物之散聚，皆在《春秋》。"是故有国者、为人臣者，不可不知《春秋》，因为，"为人君父而不通于《春秋》之义者，必蒙首恶之名。为人臣子而不通于《春秋》之义者，必陷篡弑之诛，死罪之名"。"故《春秋》者，礼义之大宗也。""《春秋》采善贬恶，推三代（夏、商、周）之德，褒周室，非独刺讥而已也。"（《史记·太史公自序》）

孔子有志于学之后，"三十而立，四十而不惑，五十而知天命"（《为政第二》）；但是讲到《易经》，他就心虚地说："加（假）我数年（多数年让我去作准备），五十（知天命之后）以学《易》，可以无大过矣"（《述而第七》；不过，东汉郑玄把此句看成："加我数年以学，亦可以无大过矣"），晚年读《易》，更加韦编（穿竹简之线）三绝（断了三次），而后写成《易传》。被历代视为俟命之书的《易经》，真的是那么的难吗？

太史公在《自序》中介绍说："《易》著天地、阴阳、四时、五行，故长于变"，"易以道化"——你说难不难呢？孔子栖栖遑遑，希望遇到圣明君主，他曾感慨地说："凤鸟不至，河不出图（河图），吾已矣夫（我想推行的道理，也没有希望了）"（《子罕第九》），正是慨叹道化之难之意，但却一直受人误解。他向老子请益，老子却对他说："去子之骄气与多欲，态色与淫志，是皆无益于子之身"（《史记·老子韩非列传》）；"为鲁司寇，诸侯害之，大夫壅之，孔子知言之不用，道之不行也"（《太史公自序》）；在石门（鲁城外门），一个晨门（早班守门更夫）粗鲁地问他是不是那位"是知其不可而为之者与（就是您省省吧的意思）"（《宪问第十四》）；在卫国击磬，有荷蒉者（挑草筐的人）经过门口，听见磬声就说："有心哉（真想救世吗）？击磬乎（这位击磬的先生）！"既而曰："鄙哉（臭脾气呀），硁硁乎（你看磬打得多么的死硬）！莫己知也（打定主意有什么用，世人不赏识呀），斯已而已矣（这就算了，何必栖栖遑遑）！（《诗经》不是说过）'深则厉（涉河时若水太深，就脱不脱衣服都无所谓了，因为反正会湿身的），浅则揭（但若河水不深的时候，涉河时，当然要撩起衣裳，以免弄湿；故人要知道权宜之变呀）。'"说得孔子只好说："果哉（这样的吗）！末之难矣（真不容易同你说话呀）。"（《宪问第十四》）

孔子将适楚，有位好说话的叫接舆的人（楚狂人），一面唱歌，一面走到孔子面前说："凤兮！凤兮！何德之衰也（怎么头脑不清楚）？往者不可谏，来者犹可追。已而（归隐啦）！已而！今之从政者殆而（难为啊）！"（《微子第十八》）孔子从楚国到蔡国，使子路问津（渡口），刚巧长沮和桀溺两人在田里耕作。长沮知道问路的是孔子弟子，便讥讽他说："是孔子就应该知道渡口在哪啊！"桀溺更趁机高谈阔论地说："滔滔者，天下皆是也（天下到处都乱糟糟），而谁以易之（谁能改变这一现状）？"而且还劝子路，与其从辟人之士也（跟从躲避坏人的人），岂若从辟世之士哉（倒不如跟我们这些逃避乱世的人在一起呢）。（《微子第十八》）

所以，孔子要学《易》，以期无大过。① 他厄陈、蔡而作《春秋》，故对周文王因为被纣王软禁于羑里而推演《周易》以解心头忧郁的做法，而有着一番特殊情感，是可以理解的。以孔子这样的背景、遭遇和年智去读《周易》，还诚惶诚恐，所谓学《易》匪易，悟《易》尤难。那么，三千多年以后的我们去读《易经》，真的可以轻而易举地超越前人吗？这也正是《易经》迷人之处。有谓"大《易》不言卜"，孔子其实也并没有视《易经》为占卜之书，因为他"不语怪力乱神"（《述而第七》），子罕言利（益）与命（运）与仁（德）（《子罕第九》），正如程子（颢）所说，因（为）命之理微也。但若《易经》洗抹了世俗卜易的色彩，而纯留在学院里"研究"，一本几千年前留下来又

---

① 《史记·孔子世家》说："孔子晚而喜《易》，序《彖》、《系》、《象》、《说卦》、《文言》。"不过，孔子要研究的应是《易经》的义理和人生哲理上的意义，是要从爻辞中寻求道德训诫，而非占卜之事。《论语·子路第十三》有说："南人有言曰：'人而无恒，不可以作巫医。'善夫！（《易经》卦上说）'不恒其德（人若不坚持其德），或承之羞（耻辱可能就随之而来）。'"孔子说："（无恒心之人）不占而已矣（不用占卜，就可以知道他的前途了）。"

不是那么易理解的书，恐怕就没有现在那么"风光"了！①

的确，若稍微了解一点中国文化、古老传统，有那么一点闲余，一杯咖啡或香茶，"闲坐西窗读《周易》"，体会一下宇宙万物与人事，时刻在变（变易）；宇宙是个大人身，人身是个小宇宙（不易）；宇宙有其不易之法，人身（小宇宙）可自然而然，依其法而行，天人合一（简易）：那真是件赏心乐事。虽然任何这类哲理、卜易之书，都是"初学三年，天下可去，再学三年，寸步难行"的，尽管《周易》六十四个卦象和爻辞，大多晦涩难解，但是它的卦辞却在经过历代解释之后，充满可以随人想象的哲理，而且日益生活化。而易就是变通之意（英文将《易经》翻译成"The Book of Change"，或者直译成"I Ching"），其爻可变，所谓穷则变，变则通，通则久，永远给人忠告，永远给人希望，读来令人心平气和，通体舒畅。就读我国古籍来说，不识《易经》，则无法读通《周易系辞传》一类古籍。②即如"天数已定"一类谚语，亦难知其解。（《易经》以一、三、五、七、九奇数为天数，后借喻为自然的运数，

---

① 《易经》的流传和发展，可分为义理易和象数易两支派。义理易为易学正统，以注解《易经》为主，历代代表人物有西汉田何，东汉郑玄，三国王弼，晋代韩康伯，宋之程颐、朱熹，明、来知德、黄宗羲与王夫之诸人。象数易始自将《易经》作逐字注解的汉易，后来则走向象数释义，以至派别林立，代表人物如西汉京房、三国虞翻（以"旁通"释《易经》，世称虞氏易学），但到唐末，赤松子著《青囊经》，已将易学推向勘舆，至宋刘牧著《易数钩隐图》，邵康节著《皇极经世图》，则试着将宇宙结构透过数字而图式化，为象数易扎稳纯粹"理论"。（参阅岑逸飞《生生之谓易》，香港《明报》，2006.02.03，页 D7）

② 举例来说，《系辞传下》有说："刳木为舟，剡木为楫。舟楫之利，以济不通。致远，以利天下，盖取诸涣（从涣卦得到灵感启示）。"因为涣卦是上为巽（☴），下为坎（☵）；巽为木，坎为水，水载木行，水上行舟也。

《易经》有表示阴阳寒暑变化的"十二消息卦"（阴消"乾"，谓之消；阳息"坤"，谓之阴），其中十月为坤卦（用爻表示即☷），为纯阴之象。十一月为复卦（☳），"一阳（⚊）"生于下，就是"一元复始"，阴极而阳生的"一阳来复"（"物极必反"也）；此月份也就是二十四节气中之"冬至"（气），《易经》便合起来说"冬至一阳生"。十二月为临卦（☱），二阳生于下，至下一年正月立春（节），则为泰卦（☰），（转下页）

同天命。《吕氏春秋·仲秋》："凡举事，无逆天数。"《后汉书·公孙述传赞》："天数有违，江山难恃。"）

就科学来说，在太空科技已可游星探月的今天，人定胜天似是可以期待的，而在现实环境中，天灾多源于人祸，源于人类对自然环境之破坏，导致大地之无声反扑。人，恐怕得更尊重天。在人事上，就中华民族来说，虽则时移世易，但五千年文化尤其是天人合一（互动）的生活体验，仍然充满了"模糊的神秘"感。自五四运动大力褒扬德先生（democracy）和赛先生（science）以来，西学之风大炽，我人对自我民俗文化之认识，在变动不居的变迁中，相对地日渐浅薄。一旦有人口舌便给，去讲解古老文化，令人听来有理动听，那么，那种存于血液里的文化"模糊神秘"感，便可能被挑动，就连某些知识分子，因为这方面知识的空间留白待补，也会对之附会惊慕。近年来兴起各种占卜术之风，风水寻找和《易》学研究之类"突然"涌现，恐怕都可能与此有关。

同为中华民族一员，自是希望有高明者去研发《易经》，使之能跳脱时空，成为世世代代、各方面都可以应用的"生活《易》"、"实用《易》"和"万能《易》"。也实在应该高兴先贤留下五百年必有王者出的说法（已经六七个五百年了），如果这两位年未而立的姑娘，在世俗氛围下能对《易》学的解说，超越前人，青出于蓝而胜于蓝，而非一招半式闯江湖的话，的确是不得了的成就。刊登此则"新闻"的媒介，纵然破坏了"媒介不应导人迷信"的专业伦理，但在"人情趣味"的名义下，倒也无妨了。

（接上页）三阳在下，为冬去春来，阴消阳长，民间作为岁首之颂，称为"三阳交泰"（《宋史·乐志十》："三阳交泰，日新为良"），也称为"三阳开泰"（明张居正《贺元旦表》："兹者，当三阳开泰之候，正万物出震之时"）。

学《易》匪易，悟《易》尤难

6. 签诗哑联解注

尘封了三十多年的张爱玲旧作《小团圆》的遗稿，在台北书商的推动下，出版面世。报道说，1950年代张爱玲为自己前程问卜时，曾得签诗"但得铜仪逢朔望，东西相对两团圆"之句。或许，《小团圆》书名，即本于此。

可惜，"又"把张爱玲炒作一番的报道，就是没有对签文稍稍着墨，令大多读者摸不着头脑。就本句签文来说，关键词是铜仪，什么是铜仪呢？铜仪就是用以测量天体运行的铜制浑天仪。据《后汉书·张衡传》所记，张衡为太史令时，乃造候风地动铜仪；而《后汉书·天文志》刘昭注引蔡邕《表志》曰："天体者有三家：一曰《周髀》，二曰《宣夜》，三曰《浑天》。……唯《浑天》者近得其情，今史官所用候台铜仪，则其法也。"所以，铜仪在签文中，可以衍义为法则、法度和方法。有了这个纲领，撇开宗教和灵异不谈，就文句解读，似乎就可以有些眉目了：只要方法对，时机（日子）又对，则虽然分隔，但仍可以得到心灵上的聚首，感情之事还是有望的，只是"银汉迢迢暗度，金风玉露一相逢，便胜却人间无数。两情若是长久时，又岂在朝朝暮暮"！（宋秦观《鹊桥仙》）

2009年2月底，台北某报"民意论坛"版，有幅漫画，附了一句"虎落平阳被犬欺"，传神得令人莞尔。其实，此是一有名哑联的下半联。哑联是由一人做些手势动作，而由对的人出上联并对下联，更难的是全联的"联意"，一定要猜中动作者的心，才可以称为"猜哑联高手"，与哑谜有异曲同工之妙。有野史记载，某次，有一长辈欲出一对联，考一考据说六岁时就会吟诗作对的白居易，以"曹子建七步成诗"求对，不料平时口齿伶俐的白居易，这回听后却以闷声不响作回应，原来他已用哑联对通了——"白居易一时无对"。

"虎落平阳被犬欺"一联也一样。据说明嘉靖年间，某年夏日，嘉靖帝突然在群臣面前，就一个小水池涉水而过，连龙袍也弄得湿湿的。当时，群臣之中，有一位广东状元曰伦文叙者，一时福至心灵，猜得上意，冲口而出扬声说："龙游浅水遭虾戏，虎落平阳被犬欺。"嘉靖帝心事原来果真如此！这当然逗得龙颜大悦！这一对哑联，其后流传后世，明吴承恩写《西游记》（第二十八回）、清蒲松龄写《醒世姻缘》（署名"西周生"，推断作者以蒲松龄影响最大）时，也引用了这两句，真是"独留巧思传千古"！（唐李商隐诗句）

7. 牛年吹牛皮

2009年子去丑来，华夏岁序更新，黄（农）历用地支（枝）十二生肖纪年，以丑为牛（《论衡·物势》："丑，禽牛。"）。牛，不管黄牛或水牛，自古都是人类好帮手，故语词特多："庖丁解牛"、"汗牛充栋"固耳熟能详，童谣说"牛耕田马食谷"，说人"牛脾气"，大材小用曰"牛刀小试"，领导群雄为"执其牛耳"。

传统上之鞭牛以励农，立"季冬土牛"以送寒，以及立"立春土牛"以迎阳之年俗，虽已不复存在，但广东韶州民俗，向定每年农历十月初一那一天为牛年，以纪其劳；牛痘消灭了天花，活人无数；股市投资者最希望牛市；而西班牙斗牛之风，据说旨在汰弱留强，相习成风后，自是与保护动物人士牛头不对（答）马嘴；更有道是"宁为鸡口，无为牛后"（《战国策·韩策》）。

某年适逢马（午）年，时任香港中文大学校长为马临博士，香港中文大学又适在香港新界沙田的马料水，故有某君出一联"马年马临马料水"求对，可惜"应征"者虽多，能对得绝倒者尚未得有，野人尝戏以"牛津牛顿牛轭湖"应对，搏君一粲而已（牛轭湖是一般湖名，此句意谓牛停留在湖旁）。

我国黄历，习惯在通书首页，以牵牛牧童来预测来年雨水干旱，如果牧童赤脚，表示雨水丰沛；穿鞋，即是干旱。不过，中国预言，用牛来透视未来的，最著名的，似乎就只有诸葛亮《马前课》第十课（豕后牛前，千人一口；五二倒置，朋来无咎），以及唐司天监李淳风《推背图》第五十四象丁巳夬卦之颂（不分牛鼠与牛羊，似指凡属子、丑、未年份），去毛存鞟尚称强（日子还不太坏；寰中自有真龙出，九曲黄河水不黄）。这一课一颂都曾经提及牛，但不易解释。① 倒是传统的测字取格法，把"牛"字拆解得活像一回事：例如，"朱"雀敛翼（少了人字），"先"有一半（少了兀字）；欲"告"无言（少了口字），而"告"则是以口争先。

在有关牛的新闻中，令人印象最深刻的，不是西班牙斗牛士被牛角把内外裤子勾个精光，令全场观众哄堂大笑；而是新千禧后一年的九月中下旬，台湾中部大汉溪河床上，突然有一大群水牛在闲溜，少见多怪的城市人，怕是会伤人的"野牛"，而报警想将它们驱走，使这群"野牛"慌得四处狂奔。

但是，"此牛何来问句农"，一位新闻感强的记者，就此线索深入采访，终于发掘得这不是一群"野牛"，而是由于社会变迁，农地变建地，草地牧场萎缩，这一群徒有耕作力的水牛，被迫"下岗"，成了"待业水牛"，故只得四处流浪，自寻"生计"。特稿见报，令人感喟不已！

---

① 《马前课》第十课继第九课上离（☲）下坤（☷）之晋卦："水月有主，古月为君；十传绝统，相敬若宾。"解者谓是指有清一代之事。故第十课坎（☵）上艮（☶）下之蹇卦，应指民国之事，故或可作此解：

- 豕后牛前：指豕（猪）之后，牛（丑）之前，地支应为子（鼠），即公元1912年岁次壬子，民国元年。
- 千人一口：是个"和"字，大和也（日本），似指中日之战。
- 五二倒置：本卦晋卦之五爻与二爻倒换过来（变卦），成了上坤（☷）下巽（☴）之升卦。升卦意示得往正南方走，寻找伟人，似指1936年底（巧的是当年岁次丙子，亦为"豕后牛前"），张学良兵谏蒋介石之西安事变。
- 朋来无咎：张学良其后，于同年12月25日亲送蒋介石飞返南京，令事件始结束。朋是凤古字，雄性，指张学良。

此外还有：

明黄檗禅师之《仙机诗》（其一）：

日月落时将湖闭（指明朝），青猿相遇判兴亡（公元1644年，岁次甲申，猴年，清世祖顺治由沈阳都北京）。八牛运向滇黔尽（八牛，朱姓，明朝国姓，吴三桂起兵滇黔反清，失败），二九丹成金谷藏（明思宗崇祯在位十七年而亡；金谷，指北京煤山，思宗自缢处）。

除了风水师要找牛眠地之外，吾人对一向日出而作、日入而息的牛大哥，其实也不怎友善：牛魔王、牛头马面令人怕怕；嫌它走得慢（牛步），饮得（水）多（牛饮），地牛翻身（地震）带来灾害；明明是人类使坏，却说成司法黄牛，卖黄牛票，不守信也叫黄牛，东拉西扯在聊，就叫吹牛皮（砍大山）；吴牛喘月，讽人见识不多，对牛弹琴，实一味往自己脸上贴金；更离谱的是，某些药商竟然连犀牛的角也不放过，拿来做药引，在黑市炒卖！

8.  你像我我也像你：己巳

传统农历新年的最后一个高潮，是正月十五元宵灯节（道教上元日）。灯与（男）丁谐音，为讨个人丁旺盛吉利，传统上，家家户户起灯为祝，添加喜气，闽南语新年谣即有"十四结灯棚，十五上元暝（节），十六拆灯棚"之说。传统灯种类繁多，如福州灯、龙王灯、泉州灯和八仙灯等等，都是工艺考究的名灯。到处有灯可看，有元宵可尝，再来就是"月上柳梢头，人约黄昏后"（宋欧阳修《生查子》），不闹元宵才怪！闹元宵当然少不了元宵灯谜，大家一起动脑筋"商灯"（商量斟酌），故明李开先认为灯谜亦得有悟，故将灯谜与佛教传灯的用意结合为一，谓灯谜"亦犹禅家传灯，一切佛与法，俱由一灯演之而已"，故称灯谜为"诗禅"。

2009年天干为"己"，有一个十天干谜，堪称一绝："颠倒不自由（甲）；凭空下玉钩（乙）；两人却把一人休（丙）；可意人儿，心不应口（丁）；要成就，怎能勾（戊）；巴不得，一点上心头（己）；向平康将八字推求（庚）；幸恩负义，露尾藏头（辛）；任人丢（壬）；一发（發）把弓鞋撇却，无心绣（癸）。"

地支则有"巳"，"己"、"巳"两字十分相似，故又有谜猜此两字曰："你像我，我也像你，你第六，我也第六，我是天文，你是地理。"其实，古籍仅有"己巳"两字，干支之"巳"与终止之"已"一向同用。关于占卜，据说留下《推背图》而大有声名的唐李淳风，则著有占天象预兆之书《乙己占》。

"自己"、"已经"和地支之"巳"三字的些许差异，全在其左上角口形之全开、半开或全闭而已。从字形而推敲其字义，"己"应是可以半分以核对之符契，"已巳（及了字）"原是子字少了双臂，活像胞胎之形，其后再分衍而成"已"、"巳"、"了"三字。巳时指的是午前九点至十一点之间，"已"则指止也（如"不已"）、太也、甚也（如"已甚"），也指过去词（如"已经"）

和语终词（如"而已"）。又有谜猜"已"字者，曰："口吐舌尖儿软似勾"，清蒲松龄《聊斋志异》记两狐女讥一书生说："戊戌同体，腹中只欠一点；己巳连踪，足下何不双挑"，以讽书生之空无点墨，又不敢存冶艳之想。

　　元宵旧俗也有放天灯祈福活动。天灯本名孔明灯，传说是孔明以他的帽子（纶巾）为样设计此灯于夜间燃放，作为通讯工具，与据说楚汉相争时张良所设计的传播工具——风筝（风筝迎风呼哈作响，听来像"附汉"）齐名。值得一提的是，海外侨居地仍多以八月十五中秋节为提灯、猜灯谜活动日，遥记当年刘伯温呼吁天下抗元起义之功。

9. 年年年尾接年头

明杨慎诗句:"苏武匈奴十九载,谁传书札上林边。北风胡马南枝鸟,肠断当筵蜀国弦。"(《锦津舟中对酒别刘善充》后四句)唐高适诗:"旅馆寒灯独不眠,客心何处转凄然。故乡今夜思千里,愁鬓明朝又一年。"(《除夜作》)唐白居易名句:"离离原上草,一岁一枯荣。野火烧不尽,春风吹又生。远芳侵古道,晴翠接荒城。又送王孙去,萋萋满别情。"(《赋得古原草送别》)唐刘希夷之《白头吟》说:"年年岁岁花相似,岁岁年年人不同",而《尚书·洪范》却说:"惟十有三祀。"到底载、岁、年和祀,有什么相同或不同?

答案是:都一样,只是不同年代有不同用语而已。华夏以农立国,根据《史记·历书》所说,黄帝之后,颛顼设"火正",帝尧设"羲和"之官以"明时正度"(指导农业)。而综合《尔雅》一书所载和(木、金、水、火、土)五德(行)终始(相生、相克)之说,尧舜称一年为一载。夏朝时,已知观看北斗星的斗柄指向和某些恒星的出没,来决定时月;夏朝以木德立,故历法建寅(以地支寅位序为首月,因地支寅位序在东,属木),而以木盛之孟春之月(即正月)为岁,称一年为一岁。一年只有春秋两季的商朝(秋连夏日,春季含冬),有甲骨文为证,当时已用干支纪日,十二个月名称确定,一年定为三百六十五日,并且用闰月来凑足时差(三年一闰,五年两闰),"殷人尚鬼,以祀为重",故其时称年为祀("取四时祭祀——讫也"之义),又因商朝推算为以金德代夏朝之木德(金克木),故以季冬之月(十二月,五行属金)为岁首。周朝以火德旺,历法建子(地支子属水),故以仲冬之月(十一月)为岁首(金生水),称一岁为一年,取其"年谷一熟"之义(从甲骨文、金文皆可以看到,年字是人头顶着禾束搬运之状),此《谷梁传》之所谓"五谷皆大熟为大有年",一岁曰年的讲法,自始而定(其间,只有唐玄宗时，曾改年为载，然而不久之后，唐肃宗又改回来）。

秦以水德兴，一统六国之后，定"太初历"，以孟冬之月（十月）为岁首（冬属水）。因为秦历有缺点（竟出现"朔（初一）晦月见，弦满望（十五）高"怪象），汉武帝复用夏历以孟春之月（正月）为岁首，遂成我人传统（王莽新朝和北魏明帝曾用殷正，武则天与唐肃宗则曾用周正为岁首，但为时俱不长）。

不过，我国其他民族除了过夏历年外，还有他们自己的"族年"，就如"阴阳合历，你过我的年、我过你的年似的"：例如，传统上，桂西瑶族的年节（夕九节），是农历的五月二十九日；土家族的年节（族年），是农历七月初一；而水族的年节（端节），则定在农历十月间。有一对联颇能发人深省："月月月圆，月月月圆逢月半（月之十五）；年年年尾，年年年尾接年头。"世道推移，自然而然，故应得而不喜、失而不忧。此之所以陆游"世味年来薄似纱，谁令骑马客京华"（《临安春雨初霁》），而杜牧则"十年一觉扬州梦"（《遣怀》），"今日还须爱今日"（明王世贞《短歌》句），何须"十年心事十年灯"（清吴藻《浣溪沙》）！

10. 贴桃符

年关难过年年过,但是,不管如何过,年味都是不可或缺的。然而,我们年年都挂在嘴边的年味,除了传统年货和年宵花市之外,指的究竟是什么呢?

有一春联:"爆竹一声除旧,桃符万户更新",可就把最起码的年味说了十之八九——爆竹、换桃符(春联)、围炉(吃年夜饭)、讲吉祥话,其中,又以贴桃符更是年味中的年味!

桃符,原是指贴在门板上的门神。《战国策·齐策三》"桃梗"注:"东海中有山,名曰度朔,上有大桃,屈蟠三千里,其卑枝间东北曰鬼门,万鬼所由往来也。上有二神人,一曰荼与,一曰郁雷,主治害鬼。故世人刻此桃梗,画荼与与郁雷首,正岁以置门户。"荼与和郁雷是两兄弟,其后"荼与"写作"神荼"(音申舒),"郁雷"则写作"郁垒"(音郁律)。不过,道术家则是以加冠、进鹿(禄)两神为门神。学者谭蝉雪研究《敦煌遗书》,发现内有"三阳始布,四序初开。福庆初新,寿禄延长"(岁日);"年年多庆,月月无灾";"门神护卫,厉鬼藏埋";以及"书门左右,吾傥康哉"等诸句,而且是写于唐开元十一年(公元723年)。据《宋史》所载,后蜀主孟昶时,每岁除,辄命学士题桃符置寝门左右,更曾亲自笔题:"新年纳余庆,嘉节号长春。"(《宋史·世家二·西蜀孟氏》)所以贴桃符原始意义,旨在岁首讨些吉利、压压邪而已!谁又想到2009年过二十一世纪第一个牛年时,据说竟有人在计算机里以贴文字咒(呪)为"桃符"(如"裁员裁隔壁"),成为"网络蛊",真是损人不利己,有损阴德之至!

就华夏文化之传说而言,符箓(籙)之说源起甚早。道家《龙鱼河图》说:"天遣玄女,下授黄帝兵信神符,以制伏蚩尤。"《左传》又记载有名叫子元之楚令尹者欲以蛊害（惑）文夫人（庄公廿八年）。而继东汉张角创太平道后，张鲁据汉中以符水治病（《三国志·张鲁传》），符箓因而以行。符箓家认为符与咒是分不开的，符是魂，咒是魄；咒则分白咒术（祈求民生有利）与黑咒术（用以害人），而符画（写）好后，如姜太公符、北帝符和八卦牌等，传说必须贴在对的方位方能辟邪镇煞。

白咒术易见，黑咒术已沦为魔道。白咒术，如民间端午节传统午时符（"破去官非口舌，蛇虫鼠蚁一切尽"）之类属之。宋欧阳修曾以书纸贴于门上曰："宵寐匪祯（发了个恶梦），札闼洪庥（书之于门大吉）"（《涵芬楼文抄》），一方面挡煞，一方面讽时人宋子京（祁）之好用僻字。[①]

符可不是易画的。据说学符咒的人，先要看透孤、夭、贫际遇，画符时要斋戒沐浴，净手漱口，择日拣时，备妥香烛水墨、纸笔朱砂，认清方位，踏罡（北斗星）步斗，口念咒，手掐诀，画出符头、中间之符胆和符仔脚，亦即透过"敕（令）"的步骤，以及"咒"的行为，才完成一道符咒，否则如符箓家所说"不会画符鬼神笑"！

由是观之，所谓计算机桃符，不必担心，只是一场恶作剧而已！就让贴"符"的人，发泄一下吧。

---

① 宋祁写《玉楼春》词，有"红杏枝头春意闹"之名句，世因称"红杏尚书"。

11.  虎头年谈太岁、生肖及流年

公元 2010 年夏历岁次庚寅，太岁邬桓，白虎之年也。一元复始，一年容易又新春。

孔子站在川上说："逝者如斯夫！不舍昼夜。"（《论语·子罕第九》）李白比喻得透彻："夫天地者，万物之逆旅也；光阴者，百代之过客也。而浮生若梦，为欢几何？"（《春夜宴桃李园序》）在华夏传统文化里，对于光阴的描述，对于年轮周而复始的运转，无论科学不科学，迷信不迷信，早有一套"自足式"的系统性说明，天、地、人三才合一，顺天（自然）、应人的观念，深植于风俗习惯之内，历久弥新。

天是宇宙的形态，"悬象著明，莫大于天"（《易·系辞》），而自从远祖知道利用竿的日影（圭表，卦），透过股（高）、勾（长）和斜边（弦）直角三角形计算法，得出方向、四季、二十四节气和回归年长度，以及以甲乙丙丁天干与子丑寅卯地支记时已然为用的同时（纵然干支的源起及何时起用，仍缺乏强有力解释），对于天文星宿，更充满好奇和想象。古人仰观满天星斗，星河灿烂，不禁会问、会想，九重天上是一个怎样的世界呢？从古籍翻寻，殷商时期已有最早的"岁星"记载（甲骨文有"弜〔强〕又于大〔太〕岁"之句）。可以寻索的是，金木水火土五行为用、为表征流行之后，太阳系九大行星（planet）之一的木星（Jupiter），就被命名为岁星。木星之所以雀屏中选，推论是古人夜观天象，注意到木星特别亮丽而又不停地移动，就像是行走于星际之间的"浪人"；更有趣的是，这颗星（木星）走呀走，大约十二年以后（观察值），又会在同一星空区域出现，因为这样可以纪年，就称它为岁星或更明确地称它为周岁星。这是有典籍记载的，例如，《山海经·内经》就说："后土生噎鸣（木星），噎鸣生岁十有二（轨道周期）。"而《史

记·天官书》则说:"察日月之行,以揆岁星顺逆。"司马贞《索隐》曰:"《天官占》云:岁星,一曰应星,一曰经星,一曰纪星。三国东吴杨泉《物理论》云:岁行一次,谓之岁星,则十二岁(年)而星一周天也。"

既然发现了"老朋友"岁星(木星),十二年(实际上是11.8622年)就会"回家"一次(又在同一星空区域出现),推想是为了方便计算、方便知道它的行踪(轨迹上十二年中,单位时间之位置),以便预知"它"何日归来和岁月转移(天增岁月人增寿,岁月催人老),聪明的先贤便把后来定义为"地球绕太阳公转的轨道与天球相交的大圆圈"的黄道(Ecliptic)附近一周天,作十二等分(又叫十二次或星次),以与作为周天方向标记的子(北方)、午(南方)、卯(东方)、酉(西方)十二支相对。此即东汉班固《汉书·天文志》所说:"日有中道,月有九行。中道者,黄道,一曰光道。"北宋欧阳修《新五代史·司天考》解释得更详细:"黄道者,日(之)轨(道)也。其半在赤道内,半在赤道外,去极二十四度。"而古所指之方位,恰与现时相反,即古方位为东,换今为西;古为南,则换今为北,东西南北互为对换。

将黄道附近一周天分作十二等分的做法,到了战国时代,也曾引起过屈原的怀疑,他问:"天何所沓(天与地在哪里会合呀)?十二焉分(十二辰是谁分的呢)?"(《离骚·天问》)郭沫若对这两句曾作过解释:"到底根据什么尺子,把天空分成十二等分?"

黄道周天既是岁星公转轨道,轨道又分为十二(星)次(等分),则每一等分是圆周30度(360度÷12)的"角/年",成锥形派饼图(pie chart),岁星是由古方位之东向西逆时针(anti-clockwise)而行,约一年行一个星次(等分)。既然如此,年复一年,便可以用岁星来纪年,每格(等分)星次,各标一地支(辰)以明其位置(从1.丑起→2.子→3.亥→4.戌→5.酉→6.申→7.未→8.午→9.巳→10.辰→11.卯→至12.寅终,共十二辰),至于用地支(辰)来标记星之行序原因,大概如宋沈括所说:"今考子丑至于戌亥,谓之十二辰者,《左传》云:'日月之会,是谓辰。'一岁日月十二会,则十二辰也。"而甲乙丙丁之天干,却只有十数,不合十二等分。①为了更清楚起见（也可能基于敬天观念），每星（岁）次更给它起了名字，如星次在丑，叫"星纪"，星次在寅，叫"析木"；岁星（木星）运行到丑这一格（星次）内，就叫"岁次星纪"（即二十八宿之斗宿与牛宿之间星位），运行到寅，叫"岁次析木"（即尾宿10°至南斗11°之间星位，与黄道十二宫的人马宫位置相当）。现代岁次的用法，则只是表示年份是什么干支而已。例如，2017年是丁酉年，便说岁次丁酉。大家熟悉的书圣王羲之所写的有"行书之祖"之称的《兰亭集序》，即是写在"永和九年，岁在癸丑"（东晋穆帝司马聃年号，即公元353年）。

至于为何取这些名字呢，要解释起来十分复杂，只能"内中姑表一岁次"——星纪，以为例子。《尔雅·释天》有"星纪斗（宿）牵牛（宿）也"，注："牵牛（宿）斗（宿）者，日月五星之所终始，故谓之星纪。"后世则将星纪作为岁月、时光的同义词，陶潜《五月旦作和戴主簿诗》曰："发岁始俛仰，星纪〔岁月〕奄将中。"

岁（木）星既然是天上"掌管"岁月光阴之星，地位高崇，容不得冒犯，所以，如果一旦有天象犯岁（行星或其他天体，运行到木星与地球之间，或接触到木星，亦即侵犯了木星该年所行经的分野），古人便认为不吉利，或会发生战乱。南朝宋范晔《后汉书·天文志下》："荧惑（木星）犯岁星（星体与木星相冲），为奸臣谋（奸臣蠢动），大将戮（大将遭杀害）。"但是偏偏有人早已不信邪，例如前秦苻坚就是；据唐房玄龄等编《晋书·前秦载记·苻坚》记载："太子宏进曰：'吴今得岁（吴地地支位置，与岁星座次相同），不可伐也。……'坚曰：'往年车骑灭燕，亦犯岁而捷之。天道幽远，非汝所知也。'"

不过，岁星（木星）虽然是实实在在的一颗星（实星），是天体里的星

---

① 《尚书·尧典》："历象日月星辰。"注："星，四方（象）之中星；辰，日月所会。"疏："四方中星，总谓二十八宿也。……日行迟，月行疾，每月之朔（初一）月行及日而与之会，其必在宿，分二十八宿，是日月所会之处。辰，时也，集会有时，故谓之辰。日月所会与四方中（之）星，俱是二十八宿。"

球,但岁星纪年却麻烦多多:首先,木星运行的方向,是由西向东逆时针而行,未免不合实际生活中自东而西的生活习惯和认知。其次,木星在人为所划分的星座等分上的移动速度,实际上并不均匀——可能快些,也可能慢些,也就是一年的日子有长有短;因此,用木星的位置作岁星纪年,并不是顶理想的。另外,木星周期,每十二年就有大约50又1/3天的日差出现((12 − 11.8622)×365),岁差多于一个半月,实在有欠精确。

聪明的远祖,为了补救这些缺点,便假设、虚构出一个想象中理想、修正过、完美的星球——太岁(太者,大也,有将之英译为 The Grand Marshall),在我们的想象、心中"运行"!用现代的话来说,"它"是一颗人为的、全然是想象出来的、虚拟的、假的岁星(姑名为 a virtual planet 或 iplanet),但比木星完美。

"它"运行的方向与木星刚好完全相反,是由古方位之东顺时针(clockwise)向西而行,也就是同岁星(木星)相对逆向而行,以与十二辰(座)方向一致,用以纪年,"它"同真岁星(木星)的关系,就如同数学上之"$\sqrt{1}$"与"$\sqrt{-1}$"(虚根)的关系一样(但因为太岁是根本不存在的岁星,所以同木星也就没有正、负的关系)。"它"设计成一个整整十二年的完美周天(推想值),而且"配速"均匀,又没有时快时慢的缺点。

用这个假想的太岁岁星所在的十二辰(座)位置来纪年,就是现时我们所说的太岁纪年。清王引之在所著《经义述闻》说,岁星一名太岁,不过"岁星为阳(实),右行于天,太岁为阴(虚),左行于地"。殷商之世,虽然已用干支以纪时历,但直至战国时代,还未有子(鼠)、丑(牛)年的讲法,而是另备一套十二个不知何来、稀奇古怪、其义难明的"太岁年名"。例如,想象中的(岁星)太岁在寅那一等分上,这一年就叫"摄提格"(简称"摄提"),《尔雅·释天》:"太岁在寅曰摄提格",《太平御览》卷八七四引郑玄注:"摄提者,斗(北斗星)前之星,为斗施政教,布之八野。"但孙诒让认为这不是郑玄所注,见《札迻》卷一;下一年太岁步入卯座,就叫单阏;等等。屈原生于寅年、孟春正月(寅月)、寅日,得阴阳之正中,所以他讲自己的生日时就说："摄提贞于孟陬兮，惟庚寅吾以降。"（《楚辞·离骚》）贞，正也；孟，始也；正月为陬，陬，音邹，与貙通假，貙意为虎，亦即寅。①

汉司马迁《史记·历书》也说道："盖黄帝考定星历，建立五行，起消息，正闰余，于是有天地神祇物类之官，是谓五官。……夏正（岁首）以正月，殷正以十二月，周正以十一月。……（汉武帝即位）招致方士唐都，分其天部（划分二十八宿距度）；而巴（人）落下闳（人名）运算转历，然后日辰之度与夏正同。……因诏御史曰：'……自是以后，气复正，……以至子日当冬至，则阴阳离合之道行焉。十一月甲子朔旦冬至已詹，其更以七年（元封七年，公元前104年）为太初元年（太初历）。年名'焉（于）逢摄提格'，月名'毕聚'（因月在毕宿、陬訾宿之间，故名），日得甲子，夜半朔旦冬至。"（卷二六）

南朝宋范晔《后汉书·律历志》进一步解释说："汉兴承秦，初用乙卯（历元），至武帝元封，不与天合，乃会术士作《太初历》，元以丁丑。王莽之际，刘歆作《三统（历）》，追《太初（历）》前卅一元，得五星会庚戌之岁，以为上元。《太初历》到章帝元和，旋复疏阔（又不合了），……追汉四十五年庚辰之岁，追朔一日，乃与天合，以为《四分历》元。"（卷一三）

西汉时，又以子丑寅卯之"十二地支"（岁阴）和甲乙丙丁之十天干（岁阳）相配，组成六十个年名，每六十年循环一次，但又踵事增华，增加了许多不

---

① 宋朱熹《楚辞辩证》认为，屈原可能生于寅月、寅日、寅时，"而岁未必寅"。另外据学者刘尧汉考据，老子的生日亦可能是虎年或虎日吉年祥日出生。他从彝音汉译的角度去看，认为老、李都是一声之转，其义均为虎，"老聃"是彝音"拉塔"的变音异写，意为"虎首"（拉意为虎，塔意为时，故"拉塔"为虎年、虎月、虎日或虎时），李耳，则意同母虎。而汉扬雄《方言·第八》则说："虎……，南楚间，谓之李耳。"刘尧汉甚至认为伏羲氏在《管子·封禅篇》和《淮南子·览冥训》都作"虑戏"，两者从虎（虍），意为虎。他认为伏羲一族是用虎作图腾，而彝、白、藏、羌、傈僳和土家族等少数族裔，都与虎图腾相关，是伏羲后裔。（见刘尧汉《中国文明源头新探》）

必要的称谓。例如，太岁在（天干）甲，即称甲的别称——阏逢（阏，音饿，"言万物锋芒欲出，拥遏未通"，见《尔雅·释天·义疏》，又见西汉淮南王刘安《淮南子·天文训》）；太岁在天干乙，则称之为旃蒙（旃，音毡，旃蒙，"言万物遏蒙甲而出之意"，见《尔雅·释天·注"）。所以甲子年（岁），可以说成"岁在阏逢困敦"；乙丑年，则可以说成"岁在旃蒙赤奋若"（汉司马迁《史记·历书》与《尔雅·释尺》所说颇有出入）。由于后人逐渐发现岁星（木星）周期，实在不足整数十二年，它与不存在的虚拟双胞胎——太岁的对应关系，也就无从说起。搅至后来，吾人先祖，终于不再惦念"岁星（木星）纪年"这回事，而"摄提格"等这些拗口难读、难记的"太岁纪年"年名，也通通"雪藏"起来，而由十二地支所代取，只留下想象的、典范之作的太岁，还是名义上在黄历里按序地十二年循环一次，而且被运用为纪年时，作值岁干支的代称。例如，甲子年，则甲子为太岁（岁次甲子），庚寅年，则庚寅为太岁（岁次庚寅）。至于太岁有名有姓，则是后人所附加上去的，也是一甲子（六十年）轮值一次。例如公元2017丁酉年，太岁姓唐名杰，是位"大将军"，至2077年，又到他轮值，上一次轮值则是1957年。

所谓"今人不见古时月，今月曾经照古人"（唐李白《把酒问月》），太岁既是周而复始地"紧盯"下民，它似乎看尽世情，"老神在在"、天网恢恢似的，基于人类对于无知、敬祖、敬鬼神和对空间茫然陌生疏远的恐惧感，因此，既然犯岁（星）被视为不吉，连带地世俗也对太岁另一个幻想性的形象——是一位严厉的凶神，不能冒犯，要敬之、畏之，以免犯太岁冲了煞，也迷信"抵（生肖冲撞）太岁凶（不吉），负（天象、星体侵犯）太岁亦凶"——"谁敢在太岁头上动土"？太岁在辛（位）虽称重光，但俗语说"太岁当头，无喜必有祸"，太岁便自然而然地成了值岁之神，连皇帝都宁可信其有（为了江山永佑，为了心安，为了愚民）。例如，据清孙承泽《春明梦余录·太岁坛》云："何孟春云：'国初肇纪太岁，礼官杂议，因及阴阳家说十二时所值之神。（宋）太祖乃定祭太岁于山川坛之正殿。'"这则有类于《封神榜》内之神，一本原属书中主角人物，以讹传讹之下，竟成了民间拜祀的神，并

说闻解字

有神庙。生肖同太岁者,谓之"偏冲",在太岁值年而生的,则是"正冲"。另外,又因为太岁配十二辰(座),故有东西南北方位,算命和风水师便以"某年太岁所属的方位"为凶煞之位,例如,太岁在酉(如公元2017年),西方(今之东方)即为不吉。另外,据民间通俗说法,生肖若与太岁星座相同,便是犯太岁,例如,公元2017年,岁次丁酉,即太岁在酉位,如果生肖属鸡,即地支酉年生的人,便犯了太岁,俗例便要去供奉太岁解煞。

华夏天文学,又自古即有"四象"、"二十八宿"之说,古人认为恒星是不动的,太阳(其实是恒星)、月亮、水、金、火、木和土这七大行星(七曜),在以恒星为衬景的天体内,不停地、周而复始地沿着圆形轨迹移动前进;也就是说,古人把绕天一周的黄道与赤道(Equator)的两侧范围内的恒星,分为二十八星座(宿),每座皆以星官命名,作为观测天象日月行星运转位置的坐标。最先可以观察到的是,月以二十八日为一周期,木星(岁星)则大约十二年为"一周天"。又为了更确实地标出日月五星的天象位置,于是尝试将天空(一周天)分为四个象限(方位),建立起一个坐标式星系,以便记叙七曜的行迹,这就是二十八星宿的源起。宿,即舍,谓驻留也。因为月球一宿(驻留)为一天时间,二十八日刚好绕完全程;因此,有人就说,二十八宿其实可以简单地作个形容——"月躔所系"(月运行之所据;躔,经过也)。

在"想象中",把二十八星宿(座)如缀图般连起来(match it),则四个方位(象限)各可以"划出"一组"动物图"(龙、虎、朱雀、玄武),一共四组,此即所谓之"四象",每象(限)有七宿(星座,28÷4)。"二十八宿"是以北斗星(Charles's Wain)斗柄弧线所指的角宿算起,由西向东依次排列。举例而言,四象中首象之东方苍龙,起算的角宿是龙角(即室女座),至尾的箕宿是龙尾(即人马座),龙身则包括亢(即室女座)、氐(即天秤座)、房、心及尾宿(俱天蝎座)。古人是这样描写这四个方位的:"苍龙连蜷于左(东方,主春),白虎猛踞于右(西方,主秋,白虎七宿共五十四星座,几百颗星星,西汉淮南王刘安《淮南子》:"西方,金也,其神曰太白(星君),其兽白虎"），朱雀奋翼于前（南，主夏），灵龟（玄武）圈首于后（北，主冬）。"（汉张衡《灵宪》）至于四象归属，则是以二十八宿在春分那一天黄昏的星宿方位为基准。好了，人们脑海中，有关周天常识，就是人为的两个大圆圈体系——一个是用（子丑寅卯）十二地支来作标志、来表示将周天分为十二等分的十二辰。

观星座可知凶吉。例如荧惑（火星，Mars，古巴比伦之战神），因其轨道顺逆不定，光高度又经常突然变化之故，古人以为是执法之星，主死丧、甲兵之事，如果"荧惑守心"（驻于心宿，即天蝎座中间三颗星的"心宿二"〔代表皇帝，另外两颗代表皇子〕），就是不祥之兆，意味着帝王会薨，或得更换宰相，属大凶之象。汉司马迁《史记·天官书》即言："察刚气以处荧惑。……礼失，罚出荧惑，荧惑失行是也。出则有兵，入则兵散。"

2001年7月，曾出现"荧惑守心"天象，同年9月美国发生911恐袭事件。之所以有"守心"之象，是因为地球比火星接近太阳，而且走得比较快，所以当与火星接近时，火星便"好像"停止了下来（或倒转方向行走）。

另一个圆圈体系，则是二十八星宿，两者存在相对应关系。因为地支有鼠、牛和虎等生肖配属，连带地十二生肖以及若干"附焉"动物，同二十八（星）宿也产生附会关联（纵然并不完全真确）。例如，明王鏊认为以二十八种动物配属二十八星宿，并以日月星辰七曜统之，即是吾人所说十二生肖可能源起。（《震泽先生集·答问》："二十八宿分布周天，以直十二辰。每辰二宿，子、午、卯、酉则三（宿），而各有所象。女土蝠、虚日鼠，……尾火虎、箕水豹，寅也；……天禽地曜，分直于天，以纪十二辰，而以七曜统之，此十二肖之所始也。"）

十二生肖之序排，则一向聚讼纷纭。当代人何满子转述一位老儒之研究心得，颇为有趣。（见吴裕成《十二生肖与中华文化》）这位老儒者认为十二生肖序列，实源于《易经》第八卦比卦和第九卦小畜卦。因为：

- 一如《三字经》所说，马牛羊鸡犬（狗）豕（猪）为人所饲之六畜（汉蔡邕《黔论》："十二辰之会五时，所食必家人所畜之物。"）；六畜属阳，易卦以"—"表示阳（用"九"表示阳爻）；

- 鼠虎兔龙蛇猴为六兽，六兽属阴，易卦以"--"表示阴（用"六"表示阴爻）；
- 比卦是坎上"☵"坤下"☷"，为五阴一阳之卦，小畜卦则是巽上"☴"乾下"☰"，与比卦相反，为五阳一阴之卦；
- 把卦排一下就可发现，若将十二生肖序列，依子鼠（--）、丑牛（—）从比卦之（顶）上爻（上六）、五爻（五九）爻序排下去，直到小畜卦之（底）初爻（初九）亥猪，其阴阳之爻序吻合，生肖之说"似言之有理"。可套用《左传》一句：盖取诸比、小畜。

公元2010年，岁次庚寅，从两字型构结构来看，也饶有兴味：

庚，《说文》："位西方象秋时，万物庚庚有实也。"甲骨文说是乐名，金文（庚）说是干支；但若从甲骨文字形（庚）去看，像极农具中用以筛米糠的扬筹，是一具有柄的簸箕，以便拿在手里，簸扬谷米。所以，底下加了几点米谷（水字），便成"康"字（金文作"庚"，小篆作"蘭"），像是簸落的秕糠（糠）；而由于书写上字形的变动，簸箕两边竟变成了两只手，以致原貌尽失；秕糠的糠字，把禾字加在康字旁，是意义重复的后起累加字（成语有"舔糠及米"，喻得寸进尺）。

故"庚"通"更"，喻秋收而待来春，有贮能和期待的意涵。庚字下面加贝，便成"赓"（贝字部），虽仍音庚，但与庚无关，是继续之意，是"续"字古文；而火字旁之"焿"，俗义虽同"羹"，但却是台湾自创本土字，不在传统字书之内。

至于"寅"，原是夏朝正月份（商代（正月）建丑，周代（正月）建子，夏代（正月）建寅，即所谓"三正"，孔子说："行夏之时"），此吾人今天犹称"农历"为"夏历"。从字形上去看，《说文》："寅，居敬也"，从宀、人（体）、臼，手自约束之形，与申同意。从甲骨文来看，是两手持矢向前的形象，表示前进、引领之意，也借以补充干支字，故甲骨文和金文都作干支解，金文尚有寅（恭）敬之意（"余寅事齐侯"），《尚书·舜典》

亦说："夙夜惟寅，直哉惟清"，注："言早夜敬思其职也。"寅字后来加上水旁，成了生物演进的演字，《晋书·乐志》："正月之辰，谓之寅（月）。寅，津也，谓物之津涂（途）。"而后，字之箭头扩大了，成了"宀"，就是现在寅字字形。寅之与虎扯上关系，有谓是源于十二生肖解释，王充《论衡·物势》："寅，木也，① 其禽虎也。"也就是从星象图形中，透过星星（点）之联缀、勾画，而想象成虎形，再与十二支位之寅配属；自后，寅虎几成两位一体——寅兽、寅客、斑寅将军，都是虎的别名，连寅年写春联也会写："寅时春日晓，虎岁国运昌。"中国人相信生肖（动物）相生相克（《论衡·物势篇》："五行之气相贼害……木胜土，故犬与牛羊为虎所服也"），就俗谚而言，谈男女匹配或殡吊冲撞，民谣就有："白马犯青牛，羊鼠一旦休。蛇虎如刀错，龙兔激交流。金鸡怕玉犬，猪猴不到头。"又说："自古白马怕青牛，虎兔相逢一代休。金鸡不与犬相见，猪与猿猴不到头。"清曹雪芹《红楼梦》第五回"贾宝玉神游太虚境"，写宝玉看到《金陵十二钗正册》一句："三春（迎春、探春、惜春）争及初春（元春）景，虎兔相逢大梦归。"寅与丑、卯、巳及未生肖相克，是耶？非耶？

　　虎为山君，为百兽之长，刚阳，故在钟馗、秦琼和尉迟恭、温元帅和岳鄂王受奉为门神之前，世俗已有在腊月（十二月）除夕夜，由县官饰桃人，垂苇茭，画虎于门，以讨吉利、镇凶煞。因为传说中，后来成为门神的神荼、郁垒，在度朔山上，立桃树下，用苇索挡白（阴）鬼去喂虎（见汉应劭《风俗通义·祀典》）。唐段成式《酉阳杂俎续集·贬误》则说："俗好于门上画虎头……，可息疫疠也。"又相传春秋时，孔子曾赞美他忠于事的楚国令尹子文（姓斗，见《论语·公冶长第五》），是受虎乳之哺而长大者（他自名谷于菟，楚语方言，谷即乳，于菟为虎），故儿童小时，多戴虎头帽，以征趋吉避凶。但虎为大虫，也会伤残人命。清刘献廷《广阳杂记》引李长卿

---

① 术者把五行与东南西北中方位配搭，木在东，火在南，金在西，水在北，土在中，又把子丑寅卯地支排在东南西北中方位内，寅恰排在东方，东方属木，故曰寅木，又将甲乙丙丁天干排在方位内，酉方位恰在西。

《松霞馆赘言》说："天开于子，子夜正鼠得令之时，故子属鼠；地辟子丑，而牛为耕地之兽，故丑属牛；人生于寅，有生则有杀（死），杀人者，虎也；又，寅者，畏也。可畏莫若虎，故寅属虎。"人一旦被虎吃掉，就会受它驱使，替它找"猎物"（人）——为虎作伥。故俗又构想些瑞兽来"治虎"，例如兹白（见《周逸书·王会》）、酉耳（见唐张鷟《朝野金载》），以及降虎之神茅将军（见宋《稽神记》）等等。

或问："庚寅、虎年，可得见穷通之象？"曰："未能也。"但若姑妄言之，姑妄听之，不与闻迷信，东拉西扯，复叙轶闻野史，附会则个，茶余饭后，也许博君一粲者，似可勉强一谈，以润涩文。

以取（字）格法测庚字，是"逢八（字）不（成）康（字）"，字象非祯。至于寅字，据清初周亮工（1612—1672）《字触》所记，蜀成都子（内）城金容坊，有石二株，高丈余，挺然耸峭，《图纬》云是"乃前秦寺之遗址"。三国时诸葛亮把石株掘出来，看看是什么，则见株上有五篆字："浊（濁）歇烛（燭）触（觸）蠲"，时人莫晓。后蜀相范贤解释为：浊（濁）字，水部，说的是（地支）亥子年，蜀地（四川）的水灾；歇字（歇音触，原是盛怒之意，欠部），说的是寅年和卯年，蜀地的饥荒；烛（燭）字，火部，说的是巳年和午年，蜀地的火灾；触（觸）字，角部，说的是辰年和戌年，蜀地的战乱；触（觸）、蠲两字（蠲，音娟，原是善和嘉美之意，虫部），说的是申年和酉年蜀地农产丰收富裕。后来有人以过往年份发生过的事故相对比，"果然"有这样的事！不过，亦有人说，何足信哉！除了内容真伪不谈之外，地支中亥子位配北方，属水，浊（濁）字又是水旁，以此而猜蜀有水患；歇字，欠旁，可理解为饥馑；巳午位配南方，属火，烛（燭）字，火旁，以此推论为火灾；触（觸）字有角，角者，斗也，以此联想兵燹；蠲字中有益字，字义本身又有嘉美、善和、捐除之意，大可将之说成丰收（获益，又免除苛捐杂税），亦即稼穑富赡之象。此五字虽有两字（歇、蠲）罕见、罕用，但要附会一番又有何难哉！然则，寅岁果真有饥馑之虞乎？

西谚说："历史不会重演。"（History doesn't repeat itself.）谶纬预言之

说，或臆测妄度，或托名伪作，或只是事后胡猜，但在好奇心和想知未来如何的动机下，传说者众，已成民族通俗文化的重要内涵。语云往复循环理无穷，也许，今古存亡一道通（历史趋势是相同的），信然？特摘若干与庚寅、虎年相关谶语强作解人谈屑，以作指扰。

1. 周姜太公《乾坤万年歌》："三百年来事不顺，虎头带土何须问。十八孩儿逃出来，苍生方得苏危困。"

   首句似谓明朝共 294 年，第三、四句指李自成（李，十八子〔孩儿〕）奔死于湖北，清兵始伪定天下；关键的第二句是清太宗于公元 1636 年改国号清，而于 1638 年至 1640 年间（1638 年为戊寅年，寅，虎头，戊，土地），进攻明京畿，蹂躏山东。首句"不"字，可作丕（大）解；顺，字意涵为"顺治"。

2. 唐司天监袁天纲（罡）和李淳风两人合撰之《推背图》第五十象，坤（☷）上震（☳）下之复卦：谶曰：水火相战，时穷则变。贞下起元，兽贵人贱。（"谶"是占卜时，所显示出来的兆文解辞）颂曰：虎头人遇虎头年，白米盈仓不值钱。豺狼结队街中走，拨尽风云始见天。（"颂"是预言、征验）不管是怀疑为后人托名伪作，又或者据传因为事过之后，检视其实，委实过于准确，致使宋太祖即位后，即下令禁谶书，但以此书已历百年，且民间多有藏本，故不复禁绝。乃命取旧本，紊其次序而杂书之（元朝脱脱等著《宋史·艺文志·五行类》，令阅之者连系不上，无从解释，或解句错误（清时又有所谓大内正本）。①

---

① 据说宋太祖赵匡胤是读了《推背图》第二十四象的谶和颂才下诏禁绝谶书的。该象的谶是："山崖海边，不帝亦仙。（南宋末代皇帝昺，在广东新会崖门投海，宋室告终）二九四八，于万斯年。（有解释为是宋三百二十二年之国祚——二九，二百九十年，四八，三十二年）"而此象之颂是："十一卜人小月终（"十一卜人小月"合成一个赵〔趙〕字），回天无力道俱穷。干戈四起疑无路，指点洪涛巨浪中。"令宋太祖愈看愈心惊。

另外，因为《推背图》之颂，一开始便说："自从盘古迄希夷，虎斗龙争事正奇。"因此，有民间版本便说，《推背图》之颂是宋朝演绎紫微斗数的陈希夷所诠释的，（转下页）

本卦都是讲虎年景状迷人之作,要大致了解本卦象意旨,得了解若干关键字、词或句,例如:

A. 水火相战:水火虽是生活中不可缺少的民生品(《孟子·尽心上》:"民非水火不生活"),但水火不兼容,势不两立。此句(似)是指时好时坏的逆境年份。

B. 时穷则变:可解读成时穷(乱世也)则世局丕变。

C. 贞下起元:《易经》第一卦是乾上(☰)乾(☰)下的乾卦,卦辞是乾、元、亨、利、贞。乾,指的是天的功能(天,是可见的形象),此句若从整体去看:元,相当于种子发芽;亨,是成长;利,是开花;贞,是结果;之后,种子再播于土里,重新发芽,由此生生不息。所以,乾、元、亨、利、贞全句所带出的意念是说,天的功能(乾),是创造万物的原动力(元),万物生命力强(贞),顺遂而祥和有益(利),全不偏私,而且始终如一(贞)。所以,《乾·彖传》说:"大哉乾元,万物资始,乃统于天。云行雨施,品物流行。"《坤·彖传》补充说:"至哉坤元,万物资生,乃顺承天。坤厚载物,德合无疆。含弘光大,品物咸亨。"故"贞下起元"一句,参考《易经》卦辞,以及上一句"时穷则变",大概是说收种之后(秋收),应该再勤于播种(春耕夏耘),以应时艰,但艰困中仍充满"漫天风雨待黎明"的希望。

D. 兽贵人贱:喻强权当道,民不聊生。

E. 虎头人遇虎头年:此句与谶之"水火相战"对应,是本卦之最精要一句。虎头,"虍",音呼,原指虎文(纹),现作部首;虎头的字又与姓名合拍者,大概有卢(盧)、虏、虔、献(獻)、处(處)、虞

(接上页)因此把"颂"称为"谶论",以与该卦之谶相呼应。谶论之与颂除一、二句相同之外,其余差异甚大,而其"灵准度"则超乎异常,故值得存疑。其实,无声叫希,无色叫夷(《老子·十四》:"视之不见,名曰夷;听之不闻,名曰希"),故希夷形容虚寂微妙之谓也,而此句似仍解为"天地间,自古至今即龙争虎斗"为妥。

虎头年谈太岁、生肖及流年

诸字；当中更隐有一个"玄机"字——虐，因为虐字偏旁原来还有一个"人"字（"虐"），似更合乎"虎头人"之指称。虐，是虎足反爪（虍字之底），残害之意，引申为侵侮、残酷和灾害。《尚书·盘庚中》："殷降大虐，先王不怀（不以为意）"，《诗经·大雅·云汉》："旱魃为虐，如惔（炎）如焚"，《传》："旱既害于山川矣，其气生魃，而害益甚。"又或者猜想"虎头人"，是寅年所生之人，则以公元2010年往前推算，1950、1962、1974本命年皆是寅年，亦即60、48和36岁的人是也。到底"虎头人"是姓名上有"虍"字的人，寅年出生的人，抑或暗指寅年的灾势呢？贤者或可得解。

虎头年是寅年，从公元2010年春夏往前推，可以得些历史事件轨迹：

· 2010年4月中下旬，新疆玉树县发生7.1级大地震。
· 2010年5月6日，美国道琼斯工业指数中盘突然大幅错落近一千点，一兆美元就此蒸发，全球股市震动，最终下跌139.89点，以10520.3收市，跌幅达1.33%，创美国历史上单日最大规模的盘中下跌，是美国股灾，也是亚洲股市黑色星期五。
· 2010年9月初，新西兰南基督城发生里氏（里克特）7.1级大地震。
· 2010年8月上旬，甘肃省舟曲县发生大规模泥石流。
· 十二年前，1998戊寅年，2月16日，台湾华航一架空中客车自印度尼西亚巴厘岛飞返台湾，准备降落桃园机场时，失事坠毁；强烈飓风"密契"横扫中美洲七国；巴布亚新几内亚西北部海岸，因地震引发海啸。
· 一百多年前，公元1902年光绪二十八年壬寅，继八国联军入京，继而郑士良在惠州起义失败之后（1900年），整个中国陷于一片混乱，民不聊生。

虎头人遇虎头年，得解否？

F. 白米盈仓不值钱：不，大也，通丕，是"很"的意思，清朱骏声《说文通训定声》："不，假借为丕。"故本句有米贵、囤积居奇、物价高涨之象。本句与"贞下起元"相对，喻虽遇困境，但世道循环不衰。

G. 豺狼结队街中走：豺狼，贪婪残害的野兽，常喻残暴不仁者，《孟子·离娄上》："嫂溺不援，是豺狼也。"此句与"兽贵人贱"一句呼应，喻到处都是凶暴之人。

H. 拨尽风云始见天：云从龙（辰），风从虎（寅）；此句与"时穷则变"相对应，意谓虎年（寅）、龙年（辰）过后（寅、卯、辰，即倒霉三年），天下方可转趋太平。

清初，批注《推背图》的金圣叹也看不准是哪个寅年，只笼统地批注说，此象（谓）遇寅年必遭大乱，君昏臣暴，下民无生息之日，又一乱也。历史遭进，治乱兴亡，强弱盛衰，如人之生老病死苦般，循环不爽，似为自然、必然之道。2010 庚寅虎年，如金人瑞之言否？① 穷通之理难测啊！

岁星、太岁之俗，原来如此，牛郎回舍，山君值位，当今之世，地球环境生态丕变，风震长林闻虎啸之情景，已不可复得，天文地理仍未成为普世知识，但愿对吾辈媒体人而言，甚望虎头人遇虎头年，做事虎虎生威，不会马马虎虎，不会骑虎难下，不会势成骑虎，不会虎头蛇尾。

---

① 传是（或托名）明黄檗禅师所作，朱肖琴注释之《仙机诗》（《晓世诗》），亦有言及虎年者，如诗之：

"其二"：黑虎当头运际康，四方戡定静垂裳。唐虞以后无斯盛，五五还兼六六长。——论者谓是指公元 1662 年壬寅清圣祖康熙登基，在位六十一年之事（五五〔5×5〕还兼〔十〕六六〔6×6〕长〔61 年〕）。

"其三"：有一真人出雍州，鹡鸰原上使人愁。须知深刻非常法，白虎嗟逢岁一周（似指清世宗雍正之对汉人虐压，他于公元 1723 年癸卯登位，1734 年甲寅虎年卒，在位十三年）。鹡鸰，或是鹡鸰之误，鹡，音集，鹡鸰，鸟名，但可喻兄弟；《诗·小雅·棠棣》："鹡鸰在原，兄弟急难。"此句喻危难至矣。雍州为古九州之一，约在今之陕北及甘肃西北大部分。

另有蜀诸葛亮《马前课》之"第二课"（明白鹤山僧人守元于万历年间为之注释），"离（☲）上、离下"离卦：火上有火（谓指三国时司马炎篡魏，改国号为晋，为晋武帝），火烛中土（司马炎篡魏翌年，即公元 266 年，为丙戌年；丙为火，戌为中土），称名不正（篡魏），江东有虎（江东孙氏之吴尚存在，晋元帝都建康〔南京〕，亦属江东）。

附释：

据《阿婆缚钞》及《行林钞》两书所说，印度有十二神，其所配属动物，除金翅鸟外，都与我国生肖相同，十分"耐人寻味"，介绍如下（转引自蒋伯潜《文字学纂要》，1946年）：

中国地支	生肖	配属动物	印度神将
子	鼠	鼠	招杜罗
丑	牛	牛	毗揭罗
寅	虎	虎	宫毗罗
卯	兔	兔	伐折罗
辰	龙	龙	迷企罗
巳	蛇	蛇	安底罗
午	马	马	额你罗
未	羊	羊	珊底罗
申	猴	猴	因达罗
酉	鸡（鸟类）	金翅鸟	波夷罗
戌	狗	狗	摩虎罗
亥	猪	猪	真达罗

12. 山寨与山寨货

有报道说,由手机代工业者自行开发类似苹果 iphone 的"山寨手机"在市场走红,令"山寨"一词,成了网络流行语。山东济南某技工学校,还推出知名服饰品牌恒源祥式生肖贺年广告般的电视招生广告。"山寨"一词,顿时火红。

稍微翻阅一下二十世纪五六十年代香港报道,可能会同意"山寨"一词,是源自香港说法。盖自朝鲜战争结束后,1960 年伊始,轻工业开始勃兴,海外厂家纷纷到香港设厂生产,促成香港轻工业加工(代工)急速发展。当代主要代工,一为可以带回家加工之"家庭手工业";另外,则是代工(加工)者合三数人自行找一间偏僻小屋(通常是港九半山或山脚之处荒野小屋),做小型加工工厂,致一般称之为"山寨厂",而加工损耗(waste),有瑕疵之次货,或偶有剩余之外流(售)货物,则称之为"山寨货"。山寨厂、山寨货,一度是五六十年代香港平民经济的支撑;其后,由于另类经济崛起(例如金融业),香港加工(代工)业慢慢淡出,山寨厂、工业大厦渐遭废置,而且由于经济发展,生活质量提升,一般人已多用名牌作为山寨货"替代"。

13.  大排(牌)档经济

重庆力帆集团董事长自豪地说,大陆存在的是大排档经济,所以在全球性金融海啸中,受害较小,也能快速重张旗鼓。将大排档与经济凑成一个通俗式"类学术名词",可说一绝。

粤人俗称路边摊为大排档,一般是较大型、地点固定、有摊档设备之各式贩卖摊位(档口),不同于只用担子叫卖之流动小贩或摊贩。而如果所卖的东西,为饭面粥肴一类快炒菜食,又多称为熟食档,有类现时之夜市食肆,通常是平民式、消费大众化之摊档。

大排档一词源起费解。排,是一系列连续之意,故粤语说"有排(牌)"、"有一排(牌)",即是在说"有阵子"、"有好一阵子"(牌者,有谓是古时挂在城头之告示牌,告知往来商民,城门开放时间)。而档,则原是算盘上的一行珠柱叫一档,所以,我们称一期次演出为一档期,上档、下档;但大排档之档,则粤读若"挡",是一个贩卖单位之意,因为摊贩多集中一起营生,故"大排档"可以解释为市集里有自己地盘的个体户。去过香港的朋友,可能会到过九龙城吃火候十足、港人说镬味够的熟食档,到旺角女人街大肆购买一番,这都是大排档。

不过,香港的大排档,似乎称之为"大牌档"为宜。因为港英时期,发给小贩挂在摊档上以示合法经营的牌照,比一般店铺商业牌照都大,以方便警察查牌(或刁难),所以便俗称、戏称此类摊档为"大牌档"。二战结束之后,香港民众谋生不易,很多人就在路边设摊档,当小贩赚些蝇头小利生活。由于小贩们仍旧称这样的经营方式为大排档,所以大家就从俗称之为大排档,而弃用"官称"。

说闻解字

大排档经济若从上述大排档形式去思考,指的就是"蚂蚁雄兵",不是"马奇诺防线式"军备大阵仗;灵活,包袱小,牵连也小,故重建易而又快速。总之,小兵反而立大功,也可说是给极度资本主义巨人来一下醍醐灌顶。也不禁令人想到二战后,举凡过度投资重工业企图发展军备诸国,一般而言,似乎反不如着意于发展金融贸易和旅游服务业的"软经济"国家来得风光。

14. 歹年经济的"预言"

从历史的角度来看,世浊总会流言四起,谣言满天飞,疑惑、八卦消息不断。己丑牛年,全球经济前景恐难有大转机。碰巧,2009年1月1日同牛年正月初一在黄历俱为破日,而同年农历五月之后,又有一个闰五月,双破日加上闰月,遂成了主"煞"的凶兆。于是,命理学家又各有解释和预言。

再添些霜的是,里昂证券台湾地区研究部主管彼得·萨顿(P. Sutton),元宵节前又再突出惊人之语,"预测"台湾牛年经济成长率,会从原先预估的-2.7%,跌至-11%。"预估"见报后,各界一片哗然,虽则参信半疑,仍不免充满忧虑和疑惑。大家心中也许不期然泛起一个期望,到底经济景气是否复苏有望?还要忍耐多久?这不多不少,都牵扯到对经济景气的看法,以及何所据而言的问题。各个说法和观点,虽然也一度成为注目焦点,可惜,经过时间考验,最终都是"弗灵光"者多。

依过去事实、数据和资料,归纳成经济景气曲线,从而推论未来经济的"繁荣—衰退—繁荣"的可能发展,在欧美研究中,早期已有1862年法国人朱格拉(G. Juglar)的七至十一年"中期商业循环周期",1923年英国人基钦(Kitchin)的"三年半商业循环周期",而最为人注意的,则是1919年苏联经济学家康德拉季耶夫(Kondratieff)以英、法、德、美国及西欧国家一百四十年财金经贸资料分析而提出的"商业循环长期曲线"——经济景气升起期,约二十至二十五年;平稳,五至十年;下跌,大约持续三十年!

不过,好端端为何景气会波动、变差呢?翻翻书本,经济循环的理论主要有:货币闯祸说(Pure Monetary theory)、过度投资说、消费不足说、心理学说(乐观/悲观的错误)、创新科技说、太阳黑点说(影响农产),以及内/外部问题论等等。著名经济学家杜森贝利(J. S. Dusenberry)认为,经济之所以会循环,一方面是经济系统生产能量超出需求,以至于企业利润和投资渐次下降,国民所得连带降低,但经过一段时期终止投资或经济结构改变,景气即行恢复;另一方面,虽然经济系统生产能量未能超出需求,但若处于投机性的"投资"景气,在货币崩溃的疑虑以及其他相关因素的影响下,亦足以形成经济景气循环。

另一位著名经济学者熊彼特(J. A. Schumpeter),则曾根据经济学家米切尔(W. C. Mitcheal)和伯恩斯(A. B. Burns)早年所著的《衡量经济周期》(*Measuring Business Cycles*),提出一个见解,认为"经济衰退仍是繁荣的一种反应"。周期性的经济波动,通常有三四年一次的小循环,八九年一次的大循环,以及五六十年一次的长期波动曲线。

美国人韩森(A. H. Hansen)认为,调整经济循环,应以制造工厂(厂房工地、运输和其他公用设施)、生产设备(机器、各项商务、财务及企业添置物)、住宅楼房、库存成品、半成品以及外国投资等"真正"投资为主,而非光着力于抵押、证券和公司股票等救济外手段。

在全球金融海啸波浪里,带头大哥是极度商业化、资本主义楷模的美国,全世界面对史无前例的困难,里昂证券主管的惊人之语,会否"太超过"?

15.  云屯大野起龙吟

台湾诗人楚戈穷二十五载精力、毅力,以带恙之身,2009 年以 77 岁高龄写成《龙史》一书面世,指出渔猎时期"它"就是龙,畜牧时代称"巳"(音治)为龙(龍),到了农业时期,则依农的发音,而衍声、形塑为"龙"——这一观念性和象征性的动物。皇皇巨著,捧读之下,文既令人不忍释手,图更精美细致详尽。

龙凤龟麟在我国传统文化里,被尊为四灵,而龙居其首(《大戴礼记·曾子天圆》:"鳞虫之精者曰龙"),旧说龙能兴云雨,利万物,故尊为神龙,并以之喻为君王。《左传》称龙为水物,《管子》说龙可以升天入水,秦代则指龙为天子(有称秦始皇为祖龙),汉刘向称龙为天龙(《新序》),《说文解字》说龙春季升天,秋季潜渊。但从字形字源去看,在甲骨文里"它"作"",活像是一条经常咬人脚趾的爬虫,有灾祸的意思(甲骨文有"疾齿,惟父乙它〔 , 〕"字样)。到了金文()从形状特殊的头形来看,它就是一条长长的蛇了,此时,则有容器称作"它"(有"白正父乍〔作〕旅它〔   〕"句),也把"它"作形容词("它它受兹永命"、"它它熙熙");而由小篆至楷书,由于书写关系,又衍生出"也(小篆作"")"和"乜"这两个字。"巳"字在甲骨文里作"",像极襁褓小儿之形,作干支,有祭祀之义(甲骨文:"我其巳宾乍,帝降若〔   〕");到了金文()及小篆()阶段,开始"定型"为巳。故许慎在《说文解字》里说:"四月阳气巳出,阴气巳藏,万物见,成文彰,故巳为它,象形。(四月陽氣巳出,陰氣巳藏,萬物見,成文彰,故巳為它,

象形。)"不过在金文里,已还是作干支之用,沿用甲骨文祭祀之义(如"古丧以巳〔古🅱🅱〕"),并且带有终止之意(如"佑受毋巳"、"沫寿毋巳"和"毋疾毋巳")。"它"、"巳"无疑是一条长长的大爬虫。

铜铭有"获龙(获飞龙?)",《左传》也有"龙见于渊"的记载,在甲骨文中,龙形状与抽象、漫画化了的扬子鳄十分相似,所以,许慎说"它"是飞之形,童省声,是"鳞虫之长",能幽能明,能细能巨,春分而登天,秋分而潜渊。往后,在我们的文化中,一切对龙的想象和附丽,大概本此。例如《吕氏春秋·有始览·应同》:"以龙致雨"(龙,水物——龙卷风?);《楚辞·离骚》:"麾蛟龙使梁津兮,召(诏)西皇使涉予"(小曰蛟,大曰龙);《楚辞·天问》:"焉有虬龙,负熊以游"(有角曰龙,无角曰虬)。

在辽河流域中,比红山文化更早的赵宝沟文化(距今约六千年)和查海文化(距今超过八千年),都有刻画龙和摆塑龙的史料。有研究者指出,龙最早的形象,似是见于六千多年前河南濮阳雨水坡仰韶文化早期墓葬,用蚌壳排列出状似龙形体、有"华夏第一龙"之称的"具龙图"。

龙,是一个象形字,在甲骨文(🐉)和金文(🐉)中,它最特别的地方是龙(龍)字之头(立,辛字省)像顶毛,接着下边的"月",像张开的口(许慎注为肉);到了小篆(龍),它的身体部分,则已由简单变为复杂,字之右半边加上饰纹,以喻其有飞天之能,不过,饰纹之"彡(三)",很像是鳞或鳍,而正楷则是"立月己三"(龙〔龍〕字字谜)。不过,无论哪一种字体,龙都是一个造型极为漂亮之字,真是所谓的龙飞凤舞!

龙在中国是吉祥之物(龙凤呈祥),不过它现时所见的"九似"四肢五爪金龙图,则是到清代才正式定型的,应是多种动物的综合化身。(九似是:项似蛇,腹似蜃,鳞似鲤,爪似鹰,头似驼,掌似虎,耳似牛,眼似虾,角似鹿)

甲骨文中已有龙兽("其乍龙于凡田,又雨〔🅱🅱🐉于🅱田,🅱🅱〕"),也作人和地名("王勿惟龙方伐","龙亡其雨","令插以众

云屯大野起龙吟

代龙"），而金文则有矫若游龙之赞誉"乔乔其龙〔䶒䶒其龙〕"）。《管子》一书以为龙被五色而游——"（东）青（苍）龙、（南）赤龙、（西）白龙、（北）黑（墨、玄、乌）龙和（中）黄龙"，而金龙、银龙、火龙、灰龙和土龙则系非正色的龙。《易经》六十四卦第一卦乾卦则说：潜龙勿用，见龙在田，或跃在渊，飞龙在天，亢龙有悔，见群龙无首，来六龙以御天。有人以为此是龙卷风也，元代杨瑀《山居新话》提到："是日忽二龙降于豪强之家，凡厅堂所有床椅窗户皆自相奋击，一无完者。"另外，《山海经·大荒北经》曾提及："赤水之北，有章尾山。有神，人面蛇身而赤，直目正乘，……风雨是谒。是烛九阴，是谓烛龙。"有人以为此是极光描写，也有人以为"震"——雨下之"辰"，就是"神龙见首不见尾"的龙卷风。

若说农字与龙相关，则农字在甲骨文和金文里，都像晨曦时分在林间田野，以"辰"这种蚌具为农具耕作，故农字古作"辳"（在林间耕作，甲骨文有"其弗农"、"农亦楚虏"之句；金文则有"农臣光王"、"农嵞"等语词）；而甲骨文的农字，尚附带有"晨早时光"之意指。

至于"曲"加"辰"所合成之农字，曲在金文（𠚍）和小篆（𠚍）里，是曲角形之受物器，状如畚箕之属；而在民间，养蚕用的平面形团簸，就叫曲，亦即蚕箔。虽然受甲骨和竹简宽度所限而竖写，但辰字从甲骨文（𠂆）和金文（𠂆）来看，一眼就可以看得出来，是蛤蚌一类软体动物外伸的软体，所以加虫便成蜃。远古之世，蚌壳就是农具。辰在甲骨文和金文里，都是表示时的干支（甲骨文："其五牢又辰"，金文："唯王正月辰才甲午〔唯王正月辰才甲午〕"）。

在十二生肖中，为何术家以辰配龙呢？据明人郎瑛所说，辰表示阳气升起而动作，其盛以龙配之，故辰为龙。（《七修类稿》）而清刘献廷的《广阳杂记》则说："三月之卦，正群龙行雨之时，故辰属龙。"（引李长卿《松霞馆赘言》）尽管十二生肖之配属和排序，自古即有很多不同说法，但华夏以农立国，农之一字充满现实生活描写（养蚕渔殖），将它浪漫化（跨凤成龙），农力自豪，又有什么不好？

不过，可惜的是，除了文化龙之外，在封建时代，它被政治利用了，遂与百姓分道而行，一度变成了政治龙、天子龙。统治者要食邑，便不但要统治善良的农民，还要他们崇拜龙为天子；龙于是被阶级化，成为皇室专属表征。因为既然要强调帝权天授，最有力的说法，当然莫如把龙神秘化、信仰化，并将自己说成是龙的裔亲，以异象来支持统治者君权神授的权力合法性（例如，《太平御览》有记：南朝陈宣帝在江陵夜被酒，张灯寐，李总见帝化为龙，惊走）。这些节骨眼，连秉笔春秋的太史公，亦不得不书上一笔。汉高祖刘邦自谓赤帝之精，是感赤龙而生的龙种，司马迁就说汉高祖刘邦的母亲"梦与神遇。是时雷电晦冥，太公（邦父）往视，则见蛟龙于其上。已而有身，遂产高祖。高祖为人，隆准而龙颜，颈长鼻高，美须髯"，所到之处，头上常出现云气，并以此一"特殊身份"剑斩白龙帝之子以定鼎天下。（《史记·高祖本纪》）在封建皇权淫威之下，充满求真精神（浮沅湘，窥九疑等）、为李陵仗义执言惨受腐刑的司马迁，岂能"笔随己意"！至唐杜甫《哀王孙》曰："高帝子孙尽隆准，龙种自与常人殊"，才正言若反，感叹龙种亦是常人。

据说，古时有人"吃过"龙肉的。唐房玄龄等《晋书·张华传》："陆机尝饷华鲊，于时宾客满座，华发器，便曰：'此龙肉也。'众未之信，华曰：'试以苦酒（醋）濯之，必有异。'既而，五色光起。"

虽然粤谚有谓"穿上龙袍也不像太子"，用讥帝王之望之不似人君，但龙的矜贵"血统"，既然成了天潢贵胄的专利，一般百姓自难妄想"系出名裔"，只有广东省一带，相传是秦汉时黎族的蜑户（水上人家），"有幸"被称为龙户（韩愈《送郑尚书赴南海诗》："衙时龙户集，上日马人来。"）不过，想想"云从龙（起）、风从虎（生）"（《易经》乾卦）之类龙吟虎啸、龙飞凤舞的民俗想象，但凡中国人总会有些"云屯大野起龙吟"的猛龙过江般豪气，浸淫在伏龙、卧龙、亢龙、飞龙和神龙的文化龙美梦中。

至于"属"龙之字则有：

- 龑：音掩，高明貌；

云屯大野起龙吟

- 龔：音恭，同供、通恭，供奉、敬肅也，又姓也；
- 拢：总是有，通通有；
- 龓：音笼，兼有、包笼也；
- 龕：音堪，神龕；
- 余如：宠、笼、泷、栊与昽诸字。

附释：历代真龙"现身"的记载及其他

一、有关真龙的"现身"，历代皆有记载，只是不知真假：

（一）东汉建安二十四年（公元219年），有黄龙出现在武阳赤水，据说"逗留"九天后才离去；当时，据云且曾在其出现之处，建庙立碑。

（二）东晋永和元年（公元345年）四月，据说有一黑一白两条龙，在龙山现身。燕王慕容皝还率朝臣在距龙两百多步处拜祭。

（三）据后晋贾纬《唐年补录》所载，唐咸通末年某日，有一条青龙坠于桐城县境内，喉部受伤，当场死去。据记载，龙全长十多丈，身体和尾巴各占一半，尾呈扁平状，通身鳞片跟鱼差不多，头上有双角，口须长达两丈，腹下有足，足上有红膜。

（四）南宋绍兴三十二年（公元1162年），太白湖边发现一条龙，巨鳞长须，腹白背青，背上有鳍，头上耸起高高的双角，几里之外都能闻到它的腥味，官府派人拜祭了一番。怎知一夜雷雨过后，它就不见了，所躺过的地方，却留下一道深沟。

（五）明郎瑛所著《七修类稿》记载，明成化末年某日，广东新会海滩上，坠落一条龙，约有一人高，身长数十丈，腹部呈红色，甚似画中之龙，但被渔民打死了。

（六）据《永平府志》记载，清道光十九年（公元1839年）夏天，有龙降落在滦河下游的乐亭县境内。蝇蚋遍体，当地民众为它搭起一个棚来遮阳光，并且不断用水泼洒它的身体。三天之后，在一场大雨中，龙就不见了。

（七）明崇祯四年（公元 1631 年），据说在云南石屏县东南的异龙湖中，出现龙踪，"须爪鳞甲露出，大数围，长数十丈"。

（八）1944 年 8 月，松花江南沿的扶余县陈家围子村后，有一黑龙趴在沙滩上，长约二十多公尺，外形像四脚蛇，全身是像鳄鱼的鳞片，前半部身体厚的（直径）一公尺多，四个爪深深扎入沙里，脸上和世人所画的龙差不多，长着七八根又粗又硬的长须。

（九）相传黄帝及群臣摸过龙髯。《史记·封禅书》："黄帝采首山铜，铸鼎于荆山下。鼎既成，有龙垂胡髯下迎黄帝。黄帝上骑，群臣后宫从上者七十余人，龙乃上去。余小臣不得上，乃悉持龙髯，龙髯拔，堕，堕黄帝之弓。百姓仰望黄帝既上天，乃抱其弓与须髯号（哭）。"其后，以龙髯称帝王之死（唐刘禹锡《敬宗睿武昭愍孝皇帝挽歌》："虹影俄侵日，龙髯不上天"），意同"龙驭宾天"。

二、龙字成语举隅：

- 龙生九子：相传龙一生九子。据徐应秋《玉芝堂谈荟·龙生九子》引用李东阳《怀麓堂集》说："龙生九子不成龙，各有所好。"

  囚牛，平生好音乐，今胡琴头上刻兽是其遗像；

  睚眦，平生好杀，今刀柄上龙吞口是其遗像（俗谚"睚眦必报"）；

  嘲风，平生好险，今殿角走兽是其遗像；

  蒲牢，平生好鸣，今钟上兽纽是其遗像；

  狻猊，平生好坐，今香炉、佛座狮子是其遗像；

  霸下（又名赑屃），平生好负重，今碑座兽是其遗像；

  狴犴，平生好讼，今狱门上狮子头是其遗像；

  负屃，平生好文，今驮在石碑两旁之龙是其遗像；

  饕餮，平生贪吃，今殿脊兽头是其遗像。

  龙生九子，通常用以比喻同胞兄弟性格志趣各不相同。

云屯大野起龙吟

- 龙飞凤舞：形容气势奔放雄壮。（宋苏轼《表忠观碑》："天目之山，苕水出焉，龙飞凤舞，萃于临安。"）
- 龙行虎步：赞扬男士仪态。（元脱脱《宋史·太祖纪三》："每对近臣言：太宗龙行虎步，生时有异，他日必为太平天子。"）
- 龙吟虎啸：啸声嘹亮。（张衡《归田赋》："尔乃龙吟方泽，虎啸山丘。"）
- 龙肝豹胎：极难得、珍贵食物。（唐房玄龄等《晋书·潘岳传》："厥肴伊何？龙肝豹胎。"）
- 龙蟠（盘）虎踞：地形雄壮险要，特指金陵。（晋陈寿《三国志》："钟丘龙蟠，石头虎踞"；李白《永王东巡歌》："龙蟠虎踞帝王州，帝子金陵访古丘"；南北朝北周庾信《哀江南赋》："昔之虎踞龙盘，加以黄旗紫气。"）
- 龙骧虎步：气概威武。（晋陈寿《三国志·魏志·陈琳传》："今将军摠皇威，握兵要，龙骧虎步，高下在心。"）
- 龙骧虎视：气概威武，亦喻雄才壮志。（《三国志·蜀志·诸葛亮传》："当此之时，亮之素志，进欲龙骧虎视，包括四海。"）
- 龙精虎猛、龙马精神、猛龙过江（俗谚"不是猛龙不过江，不是毒蛇不打雾"）、一登龙门身价十倍、龙凤呈祥（龙凤配）。
- 龙蛇混杂、画龙点睛、龙潭虎穴、龙的传人。
- 天龙：天龙八部，佛家语，指护持佛法的诸天与龙神等八部。《法华经·序品》："天龙恭敬，不以为喜。"《法华经·提婆达多品》："天龙八部人与非人，皆遥见彼龙女成佛。"天龙座（Draco, Dra），则是弯曲像一条长龙的星座（头部四星成一龙头，最亮两星为龙眼）。
- 攀龙附凤：南朝宋范晔《后汉书·光武帝纪》："耿纯进曰：'天下士大夫捐亲戚、弃土壤，从大王于矢石之间，固望攀龙鳞、附凤翼，以成其所志耳。'"

三、龙的骈词举隅：

- 龙蛇：退隐（《易·系辞下》："龙蛇之蛰，以存身也"）；非常人（唐李白《早秋赠裴十七仲堪诗》："穷溟出宝贝，大泽饶龙蛇"）；书法笔势蜿蜒盘曲——笔走龙蛇；代表辰巳。
- 龙象：比拟具有勇力、猛于修行的佛家语。（唐裴休《赠黄檗山僧希运诗》："一千龙象随高步，万里香华结胜因。"）
- 龙断：即垄断。
- 龙媒：骏马。
- 龙舞：即舞龙、玩龙灯，汉已有此民俗技艺。（见汉董仲舒《春秋繁露》）
- 龙潜：皇帝未即位。
- 龙鳞：天子衮服上之龙纹，或形容似鳞甲之物。
- 龙头：原指状元，今指领导者。
- 龙图：帝衣。
- 龙脉：龙穴。
- 逆鳞：龙喉下的径尺鳞片，"若有人婴（触摸），则必杀人"。（《韩非子》）《辞源》"逆鳞"条："按此以龙喻君，人君多恶直谏，犯之易怒（龙颜大怒），故喻以有逆鳞也。人臣敢谏诤而冒犯君主之威严，曰婴（触也）鳞。"苏东坡《谢中书舍人启》："出而从仕，有狂狷婴鳞之愚。"

云屯大野起龙吟

今文(楷书)	甲骨文	金文	小篆
龍			
龘			
云(雲)			
䨻(雲)			
黽			
龖			
申(電)			
䨻(音蹦)			

说闻解字

16. 大和尚明心见性

2009年牛年2月14日,风雪中的行脚僧、大和尚圣严法师以八十高寿圆寂,大菩萨点化世人,致令上至达官贵人、下至贩夫走卒,顶礼参拜,同颂佛号,共持功德。圣严大法师以身现相,推动人间佛教,矢言报佛法僧三宝之恩,顿悟虚元(肉身)有尽,我愿无穷,故不以舍利子为念,不追求金身不朽的一身舍利,遗愿骨灰还诸天、还诸地,植葬法鼓山环保生命园区,将舍利布施。

传佛偈易,悟佛偈难。试看明罗贯中《三国演义》第七十七回:《玉泉山关公显圣,洛阳城曹操感神》:关云长败走麦城之后,被孙权执杀,但英灵不散,飘荡至荆门当阳玉泉山顶,连夜呼冤:"还我头来!"某月白风清之夜,冤声为云游到此的汜水关镇国寺长老普静所闻。他前时在镇国寺中,曾与关云长相聚,故认得关云长,遂以手中拂尘之尾指一指关云长,并且问道:"云长安在?"关云长英魂顿悟,向他请求清诲,以解迷津。普静说:"昔非今是,一切休论;后果前因,彼此不爽。今将军为吕蒙所害,大呼'还我头来',然则颜良、文丑、五关六将等众人之头,又将向谁索耶?"关云长遂恍然大悟,稽首皈依而去。

关公固有佛性,罗贯中佛性亦不差,否则,焉能如此生动地写出普静佛偈。关云长的顿悟和恍然大悟,究竟悟到些什么呢?——"云长安在?"佛偈说的是,关云长实在的肉身虽逝,但是,他的名(虚名)却"昭然垂万古,不止冠三分"!

有谓普净佛偈——"云长安在?"四个字点化了关羽,令他悟得因果名实而息冤,有如一部《金刚经》般大功德。圣严大法师明心见性,推动人间佛教,也是功德无量!

17.　养生罗汉拳

　　学技艺的流传一句话："学无先后（专攻），达者为师。"报载一位水电技工，把自己无师自通、研习而得的"少林寺十八路罗汉功"，传授给有缘人，他默默耕耘，成为气功大家，造福世人健康，令人心生敬佩。

　　根据中华武术发展史相关的记载，南北朝时印度高僧二十八祖菩提达摩（bodhi dharma），在梁武帝时到河南嵩山少林寺面壁九年，开创禅宗。因为见僧人诵经做早课时，经常打瞌睡，精神不济，因而传授给寺僧十八式模仿各个罗汉形态、动作的类似瑜珈之"体操术"，名之为罗汉十八手。武术史研究者认为，此是少林寺第一套完整的拳套，但因为是以练气为主，等于是外家功夫之内功，练习的人，非得有耐心不行。又因为盛传达摩曾将《洗髓经》和《易筋经》这两本练内功的镇寺之宝，留下给寺僧练习；其后《洗髓经》为二祖慧可所得，《易筋经》则归六祖慧能，遂成练武者注目焦点，罗汉拳则被误认为只是比较普通的拳法修炼。其实《洗髓经》从来只得其名，《易筋经》虽现江湖，但真假难辨（相传宋岳家军名将牛皋曾得此书），只有罗汉拳是实实在在的修炼精、气、神的好功夫。罗汉拳其后外传俗家子弟，近代则有精此拳套的师傅，绣像成书出版。

　　满清之世，道士被封为国师，而在少林僧图谋反清复明的绘声绘影的传闻下，僧道关系似乎不太和谐（清末民初坊间小说《万年青》，即以此为蓝本，描述少林子弟与武当、峨眉门徒恩怨，此亦少林电影故事所本。每当读到"遇难身殒乾坤万劫英雄尽"，少林英雄相继遇难，令人不忍卒读）。僧人既然外传罗汉拳，道家（派）当然也大大方方地传出本门之秘，那就是我们所熟悉的、演员成龙赖以成名的——醉拳。

　　醉拳，原名醉八仙，是道派一套高级的拳套，它是利用模仿八仙醉态，来练习腰、马步（脚）之力和跳跃动作。醉拳动作生动，但练习时并不醉酒，并非"一分酒一分力"，只是为了生动活泼起见。练习时，都在装醉。为了不让人误会以为是个疯子在手舞足蹈，传统师傅在示范醉拳时，会先在竖起的八九尺白布上，大书一个苏体草书"醉"字（苏东坡曾醉写草书"醉眠"两字），通常都写得龙飞凤舞、铁画银钩。

  文武合一，寓体能训练于娱乐，是中华武术的一个特色。传统上的舞狮、舞龙就是一个很明显的例子。舞狮、舞龙除了增加节日气氛，年轻人玩得起劲之外，最重要的是，各种动作都与拳术身手步法相关，练习久了，不但狮艺精湛，而身手马步的劲力，就自然练就。更不说狮分南北类型，南狮曰醒狮（原称瑞狮，但讳瑞、睡粤音同，故称醒狮），以威猛取胜；北狮（其实是麒麟）则以活泼见长——这样的文化浸淫和传承了！严格地说，罗汉拳和醉拳，都不是专门用以搏击功夫的招式，但是，若能视作一项运动而经常练习，信可以强身养生。

18. 黄飞鸿与清末台湾民主国

"新潮"黄飞鸿电影集都拍得凄美动人,他和十三姨的恋情,更令人艳羡。不过,真实的广东洪拳名师黄飞鸿并不如此。他生于清道光三十年(1850年),是广东西樵人,但在佛山长大;父亲黄麒英精通南派洪家拳术,但只在衙门做一名技击教练,因为贫困,闲时就带同少年黄飞鸿在街头卖艺、卖药和医跌打杂症。颖悟的黄飞鸿不但尽得真传,并且青出于蓝。及后因缘医好了黑旗军首领广西人刘永福的脚疾,刘永福遂聘他为军医官,并担任福字军军中技击总教练。民国肇基,刘永福担任广东省民团总长,负责广东省的军民收编,又任他为广东民团总教练。

早在清光绪二十年(1894年),刘永福带两营黑旗军赴台抗日,驻守台南,黄飞鸿亦因之随军到了台南。中日甲午之战,清廷战败,被逼签订屈辱的《马关条约》,将台湾割让给日本。台湾朝野奋起反抗日本接收台湾,陈季同、丘逢甲等士绅,于光绪二十一年(1895年)六月宣布成立"台湾民主国",台湾巡抚唐景崧为大总统,国号永清,刘永福为大将军,黄飞鸿则担任殿前大将军。可惜,黑旗军之传统装备,难敌日本新军,清廷又未给予援助,以致节节败退,黄飞鸿最后亦不得不随同刘永福潜渡回广州,结束军旅生涯。

返回广州后的黄飞鸿,已深深体会到拳脚刀枪,实在难与洋枪大炮匹敌,故对于教授技击已兴趣缺缺。加上最得他真传的次子黄汉琛,因为担任行于西江的梧州轮船勇(保镖),押运货运,与人搏击获胜,但被绰号"鬼眼梁"者怀恨在心,设计用手枪将之击毙,黄飞鸿更加伤心欲绝,认为拳脚搏击生孽,因此,决定不再教其他儿子功夫,所以,他多数儿子,都未能一睹乃父真功夫丰采。1924年秋,广东十三行商团在英人唆使之下,乘中山先生北伐之际叛变,他在广州西关仁安街的宝芝林,一举毁于敉乱炮火,他深受打击,

翌年染上时疾，死于广东城西方便（西）医院，享年75岁。身后萧条，幸有一位女弟子出资给他安葬。

黄飞鸿酷爱虎形手法，武林人士称他为"虎痴"，一生练就绝技甚多（如虎爪、虎尾脚），但以无影脚最受渲染，连《时代》（Time）也没有搞清楚。1998年10月5日那期英文版的《时代》，在介绍武打明星李连杰"人气急升"时说："预测他在好莱坞事业蹿升的速度，会像'无影脚'般神速。"（"Now Li's Hollywood career is moving "the speed of a No Shadow Kick."）而其实所谓无影脚，却是"无影不起脚（去踢）"之意。也就是说，起脚踢敌之前，先扬起手佯攻（招式叫影手），引开对方注意，才踢对手个措手不及，所以，无影脚只是一种配合手法的腿击法，而非"快得连影子都看不见"那样神奇。1950年末，由港星关德兴主演之港产黄飞鸿系列影片（如黄飞鸿传之《火烧霸王庄》），对此脚法之蹴踢，已有真实演式和解说。

清末民初，广东有十位出色的技击家，被誉为广东十虎，黄飞鸿就是十虎之一。霍元甲创办精武体育会后，欲派遣五位名拳师南下广东设立分会，以推广武术。孰料广东报纸在报道此一新闻时，竟然大字标题地说"五虎下羊城"（广东又名五羊城），几乎在武术界搞起一番腥风血雨。所幸武术界终能共体时艰，而彼此抑制。1919年4月上旬，广东省精武会成立，黄飞鸿还摒除成见，在成立大会上，表演飞铊入埕绝技。

黄飞鸿裔传徒弟不多，据说大弟子陆正刚曾任中山先生卫士，而最为人知悉的是林世荣。林世荣不但功夫好，更曾任广东军头陈济堂军中技击教练。据说同时代外号为"中国铁砂掌"的顾汝章，曾向他挑战，但林世荣认为无此必要，且两虎相争，必有一伤，于是隐居避战。（令人好奇的是，在广州的黄埔军校国术教官，却是白眉派嫡传的张礼泉师傅）

黄飞鸿的确有过一段浪漫爱情，在他六十岁时，有一位练广东五大拳术之一莫家拳的女士，以十九岁芳龄，嫁给了黄飞鸿，夫妻恩爱——那就是港人熟悉的莫桂兰师太，她在1949年后，从广州搬到香港，并设馆授徒，把黄飞鸿教她的功夫，教给社会大众，学的人很多。莫桂兰活至1982年，享年

黄飞鸿与清末台湾民主国

九十一岁。

  黄飞鸿也有许多与人搏击的传说,例如,据传他二十一岁那年(1871年),曾经在香港上环水坑口大笪地,因路见不平而挺身相助一名受恶棍欺凌之小贩,却被数十凶徒持械围攻,他施展五郎八卦棍法突围,击伤恶徒多人。也许正因牵涉人命伤残,有违法之忌,故轶事大多只在坊间流传,没有正式资料可稽查核,不若霍元甲正式打洋人擂台之有新闻报道。例如,霍元甲在天津击倒美国拳击好手,绰号"杀人王"的麦尔逊(Myerson),美国《纽约新闻报》(*New York Journal*)就以头版四分之三篇幅报道此事(由麦尔逊亲自执笔,讲述此战经过)。又例如,据说霍元甲与俄国巨人斯其凡洛夫比武,将之打败,应了中国功夫不怕有绝力者之说,俄国《彼得堡通报》亦曾以显著版位报道此事。

  很可惜,不管由哪位大明星来饰演黄飞鸿,都不是南派洪拳师傅(关德兴练的是白鹤拳),一般只求演出戏剧化,似乎都未能真正诠释黄飞鸿的洪家拳脚功夫。

19. 全球气温变异下看农历民谚

2009己丑牛年，对术数方家来说，可能是曾经一度令他们忧心忡忡的一年，因为黄（农）历日月干支，出现不少凶年恶兆。例如，传统上所谓的双破日——公元2009年1月1日，即农历戊子年十二月初六，是破日；己丑年正月初一，即公元2009年2月1日，又是破日；破者，败亡也，凡事不吉。同年，又是双立春——2009年2月4日，即牛年正月初十庚辰日，（是二十四节气首节）立春；2010年2月4日，牛年的十二月廿一酉乙日，又是翌年庚寅虎年的"提早"立春，年头一个立春，年尾又一个立春。更令方家傻眼的是，牛年冬至，是十一月初七辛丑日（2009年12月22日），名符其实的"两（立）春夹一冬（至）"。另外，牛年更适逢有两个闰五月，又成了"双（立）春兼闰月"的困滞之格。双春兼闰月原本不坏，象征丰沛，但牛年的立春日子不对，闰的又是刚烈的五（午）月。

好了，光是要搬"双春"的农谚就有好几条，例如：

● 立春有雨棵棵（禾）有（水），立春无雨甚担忧

传统上，农历正月如遇地支辰日，就称为龙日（因为辰生肖是龙），而龙（海龙王）管人间雨量，故农家视其与天干配搭而预测年度雨量多寡。凑巧牛年正月初十（2009年2月10日）为农历庚辰日，因为庚在地支中排序第十，所以俗称为"十龙治水"（见宋庄绰《鸡肋编》），而农谚又有"少龙多雨水，多龙懒治水"之说，"理同"俗谚"一个和尚挑水食，两个和尚分水食，三个和尚没水食"一样（人多了就你推我让，不去打水），而今十龙治水，可不干旱？但清俞樾之《乐府体四章记浙江大水·水灾叹》，已经不同意此说，反而认为龙（庚）多，则主涝，他说："正月十一日遇辰，为十一龙治水，

主水灾。"牛年8月8日，台风莫拉克（Morakot）吹袭台湾，令南部高雄等地遇五十年未有之洪涝土崩，成了人间炼狱，似应了俞樾之说。

● 双春夹一冬（至），十个牛栏九个空

年度干旱，耕牛没田可耕，成了"待业牛"，而农家干脆把牛卖了，省些饲料也好；又或者饥旱交逼，一些耕牛早已抵受不住而饿死了。

俗谚，的确是前人经验的累积，一语中地将之约化为简单、易记、易懂和易于传达的词组，好使后人受此"预警"功能或哲理而得益。不过，许多俗谚，其实是经验上有此一说而已，例如，南朝宋范晔《后汉书·蔡邕传》有说："日南至则黄钟应（是仲冬十一月了），融风动（东北风）而鱼上（破）冰（而出，日回暖也）"；又如，说"八月韭，佛开口"，喻韭菜之美味也（见北宋张耒《宛丘集·诗注》之《古谣谚》）；再如谚云："月晕主风，日晕主雨"（见元楼元礼《田家五行志》），诸如此类。但更多时候，是传述者"不知从何说起"，而转述者则是一味"人云亦云"，与时代演变和环境条件脱节。例如，俗谚有"闰七（月）不闰八（月），闰八关门动刀杀"之语，意谓，宁可闰七月，要是闰八月会更糟，会自己人同室操戈的。

再说双春夹一冬之类农谚，经常回顾的是"那个时候"的样子，再据而揣测其"再现"的可能性。其实，整个大气层、整个地球生态环境的变异，与从前农耕条件比起来，已经不可"同日而语"，其可信度、准确度和效用性，充其量可能只是在过往年代中，曾经有此一说（现象）而已！莫拉克台风肆虐台湾南部，三天就下了一年雨量，"十龙治水"之说可信乎？倒是在台风来袭前夕，有台湾民众，傍晚在南部看到红艳火云一大团，凭经验即心知不妙；这种经验上的印证，似乎比较可靠。火云，是夏天天热雷鸣欲雨时的云，是降特大豪雨的先兆（杜甫《三山观水涨诗》："火云无时出，飞电常在目"），记否电影《功夫》一片中的"火云邪神"？不过，踏入牛年（2010年）农历初夏三月下旬，台湾受周遭环境气旋的影响，天候仍然忽冷忽热，则似乎老谚所说"未食五月粽，寒衣不敢送"，此语诚非虚也。是耶？非耶？

附录：客家流传秋冬气象俗谚拾零

- （乌）云遮中秋月（下雨），水打（明年）元宵夜。
- 八月十六云遮月，年来须防大水没。
- 九月雷声发，旱到明年八月八（日）。
- 九月孤雷发，大旱一百八（180日，半年）。
- 雷打冬（天），十个牛栏九个空（农作失收，耕牛被卖掉）。
- 子竹高过娘（老竹），一冬暖洋洋。
- 立冬晴，一冬晴。
- 冬至在月头，无被毋使愁。
- 冬至在月尾，卖牛来买被（冷也）。

20. "天圆地方"的古老传说

有位风水师在报刊上指出,2008年北京奥运的鸟巢及方形的水立方,分立在北京中轴线左右,颇为契合我国传统"天圆地方"的风水观念。"天高地厚"一直是我远古先贤所欲探讨的问题,但一直无解。反倒是"天圆地方"这个观念,早在《河图》、《洛书》现世时,即有着端倪,令先贤逐步开展对天人合一的探索。

"天圆地方"说的是天体浑圆,"天圆"见于《洛书》,先贤说:"《洛书》者,圆之象也(周代已有(圆)周三(直)径(为)一为圆之说)";"地方"(居住之方地)见诸《河图》,是"方(平地)之象"。《洛书》排列,是一个魔方(magic square)——一个3阶纵横图,将"4、9、2","3、5、7"和"8、1、6"这三组数,从左而右,从上而下,排在一个如井字型般的九宫格内,令其纵横或对角数字加起来都是15,表达三度空间圆球体内直径的观念。另外,若以5为中点不加计算,则其各个对角相加(如1+9,2+8,3+7,4+6),其和率为10,隐含其边界为10——平面的意思。(见图一)

《河图》则是一个十字矩阵,将1、6置于南(古为北),4、9于东(古为西),3、8于西(古为东),2、7于北(古为南),5、10在中。除了中央表示土之5、10不算外,本矩阵奇数(1、3、7、9)和偶数(2、4、6、8)之和俱为20;奇、偶两数相加(20+20),则为40,恰可成为一个边长为10之正方形(40÷4)。先贤将这几个数字算来算去,可能想"证明"地方之平面空间概念,只不过是将边界(10)之和(40),来代表其宽广面而已。(见图二)

说闻解字

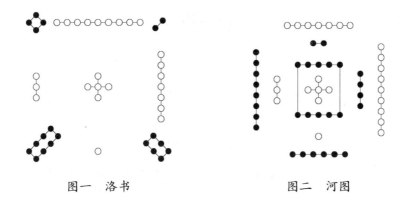

图一 洛书　　　　　图二 河图

明白了《河图》、《洛书》的天圆地方说法,才可以了解中华文化曙光乍现的刹那,古人是如何瞻天望地的!

21. 谈舞狮

惯看黄飞鸿电影那种传统式大锣大鼓般狮艺的人，在欣赏现代式彩狮在高跷的铁桩上敏捷地跳跃之余，可能还是感觉缺少了那么一点点的狮艺文化味道。

史载商周之世，杂耍已经很出色了，这当然就有模仿猛兽的舞蹈以助兴驱邪。所以，真实的年代虽然难以考查，但"五方狮子舞"的表演，很早就在民间流行了。五方狮子舞通常由两人合作，扮一头大狮子，另由一人扮一头小狮子，再由一人扮成武士（驯兽师角色），逗引两只狮子做各种表演；例如，搔痒（捉跳虱）、舔毛、打滚、抖毛等动作。表演狮子温驯样子的，叫文狮；而奋力演出狮子跳跃、跌扑、登高、腾转和踩球等动作，显现狮子勇猛一面的，称为武狮。非粤地区通常表演文狮，俗称北狮，舞的是代表吉祥的麒麟，以活泼为主。南粤地区则喜欢热闹、喜欢锣鼓喧天，故通常以武狮为主，称为南狮；又因为舞狮之前，俗例是行点睛仪式，即为狮子眼睛"开光"，使它有了"灵性"，由睡（瑞）狮变为醒狮，故以威猛吸睛的南狮，称为醒狮。

南狮狮头一般重十磅，舞起来非常吃力，但却是一种寓体能、功夫训练于娱乐之中，调节练功枯燥的好主意；体力、臂力、腰腿之力，马步进退功夫就此练就，何况还有锣鼓助庆，舞得开心。既是武狮，它的外貌就大有名堂，例如，它的胡须就分红、黑和白三种颜色，红须等同狮中之关云长，黑须是张飞，白色是刘备。行规是什么武林地位，武馆就敢出什么样须的狮头；例如，狮鼻是青鼻、铁角、花须者，即表示出狮馆主（或舞狮者）是高手，如果是青鼻、铁角、白眉、白须，加上狮身背部绣有金钱、图案的话，就表示出狮馆主不但是高手，而且是前辈了。如广东黄飞鸿宝芝林出的狮，就是表示教头地位崇高的白须狮头（黄飞鸿被粤武林人士尊为十虎——十大拳师之一），如果有辈分低的武馆不服气，在同一场合也舞出一头白须狮头的话，则按行规被视为是一项挑衅行为，为了面子和江湖地位之争，就会引起一番腥风血雨。因为舞狮争霸、争采"青"（给舞狮的奖赏，谁有本领抢到便归谁），而打大架者，清末民初在广东一带，常有发生，伤残人命不少。相信黄飞鸿一定是狮艺精湛，但至于所谓狮王，恐怕只是电影情节的渲染。到今天，能扎作传统狮头的纸扎店和师傅，已经不太多了，广东佛山纸扎店，还有些手艺精湛的老师傅。

因为因利乘便，舞狮似乎是武馆和功夫教头的专业，但民间舞狮之风，其实大盛于明亡之后。其时，反清志士在以狮艺来练武之余，更利用舞狮集会、狮技、狮步和锣鼓之声来传递消息，团结江湖勇武之士，号召反清。此之所以为狮子点睛的人（多为有来头嘉宾），在点睛时，手持朱砂毛笔点睛，传统上先点左眼，口中念咒曰："左点光明灿（日字）"；再点右眼，曰："右点太阴明（太阴，月也，日月合成明字）"；再点嘴之列牙（一划而过），曰："铁柱横梁过"；再点狮鼻上两眉中间之印堂，曰："中间一点鬼神惊"；最后横划过"脊梁骨"，曰："吾奉太上老君急急如敕令"，这样才算完成点睛步骤，而点睛用过之朱砂笔则往狮尾后方一丢，由民众捡拾回去悬挂，据说可以治鬼辟邪。此时，在急促的锣鼓声和一位由同门所扮之大头佛（鬼伥，由五方狮舞之武士演变而来）引领之下，狮子便"苏"醒了（醒狮）。

狮"醒"了之后，便开始采"青"步骤。传说狮子喜欢青草，故大多数之青，以生菜附着红包（奖金），故称为青，绿油油之青，亦寓吉祥之意。青，有各式各种，例如高青，沉在水里的鲨鱼青等。愈难采之青，愈考验武馆功夫和训练，青的价值（奖金）也愈高，功夫不够的武馆会知难而退，只绕着青周围做助兴的动作。不过，无论青易采或难采，都要先表演完七种表情：喜（狮子看到青了）、怒（采不到，在想法子）、哀（想不到法子了，失望）、乐（想到法子了）、爱（紧盯着青）、恶（不许其他狮子染指）和欲（一定要得手）；然后，才可进行采青，把奖金（红包）捧回去；主办单位得知青被采到，也会鸣爆竹添庆，认为是心想事成之兆也。

学舞狮的孩子不会变坏，中国港澳地区、马来西亚和新加坡，很多青少年狮艺团的组织和赛事，发泄青少年过剩的精力，导青少年于育乐正轨。不过，也逐渐脱离传统了，动作简单化、狮身彩色化、表演而不采青，时代及环境使然吧。比如唐代已有的运用队形变化、排成字形的舞蹈（字舞，"以身亚地布成字"），现在除此之外，已更进一步发展成排字了（翻花）。

22. 苹果橘子《论语》学

美国芝加哥大学"鬼才"经济学教授列维特（Steven D. Levitt），不走正统经济学研究模式，而"只凭"经济学直觉、基本统计技巧以及好奇心，找出了不少日常生活中的事件谜团，例如，"小学老师与相扑选手的共通点"，"为何毒贩还和母亲住一起"等等。在纽约出版社要求下，他同采访他的《纽约时报杂志》(the New York Times Magazine)记者都伯纳（Stephen J. Dubner）将这些点滴成果，合著成 Freakonomics：A Rogue Economist Explores the Hidden Side of Everything 一书，于2005年出版。2006年初夏，台湾地区译者李明，将之翻译成中文，书名为《苹果橘子经济学》（《魔鬼经济学》），至2008年，已印行了二十二刷。虽然批评列维特的人不少，但估计他这本专著在美国一地的销售量已超过百多万册。

2010年2月下旬，中国大陆拍摄的史诗影片《孔子》上演，由小马哥（港星周润发）饰演孔子，中有"子见南子"一幕。孔子见南子到底是怎样一回事？可说是一件千古"悬案"，致令好搞暧昧的电影业，大有想象空间。根据《左传·定公十四年》记载，南子是春秋时卫灵公夫人，但因传与宋公子朝私通，而被时俗视为有"淫行"的女子，太子蒯聩因而厌恶她。南子便恃宠在卫灵公面前说蒯聩的坏话，令蒯聩不得不仓皇出走。

后来蒯聩为君，便杀了南子。而"子见南子"记载，则见之于《论语·雍也第六》："子见南子，子路不说。夫子矢之曰：'予所否者，天厌之！天厌之！'"

由于《论语》一书是"群弟子，记善言"，如是我闻的笔记，通常缺乏语境和上文下理，最多只是说"子夏问孝"（《为政第二》），"子在齐闻韶"（《述而第七》），以及"子路、曾皙、冉有、公西华侍坐"（《先进第十一》）

诸如此类；不若《孟子》一书叙事时，多有前因后果（如"孟子见梁惠王"），令人对对话来龙去脉知道得一清二楚。正由于此段"子见南子"之记述不清不楚，历来对此事之看法和解释，可说聚讼纷纭，迄无突破性、建设性的看法。以致卫道之士，为贤者讳，为贤者辩，誓死捍卫孔夫子；而注释名家，则又每如孟子所言，通常以一己视点去推敲孔夫子的意思（以意逆志），流于强作解人而不能自拔。

按照《苹果橘子经济学》一书作者列维特所持用之方法，也许可以将《论语》做一"苹果橘子式"的另类研究，将孔子谈话内容或讨论议题，整理其条目，加以分类综合、分析和统计，而非传统式的按其《学而第一》、《述而第七》等诸如此类的篇目，逐篇研读，只以朱熹注、邢昺疏等一类注释为已足，这样，定可"发现《论语》——发现孔子的操持自许，发现孔子弟子的性格，发现孔子和弟子相处的关系"。用这样一种方式切入，则"人云亦云"的"子见南子"一事，可以让我们看到更多相关内容和枝节。

一、孔子自许为学进德和喜欢慎言，例如：

- "七十而从心所欲，不逾矩。"（《为政第二》）
- "德之不修……是吾忧也。"（《述而第七》）
- "丘也幸，苟有过，人必知之。"（《述而第七》）
- "吾未见好德者如好色者也。"（《子罕第九》）
- 南容（孔子门徒）三复白圭（指《诗经·大雅·抑》的诗句："白圭之玷，尚可磨也，斯言之玷，不可为也"），孔子就以其兄（孟皮）之子（女）妻之（嫁给他）。（《先进第十一》）

二、孔子门徒竟会怀疑孔子"留了一手"，有些东西没教他们，故孔子不得不强调："二三子以我为隐乎！吾无隐乎尔。吾无行而不与二三子者，是丘也。"（《述而第七》）

三、子路个性率直，孔子虽然赞赏他"片言可以折狱"（《颜渊第十二》），但也不止一次批评他说：

- "由，诲女（汝）知之乎？知之为知之，不知为不知，是知也。"（《为政第二》）
- "由也好勇过我，无所取材（不能审度时势）。"（《公冶长第五》）
- "由也喭（粗俗鲁莽）。"（《先进第十一》）
- "若由也（像子路的个性），不得其死然（恐怕难以寿终正寝）。"（《先进第十一》）
- 孔子问门徒，倘若有朝一日被赏识，有治国机会时，会如何去做（"如或知尔，则何以哉？"）子路率尔（抢先）而对曰："千乘之国，摄乎大国之闲（间）（受到大国威胁），加之以师旅（又受到军事威胁），因之以饥馑（更闹着饥荒），由也为之（要是让我来治理），比及（只要）三年，可使有勇（人民就会有勇气面对强权），且知方也（而且懂得大道理）。"因为孔子认为"为国以礼，其言不让（子路却大言不惭）"，"是故哂之（笑了他一下）。"（《先进第十一》）
- 子路做季氏宰，派子羔去费县做地方官（费宰）。孔子说，你这样不是害了别人的儿子吗？子路就驳嘴说，那里有民众，有社会（社稷）可以学习，难道一定要读书才算做学问？孔子就骂他说："是故恶夫佞者（最讨厌口舌便给、硬拗的人）。"（《先进第十一》）

四、孔子也不是不会认错的，例如：

　　子之（至）武城（鲁邑），闻弦歌之声，夫子莞尔而笑曰："割鸡焉用牛刀（治小邑，何必用到如此大阵仗的礼乐）。"（门徒）子游（言偃）就是武城邑宰，就驳嘴说："昔者，偃也闻诸夫子曰：'君子学道则爱人，小人（庶民）学道（礼乐）则易使（容易听从政令）也。'"教门徒"过则勿惮改"、"过而不改，是谓过矣"的孔子，也知道说错话了，马上正容地说：

"二三子！偃之言是也。前言戏之耳（方才我说的，只是开个玩笑罢了）。"（《阳货第十七》）

五、个性率直的子路曾经两次对孔子不说（悦）

除了子见南子，子路不说外（《雍也第六》），第二次子路不说，则见之于《阳货第十七》（但有方家误认为此章不可信）：（季氏宰）公山弗扰（公山不狃）盘踞费邑叛变，召孔子去，孔子正想去（子欲往），子路不说，说"没有地方去就算了，又何必要到公山氏那里去？"孔子反驳说，那个想召我去的人，难道没有用意的吗？如果有人要用我，我就可以用周之道，行之于东方了。

同章，又说晋大夫赵简子之邑宰佛肸（音施），盘据中牟叛变，派人来召孔子去，孔子也想前去看个究竟。子路就说，以前听夫子说过，"本身做过坏事的人，君子不愿到他那儿去。现在你却要去，这怎么说得过去呢？"孔子说，是的，我是这样说过的。但我不是也讲过，最坚硬的东西，无论怎样磨，也不会薄的吗？最洁白的东西，无论怎样染，也不会黑的吗？难道我只像匏（音鞄）瓜一样，老是悬挂着而无人采食？

（虽然孔子主张乱邦不居，危邦不入，但他却想推行周道，故倘遇机缘，他就有一种"我入地狱"的情怀，而且对自己不为利诱、势屈、助纣为虐深具信心。）孔子也不是人人想见他就能见得到的，他就拒绝过已经见过他一次的鲁人孺悲的请见（"孔子辞以疾"，《阳货第十七》）。

六、孔子与卫国之关系

卫灵公曾问孔子陈（阵）法，孔子说："俎豆（祭器，用指礼仪）之事，则尝闻之矣；军旅之事，未之学也。"所谓"道不同不相为谋"，既然卫灵公不谈俎豆，孔子第二日就离开了卫国（却在陈绝粮，见《卫灵公第十五》）。

七、孔子见南子之前因后果

据日人竹添光鸿说法（《论语会笺》），卫灵公死了，原欲立公子郢为君的，但郢不接受，在南子主导之下，竟立了蒯聩尚不足十岁的儿子出公辄为君。此时晋之赵鞅心愤难平，仍帅师（率兵）纳蒯聩于卫邑戚，与辄争位，上演一幕父子恩怨情仇。

辄恐其王位不保，欲利用孔子之名以安抚人心。是以南子以礼请见，意欲孔子帮助辄。关于此一"传闻"，其实孔子门徒是问过孔子的：

- 冉有曰："夫子为（帮助）卫君乎？"因而令子贡旁敲侧击地问孔子："（不食周粟而逃出往西山以避世的）伯夷、叔齐，何人也？"孔子说："古之贤人也。"子贡又问："怨乎？"孔子说："求仁而得仁，又何怨。"孔子的回答，令子贡放了个心，因此就对冉有说："夫子不为也（没有致士之心，不会为卫君做事的。"（《述而第七》）

- 子路与孔子互有"意见"之前，子路曾问过孔子：倘若"卫君待子而为政，子将奚先（先做些什么）？"孔子回答说："必也正名乎（正名定分，堂堂正正，意指卫君之政紊乱）。"子路对此回答不满意，讽刺孔子说："有是哉（是这样的吗），子之迂（腐）也，奚其正（何必要正名）？"孔子也终于按捺不住，冲口而出，以极罕见严厉的口吻教训子路："野哉！由也（由啊！你真是粗野无礼呀，讲这样的话）。君子于其所不知，盖阙如也（不知道的，就闭嘴）。"并且又教训他说："名不正，则言不顺，（就不能振振有词）……故君子名之必可言也，言之必可行也（君子先正名定分，做事才可以振振有词，能振振有词，事情才办得通）。君子于其言，无所苟而已矣（我哪会随便乱说话呢）！"（《子路第十三》）

子路"挨"了骂后，一知道孔子往见南子，就怀疑孔子改变初衷答应南子为辄"资政"，所以不高兴。孔子不得已，乃为子路矢陈天命（告之以推行周之道为己任）。

苹果橘子《论语》学

八、《论语》主要注释家对子见南子一事之注释

- 朱熹：孔子至卫，南子请（要）见（孔子），孔子辞谢，不得已而见之。盖古者仕于其国，有见小君之礼。而子路以夫子见此淫乱之人为辱，故不悦。（见朱熹：《四书章句集注》）

朱熹是《论语》一书的重要注释者，惜乎据说他曾将《论语》做过篡饰，故后人有此一对联，用抒所感："眼珠（朱）子鼻孔子珠子反在孔子上，眉先生发后生先生不及后生长（强）。"

- 皇侃引蔡谟曰："夫子为子路矢陈天命，非誓也。"又引李充之说："（因为君子参天地之化育，与天地同其否（偃蹇）泰（佳运至）），夫道消运否，则圣人亦否（而道不行），故曰'余所否者（如果我偃蹇），天厌之（天亦偃蹇）！'"（见刘宝楠：《论语正义》，偃蹇，衰败。）

- 刘宝楠《论语正义》引毛奇龄之《论语稽求篇》说："夫子以手指天，而曰吾敢不见哉？不见则天将厌我矣，言南子方得天（势）也。"

- 另外，何晏又引孔安国注说："孔子见之者（南子），欲以说（卫）灵公，使行治道。……子路不悦，故夫子誓之。"此说恐怕有误，因为子见南子时，灵公已卒。（见何晏：《论语集解》，明金蟠订正本。）

九、矢是关键词

子见南子所以引起议论，除了子路不悦之外，主要是孔子"矢之"的矢字，后世有将之解释为"发誓"。如果孔子心不虚，为何要对子路发誓？而连讲两句："天厌之！天厌之！"

所以，矢，是一个关键词。历来国学家对此句注释，归纳起来，大约有：

1. 矢：发誓；否：不合于礼，不由其道。
2. 矢：指也；否；原文释为：孔子乃以手指天曰，我敢不见吗？不见，天将厌弃我矣。
3. 矢：陈也，夫子为子路陈天命（若道消运否，圣人亦否），非誓也。

十、"苹果橘子式"归纳

子见南子，子路不说。夫子矢之曰："予所否者，天厌之！天厌之！"就这么二十三个字，讲述一件那么大的事情，还关乎孔子的人格清誉，当然是疏漏蛮多的，就如"民可使由之，不可使知之"及"唯女子与小人为难养也"两句一样，因为缺乏场境，又语焉不详，后世遂缠讼不休。

就子见南子一事，有些地方是能够肯定的，例如：

1. 事件涉及三个人：自视操持的孔夫子，被传有"淫行"而正在掌权的南子，以及得知事件而生气的子路。

2. 应该是南子要见孔子的（不是孔子主动求见），孔子也光明正大地去了（否则，不会"街知巷闻"），既是大大方方的会面，不会是绯闻；稍稍有点"风吹草动"，消息必然立刻外传，孔子视德如命，焉会不知，焉会犯此过错，门徒跟夫子那么久，当然也了解夫子。

3. 南子见孔子目的恐怕是为了掌权，为了要稳住出公辄的地位，故想借孔子之大名、之力而倍增声势，而不是想见一个名满各国的奇男子。孔子与卫灵公都不投缘，他去见南子，当非想见一个被时俗传有"淫行"的女子，只是于礼法上，他应该去见南子，而内心则可能希冀有机会传扬周之治国之道。

4. 子路不悦，不是生孔子见一个被时俗传有"淫行"的女子之气，而是担心孔子会改变初衷，为了施政理想而囫囵地亲近出公辄。孔子也该了解子路的想法。

5. 孔子见子路不悦现于形色，而他已数度表态不会为卫国出仕了，是以实在恼火子路不了解他，又知道子路是个直肠子的人，认为"天下之无道也久矣，天将以夫子为木铎"的他（《八佾第三》），一时情急，便把脸一沉、正色而又严肃（矢）地对子路解释说，（不去见南子，则所持之道会错过宣扬机会），我固将偃蹇（否）——这样，连上天都会倒霉的！上天都会倒霉的（天厌之）！

子见南子一事之所以流传聚讼，冲突点不在子见南子，而在子路生气，而孔子又急急忙忙地向他解释，注释家又各抒己见，令人不禁联想是否有些事"欲盖弥彰"？经过上述一番"苹果橘子式"思辨，则此事不过是一个无时无刻不在想"道可行"的孔子，碰上一个对孔学已登堂但尚未入室却又心直口快的子路，所擦出的火花而矣。事实就是如此简单，事后，似乎又没有什么后续发展，只是好事者胡诌一番。例如，用只取同音、不拘字义之梨花格（又名谐音/粉底格），以"子见南子"作谜面，射成语"不安于室"（谜底）——"室"与"色"音近，谐音为"不安于色"，损害夫子形象。如果将孔子、南子之会，着眼于情欲化、暧昧化和绯闻化，一味只求无厘头式的戏剧效果，想找孔子把柄为卖点，则正如孔子所说"吾不欲观之矣"！

23. 推论穷通理，故事一箩筐

有谓"料事如神"的孔明亦尝感喟地说："谋事在人，成事在天，不可强也。"（明罗贯中《三国演义》第一〇三回）人云如此如此，天理未然未然！所谓穷算命富烧香，这一穷通之理，上至达官贵人，下至贩夫走卒，向来都是想知道的问题，而且相信冥冥中会有一个命定的答案，会天人感应。久而久之，似乎也摸着些"门路"，例如观天文（观星），看异象（有人合称之为"天经、地义"），勘风水，访谶纬（预言），合莫（祭祀时人神灵感相通，如问苍天，问鬼神，问祖灵、邪灵），以及各种占卜之术，望气（如"王者之气，紫盖黄旗"）和相人之法。当天干、地支、五行、阴阳、八卦、河图、洛书、方位、星象、《易经》、谶纬和风水等说条件齐备之后，穷通之理的解释权，除了因为政治方面的考虑，王者和大夫们仍"只手遮天"之外，已渐次在民间落于士、方士、史、巫和觋以及现在所谓的命理师身上。几千年下来，这究竟成就了一个怎样的玄冥世界呢？起码在一般基础知识上，可以总结和归纳一下其神秘性。

一、巫与觋——最古早的"通灵者"

通灵者的地位、职业专长、人间阴阳"事务"和通灵方法与门派之传递，皆源自古老的女巫与男觋。东汉许慎《说文解字》："巫，祝也（祷告），女能事无形，以舞降神者也"；《国语·楚语下》："明神降之，在男曰觋（音习），在女曰巫。"注："巫、觋，见鬼者。"从甲骨文来看巫字，像行法时所用之行法工具，供筮占时使用，故甲骨文、金文都作巫师、巫神解（甲骨文有"妥不其с巫"、"其帝于巫"；金文有"齐巫姜乍（作）尊簠"之句）。他们自古即"自诩"或"被赋予"窥天、察灾和通灵任务。窥，是观察，《刘子·黄帝》："夫至人者上窥青天"（南朝梁萧统《昭明文选·潘岳·闲居赋》："窥天文之秘奥,究人事之终始");而災(灾),《说文》说:"害也,从川(巛),一雍之",从甲骨文来看,就是灾害,大水泛滥成灾,或川被雍塞成灾,古災(灾)字之巛,中间有"一"字贯穿,以象征其雍塞之意,或像屋着火成灾(故有"宀下火"之灾字),简体字"災"写成"灾",是古字的省减。

二、问卜的故事

把占卜之理法,说得活龙活现的(纵然是小说伪托),首推明罗贯中的《三国演义》,他在第六十九回《卜周易管辂知机》中,说平原神卜管辂(字公明)"深明《周易》,数学通神",曹操欲封他为太史,他说自己"额无主骨,眼无守睛;鼻无梁柱,脚无天根;背无三甲(非长寿之相),腹无三壬(亦非得福寿之相)",故"命薄相穷","只可泰山治鬼,不能治生人",而辞不敢受。曹操又令他卜东吴、西蜀两地状况。管辂设卦云:"东吴主亡一大将,西蜀有兵犯界。"果然,就在此刻,合肥就报来:"东吴陆口守将鲁肃身故。"操差人往汉中探听消息。不数日,飞报"刘玄德遣张飞、马超屯下办取关",曹操大怒。罗贯中赞他的诗,也道尽占卜是怎样一回事:"平原神卜管公明,能算南辰北斗星。八卦幽微通鬼窍,六爻玄奥究天庭。预知相法应无寿,自觉心源极有灵。可惜当年奇异术,后人无复授遗经。"

文献上最早有文可稽的求卜之人,则是战国时楚国楚怀王三闾大夫屈原(名平)。他主张内修明法度,举贤与能,外则联齐抗秦;但遭令尹子兰、上官大夫靳尚等的谗言而去职,更于顷襄王时被放逐,长期流浪于沅湘流域之间。他觉得自己竭智尽忠地为国而谋,竟被小人所中伤,因此心烦虑杂,不知所从。实在无法,便跑去请教善于以甲骨占卜的太卜(主管占卜的官)郑詹尹(见《战国策·楚策》之叙"屈平卜居(处境)"),向他大吐苦水地说:"世溷浊而不清:蝉翼为重,千钧为轻;黄钟毁弃,瓦釜雷鸣;谗人高张,贤士无名。吁嗟默默兮,谁知吾之廉贞?"因而,要郑詹尹为他决疑而一连问了十八个问题,大意是:"我是否就老老实实地待人接物,抑或浑浑噩噩地到处混迹应酬?安心于做个拔除杂草、努力耕种的农夫呢,抑或去攀交权贵,希望附骥而得名?就算杀头也直话直说呢,抑或像俗世人般只求享有富贵而苟且偷生?该远走高飞,离开政治江湖,保护自己贞节、名誉呢,抑或强颜欢笑、阿谀谄媚地去奉承那群妇人呢(指中伤他的楚怀王宠姬郑袖、令尹子兰和上官大夫靳尚一帮人等)?宁可廉洁正直来保持自己的清白之身呢,抑或像油脂一样的滑、像熟牛皮一样的柔软,削去自己棱棱角角的脾气,而成为一个没有脾(骨)气、圆滑伶俐、善于迎合世俗好恶、曲意奉迎、同流合污的人呢?宁可像气宇轩昂(日行)千里之名驹呢,抑或像只随波逐流、在水中飘流不定、只求活着就好的野鸭子呢?情愿与骐骥之类名驹同一个车辄而并驾齐驱呢,抑或就跟随着那些不能跑的劣马蹞步吧?宁可同(美丽的)天鹅比翼齐飞呢,还是堕落到要同鸡鸭争食呢?"

因为这些都是世俗的人事问题,世间事世间解决。屈原的问题是人格修养的道德层面,以及臣子(公务员)之道,诚如孔子所说"君子固穷",但是否"穷斯滥矣"呢?又抑或"众人皆浊我独清"、"众人皆醉我独醒"呢?这根本不是占卜可以解决的。所以,太卜郑詹尹就老实地告诉屈原说:"(相对而言)夫尺有所短,寸有所长;(就像)物有所不足(凡物都有短缺的时候),智(虑)有所不明(想不通之处);(卦)数有所不逮(占不出结果的情形),神(灵)有所不通(不灵光的时候)",而屈原的问题,"龟策(占卜)诚不能知此事",因此,请屈原"用君(您)之心,行君之意"即可,万勿"不问苍生问鬼神"(唐李商隐《贾生》)。这一篇生动的叙事文,实在道尽了几乎所有求卜者渴望得到指点迷津的心态,而卜者却不一定能够"通灵"、为求卜者解惑的百般无奈感!

三、天象灾异

天象,主要是观星。在民俗信仰中,上天垂象,是上天对人世间表示赞赏或憎厌。所以,举凡人间有难,总希求"望天打(好)卦",起码可得心灵上的慰藉。在我国古典小说里,对于天象垂示,有很生动活泼的描写;纵然只是小说,但实际上,也就是如此。例如,《说唐演义》第五十一回《王世充发书请救》，写到尉迟恭与秦王李世民醉酒同眠，竟连上天也惊动则个（用意在说明秦王李世民是人间真命天子）："尉迟恭大悦，把酒吃的大醉，……'今晚我不回营，同主公睡了罢。'秦王道：'使得。'……先来与尉迟恭脱了衣服，扶他上床，……然后秦王也上床来，恐惊醒了尉迟恭，就轻轻睡在他脚后边，谁想尉迟恭是个蠢夫，回转来，把一只毛脚搁在秦王身上。秦王因他酒醉，动也不敢动，只得睡下。不料徐茂公因夜静出帐，仰观天象，只见紫微星正明，忽然有黑煞星相欺（也就是客星（nova）[①]犯主）。徐茂公大惊，忙叫众将速速起来救驾。……"

明罗贯中撰《三国演义》，写到关云长遇害，孔明也因夜观星象，见将星殒落，心中早亦已有了预感："（许）靖曰：'某适闻外人传说，东吴吕蒙已覆荆州，关公已遇害，故特来密报军师。'孔明曰：'吾夜观天象，见将星落于荆楚之地，已知云长必然被祸；但恐主上忧虑，故未敢言。'"（第七十七回《玉泉山关公显圣》）

凡此，皆描写天象对人事之启示。至于灾异之说，又可以再从《三国演义》之描述，知其大概。《三国演义》第一回《宴桃园豪杰三结义》，一开始，即述汉灵帝即位，宦官曹节等弄权，大将军窦武、太傅陈蕃谋诛之，反为宦官所害，自是宦势愈横：

> 建宁二年四月望日（月之十五日），（灵）帝御温德殿，方升座，殿角狂风骤起，只见一条大青蛇，从梁上飞将下来，蟠于椅上。帝惊倒，……须臾，蛇不见了。忽然大雷大雨，加以冰雹，落到半夜方止，坏却房屋无数。建宁四年二月，洛阳地震，又海水泛溢（海啸？），沿海居民，尽被大浪卷入海中。光和元年，雌鸡化雄。六月朔（初一），黑气十余丈，

[①] 天空中，一些原本黯淡的星星，有时突然明亮起来，出现这种现象的星星，称为新星，如果亮度特强，就称为超新星。这些星体，亮度增强之后，不久就会再次逐渐变得黯弱，有如天空中的"过客"，故人称这样的一类星体为"客星"。

飞入温德殿中。秋七月，有虹见于玉堂；五原山岸，尽皆崩裂。种种不祥，非止一端。帝下诏问群臣以灾异之由，议郎蔡邕上疏，以为蜺（虹）堕鸡化，乃妇寺干政之所致，……曹节……遂以他事陷邕于罪，放归田里。后张让……十人朋比为奸，号为"十常侍"。

《三国演义》虽是小说，但对灾异的描写，却像"真实"而撼人心弦。

四、谶纬预言

古时叫谶纬，现在叫预言。谶，被托称为"神的预言"，《说文》："谶，验也。有征验之书，河洛所出书（河图、洛书）曰谶"；而纬，则是与经相配合，近人苏舆在《释名疏证补》说："纬之为书，比附于经，辗转牵合，以成其谊，今所传《易纬》、《诗纬》诸书，可得其大概，故云反复围绕以成经"。秦汉之后的古代社会，出现了一批方士化的儒生，他们把阴阳、数术带进儒学里；东汉经学有《诗经》、《尚书》、《易经》、《仪礼》、《春秋》、《公羊传》和《论语》，即"一字石经"（即熹平石经）所说之七经；而在"纬以附经"之下，即有《诗纬》、《书纬》、《易纬》、《礼纬》、《乐纬》、《春秋纬》和《孝经纬》，即所谓之七纬。有汉一代儒者董仲舒的天人感应思想，即是以儒家学说为中心，而糅合道、法和阴阳家思想在内的。

谶纬之书，相传起于西汉哀帝、平帝之际，而在后汉时代，号为"内学"，并尊为"秘经"。谶、纬两者向来即有同异之说，明胡应麟认为："……乃知凡谶皆托古圣贤之名，其书与纬体迥别，盖其说尤诞妄，故自隋（大业年间）禁（谶纬）之后永绝"（见《四部正讹》上）；但近人顾颉刚则认为两者只是名称不同而已，内容没有什么大分别，不过谶是先有之名，纬却是后起的（见《秦汉的方士与儒》第十九章《谶纬的造作》）。

谶纬起于何时，又是一个悬案。据《史记·赵世家》所说："（名医扁鹊言秦穆公寤（发梦）而述上帝之言，）公孙支书而藏之，秦谶于是出矣。"大概可以推知个别的、零星的谶语，见于春秋战国年代，而依傍六经的谶纬（儒学宗教化），则大概盛于汉代。最早一则见之于文字的谶语（应是燕齐海上方士所伪造），则见之于汉司马迁《史记·秦始皇本纪》所记始皇三十二年："燕人卢生使入海还，以鬼神事，因奏录图书，曰：'亡秦者胡也'（秦始皇不知胡乃指二世胡亥，以为是胡人，因而修筑万里长城）。"与此同时，还有东汉班固《汉书·儒林传》南公所述："楚虽三户，亡秦必楚。"嗣后，方术之士，大量制造图谶，使零星的谶语，汇集成篇籍，但多为政治服务，为掌权者正当性"撑腰"（王充《论衡·卜筮篇》："有神灵，问天地，俗儒所言也。"）例如：后汉光武帝刘秀是应图谶而兴起，据云有《河图·赤伏符》说："刘秀发兵捕不道（不道，指篡汉的王莽），四夷云集龙斗野，四七之际火为主（自汉高祖灭秦至光武起兵，刚好228年，省称四七之数；光武为火德）。"（见南朝宋范晔《后汉书·光武帝纪上》）又例如：汉建安二十一年，夏五月，群臣表奏献帝，颂魏公曹操功德，宜进爵为王。献帝即册立曹操为魏王（明罗贯中《三国演义》第六十八回《甘宁百骑劫魏营》）。至魏取代汉，其时，掌管天文图谶的太史丞许芝就引用谶纬，如"代汉者当涂高"（南朝宋范晔《后汉书·袁术传》），"当"是正是之意，"涂高"是汉宫殿的左右两观，名为"象魏"（此句意谓象征魏朝当兴）；如"汉以魏，魏以征"（《春秋·汉含孳》）；如"代赤者魏公子"（《春秋·玉版谶》）；如"鬼在山，禾女连（即魏字，古魏字作巍），王天下"（《易运期》）：用意都在捧曹魏当代汉为帝。

谶，有时会被装饰成口头谶。例如，明罗贯中《三国演义》第九回《除暴凶吕布助司徒》一回，写到王允谋诛董卓，骗得董卓望长安而去，出城后夜宿相府，是夜即闻童谣："千里草，何青青！十日卜，不得生！"（见南朝宋范晔《后汉书·五行志》）董卓其后果为受摆布的吕布所杀。又如唐旧臣徐敬业谋反篡位的武则天，时裴炎为中书令，他想谋求裴炎的支持，便要骆宾王设计，骆宾王于是为谣曰："一片火，两片火，绯衣小儿当殿坐"，教裴炎庄上小儿诵之，并都下孩子皆唱，结果此"片火绯衣"之谣（说裴炎为真命天子），促使了裴炎与徐敬业合谋反武则天。（《朝野佥载》卷五）明施耐庵《水浒传》之吴用计取卢俊义上梁山，亦借用此谋略。（《水浒传》

第六十回《吴用智赚玉麒麟》)……吴用口歌四句:"芦花滩上有扁舟,俊杰黄昏独自游,义到尽头原是命,反躬逃难必无忧。"句头四字,即"卢俊义反"也。又如明方国珍反,明叶子奇《草木子·克谨篇》有说:"方国珍,台之宁海人。其居有山,曰杨屿。尝有童谣云:'杨屿青,出贼精。'"

就近代而言,最令人印象深刻的,就是相传为明相诚意伯的刘伯温所建的南京金陵塔,在抗日战争前夕拆卸时所出现的一块石碑,上有预示中日之战及战果之谶语十二句:"拆去金陵塔,关门自己杀(中日在传统观念上,经常被说成'同文同种')。日出东(东瀛),月落西(别版还有一句'家家户户见高低',似指战斗机、轰炸机)。胡儿故乡起烽烟(似指九一八事变)。草弓何优柔(草,"艹"头,似指蒋介石;弓,"弓"旁,是指张学良),目睹江山落夷手(沈阳沦陷)。冬尽江南万古愁,繁华忽变瓦砾丘。回天一二九(一二九迭竖成一"夷"字,似指1941年12月7日日军偷袭夏威夷珍珠港事件),引起白(美国人)日结深仇,眼见日(本)西休。"(见《潇湘戏墨》)也有别版更加绘声绘影地说:"金陵塔,金陵塔,伯温建,介石拆。"

不过,自宋而后,金木水火土五行相生相克,以及神鬼妖怪之说流行,谶纬已渐次"隐身"于诗谶甚或神庙灵签(签)之中,但附会者众,而伪托孔子之言者尤多。例如,明末顾炎武《日知录》卷三十"孔子闭房记"条有云:"《旧唐书·(隋相国)王世充传》:世充将谋篡位,有道士桓法嗣者,自言解图谶,乃上《孔子闭房记》,画作丈夫持一竿以驱羊,释云:'隋(随),杨(羊)姓也;干(竿)一者,王字也;王居杨(羊)后,(指)明相国代隋为帝也,世充大悦。"

谶、签两字原可互训,灵验之意。道光末年姚莹所著之《康輶纪行》卷十三"神签字当作谶"中有说:"今人祷于神祠,……人皆名其诗词曰签。……其事始见于蜀王衍,闻唐师至,祷于张亚子庙,得签词云云。沿袭至今,天下神庙,皆有之矣。"求签之事,唐末五代以后,已经有所记载。例如,北宋僧人释文莹之《玉壶清话》卷三即有此一说:"卢多逊(宰)相生(于)曹南,方幼,其父携就云阳道观小学,时与群儿诵书,废坛上有古签一筒,

推论穷通理,故事一箩筐

竟为抽取为戏。时多逊尚未识字，得一签，归示其父。词曰：'身出中书堂，须应天水白，登仙五十二，终为蓬海客。'父见颇喜，以为吉谶，留签于家。迨后作相（中书堂），及其败也，始因遣堂吏赵白（签中之白字）阴与秦王廷美连谋（秦字减省即签中之'天水'），事暴，遂南窜，年五十二卒于朱崖（登仙，'终为蓬海客'）。签中之语，一字不差。"

五、子平八字算命之术

　　子平八字算命之术，据说创自宋东海人徐子平（又名居易，别号沙涤先生或蓬莱叟），他隐于太华山西棠峰洞，研究战国时占卜大家珞录（音禄）子有成，以人所生黄（农）历上的年、月、日与时之天干、地支为四柱（每柱一天干一地支，共八个字），依其天干、地支之化合和其所代表之五行相生相克之理，来推算命禄，为世所传习，并著有《三命消息赋注》两卷等书，与据传是明刘伯温所著之《三命通会》，为深习子平之术者所必读者；消息指的是事物之一消一长，一枯一荣，相互更替（《易·丰》："天地盈虚，与时消息"；《庄子·秋水篇》："消息盈虚，终则（又再）有始。"）子平之说，是天干、地支和五行的一门另类演绎，例如，某人之四柱八字，查历书和相命书得辛丑（辛属金）、己亥（己属土）、丁未（未属火）和癸巳（癸属水），这样，就是五行欠木了。又如在此术中，以子卯日为不吉利，因为相传纣死于甲子日，桀死于乙卯日，故以子卯日为凶日（《左传·昭公九年》："辰在子卯，谓之疾日"；《礼记·檀弓下》："子卯不（音）乐。"）在天干、地支使用盛行的年代中，五行所表征的生克，有其文化上的意义，而且，人之生之死，俱是时日，时日是一个自然定数，而数则不离人生之时也（机会的存在）、命也（本身所处环境和条件）和运也（机缘的凑合），故若以"财、官、食、伤、杀、印"六格来算命、算运的子平之术（见《渊海子平》），既然似乎可以把命"看个端倪"，定然有其迷人之处。不过根据统计，如果将年月日时，配以甲乙（天干）和子丑（地支），在六十花甲子（甲子、乙丑……）排列中，总共只得二十六万二千八百个"命理模式"。以此一命理模式（即使加上心灵感应）去推敲古今人士命运，雷同者必多，人之命定如此乎？

例如，子平之命格上，有年月日（或时）之天干连续为甲乙丙者（各配其他地支），谓之"天上三奇格"；又或者地支连续为子丑寅（各配其他天干），则谓之"地下三奇格"。即就这种四柱，看来就自有一番"气势"，但一旦附会讹传，世又焉能查察。例如，有人捏造武圣关公八字，为戊午年、戊午月、戊午日、戊午时，闾巷遂就此相传。但据历史学家考证，关公应生于汉桓帝延熹三年（公元160年）庚子农历六月二十四日，非如坊间所传则个。（八字四柱同一之命格，非无可能，例如1929年农历四月十六日上午九至十一点〔巳时〕出生的人，他的四柱八字，即为己巳年、己巳月、己巳日、己巳时。）

最为算命师所津津乐道的，厥为"双鼠夜游"命格。据说，清末广东某县令夫人同衙役之妇，同于子日夜子时产下麟儿，县令夫人由产婆接生，衙役之妇因为收入微薄，请不起产婆，只好自行跑到厨房把碗打破，用破瓦片把脐带割断。孰料，二十多年后，主客之位互易：衙役之子做了县官，而原来县令之子，却成了他的皂隶。何以至此？算命者便解说，此是"双鼠夜游格"也，子日子时为双鼠，而衙役之妇跑到厨房去就对了，因为鼠到了厨房，等如应了此格，得到食禄；而县令之子，却困在房中，如缺食之鼠，故而穷困潦倒！姑妄言之，姑妄听之而已。纵然命运弄人，但富有者易骄奢，家贫者若能努力愤发，与命争衡，自然有机会扭转乾坤，此则史不绝书，若总归乎命，则未免太玄、太消极了。"同人不同命"是子平之术的重要概念，若生不同时之人，遭同一命运（如交通意外），似是子平之术的"盲点"，就是能给个说法，也多滞于服人之口。

六、紫微斗数

紫微斗数据传是五代、北宋年间道士陈抟（音团）所传。陈抟，字图南，号扶摇子、麻衣道人，隐居武当山，相传善服气绝食，常一睡百余日不起。宋太宗赐号希夷先生，著有《指玄篇》、《还丹歌注》、《无极图》和《先天图》等书。论宋明理学者说他对邵雍、周敦颐有所影响（见元脱脱《宋史·隐

推论穷通理，故事一箩筐

逸传·陈抟》)。紫微是星座名（紫微星），为三垣之中垣，又名紫微垣。

紫微斗数是以星座十二宫大限来排命盘（值一百二十年），用定格的条目来推算命禄。大而言之，子平之术与紫微斗数，其实类也，但亦有说紫微斗数之法比子平之术稍为晚出，确有其优出之处，而历来的话题，则在于其虚星（已不存在的星，但光线仍朝地球而来）与实星（真实存在之星）之考虑，否则，真如《易纬·通卦验》所说："失之毫厘，差以千里。"

七、《推背图》与《烧饼歌》

《推背图》与《烧饼歌》，到目前为止，可说乃是中文版对世局的"预言之王"。《推背图》据传是唐太宗时太史令李淳风和同朝的袁天纲（罡）两人所著。《新唐书·艺文志·子部·天文类》有李淳风、袁天纲合著之《太白会运逆兆通代记图》一卷，预测运会转移、时代更替，有疑即是流传于世的《推背图》，而元脱脱《宋史·艺文志·子部·五行类》则云："相传唐李淳风与袁天纲共作图谶，预言历代变革之事，至六十图，袁推李背止之，故名"；但明末顾炎武在其所著之《日知录》卷三十《孔子闭房记》又说新旧唐书虽有李淳风和袁天纲传，言两人知术数，能前知，但并无《推背图》之说。但不论怎样，《推背图》在宋代已经存在，似为可信。李淳风担任司天监多年，长于占候，预决吉凶，造浑天仪，著有《麟德历》、《乙巳占》等书。袁天纲则精堪舆、卜易及星相之术，著有《九天玄女六壬课》。相传武则天尚在襁褓之时，某次由保姆抱之往见袁天纲，并骗他说是个男的，袁天纲大惊地说："龙瞳凤颈，极贵之相；若为女，当作天子。"（见北宋欧阳修等《新唐书·方伎传·袁天纲》）

之所以称为《推背图》，是因为至该书第六十象癸亥终象时，（疑似）袁天纲以双手推着李淳风之背，其"颂"则说："茫茫天数此中求，世道兴衰不自由，万万千千说不尽，不如推背去归休"，《推背图》由是得名（其谶曰：一阴一阳，无终无始；终者自终，始者自始。其实，就是一个太极图）。明末清初才子金圣叹（原名张采），据说于明熹宋天启三年（公元1623年）

壬戌之夏，得此书之手抄本而予以批点，故每一象皆有他所批点的"圣叹曰"；他在批本《推背图》序中一开始就把数、天数议论一番，说得畅快淋漓，充满哲理："谓数可知乎？可知而不可知也！谓数不可知乎？不可知而可知也！可知者数，不可知者亦数也。可知其所不可知者数，不可知其所可知者亦数也。"

金圣叹从"今人不见古时月，今月曾经照古人"的想法（唐李白〈把酒问月〉），去"相信"《推背图》之数理，序文之末，尤不忘讽清之入主中原，说："玩其词，胡运不长，可立而待，毋以天之骄子而自处也。"可惜，顺治末年，金圣叹因为抗粮而与诸生哭于孔庙，被巡抚朱国治以大不敬莫须有之罪，遭坐斩。

金圣叹所批点之《推背图》，几经失佚，至 1913 年时，又几经波折后，始得印行初版。《推背图》确有些卦象，纵然"怀疑"伪作，但也真令人吃一大惊，令人若有所思者。例如，第三十七象庚子（如图一），可以看到这样的"隐喻"：

第三十七象庚子

巽震 益卦

谶曰
汉水茫茫 不统继统
南北不分 和衷与共

颂曰
水清终有竭
倒戈逢八月
海内竟无王
半凶还半吉

图一　推背图

推论穷通理，故事一箩筐

1. 上有图，一个有三绺"头发"、头型像个"山"字的蛮汉，浮站在江（汉水）上，双手捧着一个似男子人头（似是顺治人头；川，流水也，页，头也，治，可音"持"，亦水之名）。

2. 下为谶：汉水茫茫（洪字象征汉失中土；汉水茫茫，水（氵，清）没有了，只余"共中土"——共和也；另外，又似以汉水点出湖北武昌；再者，茫茫通芒芒，大水貌，《诗·商颂·长发》："洪水芒芒，禹敷下土"，辛亥革命得政后，黎元洪被推为副总统，元者大也，元洪，有大水之义，故茫茫，亦指此义。黎元洪也，不统（不是皇室宣统后人）继统（继承统绪）；南北不分，和衷（喻议和）与共（喻共和政体）。这是一个典型的"图谶"格式。

3. 此象为巽（☴）上震（☳）下之益卦，与《易经》的六十四卦结合，是典型的谶纬体例（若依谶纬的命名方式，此即是《易象推背图》）。金圣叹批点说："圣叹曰：'此象虽有元首出现，而一时未易平治，亦一乱也。'"（中山先生乳名帝象，金圣叹提"元首"，冥冥中之感应乎？）

4. 此象之颂曰：水清（喻清朝）终有竭（喻清之覆亡），倒戈逢八月（辛亥革命之十月十日，恰为农历八月十九日，时新军倒戈反清）。海内竟无王（中国只有总统了），半凶还半吉（强解：似指中山先生与袁世凯两人；半凶，指孙文文字之"乂"，而凶字之"凵"，即山字之"凵"；半吉，是袁字之上半部"吉"字；还字似亦有玄机，它是孙逸仙〔中山〕逸字之"辶"）。此象若说辛亥革命，宣统逊位，建立共和政体，但民初之局，中山先生所领导之军政集团，与袁世凯北洋政府对立，其后，演变成军阀南北对峙之局面，正如金圣叹所批点说："一时未易平治，亦一乱也"，是否若合符契？令人沉思再三！

《烧饼歌》相传是明朝开国君主朱元璋的护国军师刘伯温所撰，用顺口溜之歌谣体隐语，答复朱元璋"逼问"，预言后世的治乱兴亡。据说其起因是：某日朱元璋在内殿正在吃烧饼，只吃了一口，刘伯温却突然觐见，朱元璋以碗覆饼，待见到刘伯温，则问他碗中是何物件？刘伯温遂掐指一算说："半似日兮半似月，曾被金龙咬一口，此食物也。"臆则既中，朱元璋就逼问他天下后世之事。刘伯温就由"茫茫天数，我主万子（强解：万历帝）万孙（强解：万历之孙崇祯）"一直说下去，说到"千言万语知虚实，留与苍生作证盟"，大都晦涩难解。

刘伯温年六十五，未及辞官归故里，即为右丞相胡惟庸所毒害，至归青田时，毒发身亡，能卜而不能自卜，如命之何也？他有《感怀诗》一首，一片苍凉，不带任何神秘色彩："结发事远游，逍遥观四方。天地一何阔，山川杳茫茫。众鸟各自飞，乔木空苍凉。登高见万里，怀古使心伤。伫立望浮云，安得凌风翔。"《推背图》与《烧饼歌》两书最为人不解之处，除了行文不易解之外，则是在述说的序次和谈事的多寡上，通常是难以捉摸，有时一象说一朝或某一事，有时则又似以一象说几朝、几件的事（每朝、每事只有一句颂或谶），非智者实难通其燧理，且事多不直言，解法多种（如字之离合），徒多揣测，只可事后孔明。

八、铁版神数

盛行于明清两代的铁版神数，即俗称铁算盘，盖明清之世，通此术的术士，大都挟一算盘云游四海，而铁算盘之铁，是铁版神数的字首，又隐喻其铁口之直判，断语斩钉截铁，算盘则是算命时，算序加减运算之工具。铁版神数是一种非常繁杂的五行命理算法，而《铁版神数》一书，则是运算时所用以查注文之书，内容含义广泛，包括子平算命、紫微斗数、河洛理数、干支配卦和元会运世等等。据说五代、北宋年间创紫微斗数的陈抟，有个再传子弟——风水、堪舆宗师李挺之，而北宋理学家邵雍（字尧夫，谥康节）年轻时，亦曾从之学五行阴阳易理，著有《先天卦位图》、历法《皇极经世》等书（见元脱脱《宋史·道学传·邵雍》），坊间《铁版神数》直接标明为宋邵康节所著。神数有多种，但据考证，正本《铁版神数》，是取材自邵康节《皇极经世》一书之《皇极元会运世》的局部形式，并由一位名叫铁朴子的道士所

推论穷通理，故事一箩筐

注者为真（故此版本名之为《铁版》），数乃为《易》数，而神，即此语是真之意。

因为《铁版神数》一书，世人皆以为邵康节精通阴阳燮理，能穷人之祸福，但他曾说："若天命，已知之矣；世俗之所谓命，则吾不知也。"他在著作中也鲜论人之吉凶祸福，但无疑邵康节也确喜谈休咎，他在所著《皇极经世绪言》（卷上）中说："尧夫精《易》之数，事物之成败终始，人之祸福修短，算得来无毫发差错。……然二程（宋儒程颐、程颢）不贵其术。尧夫一日问伊川（程颐别号）曰：'今岁雷霆甚处起？'伊川曰：'起处起。'"由此可见一斑。

算铁版神数以时辰最为重要，在用算盘一轮加减，计得时、分、秒及数序之后，得去查注文，才知其答案结果，因而，条文又有五千条与一万二千条两种版本，而据云，倘若秒数一合，以后注文，就随之灵验。举例而言（虚拟），比如某君生于1930庚午年农历四月初二日早上七时（卯时），年月日时四柱查得为庚午、庚辰、庚戌、己卯，则从干支查天干注文之法为：$8 \times 8 \times 8 \times 9 = 4508$（在铁版神数中，天干庚之序数为8，己为9），查注文第4508条，即得"天意拂人心，问利总无凭"之注文。

铁版神数原分北派、南派和粤派三大派，而在香港，20世纪七十年代末，在业界中，曾流传一个传奇故事。据说一名沪籍算命师，逃难时携了师父传给他的《铁版神数》，到香港开业谋生，孰料急忙中，八大本的书，只胡乱带得四本应急。这位沪籍铁版神数算命师，后来颇有名气，但因为只得四本《铁版神数》注文可为依据之故，其与求算者互动灵验度，很多时有赖他个人的口才和才智。"文革"之后，这位算命师回沪，重金找回他失落的那四本《铁版神数》，未料却被发妻告他重婚，而受了牢狱之灾。他后来再次回港执业，因为"书本"齐全，自后声名日上，名动港台。

九、看相·摸骨·占梦

看相历史亦甚早，如周之内史叔服善相人，公孙敖曾请他为两个儿子看相（见《左传》），《荀子》有《非相篇》，说圣人"异相"，如殷高宗时名相傅说"身如断鳍"，又说禹跳汤（武）偏，曹植之《相论》说"文王四乳"。不过正式成书者，厥为宋陈抟的老师——著有《麻衣相书》之麻衣仙翁。

这里故事真的一大堆，除《麻衣》、《柳庄》相书最为传统外，有很多俗谚，如"对面不见耳（好相），问是谁家子（贵子也）；脑（耳）后见腮（凶恶之相），此人何处来（竟有此凶恶之人）？"又说："面无四两肉，口里心肠毒。"诸如此类。又如《燕丹子》一书，记田光对燕太子丹所说："夏扶，血勇之人，怒而面赤；宋意，脉勇之人，怒而面青；武阳，骨勇之人，怒而面白。光所说荆轲，神勇之人，怒而色不变。"

明罗贯中《三国演义》写到孔明识魏延脑后有反骨（不忠义之人也），每欲斩之，因惜其勇，姑留用之（见百零五回《武侯预伏锦囊计》）。孰料孔明于五丈原禳星求寿，魏延却将孔明的主灯撞灭了（俗谚云："孔明求寿，魏延闯灯"，喻天意、命该如此，或突然杀出个程咬金，以致失败），并且果真待孔明死后，魏延因与杨仪争权而反（见百零三回《五丈原诸葛禳星》），幸而孔明留下锦囊给马岱，及时斩之息乱（见百零五回《武侯预伏锦囊计》）。而据晋陈寿《三国志·蜀志·魏延传》则写到诸葛亮出北谷口，魏延为前锋。延梦头生角，于是问占梦者赵直。赵直骗他说："麒麟有角而不用，此不战而自附之象。"退而告人曰："角之为字，刀下用也。头上用刀，其凶甚矣。"此即占梦，例子甚多，如《吴祚国统》所记："吴王孙权尝梦北面顿首于天帝，忽见一人以笔点其额。举以问征士熊循。循曰：'吉祥矣，大王必为主。王者人之首，额者王（孙权）之上，王上加点，主字之象也。'"又如据唐房玄龄等《晋书·王浚传》所记："浚夜梦悬三刀于卧屋梁上，须又益（加）一刀，浚惊觉，意甚恶之。主簿李毅再拜，贺曰：'三刀为（古）州字，又益一（刀）者，明府（你）其临益州乎？'……果迁，浚为益州刺史。"其后，"三刀"在诗文中，竟成了官吏升迁的隐语（李商隐《街西池馆诗》："太守三刀梦，将军一箭歌。"）而所谓："甘罗早发子牙迟（甘罗十二岁封相，姜子牙八十方得遇周文王），彭子颜回寿不齐（据说彭祖寿长八百，颜回短命）。

推论穷通理，故事一箩筐

范丹贫穷石崇富，八字生来各有时。此乃时也，运也，命也。"已成术士口头禅。

孟子也相信异象，他提到"当尧之时，水逆行，泛滥于中国，蛇龙居之。民无所定，下者为巢，上者为营窟"时，就引《尚书·逸篇》所载舜的话说："洚（洪）水警余。"（《孟子·滕文公下》）他曾引《诗经·大雅·文王》说："永言配命（永远配合天命），自求多福。"又曾说："莫非命也，顺受其正。是故知命者，不立乎岩墙之下。尽其道而死者，正命也；桎梏死者（横死），非正命也。"（《孟子·尽心上》）但他不喜欢穿凿附会，说："天下言性也（研究万物的本性），则故而已矣（从以前作为去观察）。故者以利为本（自然而然地去看待即可）。所恶于智者，为其凿也（穿凿附会）。"（《孟子·离娄下》）

孔子当然也重视天命，他说："不知（天）命，无以为君子"（《论语·尧曰第二十》），又说："君子有三畏：畏天命，畏大人，畏圣人之言。"（《季氏第十六》）对于鬼神的态度，孔子在《中庸》一章，被叙述得最为清楚，子曰："鬼神之为德，其盛矣乎！视之而不见，听之而弗闻，体物而不可遗（是万事万物之不可缺少的；朱熹引程颐之说法，妙释"鬼神"是"天地之功用而造化之迹也"）。使天下之人，齐（斋）明盛服，以承祭祀，洋洋乎如在其上，如在其左右。"（《第十六章》）"事死如事生，事亡如事存，孝之至也。"（《第十九章》）

孔子同学生的对话，也可以看出孔子的想法，例如：

季路问事鬼神，子曰："未能事人？焉能事鬼。"（季路再问）敢问死。曰："未知生焉知死？"（《先进第十一》）

樊迟问知（智），子曰："务民之义，敬鬼神而远之，可谓知矣。"（《雍也第六》）

另外，孔子也补充说，"非其鬼而祭之，谄（媚）也"，"吾不与祭（参加祭典），如不祭（就等于没有祭祀一样）"。（《八佾第三》）

民间占卜之术愈来愈多，例如，揲蓍（milfoil）、文王大卦、金钱卦（占圻）、牙牌、灵鸟占卦（禽卜）、占梦（oneiromancy）、梅花易数、乙己占、六壬大卦、塔罗牌（tarot）、圣经卦（bibliomancy）等，多至不可胜数。不过，倘若想想几千年前孔老夫子的话，推敲一下今天我们对鬼神、阴阳燮理的态度，不是很有趣味吗？

附释：反语之谶

自"反切"语取读音之法流行之后，随之亦有以倒读、反切语或取音近而作谶者，令谶语的呈现和附会更为多元。例如据清赵翼《廿二史札记》卷十二所记：

- 一、《三国志》有记，孙吴名臣诸葛恪未被谋害时，民间即有谣说："诸葛恪，芦苇单衣篾钩（皮带）落，于何相逢成子阁。"成子阁语近"石子岗"。后来，诸葛恪果为孙坚弟孙静的曾孙孙峻等人杀害。此谣是说诸葛恪被芦苇裹尸（单衣），以竹篾捆绑着尸腰，投落石子岗。
- 二、《晋书·孝武纪》有记，孝武帝命殿名为清暑殿（有一冬韵佳对："人间清暑殿，天上广寒宫"），但有"识者"说，"清暑"两字倒读、反语像"楚（暑）声（清）"，"楚声"像"哀楚之征"也。
- 三、（南朝梁萧子显）《齐书》有记，益州向无诸王作镇，宋时，有名叫邵硕的人说："后有王胜憙来此作州。"后来，齐武帝果以始兴人王鉴为益州刺史，而"始兴"，反切语为"胜"。邵硕算是说中了。另外，文惠太子向武帝讨"东田"作小苑，然"东田"两字倒读音近"颠（田）童（东）"。后来，文惠之子郁林王即位，果然以童昏（精神病）被废。
- 四、（唐姚思廉）《梁书》有记，梁武帝创同泰寺，后在同泰寺之南，开一道门叫大通门。大通者,"同泰"之倒读反语也——"大(泰)通(同)"。其后,又更改年号为大通,俾符合寺及门名。至昭明太子萧统时,却有谣曰:"鹿子开城门,城门开鹿子。"而"鹿子开"之倒读反语像"来(开)子哭(鹿)",时昭明太子之长子欢为南徐州刺史,太子死,欢往奔丧,"果真""来子哭"也。

24.  允执厥中的"理得"

近世刑法观念,多以教育刑为取向,某些执法人员,更力倡"暂缓执行"已定谳之死刑,与社会"须依法行政"的法治执行理念,常有扞格,在社会上每每引起极大争议。主张废除死刑者,强调死刑的存在,只是以牙还牙,不但没有遏阻犯罪的作用,反而使人民有残忍化的不良后果。然而社会一般通俗想法,要暂缓执行死刑,必须有合乎规定的理由,且对受害人及其亲属,有欠公允。

这般意见执着,从法治精神来讲,其实涉及了"只求以法为治"(rule by law)与"法治精神"(rule of law)两者之间的牵扯,也令执法人员产生了个人理念与职责、机构作用和功能之间的矛盾。无论是非、对错、公平、理想和环境时势,这个大是大非的争议,都是唯中庸为难矣哉!

这种争执,不禁令人想起写过《纵囚论》,不认同"方唐太宗(贞观)之六年,录大辟囚之百余人,纵使还家,约其自归以就死"的做法,认为法制一定"必本乎人情,不立异以为高,不逆情以干誉"的欧阳修,在宋熙宁三年(1070年)四月为其葬于泷岗六十年之父亲立阡表时(见《泷岗阡表》一文),内中所记父母生前的一段对话:

"汝父为吏,尝夜烛治官书,屡废而叹。吾问之,则曰:'此死狱也,我求其生不得尔。'吾曰:'生可求乎(可以令狱犯不须死吗)?'曰:'求其生而不得(想他不伏法而不能),则死者与我皆无恨也;矧求而有得邪(为何不去想个法子,令他不必死呢),以其有得(因为如果还可以想个法子),则知不求而死者有恨也(狱犯知有法子而为,官者却不尽力去谋求他的生路,则被判死刑的一定抱憾、怨愤)。夫常求其生,犹失之死(经常尽一切努力,希望狱犯不必死的,但还是救不了),而世常求其死也(但世人总是时时忽视其可能得生存的机会，致令他被行刑）。'"

判狱，尤其判死狱，举凡"其心厚于仁者"，如欧阳修之父，的确难以释怀。看来，"生死两无憾"的执法标准，是不得不执法之时两难中无奈允执厥中的"理得"吧①！

---

① 《伪古文尚书·大禹谟》有尧、舜、禹之"十六字心传"：人心惟危（人心贪图物欲之私，互相逐利，危险之极），道心惟微（伦理道德准则，则通常是依违两可，是十分微妙的），惟精惟一（集中精神了解危、微两者之间关连，一贯地抱持本性善良），允执厥中（就可以掌握到危、微两端的中庸之道、平衡点）。《论语·尧曰第廿一》则有记载说："尧曰：'咨（唉）！尔舜（舜啊）！天之历数在尔躬（上天安排谁担任王帝的序次，到你了），允执其中（好好掌握不偏不倚、恰到好处的中道）！四海困穷（如果大家都穷困），天禄永终（你的帝位便永远失去，不得翻身）。'舜亦以命禹（舜亦以这番话告诫大禹）。"

25.  《孟子》选句"点评"

新闻文字工作者必读的古籍有三,第一本是司马迁之《史记》,第二本是司马光之《资治通鉴》,第三本是《孟子》。《史记》和《资治通鉴》不但微言大义,评析有理,叙事就是短篇与中篇的"故事",而且贵能突破,不拘一格。《孟子》则善用轶事和比喻,引古说以证其说,且推理有夺人之气的架势;当中更提到新闻文字工作者之"谣言止于'记'者"和查证之要求。

兹试择《孟子》若干篇则语句(译文),共同欣赏。

一、君与民同乐,则民乐于效命(《梁惠王上》)

(周)文王以民力为台为沼,而民欢乐之,谓其台曰灵台,谓其沼曰灵沼,乐其有麋鹿鱼鳖。古之人与民偕乐,故能乐也。《汤誓》曰:"时日(太阳)害丧(毁灭),予及女(汝,夏桀)偕亡(一起死)!"民欲与之偕亡,虽有台池鸟兽,岂能独乐哉?

二、为与不为只是个人问题(《梁惠王上》)

挟太山以超北(渤)海,语人曰"我不能",是诚不能也。为长者折枝(按摩),语人曰"我不能",是不为也,非不能也。

三、攻伐之取与施(《梁惠王下》)

齐人伐燕(国),取之。诸侯将谋救燕。(齐)宣王曰(问孟子):"诸侯多谋伐寡人者,何以待(对付)之?"孟子对曰:"臣闻(凭)七十里(土地)为政于(统领)天下者,(商)汤是也。未闻以千里(之地)畏人者也。《书》曰:'(商)汤(第)一(次出)征,自葛(国)始。'

天下信之。'东面而征，西夷怨；南面而征，北狄怨。曰，奚为后我（为何不先解救我）？'民望之，若大旱之望云霓也。归市者不止，耕者不变。诛其君而吊其民，若时雨降，民大悦。《书》曰：'徯（等待）我后（君王），后其来苏（新生）。'

——苟美国攻伐伊拉克之前，先得读此段，则今天也许不至于进退维谷。

四、以小事大之思考方向（《梁惠王下》）

滕文公问曰："滕，小国也。竭力以事大国（间于齐楚：夹在齐楚两大国之间），则不得免焉（却还免不了被侵伐）。如之何则可（怎样做才对呢）？"

孟子对曰："昔者大王（周太王）居邠，狄人侵之。事之以皮币（帛），不得免焉；事之以犬马，不得免焉；事之以珠玉，不得免焉。乃属（召集）其耆老而告之曰：'狄人之所欲者，吾土地也。吾闻之也：君子不以其所以养人者害人。二三子何患乎无君？我将去之。'去邠（音彬，陕西旬邑县），踰梁山，邑（建城）于岐山之下居焉。邠人曰：'仁人也，不可失也。'从之者如归市（另创一片天）。或曰：'世守也（土地世代相守），非身之所能为也（身不由己的）。效死勿去（得誓死保卫斯土）！'君请择于斯二者（死守故土与远走他乡闯一闯这两条路，您自己选择吧）！"

——受敌之滋扰，尽力给他们好处，仍国无宁日，自己放弃，远离之，另谋生计，固是一时权宜性做法，但固守斯土，不因己意而离弃人民，却是领导者本分，是义之所在；何况，既有"失败"前例，倘若带着失败者经验，而想在他乡闯一闯，除非能彻底改革，改辕易辙，否则成败未卜。所以，去留此二者之间，有赖"英断"！当然，其实孟子话中之话是很明显的——死守吧，一寸山河一寸血！（同篇孟子对曰："是谋〔事齐乎？事楚乎？〕非吾所能及也。无已，则有一焉：凿斯池也，筑斯城也，与民守之，效死而民弗去，则是可为也。"）

说闻解字

五、得道多助（《公孙丑下》）

孟子曰："天时不如地利，地利不如人和。……故曰：域民（限制人民离境）不以封疆之界，固国不以山溪之险，威天下不以兵革之利。得道者多助，失道者寡助。寡助之至，亲戚畔（叛）之；多助之至，天下顺之。以天下之所顺，攻亲戚之所畔；故君子有不战，战必胜矣。"

六、尽信书，不如无书（《尽心下》）

孟子曰："尽信书，则不如无书。吾于《武成》（我看《周书·武成篇》有关武王伐纣之事），取二三策而已矣（只相信若干竹简的记载）。仁人无敌于天下。以（周武王之）至仁伐至不仁（纣王），而何其血之流杵也（怎么会大开杀戒呢）？"

——《诗经·沔水》也早已说："民之讹言，宁莫之惩（难道不要惩罚的吗）。我友敬矣（我的朋友是好人呀），谗言其兴（为什么仍会有人对他造谣毁谤）。"

七、我行我素是也，管他人说什么（《尽心下》）

貉稽（人名）曰："稽大不理于口（我这个人没人说好话）。"孟子曰："无伤也。士憎兹多口（士人是会被众多的人所指骂的）。（例如）《诗（经）》云：'忧心悄悄（心忧如焚），愠于群小（为众多小人所怨恨）。'（说的就是）孔子也。（《诗经·大雅·绵篇》又说）'（周太王事昆夷）肆不殄厥（其）愠（虽未能清除他们的怨愠），亦不陨厥问（但也绝不会赔上自己名声）。'（说的就是）文王也。"

八、推理、判断要有根据

（一）高子曰："禹之声（音乐），尚（好过）文王之声（音乐）。"

孟子曰："何以言之？"

《孟子》选句"点评"

曰:"以追蠡(因为禹钟其内吊舌的纽绳,像被虫咬过一样,快被打到断了)。"(追,钟纽;蠡,啮木虫也)

(孟子)曰:"是奚足哉(这样的证据怎么足够)?城门之轨(只容一车而过的城门,车过得多,日子久了,地上车辙的痕迹就特别深),两马之力欤(难道是一车两马之力,就可以辗成其辙迹的吗)?"(《尽心下》)

——所以,大禹的钟纽快断这一事实,也只是时间上的问题。

(二)曹交问曰:"人皆可以为尧舜,有诸?"

孟子曰:"然。"

"交闻文王十尺,汤九尺;今交九尺四寸,食粟而矣(只是个饭桶),如何则可(怎样才可以成为尧舜呢)?"

曰:"奚有于是(哪有这样子说的)?亦为之而已矣(只是尽力而为而矣)。有人于此(如果这里有人),力不能胜一匹雏(提不起一只小鸡),则为无力人矣;(但)今日举百钧,则为有力人矣。然则举乌获之任(如此说来,能举起秦武王大力士乌获所能举起的重量),是亦为乌获而已矣(那么就是乌获了)。夫人岂以不胜为患哉(那么一个人还怕有什么做不了的吗)?弗为耳(只是不去做而已)。(《告子下》)

九、辩论之引证逻辑(《告子上》)

公都子曰:"告子曰:'性无善无不善也。'或曰:'性可以为善,可以为不善。是故文武兴,则民好善;幽厉(王)兴,则民好暴。'或曰:'有性善,有性不善。是故以尧为君,而有象;以瞽瞍为父,而有舜;以纣为兄之子且以为君,而有微子启(纣庶兄、商帝乙长子;微,国名,子,爵也)、王子比干(纣叔父干,封于比,谏纣三日,惨被纣剖心而死)。'今曰'(人)性善',然则彼皆非欤?"

孟子曰:"乃若其情(只要真情流露),则可以为善矣,乃所谓善也(我所谓的善即指此)。若夫为不善,非才之罪也(并非天性、本质的错)。(例如）恻隐之心，人皆有之；羞恶之心，人皆有之；恭敬之心，人皆有之；是非之心，人皆有之。恻隐之心，仁也；羞恶之心，义也；恭敬之心，礼也；是非之心，智也。仁、义、礼、智，非由外铄我也（不是外面给我的烙印），我固有之也，弗思耳矣（只是习而不察而已）。故曰：'求则得之（做就是了），舍（舍）则失之（不做就没有）。'或相倍蓰而无算者（得失之间，相差不可以道里计者；倍，一倍；蓰，五倍；无算，无数），不能尽其才也（皆因没有尽到本性的缘故）。《诗》(《诗经·大雅·烝民篇》）曰：'天生烝民（天下众生，百样米养百样人），有物有则（乱中有序，有事物就有原则），民之秉夷（大家一向执着的），好是懿德（就是喜欢这种真情流露的本性）。'（所以）孔子曰：'为此诗者，其知道乎（真是看透道了）！故有物必有则（所以提出有事物就有原则的讲法）；民之秉彝也（是呀，大家若能执着，一本初衷），故好是懿德（一定喜欢这种美德的本性）。'"

——常言道：问题只有一个答案，没有答案，或者，很多答案。常言道：乱中有序，有原则就有例外。孟子并没有直接回答到底有没有性善（这回事）？可不可以为善？是否性善和性不善并存？而是转移了焦点，性善是"如何做到的"。新闻学上也有个类似问题，到底新闻（其实是新闻数据处理）能不能客观？应不应该客观？可不可以客观？又该如何客观？

26. 数字"四书"

中国文化是很善于用数字来凑合的,例如,一帆风顺、二人同心、三生有幸、四代同堂、五湖四海、六六大顺、七岁看八十、八面玲珑、九门提督、十全十美。京剧也有一箭仇、二进宫、三岔口、四进士、五台山、六月雪、七星灯、八义图、九更天、十道本;以及黄一刀、奇双会、赶三关、杀四门、锁五龙、斩六将、淹七军、杨八妹、邓九公和宋十回等折子名剧。

其实,"四书"里,也多用数字凑合以成其哲理和意义的。举其大者如下。

一、与"一"相关者

(一)《大学》

· 自天子以至于庶人,壹是皆以修身为本。

· 一家仁,一国兴仁;一家(礼)让,一国兴让;一人贪戾,一国作乱。其机(契)如此,此谓一言偾(败)事,一人定国。

(二)《中庸》

· 人一能之,己百之,人十能之,己千之。果能此道矣,虽愚必明,虽柔必强。

· 天地之道,可一言而尽也。其为物不贰(诚一不诡),则其生物不测(生化万物无数)。

(三)《论语》

· 子曰:"参乎!吾道一以贯之(忠恕而已矣)。"《里仁第四》

· 子曰:"贤哉回也(回,闻一以知十)!一箪(竹筐)食,一瓢(勺子)饮,在陋巷,人不堪其忧,回也不改其乐。贤哉回也!"《雍也第六》

· 子曰:"不愤(没有学习动机)不启(示)。不悱(讲不出问题)不发(不

开导)。举一隅不以三隅反,则不复也(暂停下来不教)。"《述而第七》

- 子曰:"譬如为山,未成一篑,止,吾止也!譬如平地,虽覆一篑,进,吾往也!"《子罕第九》(成语:"为山九仞,功亏一篑")

- 子曰:"克己复礼为仁。一日克己复礼,天下归仁焉。为仁由己,而由仁乎哉!"《颜渊第十二》

- 定公问:"一言可以兴邦,有诸?"孔子对曰:"言不可以若是其几也(话是不可以这样说的)!人之言曰:'为君难,为臣不易。'如知君之难也,不几乎一言而兴邦乎(那么是不是一句话就使得国家兴盛了呢)?"曰:"一言而丧邦,有诸?"孔子对曰:"言不可以若是其几也!人之言曰:'予无乐乎为君(身为人君一点也不快乐),唯其言而莫予违也(唯一快乐是没有人敢违抗我说的话)。'如其善而莫之违也(如果国君的话说得好,致没有人敢违抗,不是很好吗)?如不善而莫之违也(如果国君的话说得不对,而没有人敢违抗),不几乎一言而丧邦乎(那岂不就是国君一句话,而危及邦国了吗)?"《子路第十三》

- 陈亢(孔子学生)问于伯鱼(孔子之子)曰:"子亦有异闻乎(你有否听闻过你父亲教你的另一套呢)?"对曰:"未也。尝独立(孔子一个人站着),鲤趋而过庭。曰:'学《诗(经)》乎?'对曰:'未也。''不学《诗》,无以言!'鲤退而学《诗》。他日,又独立,鲤趋而过庭。曰:'学《礼(记)》乎?'对曰:'未也。''不学《礼》,无以立!'鲤退而学《礼》。闻斯二者。"陈亢退而喜曰:"问一得三:闻《诗》(之好处),闻《礼》,又闻君子之远其子也(不偏爱其子)。"《季氏第十六》

(四)《孟子》

- 曰:"贼仁者,谓之贼;贼义者,谓之残。残贼之人,谓之一夫。闻诛一夫纣矣,未闻弑君也。"《梁惠王下》

- 曰:"彼一时,此一时也。五百年必有王者兴,其间必有名世者。"《公孙丑下》

- 孟子曰："世子（滕文公）疑吾言乎？夫道一而已矣（一言而已——行善也）。"《滕文公上》

二、与"三"相关者

（一）《中庸》

- 子曰："好学近乎知，力行近乎仁，知耻近乎勇。知斯三者，则知所以修身；知所以修身，则知所以治人；知所以治人，则知所以治天下国家矣。"

- 王天下有三重焉（议礼、制度、考文），其寡过矣乎！上焉者（周王以前），虽善无征，无征不信，不信民弗从；下焉者（圣能，却官位不高），虽善不尊，不尊不信，不信民弗从。故君子之道，本诸身，征诸庶民（检视一下民意），考诸三王（夏、商、周）而不缪（谬也，过失），建诸天地而不悖，质诸鬼神而无疑，百世以俟圣人而不惑。

（二）《论语》

- 曾子曰："吾日三省吾身：为人谋而不忠乎？与朋友交而不信乎？传（老师教的）不习乎？"《学而第一》

- 三家者以雍彻（鲁大夫孟孙、叔孙、季孙三家，家祭后撤走祭品时，高唱《周颂·雍诗》以娱神）。子曰："（《雍诗》说）'相维辟公（襄助祭典的都是诸侯），天子穆穆（天子仪容庄严肃穆）。'奚取于三家之堂（这首诗为什么可以在这三家的庙堂上来唱呢）？"《八佾第三》

- 子曰："三年无改于父之道，可谓孝矣。"《里仁第四》

- 子张问曰："令尹子文（斗氏，名谷於菟）三仕为令尹（做了三任令尹），无喜色；三已之（三次去职），无愠色。旧令尹之政，必以告新令尹。何如？"子曰："忠矣。"曰："仁矣乎？"曰："未知，焉得仁？"《公冶长第五》

- 季文子三思而后行。子闻之，曰："再（只要多想一次），斯可矣！"《公冶长第五》

- 子曰："回也，其心三月（言久也）不违仁，其余则日月至焉而已矣。"《雍也第六》
- 子路曰："子行（领）三军，则谁与（同谁搭档）？"子曰："暴虎（手无寸铁而要打老虎）冯河（不管河水深浅，硬是徒步涉水过去），死而无悔者（死了也不知错的人），吾不与也。必临事而惧（小心戒惧），好谋而成者也（有好计划、有成功希望的）。"《述而第七》
- 子曰："三人行，必有我师焉。择其善者而从之，其不善者而改之。"《述而第七》
- 子曰："泰伯（周太王长子。次弟仲雍，少弟季历则为周文王之父），其可谓德也已矣！三以天下让（泰伯、仲雍再三把王位让给弟弟季历，以便将来可名正言顺传位给周文王），民无得而称焉（泰伯与仲雍逃往荆蛮，使百姓无法歌颂他）。"《泰伯第八》
- 曾子有疾，孟敬子（鲁大夫）问之（探病）。曾子言曰（自言自语）："鸟之将死，其鸣也哀；人之将死，其言也善。君子所贵乎道者三：动容貌（容貌举止依礼而行），斯远暴慢矣（便不会有人对你粗暴怠慢，自招其辱）；正颜色（表情端庄），斯近信矣；出辞气（出口言辞得体），斯远鄙倍矣（别人便不会讲话粗俗和冲撞你）。笾豆之事（管理礼器这些琐事），则有司存（自有专人管理，不必事必躬亲）。"《泰伯第八》
- 子曰："三年学，不至于谷（不想做官），不易得也（难能可贵）。"《泰伯第八》
- 子曰："三军可夺帅也，匹夫不可夺志也。"《子罕第九》
- 祭肉不出三日。出三日，不食之矣。食不语，寝不言。虽疏食菜羹，瓜祭，必齐如也（祭必诚心恭敬）。《乡党第十》
- 南容三复（每日多次复诵）《白圭》，孔子以其兄（孟皮）之子（女）妻之。《先进第十一》
　　——《诗经·大雅·抑》："白圭之玷（白玉有污点），尚可磨也；斯言之玷（坏话一出口），不可为也（没法子挽求）。"故得慎言。

- 子贡问政。子曰:"足食,足兵,民信之矣。"子贡曰:"必不得已而去,于斯三者何先?"曰:"去兵。"子贡曰:"必不得已而去,于斯二者何先?"曰:"去食。自古皆有死,民无信不立(百姓不信任政府,国家的威信就建立不起来)。"《颜渊第十二》
- 子曰:"诵《诗》三百,授之以政,不达。使于四方,不能专对;虽多,亦奚以为?"《子路第十三》
- 子曰:"苟有用我者,期月(一周年)而已可也,三年有成。"《子路第十三》
- 子曰:"君子道者三,我无能焉:仁者不忧,知(智)者不惑,勇者不惧。"子贡曰:"夫子自道也。"《宪问第十四》
- 孔子曰:"益者三友,损者三友。友直(正直),友谅(诚信),友多闻,益矣;友便辟(惯于逢迎),友善柔(只说好听的话而不讲真话),友便佞(随便信口雌黄),损矣。"《季氏第十六》
- 孔子曰:"益者三乐(爱好),损者三乐。乐节礼乐(行事乐于以礼乐为归依),乐道人之善,乐多贤友,益矣(有益身心)。乐骄乐(喜欢以骄奢为乐),乐佚游(喜欢闲散游荡,涉足不良场所),乐宴乐(喜欢讲饮讲食),损矣(有害身心)。"《季氏第十六》
- 孔子曰:"待于君子有三愆(三种过失):言未及之而言(不该说话时,却抢着发言),谓之躁(急);言及之而不言(该说话时又不说),谓之隐(瞒);未见颜色而言(忽视对方面色就轻率发言),谓之瞽(不长眼睛)。"《季氏第十六》
- 孔子曰:"君子有三戒(警惕):少之时,血气未定,戒之在色;及其壮也,血气方刚,戒之在斗;及其老也,血气既衰,戒之在(贪)得。"《季氏第十六》
- 孔子曰:"君子三畏(敬畏):畏天命(敬畏天道安排),畏大人(敬畏国家授予高位之人),畏圣人之言。小人不知天命而不畏也,狎大人(因为惯见高官而不当一回事),侮圣人之言(把圣人之言作儿戏)。"《季

氏第十六》

- 子曰："古者民有三疾（三种毛病），今也或是之亡（无）也（现在的人可能连这三种"可爱"的毛病也没有了）。古之狂也肆（古时狂放的人不拘小节），今之狂也荡（现在狂妄的人却是放荡不羁）；古之矜也廉（古时呆板方正的人清廉不贪），今之矜也忿戾（现在呆板方正的人却狠戾怀愤好争）；古之愚也直（古时戆直的人是直来直往的），今之愚也诈而已矣（现在戆直的人却会使诈）。"《阳货第十七》

- 柳下惠为士师［柳下惠姬姓展氏，名获，字子禽，鲁大夫，食邑于"柳下"一地，有贤名（柳下惠坐怀不乱），死后谥为"惠"；士师，狱官］，三黜（多次被免职）。人曰："子未可去乎？"（为什么不可以离开鲁国？）曰："直道而事人（君），焉往而不三黜（到哪儿去不会被免职）？枉道而事人（不以正直态度，做人君下属），何必去父母之邦？"《微子第十八》

- 微子去之（纣庶兄启，因纣无道而离他而去），箕子为之奴（纣之叔父箕子做纣奴隶），比干谏而死（纣另一叔父，苦谏纣，被纣剖腹而死）。孔子曰："殷有三仁焉！"《微子第十八》

- 齐人归女乐（鲁定公十四年，孔子为鲁司寇，摄相事，齐人惧，馈赠鲁君女乐），季桓子（时为上卿）受之。三日不朝（鲁定公三日都不上朝处理政事），孔子行。《微子第十八》

- 子夏曰："君子有三变（三种不同样貌）：望之俨然（远远看过去，容貌端正），即之也温（接近他时和蔼可亲），听其言也厉（听他说话，义正辞严）。"《子张第十九》

（三）《孟子》

- 天下有达尊三（有三种东西受所有人尊崇）：爵一（一是爵位），齿一（一是年岁），德一（一是道德）。朝廷莫如爵，乡党莫如齿，辅世长民莫如德。恶得有其一（哪会有得了一种资格），以慢其二哉（就看不起其他两种资格的）。《公孙丑下》

- 周霄问曰:"古之君子仕乎?"孟子曰:"仕。传曰:'孔子三月无君(三个月没官做),则皇皇如也(焦虑不安)。出疆(失掉官位到别国去),必载质(一定带着见面礼去觐见他国国君,望能有官做)。'公明仪曰:'古之人,三月无君则吊(三个月没官做,就去安慰他)。'"《滕文公下》
- 孟子曰:"君子有三乐,而王天下不与存焉(就是帝王也不能强求啊)。父母俱存,兄弟无故(手足情深),一乐也;仰不愧于天,俯不怍(愧)于人,二乐也;得天下之英才而教育之,三乐也。君子有三乐,而王天下不与存焉。"《尽心上》
- 孟子曰:"诸侯之宝三:土地,人民,政事。宝珠玉者,殃(祸患)必及身。"《尽心下》

三、与"四"相关者

《论语》

- 子谓子产(公子侨,郑大夫),"有君子之道四焉:其行己也恭,其事上也敬,其养民也惠,其使民也义(得宜)。"《公冶长第五》
- 子绝四(种毛病):毋(无)意(不凭空揣测),毋必(不必然肯定),毋固(不固执拘泥),毋我(不自以为是)。《子罕第九》
- 子曰:"年四十而见恶焉,其终也已(他一生就这样的了)。"《阳货第十七》
- 孟子曰:"否。我四十不动心(不会惶恐不安)。"《公孙丑上》
- "由是观之,无恻隐之心,非人也;无羞恶之心,非人也;无辞让之心,非人也;无是非之心,非人也。恻隐之心,仁之端也;羞恶之心,义之端也;辞让之心,礼之端也;是非之心,智之端也。人之有是四端也,犹其有四体(肢)也。有是四端而自谓不能者,自贼(害)者也;谓其君不能者,贼其君者也。"《公孙丑上》
- 孟子曰:"广土众民,君子欲之(想得到的),所乐不存焉(但乐趣不在于此)。中天下而立,定四海之民,君子乐之(引以为乐的),

所性不存焉（但与禀性不合）。君子所性（禀性），虽大行不加焉（就算政行于天下，也不会增加了些什么），虽穷居不损焉（就算家居穷困，也没有什么减损），分定故也（天性就是如此）。君子所性（君子得天独厚的天性），仁义礼智根于心（与生俱来）。其生于色也（他内心的表情），睟然（清晰地）见于面（写在脸上），盎于背（打从背后就感觉到），施于四体（表现在手足四肢的姿态上），四体不言而喻（从四肢肢体语言中，不待他说话，就什么都明白了）。"《尽心上》

四、与"五"相关者

（一）《中庸》

- 天下之达道（人人皆得遵守的伦理）五，所以行之者三（实际表现出来的人的德性有三种）。曰君臣也，父子也，夫妇也，昆弟也（兄弟），朋友之交也，五者天下之达道也；知、仁、勇三者，天下之达德也，所以行之者一也（实行起来就只是讲求一个诚字）。或生而知之，或学而知之，或困而知之（经过一番苦学），一也（所知都是一样的）；或安而行之（自然而然就会做），或利而行之（或想着就去做），或勉强而行之（经过一番试误之后才做得到），及其成功，一也（等做到了，殊途而同归，结果是一样的）。

（二）《论语》

- 舜有臣五人（即禹、稷、契、皋陶、伯益），而天下治。（周）武王曰："予有乱（治）臣十人（有能臣十人，即周公旦、召公奭、太公望、毕公、荣公、大颠、闳夭、散宜生、南宫适、文王之母）。"孔子曰："才难（人才难得啊），不其然乎？唐虞之际（后），于斯为盛（此际最盛）。有妇人焉（还有一个是妇人，文王母），九人而已。三分天下有其二（就得到天下三分之二的人爱戴），以服事殷（但仍以诸侯之礼服事殷朝）。周之德，其可谓至德也已矣！"《泰伯第八》
- 孔子曰："禄之去公室（爵禄赏罚大权旁落，不由鲁君决定），五世矣（已历鲁宣王、鲁成王、鲁襄王、鲁昭公、鲁定公五世）。政逮于大夫，四世矣（政权落在大夫手上，又已历季孙父子、武子、平子及桓子四代）。故夫三桓之子孙，微矣（因此鲁桓公的三房子孙——仲孙、叔孙和季孙，（至鲁定公时）皆已衰落）。"《季氏第十六》

- 子张问仁于孔子。孔子曰："能行五者于天下，为仁矣。"请问之。曰："恭、宽、信、敏、惠。恭则不侮（做事正经，就不会受人侮辱），宽则得众（待人宽厚，人家就拥护你），信则人任焉（能诚信则别人就倚仗你），敏则有功（反应快速才易成功做好），惠则足以使人（给人好处，别人才会为你做事）。"《阳货第十七》

- 子张问于孔子曰："何如斯可以从政矣？"子曰："尊五美（德），屏（除去）四恶（政），斯可以从政矣。"

- 子张曰："何谓五美？"子曰："君子惠而不费（给民众利益，而自己并不用花费），劳而不怨，欲而不贪（希望行仁行义，但不故意贪求），泰而不骄（胸怀舒泰，心中有数而不骄肆），威而不猛（有威严却不凶猛）。"

- 子张曰："何谓惠而不费？"子曰："因民之所利而利之（是民众的利益就归他们，而不是由自己施惠给民众），斯不亦惠而不费乎（这不是不用自己花费了吗）？择可劳而劳之（农暇择健者服劳役），又谁怨？欲仁而得仁，又焉贪（希望行仁义之政，而仁义之政如期而显现，何用故意去贪求）？君子无众寡（不论人口多或少），无小大（国力无论大小），无敢慢（不敢掉以轻心），斯不亦泰而不骄乎（这不是心中有数而胸怀舒泰吗）？君子正其衣冠，尊其瞻视（仪容端庄），俨然人望而畏之（令人见到就会生敬畏之心），斯不亦威而不猛乎（这岂不是有威势但并不凶猛吗）？"

- 子张曰："何谓四恶？"子曰："不教而杀谓之虐（平时不教导民众，等他们犯了罪便杀他，就叫虐杀）；不戒视成谓之暴（不事前通知，提醒注意，就要临时看成果，就叫粗暴）；慢令致期谓之贼（政令发布得迟，到期又不宽限，就叫贼害）；犹之与人也，出纳之吝（本来

就是要给人民的财物，但在发放时，吝啬得很），谓之有司（就叫小眼睛小鼻子的基层官员心态）。"《尧曰第二十》

（三）《孟子》

- 孟子曰："君子之所以教者五（教学生，有五个方面）：有如时雨化之者（一种是有如及时雨般化育草木，将学生一视同仁），有成德者（一种是务必使学生有高尚的品德情操），有达财（才）者（一种是令学生可以发挥天赋才能），有答问者（一种是解答学生问题，为他们解惑），有私淑艾者（一种是教自修生）。此五者（这五个方面），君子之所以教也。"《尽心上》

五、与"六"相关者

《论语》

- 曾子曰："可以托六尺之孤（可以把十五岁以下幼主辅助重任托付给他），可以寄百里之命（把国家政事交给他），临大节（遇到国家生死存亡关头）而不可夺也（也不会改变操守）。君子人与（这个人是不是君子呢）？君子人也（真是君子啊）！"《泰伯第八》

- 子曰："由也，女（汝）闻六言（六大美德）六蔽（六大蔽缺）矣乎？"对曰："未也。""居（坐下来）！吾语女。好（喜欢）仁（仁厚）不好学，其蔽（缺点）也愚；好知（智）不好学，其蔽也荡（一身法宝，却没有一样灵光）；好信（只求老老实实）不好学，其蔽也贼（易受到贼害）；好直（方正）不好学，其蔽也绞（流于躁急）；好勇（勇敢）不好学，其蔽也乱（藐视法纪秩序）；好刚（刚强）不好学，其蔽也狂（易于冲动）。"《阳货第十七》

六、与"八"相关者

《论语》

- 孔子谓（批评）季氏（鲁大夫季孙氏）："八佾舞于庭（只是大夫阶

级的季氏，在宗庙之庭，跳起周天子六十四人如此大阵仗的舞乐），是可忍也（如果这样僭礼的行为都可以容忍），孰不可忍也（还有什么是不可以容忍的）？"《八佾第三》

七、与"九"相关者

（一）《中庸》

- 凡为天下国家有九经（九种常法），曰：修身也，尊贤也，亲亲也，敬大臣也，体群臣也，子庶民也，来百工也，柔远人也，怀诸侯也。修身，则道立；尊贤，则不惑；亲亲，则诸父（众伯叔）昆弟不怨；敬大臣，则不眩（迷乱）；体（体贴）群臣，则士之报礼重；子庶民，则百姓劝（互相劝勉）；来百工，则财用足；柔远人，则四方归之；怀（安抚）诸侯，则天下畏之。齐（斋）明盛服（斋戒明洁，衣着整齐），非礼不动，所以修身也；去谗远色，贱货而贵德，所以劝贤也；尊其位，重其禄，同其好恶，所以劝亲亲也；官盛任使（官员众多，足供其差使），所以劝（劝勉）大臣也；忠信重禄，所以劝士也；时使薄敛，所以劝百姓也；日省月试（每日查验，按月考核），既禀称事（给予和工作相当的报酬），所以劝百工也；送往迎来，嘉善而矜不能，所以柔远人也；继绝世，举废国，治乱持危，朝聘以时，厚往而薄来，所以怀诸侯也。凡为天下国家有九经，所以行之者，一也。

（二）《论语》

- 孔子曰："君子有九思（九种应该思虑着去做的事）：视思明（看要想看个明白），听思聪（听要想听得清楚），色思温（面色要想表现得温和），貌思恭（待人的容貌要想到谦恭），言思忠（说话时要想到忠厚），事思敬（做事的时候要想到认真敬业），疑斯问（有疑问时就要想到要发问），忿思难（忿怒时要想到事后的祸害），见得思义（见得财物时要想到是否应该得到）。"《季氏第十六》

八、与"十"相关者

（一）《大学》

- 曾子曰："十目所视，十手所指，其严乎（多么的可怕呀）！"富润屋，德润身，心广体胖。故君子必诚其意。

（二）《论语》

- 子曰："吾十有五而志于学，三十而立（有所成就），四十而不惑（能通达而不再疑惑），五十而知天命（知道冥冥之中有主宰），六十而耳顺（听话时，可以分辨真假、是非），七十而从心所欲，不踰距（自有法度）。"《为政第二》

- 子张问："十世可知也（十个朝代之事，可以前知吗）？"子曰："殷因于夏礼，所损益可知也（商代因袭夏代的礼制，其有所增加、减省的，现在还可以知道）；周因于殷礼，所损益可知也（周代因袭商代的礼制，其有所增加、减省的，现在还可以知道）；其或继周者，虽百世可知也（也许将来有继周而起的朝代，虽是百世之后的事，也可以前知的）。"《为政第二》

- 子曰："十室之邑（小地方），必有忠信如丘者焉，不如丘之好学也。"《公冶长第五》

- 孔子曰："天下有道，则礼乐征伐自天子出（古制非天子不得变礼乐，专征伐）；天下无道，则礼乐征伐自诸侯出。自诸侯出，盖十世希（稀）不失矣（顶多再传十代，很少有不亡的）；自大夫出，五世（代）希不失矣；陪臣（家臣）执国命，三世希不失矣。天下有道（太平之时），则政不在大夫（高官不会专政）。天下有道，则庶人不议（百姓对国是不会有诸多意见）。"《季氏第十六》

九、与"四十"相关者

《论语》

- 子曰："后生（之辈）可畏，焉（怎）知来者之不如今也？四十、五十而无闻焉（但如果到了四五十岁之时，还是籍籍无名），斯亦不足畏也已（那么，这个后生就没有什么成就的了）。"《子罕第九》

十、与"五十"相关者

《论语》

- 子曰："加我数年（多给我几年时间），五十以学《易》（到了五十岁知命之年时，再深研《易经》），可以无大过矣（或许学得不错，不致有大的错误）。"《述而第七》

十一、与"百"相关者

《论语》

- 子曰："'善人为邦百年（好人执政百年），亦可以胜残去杀矣（应该可以感化残暴的人和行为，而死刑可以废除了）。'诚哉是言也！"《子路第十三》

十二、与"三百"相关者

《中庸》

- 大哉，圣人之道！洋洋乎发育万物，峻极（高大到）于天。优优大哉（充裕广大之极）！礼仪三百（周朝所定的冠婚丧祭之大礼节，有三百多），威仪三千（周朝所定的诸如动作周旋之容的小礼节，有三千多），待其人而后行（必待能者执政，才有机会实行）。故曰："苟不至德（人若不是道德高超），至道不凝焉（就不能达到至道的最高境界）。"故君子尊德性而道（经由）问学（学问），致广大而尽精微，极高明而道（守着）中庸（不偏不易）。温故而知新，敦厚以崇礼。是故居上不骄，为下不倍（背）。国有道，其言足以兴；国无道，其默足以容（沉默而足以明哲保身）。《诗》（《诗经·大雅·烝民篇》）曰："既明且哲，以保其身（又明理、又睿智、又会保全性命）。"

其此之谓欤？

以上虽是"断章取义"，但若能以数字为纲领而"一以贯之"，则"四书"之主旨，可得其大概矣！

27. 动新闻是哪门子新闻

台湾有网上媒介推出"动新闻"后，曾引起一阵争议。只是喧腾虽过，但似尚欠从新闻学角度，对动新闻与新闻予以讨论。

如果从吾人想象中去理解，动新闻应是指其制播形式而言，是一种动象化设计、示意或漫画化的"模拟"新闻。所以，从这个角度去看，似应称为"动画新闻"诸如此类，但若简称为"动新闻"，则简洁是简洁了，却可能犯了语义上的迷失：有"动新闻"是否就相对地有"静新闻"呢？那又将是什么？

新闻实务上讲的"静态新闻"，传统上多指人物专访或时节特写之类（专题则多是企划报道），行语之所以有"静态新闻"，是与突发现场新闻相对应，以显示其新闻出现、呈现之状态；正如显示其播出时间一样的"午间新闻"不叫"午新闻"，"正点（播报）新闻"不叫"正新闻"——名称虽勉强可通，但名称之所谓可能令人困惑嘛！

故所谓"动新闻"者，其之所谓为何？一般人观感，目前通俗量报、通俗杂志之纸上"模拟画面"和"设计对白"之类，可能已经觉得"够瞧"的了，而今搬上荧幕播出，用荧光幕"作"白报纸，皆信是变本加厉的做法，以通俗量报过往之一贯作风来说，加上动漫画，采用分解动作、连续动作，凸显夸张，势所难免。另外，为了吸引阅读者和尽量利用荧幕视觉满足特性，势必在取材上，集中火力于煽色腥（sensational）社会"新闻"上，以前成人台的彩虹频道，还得锁码或加上马赛克格子，现在好了，随心所欲了，网络、荧光幕管制和锁码都不易——这也正是社会大众担心的地方。

有人曾经讨论，报道的道字，是应该用"道"字的，因新闻报道应该保持客观中立，大部分新闻，都应该"排除"其"指导"内容意涵。此当然是新闻专业理应维护的专业理和行规守则，这也正好说明新闻的"社会暗示性（social implications）"。又因为荧光幕的特性，模拟式的动画新闻，就以自杀新闻来说好了，其社会暗示性的能量和冲力，可能难以估量。所以，香港对于电子媒介的"管理"，一向较印刷媒介为严谨，无他焉，观赏电子媒介不用识字，就可以看得津津有味之故也。

新闻的定义虽多，因为拥有媒介，而"占有"新闻定义权的媒介和媒介主，也各自有他们以"新闻营生"的点子说辞；不过，无论怎样去定义和处理新闻，新闻一经刊出、播放，就是历史资料。所以，从较哲学层次去看新闻，它就有三大属性，大言之，即一、客观真实（reality），也就是真正发生的新闻；二、感官真实（factivity），也就是吾人感官上所认为的真实（拟真）；三、刻下真实（actuality），也就是这一刻（for the time being），所能发现、寻求到的真实。所以，有许多新闻事件，都要经过若干时日，经由历史学家仔细研究，才能还原真相。而现在所谓的"动新闻"，却加上"ing form"，硬将之变成"现在进行式"，并且是透过"想象"，急就章地编成荧幕"剧本"，让人有"新闻"（历史）就是如此的错觉；那么，观众是"正在目睹新闻发生"呢？是真正的"回到从前"？抑或只是"眼见而不可信的再现"？令人看严肃新闻时，有如看连环图般的感受，其实贬损了新闻的价值和意义。

新闻一经成了"节目"形式，即同本身新闻分道扬镳，只能称做某事件之"节目"（program）式演出，而再不应称为该事件之"新闻"了，因为在题材处理上，节目太多掺杂，真假难分。举例而言，美国作家米切尔所著之《乱世佳人》（*Gone With the Wind*, 1939）大量取材自 1861—1865 年之美国南北战争时期的内战事件（新闻），但书成之后，那些"新闻"记录，已转化成文学。所以，《乱世佳人》是美国文学名著，而不是新闻记录"合集"。"动新闻"把新闻"转化"，搬上荧幕，的确"只宜"称为节目，而非新闻播报了。

新闻是不分级的，应该适合所有的阅听人，所以，美国《纽约时报》是用"所有新闻皆宜刊载"（All the news that's fit to print）作为刊头报耳（ear）口号；但节目分级举世皆然，所以把"动新闻"这个节目某些内容分级，是个正面性的做法。香港对于印刷媒介的色情内容，也相当注意，并且把色情内容分作三级(包括文字图片),如果被列为第三级,就要把这部分内容加以遮盖,然后才可以贩卖,否则,会被检控;另外,不管等级,要是有人检举投诉媒介内容不妥,只要达到一定人数,相关单位便即刻要采取行动,或举行听证。当然,媒介也会"步步为营",只挑战二至三级的中间灰色地带,通常不会直闯三级,实行擦边球的底线策略,社会人士若稍稍疏忽,便会得寸进尺,所以,经常纷争不断。

　　用新闻事件写成文学作品的,叫纪实文学(de facto),以现场重塑的做法来处理新闻报道的,有20世纪六十年代后期的美国新派报道(new journalism)以及七十年代中期的文学报道(literacy journalism)。所报道的多为真实而又意义重大事件,由受人信赖的记者去执笔,由于新闻媒介的声誉、契约般的白纸黑字的文字可信性,文笔优美,资料丰富,采访周延,查证翔实,又是经年累月写成,通常不是急就章之作。所以,这两种报道方式,一度有成为报道方式"明日之星"的态势。可惜,纵然如是,因为太倾向于"人存文举",换了别人来写,便可能大异其趣,加以读者对"现场重塑"始终怀疑,结果此两种报道方式,始终未能大放异彩,一展身手。

　　日本儿童漫画《蜡笔小新》,似乎有一个被讨论的话题,就是"小孩子讲大人的话",有点失去童真。所以,在香港,新闻处是编有用语指引的,如果被列为粗话或黑社会用语,则一律不可以见诸媒介,否则挨罚。观乎目前台湾某些媒介尤其是电子媒介,能否有此警觉?难说。试看看某些电子媒介的做法,就可能令人信心大失:一窝蜂跟风,新闻回放不限次数,用高倍放大镜放大鸡毛蒜皮的小事,晨间新闻几乎全"抄"三报,尤其必抄通俗量报,凡通俗杂志"爆料"(披露消息),必属"好料"(耸人听闻的内容),必定紧追不舍,加上"词盲"("不知何义")、"盲疯"(人云亦云,大家起哄),广告植入性营销,令"新闻"即广告,更硬拗以"保护"阅听人口味、兴趣和知之权利为己任,实则另有商业盘算——商业金钱利益挂帅,简直成了广告主、广告商分销店!如此如此、这般这般,又怎能让社会大众放心,"动新闻"开"风气之先"后,这些媒介可能活学活用"煽色腥递加原理",竞相挑拨观众的不正常趣味,视社会公益(the public good)如无物,"看不起"观众智慧。倘若媒介沦为"黑心传播商业",则终非社会大众前景所系。

 28. 答客问

一、"华佗"抑"华陀"？

不错，的确有古本作华陀，但还是用华佗，人字旁的华佗较好。华佗乃东汉神医，字元化，术善岐黄，据野史所说，曾为关云长刮骨疗毒，也曾为曹操治过头风之症（明罗贯中《三国演义》七十五回：关云长刮骨疗毒；七十八回：治风疾神医身死）。佗（音鸵）与它通，背负之意；委蛇（音怡），也可写作委佗。佛陀（梵文 Buddha）的陀，用的是邑（阝）字旁的陀。佗、陀都音鸵；但佗主要是负荷与和泰之意，陀陀一词则指佳美和盛德。陀原指木石崩落，但已专用在佛语"da"之音译，为善美之意；例如，须陀（梵语 sudra，指天上甘露味），呋陀（知识），称和尚为头陀。

二、"水长船高"抑或"水涨船高"？

长、涨皆可。从它的出处而言：宋圆悟克勤禅师《碧岩录·三》："水长船高，泥多佛大。"清文康《儿女英雄传·四十》："长姐儿更不想到此时水长船高，不曾吃尽苦中苦，怎么修成人上人！"两处俱用"长"，但宋释道源《景德传灯录》说："眼中无翳，空里无光，水涨船高，泥多佛大。"故水长船高、水涨船高已无太大分别。

三、"唾手可得"抑"垂手可得"？

是"唾手可得"，又曰"唾手可取"。典故：南朝宋范晔《后汉书·公孙瓒传》"天下指麾可定"，李贤注引《九州春秋》："瓒曰：'始天下兵起，我谓唾掌而决。'"后晋刘昫等《旧唐书·褚遂良传》："帝欲自讨辽东，

遂良言，但遣一二慎将，唾手可取。"明施耐庵《水浒传》九七回："城中必缚将出降，兵不血刃，此城唾手可得。"另外，北齐魏收《魏书·路恃庆传》又说："得其人也，六合唾掌可清。"不管唾手或唾掌，都在说事情易办，没有动作的垂手，就不符意旨了。

四、"明日黄花"抑"昨日黄花"？

是"明日黄花"。黄花，指重阳节当日之后的菊花。古人惯于重阳节赏菊，重阳后，菊花逐渐凋零，令人唏嘘。苏东坡曾两用此典："佳节若为酬。但把清樽断送秋。万事到头都是梦，休休。明日黄花蝶也愁"（《南乡子·重九涵辉楼呈徐君猷》）；"相逢不用忙归去，明日黄花蝶也愁"（《九日次韵王巩》）。"明日黄花"因而喻指已经过去了的事物，甚或怀才而迟暮不遇。（宋胡继宗《书言故事·花木类》："过时之物，曰明日黄花"）所以，说的是过了今天的菊花，而不是昨日的菊花，这是两回事了。

五、"精英"抑"菁英"？

精、菁两字虽可同义通假，但就精英一词而言，用精英还是比较妥贴的。精英，通常指俊秀之材；典出"燕赵之收藏，韩魏之经营，齐楚之精英。几世几年，剽掠其人，倚叠如山"（唐杜牧《阿房宫赋》），"聚古今之精英，实治乱之龟鉴"（宋苏轼《乞校正陆贽奏议进御札子》）。而"菁"则是韭菜的花，也泛指一般草木的花（南朝梁萧统《文选·宋玉高唐赋》："江离载菁（华/花）"）。但"精英"，可以写成"精华"。因为"精华"，一般作事物之最精纯华美部分解。典出汉司马迁《史记·天官书》："故候息耗者，入国邑，视封疆田畴之正治，城郭室屋门户之润泽，次至车服畜产精华。"南朝宋范晔《后汉书·荀淑传》："容辱者，赏罚之精华也。""菁华"同样指事物之最精纯者。典出唐房玄龄等《晋书·文苑传序》："翰林总其菁华，典论详其藻绚。"后晋刘昫等《旧唐书·薛戎传》："《论语》者，六经之菁华。"

六、"给付"抑"止付"？

给付是交付，止付是停止支付之意，两词大相径庭，虽则给付，读曰"几付"。给付一词，早已见诸典籍，南宋洪迈《容斋三笔·僧道科目》："候敕下委祠部给付凭由，方得剃头受戒。"顺带一提，我们经常说"止知其一不知其二"，但却常将止写成"只"，虽则两义相通，但因有典，还是用止较好，清康熙年间烟霞散人《斩鬼传》第一回："尊神止知其一，不知其二。"

七、受害？被害？

凭些普通常识就可以想象，受害是受到伤害，"被害"与"遇害"则是等位同义词，是不幸罹难之意。同样，报刊上也经常将受刑、受刑人与服刑、服刑人混用一通，经常令人大惑不解。

八、"坐臥不安"抑"坐卧不安"？

臥、卧，一从人，一从卜，哪个字才对？答案是两字皆可，"人"旁的臥是正写，"卜"旁的卧是俗字，都作躺着、横陈解，但一般已多从俗写，例如，丹凤眼卧蚕眉（关公）、卧龙先生（孔明）、卧薪尝胆（越王勾践）、卧虎藏龙（小说、电影）。就如沈字一样，沈是正字，沉是俗写，但目前除了沈姓之外，亦多用沉，例如，沉睡、沉迷、沉溺，诸如此类。楚地有一"卧""食"叠竖之方言字——䬳，音"呢"，四声，意为懒——连进食也懒得爬起床，也真够懒！

九、"通膨"抑"通胀"？

"通货膨胀"，台湾地区一般简称为"通膨"，但在大陆及其他地区，则多简称为"通胀"。所谓膨胀，膨即是胀也，满也，两字同义，两词亦同义，故两词俱可，而是不同地区，用法不同而已。只是"胀"字，万勿写成水涨的"涨"。

十、"夜以继日"抑"日以继夜"？

该是"夜以继日",喻勤劳工作,忙个天昏地暗。典出《孟子·离娄篇》："周公思兼三王以施四事,其有不合者,仰而思之,夜以继日。"不过从我们的惯性思考而言,总是从日而夜,至有在下笔时产生错觉。若指辛勤尽责而言,似还是用"夜以继日"的好！另外,我们常常说"截长补短",但原文却是"绝长补短",是"绝"非"截"（《孟子·滕文公上》："今滕绝长补短,将五十里也,犹可以为善国"）,但世人已弃用原语矣。

29. 从媒介看社会：香港网络"妍态"照片点析

在影视歌坛三栖崭露头角的一位香港男艺员，因为多张自拍和某些女艺人的"大胆裸照"，自个人电脑档案外泄而被放到网络，在两岸四地及华人地区广为流传。香港某些报章，尤其是通俗量报，连续二十多日，以头版或要闻版大量刊登这些照片；大众通俗杂志，更借机大炒此一题材，"大胆照片"蜂拥而至，内容劲爆一波接着一波，整个社会陡然间被搅动得沸沸扬扬，全香港一片哗然。此一风波，除了涉及涉事者、社会大众及传媒之外，最受影响和最令人担心的，显然是一般青少年了——担心他们丧失"批判自主（critical autonomy）"能力，随波逐流，一点不在乎下载和传阅这些"大胆照片"，可能会对涉事当事人产生什么样影响。

面对铺天盖地而来、违反操守的传媒，老师、家长应如何向学生、子弟表达对这件事的看法，辅导青少年拨开这一"大胆照片"的迷雾，一时顿成热门话题。然而这一事件所牵涉的层面可以说非常广泛，包括隐私权、网络道德、网络法律、色情标准、政府政策、审核机构准则、传媒操守、新科技和公序良俗、情、理、法的立足点等，要简化这一话题，可能真是治丝益棼。然而此一事件既为新闻学的好教材，则不妨以现象新闻学的角度——从社会看媒介、从媒介看社会的途径作一分析，或可提供一个思考方向。

一、网络流传的照片是哪门子的照片？

在此事件中，标的物"照片"，一看就令人大吃一惊："哗！这种姿势也敢摆出来任君拍摄？"在印刷媒介所看到的，虽然都经过技术处理，打了格子（马赛克），但其若隐若现的姿势，更添加了神秘的想象。糟糕的是，正当社会舆情一片哗然之际，负责审裁这类争议性照片的香港"淫亵及不雅物品审裁署（淫审署）"竟将这些照片裁审为不雅（indecent），而非淫亵（obscene）。这下好了，到底该如何标示这些照片呢？所以，就有媒介随而改称之为艳照、艳照门；也因此，本文将这些作风大胆（boldness）、卖弄风情（coquettish）、毫无顾忌的照片，称之为"大胆照片"，而标题则用"妍态照片"。"妍态"一词虽较古雅，但有诱人（seductive）之意，颇为贴切，而不似"床照"、"性爱照片"之类粗俗露骨。

香港《淫亵及不雅物品管制条例》于1994年立法，实在赶不上时代的快速发展，所谓"法随世转则治，治与时宜则功"。香港报业评议会就认为，淫审署对负责审裁的审裁员指引（guidence）过于僵化及割裂，与社会上一般共识已产生差距，钳制了社会的讨论空间。在这场风波中，更明确地看到一个趋势，颇堪倡言传媒法者深思熟虑：近年来（香港）新闻界将新闻道德的观念简约化，将合法等同道德操守——报道只要不违法，照片通过淫审署的检查，看起来就似乎合乎新闻专业操守了！

二、八卦新闻谁不爱？

"八卦（nosy）"一语，原本就是香港（广东）人口语，它比说三道四、张家长李家短的闲言闲语（gossip）或蜚短流长（hearsay）更为传神，而现今则三词意义大致相等。就人类传播活动发展史而言，人类为了生存，早就有新闻饥渴（news hunger）倾向，这是一种生存机制（survival mechanism）。研究者认为，数十万年前，当人类进展到智人（homo sapiens）阶段时，人类基本的生存技能就是要知道其他族人在做什么，这些"什么"是否关系到他们个人的风险和利益，因而对其他人的私生活比较有兴趣。也就是这种探求"不可不知"的生存机制，留存至今，成为八卦、八卦媒体"历久不衰"的原因之一。

新闻媒体对私人生活的揭露，当然是一种"八卦"。然而，就传播理论上的"议题设定（agenda setting）"和新闻学上的"市场导向新闻学（market orientation journalism）"两者来说，媒介都是先断定大众想要看的报道是什么，然后在此卖点上猛打其销路，以这次妍态照片风波为例，就具备了一切新闻"热卖"元素——俊男、艺员、美女、色情、裸露、性、放荡大胆、挑战道德及法律底线、豪门神秘生活和纯洁玉女偶像的颠覆等戏剧元素，媒介当然不会轻易放过，而社会大众酷爱八卦新闻的倾向，其实也是促使媒介追寻八卦新闻的一个重要诱因。

不过，揭露私人生活的八卦新闻，通常带有幸灾乐祸的隐性因子，除了娱乐效果之外，可能没有什么传统新闻价值，甚或是不道德的。所以，一般来说，八卦新闻揭露的动机经常受到质疑，而减损其"公信力"；八卦新闻涉事者（或受害者），或多或少都会受到伤害，这在吾人普遍认为保障个人私生活的隐私权是一项重要人权、重要个人利益的当儿，隐私受到侵犯就是人权受到伤害，就是个人利益的损失——这就是八卦新闻令有德之士厌恶的主因。

当然，八卦新闻亦非全无是处，美国传播学者基兰（M. Kieran），就曾在他所著的《媒体伦理》（*Media Ethics*，1998，Routledge）一书中，列举了八卦新闻（gossip）的三大贡献：

1. 透过对八卦新闻的嗜好和熟知程度，可以得知大家是否有志一同；由是，可以界定其族群以维持其统合性。

2. 透过八卦新闻，可以测试可能被社会公序良俗所戒慎恐惧的行为，以及价值观的认受性和忍受性，其有志一同族群可以公然"露相（come out）"，而因八卦新闻的披露，为众所不齿的行为或受讪笑者，同时定然曝光，对于这些行为或"心中有鬼"的人，八卦新闻可能会产生遏阻作用。

3. 新闻从业人员、艺人和政治人物，是媒介人物的"三宝"，媒介可以"创造"这些人物及其名声；这些人物闯出名堂之后，又可反过来影响社会大众。因此传播学理论上就有所谓"有样学样"的"榜样理论（molding theory）"，八卦新闻所以撞破偶像的神秘感，使人知道所谓社会名流、名媛，其实可能比平凡的人更平凡，也可能同样具有争议性。就社会价值观而言，对于富豪、名人、名媛的尊重和仿效，的确可以产生某些社会效益；不过，正如十九世纪八十年代英国著名剧作家王尔德（Oscar Wilde）所说，让人红了眼睛的八卦新闻，才可能具有一种"魔幻般吸引力"，吸引着民众的耳朵和嘴巴。直至水到渠成，整个事件沸沸扬扬之后，面对公众人物形象、行为"超出预期"，经过一番冲撞洗礼，有机会再界定道德标准，重建、修订社会价值观，使新生活向前迈进一大步。

不过，不管如何定义，并没有足够的理论依据可以肯定：当个人成为公众人物之后，个人隐私权就相对减缩；大众出于好奇想知道公众人物私生活，有时也是人之常情，然而，倘若公众人物的隐私被视作公共"利益（public interesting）"或兴趣（interesting to the public），则是"走火入魔"。可惜，在经济"逻辑"和金钱挂帅之下，愈来愈多小报化媒介（tabloidism）倾向于将新闻与八卦视为等位同义词，正如曾担任美国《国家询问报》（*National Enquirer*）八卦新闻编辑的沃克（M. Walker）所说，八卦新闻已深入民心，无须惊讶，它只不过是一种以煽情文字撰写的新闻而已！

不过，美国《每日镜报》（*Daily Mirror*）前任编辑格林斯雷德（K. Greenslade）说得好，他认为以个人隐私为卖点的新闻，事实上，其所侵犯的个人隐私事件，远比人们所感觉的少，然而，倘若事件一旦引起社会广大回响，受害者的生活就会不断地受到干扰（Kieran，1998）。

而就八卦新闻"选样"的趋势来说，一般最容易"就地取材"的是普通"小市民"，因为一旦他们的生活沾上某些悲剧色彩，八卦媒介就会视之为"致命的吸引力"，是可以转变成媒介促销的"商品"。一般升斗小民可能没有充分常识、法律手段、金钱和时间去"拦截"媒介滥权；而就八卦新闻"苦主"而言，媒介在他们伤口"撒盐"的行为，远比他们的"悲剧故事"或"把柄"更令他们感到困扰与受到伤害。这也是八卦新闻另一为人诟病之处——将偷窥新闻学（peeping / key hole journalism）建筑在别人的尴尬、痛苦之上，习以为常之后，大众就会见怪不怪，要落实媒介自律理想，更有如缘木求鱼。

从媒介看社会：香港网络"妍态"照片点析

三、万方有罪，罪在传媒散布？

美国名报人、普立策奖创设人普立策（J. Pulitzer）尝言："没有最崇高理想、仗义执言的志向、对所遇问题的精辟见解，以及真诚的道义责任，新闻事业便会沦为一个只顾商业利益、图谋私利，以及与公众福祉为敌的行业。"以煽情手法包装相关"消息"的"编辑"手段，除了令读者产生感官刺激，助长侵犯隐私行为，紧扣促销策略之外，当中又有什么重大意义可言？说得严重一点，还不是把一种崇高的新闻专业，降格为与公众福祉为敌的下三滥货色。

四、传统印刷媒介与新兴媒介互联的威力

有传播学教授认为，妍态照片风波是一件典型的Web2.0媒介大事（media aspect），没有Web2.0的推波助澜，就可能不会发生这场风暴。因为Web2.0缔造了使用者可以制作、上传和发布内容的参与文化（participatory culture）。这次妍态照片风波，就是Web2.0互联网使用者广泛参与，加上传统印刷媒介的积极"参与"，姑不论其最初基本意图只是一切"向钱看"，在这次事件中，印刷媒介不仅报道互联网使用者及民众对此事的"参与"，更由于它们的报道而进一步推促大家参与，也就是说，传统媒介也置身在新媒介"独霸"的地盘，大家有志一同，一起玩，"鼓动风潮造成时势"，且势不可挡，俨然就是"高阶现代化新闻学（high modernist journalism）"态势。

传统媒介如报纸和杂志，在面对诸如Web2.0的威胁时，已发展出一套既定的竞争策略，每当网络上发生重大事件时，就能迅速反应。就此"妍态照片"风波来说，现代网络媒介加上传统媒介的"传播力"是惊人的，但在"市场压力新闻学（market driven journalism）"之下，既要应付互联网的快速竞争，又要与同行亦步亦趋地"厮杀"，难免出现守住煽情"基本盘"和重复刊登大量妍态照片，直接、间接刺激更多读者加入"偷窥"的行列，丧失一己"身由自主"（reflexive autonomy）的能力，这也是通俗量报最为人齿冷的地方。

五、小结

人的潜意识里，的确可能存有"低级趣味"的因子，此之所以儒家经典《诗经》欲告诫学子："相在尔室，尚不愧于屋漏（西北面角落）"；而荀子更主张人性本恶，其善者伪也（伪是人为，教育也）。人，就要活着，要活得耐烦，活得耐烦就需要娱乐，追求感官刺激和愉悦，媒介能提供娱乐，所以能迎合阅听人的娱乐需要，这是我们必须要有的媒介通识。

在这次妍态风波事件中，要追溯事件之原始动机并不容易，照中人无疑是大胆和妍态的，但就传统道德观念而言，外人实无容置喙，顶多一哂而已；网络照片散布者，不管有罪无罪，在情理上都心态可诛，但这只是个"小角色"，真正的"霸主"是媒介。

 **30.** 黄色新闻百年志记

一、前言

耸动、夸大的"黄色新闻"（yellow journalism），是一个新闻学名词，是新闻学研究的内容，是新闻处理编、采和写作上的一个观点和做法，是新闻事业发展史上的一个争议性大，但对业界和世代交替的阅听众来说魅力无穷、不断出现的现象，它也是新闻史上不可忽视的里程碑。

黄色新闻源自百余年前引导印刷媒介迈向现代发展之路的美国，可以说，应是"古已有之，而于今为烈"。从历史衍演的角度来说，黄色新闻肇始于1896年至1898年这两年间，纽约普利策（J. Pulitzer, 1847—1911）的《世界报》（The Word）与赫斯特（W. R. Hearst, 1863-1951）的《新闻报》（N. Y. Journal）两报的商业竞争，继而迅速泛滥，至1900年严重影响了全美国报刊。①据统计，当时在21个报纸集中的都市中，竟约有三分之一，即七大城市报刊都不折不扣地走新闻路线。其中，辛辛那提、圣路易与旧金山更演变成了黄色新闻中心，《丹佛邮报》（Denver Post）是最极端黄色新闻的报纸，有"黄色中的黄色报纸"称号，《波士顿邮报》（Boston Post）是波士顿典型的黄色新闻报纸，连一向严肃的《费城询问报》（Philadelphia Enquirer）也改用大字标题（banner）。其他报纸虽然没有完全走黄色新闻路线，但在大势所趋之下，或多或少都沾些黄色新闻概念和用黄色新闻手法来处理新闻

---

① 李瞻：《世界新闻史》。台北：政治大学新闻学研究所，1968年，第670页。李瞻教授本书美国新闻史部分，主要译自：Mott, Frank L.. *American journalism*. N. Y. : Macmillan, 1962. 本文主要史料取材自李之译述，但已与Mott之书核对。

的特色,^① 使美国新闻报道蒙上"没有灵魂的新闻(news without soul)"阴影。这种现象,直至若干年后,第一次世界大战前夕,精英报纸(elite paper)如《纽约时报》相继成为气候,才转明为暗,稍微收敛。

二、黄色新闻源起背景

以 25 岁之龄买入圣路易《西方邮报》(Westiche Post)而成为报业主的普利策,1883 年带着经营《圣路易邮讯报》(St. Louis Post Dispatch)的忧郁[2],在纽约买下备受《太阳报》销量压力的《世界报》,以期止痛疗伤,东山再起[3],但仍请之前在《圣路易邮讯报》闯了祸的柯克里尔(J. A. Cockill)为总编辑,以借重其办报长才。

在《太阳报》的销量阴影下,普利策立刻宣称《世界报》是一份内容丰富、篇幅多、销售便宜,并扬言打击公众的罪恶与浪费,暴露一切奸伪,为人民利益而奋斗的真正民主报纸。在普利策的心目中,《世界报》的办报方针是:[4]

---

① 参见李瞻《世界新闻史》。当然也有些报纸顶得住压力,不太受黄色新闻影响的。如纽约版《晚邮报》(N. Y. Evening Post)、《纽约时报》(N. Y. Times)、《论坛报》(N. Y. Tribune)和《太阳报》(N. Y. Sun),虽然处于黄色新闻发源地,但却是一股清流;《堪萨斯市明星报》(Kansas City Star)也在"守报如玉"。而华盛顿、巴尔的摩及南方城市,走黄色路线的报纸也不多见。

② 1878 年,普立策以转售报纸所赚得的资金,买下创刊于 1864 年的《圣路易邮讯报》(St. Louis Dispatch)晚报,稍后又合并由狄龙(J. A. Dillon)于 1875 年创刊的《圣路易邮报》(St. Louis Post),更名为《圣路易邮讯报》,并聘请办报经验丰富的柯克里尔为副主编。柯克里尔不幸在 1882 年时,因为与当地一位著名律师发生冲突,竟在编辑部内将之击毙,致使报誉大损。

③ 《世界报》原为当时名报人马布尔(M. Marble)所创,因为政治上之失意,而于 1876 年卖给古尔德(J. Gould)等人,但因古尔德等人抵挡不住《太阳报》销量数,故将之转卖给普立策。

④ Lippmann, W., *Liberty and the News*, N.Y.: Harcourt Brace & Jowe, 1920. p.p. 8–104. 转引自李瞻,页 641-642。(Lippmann,中译:李普曼)

1. 建立优秀而"死缠烂打"的记者群,挖掘各种重大新闻。[1]
2. 重大新闻为报纸骨干,要作翔实处理;轻松有趣的新闻,可提高读者兴趣,必须兼容并蓄。
3. 描述生动有力,版面活泼。篇数多,售价便宜,注重推广及推广奖励。
4. 发动各种社会运动(如筹募基金),不断制造社会高潮。
5. 大量使用图片,例如,政治漫画、现场图解之类。
6. 社论为报纸心脏,也是报纸存在之理由,故必须格调高尚,亦同新闻写作一样,要确实有据,简洁、幽默和不落俗套。[2]

在普利策与柯克里尔共同奋斗之下,《世界报》销量大增,纽约各报反过头来备受压力,赫斯特所主持的《纽约新闻报》,为了争夺销售量的龙头地位,乃不惜用尽手段与普利策《世界报》一决雌雄。[3] 赫斯特首先决定让《新

---

[1] 例如,该报女记者白莉(N. Bly)曾佯装疯病,到布拉克威尔岛(Black-Well's Island)疯人病院,揭发该院对病人的种种黑暗待遇,不但开化装采访和调查报道的先河,自后疯人院新闻更广为新闻界看重与注意。

[2] 普立策订此编辑方针(editorial policy),可能原因是:

(1)美国当时大致上仍是政党报纸(party newspaper)时期,几无客观报道(objective reporting)观念,报刊社论充斥着偏颇、应卯、少惹麻烦,以报业主马首是瞻的机关新闻学(institutional journalism)。

(2)另一方面,报刊专栏(column)开始流行,专栏作家(columnist)履行个人新闻学(personal journalism),个人风格是尚,与机关新闻学成了意见文字双轨。

[3] 1895年,亦即普利策在纽约经营《世界报》十二年后,在旧金山曾采用普利策办报方针,使其掌管之旧金山《监察者报》(The Examiner)成绩不俗的赫斯特,于纽约买下由普立策弟弟艾伯特(Albert Pulitzer)于1882年创办、售价一分钱的《新闻早报》(Morning Journal)。该报于1887年时,因为经常刊登诽谤性新闻及不良广告而报格不再。1894年,艾伯特见普利策经营《世界报》十一年之后,销量不俗,乃将售价提高至两分钱,以与之竞争。未料售价一提高,报纸销售量即大减,次年,亦即1895年,艾伯特逼不得已将《新闻早报》售予辛辛那提《询问者报》(Inquirer)发行人麦克林(J. R. Mclean)。麦克林虽将售价再减为一分钱,但仍无起色,乃将之出售给赫斯特。赫斯特随即将该报易名为《新闻报》(N. Y. Journal)。

说闻解字

闻报》在刺激性和版面呈现上完全效法《世界报》，例如大量应用图片，特别注重犯罪与爆料（揭发性）新闻、丑闻和灾祸的报道与各种特写。此举果然奏效，《新闻报》不久即恢复以往销售量，令普利策《世界报》感受威胁。普利策凭借初到纽约办《世界报》，与小班奈特（J. G. Bennett Jr.）《前锋报》（The Herald）竞争的经验——削减报价，增加广告费，对新报声望有利，而使旧报吃暗亏。① 再将售价减为一分钱，成为一分钱报（penny paper）的同时，又把广告费提高，② 以弥补发行上的收入损失。

历史趋势果然相同，由于《新闻报》"改革"出色，社会运动也颇受社会大众称许，所以到了1897年，其销路即超越《世界报》。③ 由于至1895年

---

① 1876年，小班奈特将《前锋报》减价为一分钱，结果使得销路大增，但1883年普利策在纽约经营《世界报》之后，为了与《世界报》竞争，《前锋报》再度减价一分钱，但销路却未因此而成比例增加，反而至1886年时，发行量即被普利策《世界报》所超越，《前锋报》自此日趋没落。

② 李瞻：《世界新闻史》，第660页。所谓此一时彼一时也，小班奈特的做法，已非促销报纸万灵丹，而普利策竟步其后尘，如法炮制，用之以对付赫斯特《新闻报》，诚不可思议。故数年后，普立策回忆说，当他到纽约时，小班奈特曾将报纸减价但增加广告费，结果令他的《世界报》坐收其利；而今赫斯特到来纽约同他竞争，他竟然重蹈覆辙，令《新闻报》同样受惠，他真不知道何以会如此做？

③ 不过世事无绝对，赫斯特老是以揭秘和犯罪新闻为卖点，虽然在读者群中有其口碑，但也令当时教会与卫道人士不满，因此曾激起过一场类似1840年时社会大众对付老班奈特（J. G. Bennet）的纽约《前锋报》（The Herald）的道德战争（moral war）。

故事得由纽约《太阳报》（N. Y. Herald）之战争说起。1833年，发明图片网线"加底（Benday）"的本杰明·戴（Benjamin H. Day）在纽约创办《太阳报》，为一张4页4开小型报。他抛弃传统新闻学观念，大胆刊登任何有趣或值得一读的事物，尤其是犯罪新闻和奇闻轶事。因为《太阳报》印刷精美，写作明快，故很快攀上发行量高峰。两年后，亦即1835年，老班奈特（J. G. Bennt）在纽约创办《前锋报》，欲与《太阳报》一决雌雄。为了战胜《太阳报》，老班奈特不但特别提出人道主义、民主主义和社会改革口号，对政客和议员大肆攻击，指他们都是诈欺者；而且更和《太阳报》一样，对谋杀案及各种犯罪新闻作大幅度报道，对通奸案情作巨细靡遗的处理，以投读者所好。而比《太阳报》更露骨的是，（转下页）

时，《世界报》星期版（Sunday issue/edition）仍高居全美销路之冠，得势不饶人的赫斯特为了打垮普利策，便率先对《世界报》星期版开刀。凑巧的是，赫斯特的旧金山《监察者报》驻纽约办事处和《世界报》办公室位于同一座大厦，两报人员原亦相熟。赫斯特遂利用这个机会，向《世界报》星期版工作人员大举挖角，尤其是该报星期版主编戈达德（M. Goddard），赫斯特更认为是个不可多得之才，志在必得。①

1895年元月，赫斯特将《世界报》星期版全部工作人员在一天之内，以高薪挖走，普利策立刻反制，愿以相同条件回聘全部员工，但赫斯特竟再提高价码，最后，终于留住了《世界报》星期版全部员工为《新闻报》效命，遂与普利策结下不解之仇。

三、黄色新闻之爆发

《世界报》星期版上，有一栏由奥特考特（R. F. Outcault）所画的漫画，

（接上页）《前锋报》更肆意侮辱教会，攻击宗教领袖和谩骂其他报纸主编，遂引起政治家、主编、牧师和名流等一同于1840年间联合起来，对之大加挞伐，骂老班奈特为报界败类、卑劣流氓、公认恶汉和不道德投机者，历时数月之久。此即美国新闻史上所称报业"道德战争"（moral war）。

不过，可惜的是，由于这次反赫斯特，大众是一盘散沙，是没有组织的一群，故对赫斯特产生不了什么作用；另外，赫斯特也机警地发动几次社会运动，如反对煤气公司专利特权、反电灯公司专利特权等，有效地转移了社会视线，令反对他的声音日渐沉寂。

① 戈达德主编《世界报》星期版的做法是：
（1）新闻与评论数页，剧评数页。
（2）一两页有关科学或伪科学的文章。
（3）夸张而充满刺激的译稿，特重与性有关的文稿。
（4）犯罪新闻占数页大篇幅。
（5）几封致恋爱男女的书信。
（6）社会名流及文学作品介绍。
（7）体育、社交及趣味性副刊，彩色套印。

名为《霍根小巷》（*Hogan's Alley*），描述某公寓中一群天真无邪的小孩的滑稽故事，甚受读者欢迎。后来，他选择一位经常穿着一件又长又大黄大衣的小孩担任主角，并因而叫他"黄孩子"（yellow kid）。黄孩子到处游荡，对纽约新近发生的事，随时表达意见。由于这些连载漫画趣味盎然，使得黄孩子声名大噪，几至家喻户晓，但因为赫斯特的挖角，故不但奥特考特过户到了《新闻报》，连他在《世界报》星期版所画的漫画《黄孩子》，亦连带地跑到了《新闻报》的星期版去了。普利策立刻聘请卢克斯（G. B. Luks）继续在《世界报》星期版画黄孩子漫画。因此，两报星期日版就都有黄孩子漫画栏，并各有主角黄孩子，两报又各自为自己的黄孩子到处刊登大幅广告宣传，韦伯与菲尔德（Weber and Field）两人更把黄孩子搬上舞台，在纽约音乐厅上演。一时间黄孩子漫画成了万众瞩目的专栏，并衍化成《世界报》与《新闻报》两报的共同象征。报界人士沃德曼（Edwin Wardman）因而称《世界报》与《新闻报》为纽约的"黄色报刊"（yellow press）。1870年在纽约接办《太阳报》（*N. Y. Sun*），本身力倡"人情趣味故事"（Human-Interesting story，HIS）的丹纳（C. A. Dana，1819-1897），①在《太阳报》引用之以称呼两报。自后，"黄色报刊"即成为纽约市民的一个常用词。

四、黄色新闻定义

《世界报》和《新闻报》，既因漫画黄孩子而有黄色报刊之称，而其新闻及版面处理的"独特"手法，自是不可避免被冠予"黄色新闻"之称呼。学者认为极端夸大失实的黄色新闻的做法是：②

1. 采用煽动性大标题，并选择红色或黑色特大字号。
2. 滥用图片，有时不惜伪造。
3. 不惜捏造假新闻、假访问和假科学论据。

---

① 丹纳所说的人情趣味，指的是能引起一般人兴趣、好奇、哀怜的同情、同感者。
② 李瞻：《世界新闻史》，第669页。

4. 星期版副刊，必登彩色、滑稽图画和一些引人遐思的文字。

5. 倡导社会运动，对受压迫的弱者和失败者表示虚伪的同情。

伴随黄色新闻而生的是激情主义或煽色腥主义（Sensationalism），但两者实质内涵并不相同。激情主义通常意指每逢犯罪新闻、性相关新闻和灾祸之类新闻，便扩大作极度处理，冀能引起读者的情绪性反应而"满足"，而持续沉溺于追阅；但久之，根据学习理论（learning theory）、榜样理论（modeling theory）与社会暗示（social implications），读者的阅读口味、品味及身心上，便可能产生不健全的效应。[①] 当时纽约《太阳报》、《世界报》、《前锋报》、《每日新闻》（Daily News），以及芝加哥的《芝加哥时报》（Chicago Times）都被视为激情主义报纸。另外，黄色新闻、激情主义与不正常男女关系之桃色新闻、聚焦在贩夫走卒的市井新闻（gutter journalism）、偷窥新闻（keyhole journalism）和内幕新闻（inside insecurities story）之类也不尽相同。

五、1898年美国、西班牙之战黄色新闻遭受强烈谴责

1896至1898年，《世界报》与《新闻报》的编辑方针，是鼓吹美国与西班牙一战，故两报在处理美、西新闻上的新闻、标题、图片和社论，都是黄色新闻手法的极致，而美国众议院竟于1898年4月中通过《古巴议案》，取得开战"法理"依据，史称"西美之战"（Spanish-American War），两报一举把销售量推高到一百五十万份；[②] 即使同年8月美西合约签订后数月，由于"战争余温"的回味，两报销售量仍超过百万份。赫斯特为了保持这庞大的销售数量，自此更视黄色新闻为新闻处理和报业经营之钥，他一方面欣然接受黄色新闻这一名词，另一方面更为这个名词的魅力而辩护，成就了他"黄色新闻大师"的称号。

---

① 有人将sensationalism译成感官主义，则可能忽视了这个词的历史内涵；感官主义追求五声五色美好，是人类本能之一，应该是正面，而激情主义则一向是负面意涵。

② 李瞻：《世界新闻史》，第668页。另见彭家发等著：《新闻学》。台北：空中大学，1997年，第417页。

在政治立场上，赫斯特原一直支持布莱恩（Bryan）竞选，但布莱恩一直与白宫无缘，故赫斯特一直恶意地攻击自1898年起在位的第25任总统麦金莱（W. B. Mckinley, 1843—1901）。例如，1901年2月初，肯塔基州州长格贝尔（Goebel）被刺殒命，赫斯特的《新闻报》于2月4日竟幸灾乐祸地刊出四行诗（quatrain）：①

> 那颗打破格贝尔胸腔的子弹
> 整个西部都找不到
> 有好理由啦，这里要赶紧啊
> 将麦金莱摆平在他的棺材里

同年中，赫斯特又在《纽约新闻晚报》（*N. Y. Evening Journal*）社论中说："如果要除掉腐败机构和坏人只能出诸谋杀，那就一定要谋杀。"② 不料同年9月间，一名无政府主义者（anarchist）竟刺杀了麦金莱总统。在行刺时，凶手口袋中尚藏有一张攻击麦金莱内容的《新闻报》!

六、黄色新闻之蛰伏

麦金莱总统之遇刺，引起美国人的众怒，一些人甚至认为，如果没有这些新闻的渲染，格贝尔和麦金莱这两个悲剧或不至如此。早在1896年《纽约时报》创刊时，创办人奥克斯（Adolph S. Ochs, 1859—1935）为了凸显精英报本分，打击黄色新闻，一正"报风"起见，乃毅然提出那著名的"（本报）所有新闻都适合刊登"（All the news that's fit to print）口号。至1901年时，一方面《世界报》与《新闻报》之竞争日渐和缓，各有读者群，谁也占不了

---

① 彭家发等：《新闻学》，第418，443页。原文为：The bullet that preceded Goobel's cannot be found in all the West; good reason, it is speeding here to stretch McKinley on his bier.

② 彭家发等：《新闻学》，原文为：If bad institutions and bad men can be got rid of only be killing, then the killing must be done.

谁的便宜；另一方面，对报纸怀有理想的普立策，开始厌倦这种竞争，故而将《世界报》最为人诟病的黄色新闻手法放弃而不用。而自麦金莱总统遇刺后，《新闻报》已不受读者欢迎①。1904年时，普利策更进一步强调他的商业主义（指涉黄色新闻做法）在报业经营中虽具有合法地位，但仅限于经理部，如果商业主义侵犯了编辑权，则必然堕落和危险；而一旦发行人仅仅注意到商业利益，那便是报纸道德力量的结束。

1908年，埃迪夫人（Mrs. Mary B. Eddy）在波士顿创办《基督教科学箴言报》（The Christian Science Monitor），力主以干净新闻（clean journalism）来对抗黄色报刊（yellow press），并认为犯罪和灾祸新闻是不健全的，只有在必要时如对社会有所帮助才予以刊登。同年，由地方小报学徒出身而后踏上记者生涯的美国著名新闻教育家威廉（Walter William，1864—1935），经过多年奔走，终于在密苏里大学，建立起全世界第一所新闻学院（School of Journalism），他所订的"记者守则"（The Journalist's Creed）开宗明义便指出："我信赖新闻专业"（I believe in the profession of Journalism.）。②继而，哥伦比亚大学设立新闻学院，是美国第二所新闻教育学府。③据估计，至1912年时，美国已有30个以上的学院或大学，开设有新闻学课程，美国新闻学教师协会（American Association of Teachers of Journalism）亦于是年成立。④社会氛围加

---

① 赫斯特因而将《新闻报》易名为《美国新闻报》（American Journal），之后再易名为早报的《美国人报》与晚报的《新闻报》（Journal）。《美国人报》在1996年一次大罢工中停刊。

② 此句有误译为"我相信新闻是一种专业"（journalism as profession）。

③ 哥伦比亚新闻学院于1934年起易名为哥伦比亚新闻研究所。

④ 李瞻：《世界新闻史》，第784页。事实上，1903年时普利策即与哥伦比亚大学签订协议，决定捐出250万美元在该校设立新闻学院。哥伦比亚大学新闻大楼普利策铜像方座刻有他不朽箴言，中云："我们的国家与报道休戚相关，升沉与共，报业必须具有能力。大公无私，训练有素，深知公理，并有维护公理的勇气，才能保障社会道德，否则，民选政府徒具虚文，而为一种赝品。报道漫骂、煽动、虚伪、专权，将使民众与报业一同堕落。塑造国家前途之权，掌握在未来记者之手。"

上正视新闻教育发展,黄色新闻自此处于蛰伏(hibernate)状态。①

七、黄色新闻之另类余晖

自 1865 年 4 月 14 日晚美联社(AP)记者戈布莱特用六何(5W1H)式倒金字塔型(inverted pyramid)形式,报道林肯总统(A. Lincoln, 1809—1865)遇刺新闻后,由于美联社提倡及其在写作、编辑和审校上之便利性,立刻被业界视为新闻报道之"正宗"(standard form)和客观报道(objective reporting)的重要条件。②但黄色新闻处理手法,既以夸张为宗,自是较常用导言(语)易于"花巧化"之正三角形(the British Writing Style)写作形式。所以,黄色新闻与正三角形新闻报道方式,自始即有着"天敌"化矛盾。黄色新闻渐次蛰伏之后,倒金字塔报道形式,无形中便成了"客观报道此中求"、"媒体至尊"。③不过,黄色新闻概念岂会就此戛然而止?睽之于当时气氛,"色彩新闻(color news)"可能即是黄色新闻遗留余绪或衍生品。

1911 月 3 月 25 日,美国合众社(UP)记者谢福德(W. G Shepherd)报道某间工厂大火,工人被困九楼,因跳下逃生以致摔死时,一开始便写道:"'扑的'一下,一人死了!'扑的'一下,一人死了!"用九个死亡的声音,来陪衬灾民求生致死的悲惨(tempo),充满事实(facts,如大火)、动作(action,如跳楼)和色彩(color,如"扑的"死亡声音),故新闻学者称之为"色彩新闻"。不过学者并不反对色彩新闻,而只希望记者在使用此一报道形式时,应使报道生色(to color the story),而非给报道涂上庸脂俗粉(to put color into the story)。④可惜,之后使用者总是"下士闻道",置若罔闻似的。

---

① 1924 至 1928 年间,纽约小型报(tabloid)又掀起一次争霸大混战,黄色新闻做法又阴魂不散,曾有一段时间的竞争为"旧瓶装新酒"。

② 美联社所提倡之 5W1H 重点置前之导言,被业界冠以美联社导言(AP lead)地位。

③ 彭家发译著:《新闻学点·线·面》。新北:业强出版社,2001 年,第 5 页。

④ 彭家发:《媒介·媒介人·媒介批评》。台北:亚太图书出版社,2001 年,第 40—41 页。

至十九世纪末，由报纸所促成的"邪恶宣传"，亦即所谓"恐惧后遗症（legacy of fear）"，一直困扰着人心。而 1923 年之后，广播勃兴，充分利用了电子媒介的特点，将新闻"小说化"（fictionalization）和"戏剧化"（dramatization）处理。

报纸为了迎击挑战，更是将色彩新闻"无限上纲"。为迎合读者口味，"新科"专栏作家，也好写胡诌、种种官场八卦（nosy）琐事的"内幕与琐闻"（dope and gossip）专栏，致令一般人称之为"歪专栏作家"（colymnist），以讽刺他们哗众取宠，格调不高。

再看自 1919 年至 1942 年间，美国四开小型报（tabloid）的流行，如《纽约每日新闻》（*N. Y. Daily News*），《每日镜报》（*Daily Mirror*）之属，还是用大幅照片（"新闻"内容简短）来处理犯罪、性、黑社会、谋杀案和好莱坞明星等煽情与丑闻，黄色新闻味道十足，时人却称之为爵士新闻学（jazz journalism），有时也将之美化为特写化新闻（featurized news）。

八、民初中国之新闻业界

美国既有黄色新闻峥嵘时期，中国的情形又如何呢？首开"文人设报论政"先河之王韬（1828—1897），① 在 1874 年元月创办《循环日报》时，即全力鼓吹报章务必"其立论一秉公正，其居心务期诚正"、毋"采访失实，记载多夸"之报业规范。

其时，某些老（烟）枪访员（记者）的行径，仍令人齿冷——"穿绫绸缎纱罗，竟然浊世翩翩佳公子，白嫖窑子、白玩女戏子，做青红帮头的干儿子，谁给他钱，就是他的老子。"在民初被誉为足当记者而无愧的邵飘萍（1886—1926），在他所著《实际应用新闻学》一书里，即刻意力斥"有闻必录"、趣味至上的借口，认为秽亵奸淫与残忍之情景，皆在于新闻不确实、含广告意味、只图揭发人之隐私，以及作有害社会风俗之

---

① 文人办报，有不懂营运之贬抑，故本文用文人"设报论政"。

渲染描写。①

1918年，北京大学校长蔡元培于校内发起"新闻学研究会"，并在政治系四年级开设"新闻学"选修课，由曾于1913年留学美国，在密歇根大学修习新闻学课程的北京《晨报》编辑徐宝璜（1894—1930），讲授新闻学大意，时人曾誉之为"新闻教育第一位大师"、"新闻界最初开山祖"。②

可见中国新闻（学）教育，源起不晚，可惜业界采取类似美国黄色新闻手法，一直源源不绝。就香港情形而论，自1970年代中，通俗量报（popular newspaper）成功占领香港报业市场之后，黄色新闻就如过江之鲫，迅速将整个报业观念和读者口味玩弄于股掌之上。至1989年5月《壹周刊》（*Next Magazine*）创刊，1995年6月20日《苹果日报》创刊；继而2001年5月31日台湾《壹周刊》创刊，2009年5月2日台湾《苹果日报》创刊之后，③潮流所及，台港中文报纸，已无力抗拒这些通俗量报黄色新闻作风，而只剩两条路可走：打烊，如香港《华侨日报》，台湾《中时晚报》、《民生报》；或者随波逐流，大报小报化（broadloid），明的、暗的，直接、间接抱持小报主义（tabloidism，苹果化），以黄色新闻为师，希望在日渐萎缩的报坛中，分得一杯羹！

九、现阶段台港黄色新闻特征

以黄色新闻泛滥之1900年起算，则台港黄色新闻算得上是蛰伏百年的"后现代黄色新闻"重现江湖。那么，百年之后通俗量报黄色新闻，除了追踪当事人，死缠烂打的"狗仔队（paparazzi）"之外，又有何特征？一般而言，主要有如下数项：④

---

① 彭家发：《进阶新闻写作：理论、分析与范例》。台北：五南图书出版公司，2008年，第420—422页。
② 彭家发：《新闻学（一）——新闻学新论》。台北：空中大学，2005年，第6页。
③ 彭家发等：《现代新闻学》。台北：空中大学，2006年，第285—322页。
④ 彭家发：《现代新闻学》，第284至322页。

1. 多篇幅，多彩色页，一报多刊（落／叠），折价竞争，广告横行霸版，超大字号标题。
2. 彩色大图片为主轴，不惜使用合成照片（staged picture）或模拟照片（enactment），亦常用计算机绘图（CG）。
3. 强力炒作（crooking）话题，聚焦于揭发人物丑闻和八卦琐事。
4. 以找到"踢爆新闻"（shock journalism）为乐，[①]滥用"报料新闻"（source-open news）和爆料新闻。
5. 高薪挖角，但才尽即弃。
6. 摄影美工是皇是后，为了吸引读者，文字记者可以大剌剌地写其无所不知的通天晓新闻（cosmic journalism）、堆砌新闻（fabricating news），可以任意使用对话、独白和场景重塑，一如1960年代美国反越战之"地下新闻报道"（underground journalism），亦即所谓语不惊人死不休的"耸听新闻学"（gonzo），[②]放弃"淡而无味的新闻报道"（callous journalism）。
7. 散文、索引式条列写作，以口语入文，不辞低俗（sleazy），新闻定义为"新新闻"（new news），亦即信息娱乐化（infotainment）。"顶级"新闻价值在于：贪婪名流＋煽色腥＋丑闻玩弄（ravenous celebrity and sensationalism and scandal machine），或者是50%谣传（rumor）＋30%社会氛围（prospective）＋20%事件本身（facts）。
8. 充斥不尊重他人的暴行新闻（journalism of outrageous），例如：中伤、谣言、伪造假消息和黄、赌、毒的"邪恶新闻报道"（mephistophelean

---

[①] 林文博：《别看轻八卦小报的嗅觉》，台湾地区《中国时报》，2008年8月13日，A11页。小报有时不但大幅度超越大报，且后来亦得以证实无误。例如美国《国家询问者报》（*National Enquirer*）就是一张专爆内幕新闻的超市八卦小报（supermarket tabloid），但消息通常可靠。例如2007年10月，它首度披露美国前民主党总统候选人约翰·爱德华（John Edward）有婚外情，结果果如其报道，令许多大报颜面尽失。

[②] 此即学者所称之新派报道（new journalism）。

说闻解字

journalism），小题大作，唯恐天下不乱的"垃圾新闻报道"（sloppy / trash journalism），都是版面主要组成内容。

9. 嗅知社会氛围（market orientation / driven journalism），建构议题（agenda setting / building），作政府异见分子，以弱势团体代言人自居（自身英雄化），不惜极度使用"支票簿新闻学"（checkbook journalism），砸大钱（promotional capitalism）促销，但报业存在的目的，仍在赚钱（make a buck）。

10. 广告新闻化，新闻广告化（newsvertising），迎合公众趣味（public interesting），而非教育公众，通常也非为大多数公众利益（public good, interesting to the public）。

11. 好用单行大栏标题（banner），加上散文式提要（slug）与"抢眼"短句（punchlines），总之要做到版面眩目华丽、彩色缤纷为鹄。[①]

十、结语

十九世纪末叶，美国报业脱离党派报纸，迈向新闻事业商业化新报业经营（new journalism）年代，商业竞争上场。在激烈竞争之下，纽约《世界报》和《新闻报》尤其拼个你死我活，在新闻处理和版面呈现上更各显奇谋，也相互仿效，夸大新闻和版面处理手段，终而演变成新闻史上所谓的黄色新闻年代。而在1898年美国和西班牙的战争中，黄色新闻及黄色新闻报纸，备受读者谴责，麦金莱总统遇刺毙命后，社会大众更痛恨其翻云覆雨之用心可诛。

美西之战后，黄色新闻转趋沉寂，普立策厌恶黄色新闻，不但对之戒慎恐惧，更捐钱成立新闻学院，以培养报业良才。不过，因为黄色新闻是报业生存的竞争手段，故一向阴魂不散，只是以不同面貌在不同年代中暗显身手。例如，百年后的香港和台湾地区，出现了数张通俗报，其所用之刺激发行、一切"向钱看"的手法，与百年前美国黄色新闻手法如出一辙，亦将港台地

[①] 彭家发等：《现代新闻学》。第285—322页。

区传统媒介搞个天翻地覆，令传统报纸在新科技阴霾下更加雪上加霜。有些不随波逐流的传统报纸，只好黯然熄灯，停止营运。

港台地区通俗量报虽无黄色新闻之名，却行黄色新闻之实，结果令报业问题百孔千疮。简单地说，可以用《堪萨斯市明星报》（the Kansas City Star and Times）冤情大使（ombudsman）琼斯（D. D. Jones）的话，作一番沉思：1. 报道失实（inaccuracy）；2. 自以为是（arrogance）；3. 报道不公（unfair）；4. 侵犯隐私（disregard of privacy）；5. 缺乏洞悉力（insensitivity）；6. 将罪犯和异行者捧上天（glorification of the criminal and abnormal）；7. 编写拙劣（bad writing and editing）！①

其他参考书目

1. 彭家发：《新闻学》。台北：空中大学，1997年。
2. 彭家发：《新闻论》。台北：三民书局，1992年。
3. 李瞻：《世界新闻史》。台北：政治大学新闻研究所，1968年。

---

① 彭家发等：《现代新闻学》，第1页。

第二篇

解字

1. 简说汉文字之源起及发展

一、汉文字的定义

文字，逐字书写的文字，原是约定俗成（conventional），植基于社会、政治环境、大众心理，期能便利实用，能够通行，以便记录语言，表情达意，"前人所以垂后，后人所以识古"（汉许慎《说文解字·叙》）的线条符号（signs）。就汉文字而言，东汉许慎认为先有"文"而后有"字"，"字"是"文"的组合，他在《说文解字·叙》里指出："仓颉之初作书，盖依类象形，故谓之文（如日、月），其后形声相益，即谓之字（如'形+形'之晶、朋，'形+声'之江、河）"；又说："文者，物象之本；字者，言孳乳而寖多也。"此亦即许慎所说："独体为文，合体为字。"

先秦时期，汉字称作"文"（取其花纹交错之意）例如《论语·卫灵公第十五》："吾犹及史之阙文也。"（宋邢昺疏："文，字也。"）左丘明《左传·宣公十二年》解释文字结构时，举例说："夫文（字），止戈为武。"另外，《左传·昭公元年》又说："于文，皿虫为蛊。""文"也叫"名"，例如《周礼·春官·外史》："掌达书名于四方。"又《仪礼·聘礼》："百名以上书于策，不及百名书于方。"（汉郑玄《仪礼注》："古曰名，今曰字。"）名，大抵指事物的标志或符号。《荀子·正名》："名闻而实喻，名之用也。"文（字）亦称为"书"，例如《荀子·解蔽》："好书者众矣（喜欢自造字的人多得是），而仓颉独传者，壹也（只留存仓颉的，因为仓颉统一整理过）。"《韩非子·五蠹》："古者仓颉之作书也，自环者谓之厶（私），背厶谓之公。"《管子·君臣上》："书同名，车同轨。"许慎《说文解字·叙》："仓颉之初作书"，又曰："著于竹帛谓之书，书者如（著）也。"也有称之为书契者，例如《周易·系辞下》："上古结绳而治，后世圣人易之以书契。"

当然，其时也有直接称为字的。（吕不韦所编《吕氏春秋》书成之后，即悬稿简于咸阳城上说："有能增损一字者，予千金"）不过，文字骈词，则最早见于秦始皇二十八年（公元前219年）在琅邪台刻石叙功之石文里，说秦始皇"同书文字"，文字一词于焉见用。

二、汉文字独能从传统到现代

综观世界各国文字形式，归纳之，除了公元前3350年之美索不达米亚复刻画，以及公元前2500年印度河流域（今之巴基斯坦）的刻印外，大概有三大古源头：其一是公元前3050年埃及象形文字（hieroglyph / pictographic）；其二是公元前3200年之苏美尔人（Sumerian）的楔形文字（cuneiform）；其三是公元前1200年，可以从形追溯其初文的中国汉字。

而今，埃及那三种流行一时的古文字：刻于碑碣上为图刻象形文字之圣书（Hieroglyphic）、僧侣抄写经文而简化之僧书（Hieratic）、一般人所写之流行简化俗体书（Demotic），已成"木乃伊文"。[①] 楔形文随着两河流域的苏美尔人被闪米特人（Semitic）所统治，亦已"大江东去"，只有腓尼基人（Phoenicians）所发明的拉丁拼音字母（phonetic alphabet），仍然可以追根究底。所以，目前世界所使用之文字，大致可归纳成三大类：

1. 音节文字（syllabary）：源起于楔形文字，例如日文的假名（kana），其音节只表达读音，单一文字则不具意义；
2. 意音文字（语素音节文字，logosyllabary）：源起于甲骨文，如汉字形声字；
3. 字母文字（alphabet）：源起于形如绘画之埃及圣书，如英文字，由字母组合成字符。

---

① 2008年10月底，考古学家在以色列耶路撒冷宣布，在古代以拉谷（Valley of Elah）战场的以拉城堡（Elah Fortress），掘得若干陶器碎片上有三千年前以黑墨水所画的五行古希伯来文字，较死海古卷（Dead Sea Scrolls）还早一千年。

根据法国早期学者费维利耶（J. G. Fevrier）的说法，腓尼基上承埃及，下开欧亚两洲，它的字母派衍分为两支线：西支，由希腊、罗马拉丁文（Latin）而传至欧洲诸国，诸如英文、法文、德文、葡文、俄文、意大利文和西班牙文等等；东支，则繁衍而成就了阿拉米文（Aramaic）希伯来文、梵文、叙利亚文和阿拉伯文等等（Fevrier, 1948：Ch. VII, VIII）。而现存的泰文、大部分韩文、阿拉伯文字母和罗马字母，可以说由北闪米特（North Semitic）文字而来，而闪米特文字的前身为古闪米特文字，也就是说埃及圣书的产物。唯有汉字，五千多年来，由传统到现代，仍然卓然独立，独放异彩，活力充盈。

汉字出现，据学者研究，应该后于埃及象形文字，而先于腓尼基文，故汉字虽异于印欧语和苏美尔语，却仍然有某些外国"学者"，曾提出"埃汉文字同源"讲法，意谓汉字"源自"埃及文字！尤其是在明朝天启三年（公元1623年），在陕西西安盩厔（周至）县，发现了一块刻于唐代之"大秦景教（聂斯托里教，Nestorian）流行中国"的石碑，其上同时刻有叙利亚文和汉字，因而有汉字"西来"或由中东传入之误解，甚至连英国思想家培根（F. Bacon, 1561—1626）竟也一度持汉字由拉丁文衍生之说。

事实上，文字学者董作宾曾从造字的对象、心理、地理环境和社会背景等各方面，用文字比较方式，反复证明了古汉字是中国人独立创造的。（《中国文字的起源》）因此汉字独能走向"由形示义"，并且结合声符，形成以形声结构为主的形声字，而没有埃及象形文字和苏美尔楔形文字的"遭遇"——古早即走向拼音文字之路。

统而言之，汉字之文与字，就如唐张怀瓘所说：

"夫文字者，总而为言，包意以名事也。分而为义，则文者祖父，字者子孙。得之自然，备其文理。象形之属，则谓之文；因而滋蔓，母子相生，形声、会意之属，则谓之字。字者，言孳乳浸多也。题之竹帛，谓之书。书者，如也，舒也，著也，记也。著明万事，记往知来。名言诸无，宰制群有。何幽不贯，何往不经！"（《书断》）

另外，早在先秦时期，先贤就注意到对汉字形体的分析，故而早有六书之说（《周礼·地官·保氏》："保氏掌谏王恶，而养国子以道，乃教之六艺：一曰五礼，二曰六乐，三曰五射，四曰马驭，五曰六书，六曰九数。"）。纵然六书名称，说者有异，但其实质内容，总不外乎指事、象形、形声、会意、假借和转注这六种（类）成字方法（式）。

三、汉文字源起

（一）欧西各国字母演进历程

英人克罗德（Edward Clodd）在其所著的《字母的故事》（*The Story of The Alphabet*）一书里，根据西欧各国字母的演进，推敲其文字的衍展，谓大致上可以分为四期：

1. 帮助记忆期（The Memory Stage）：以实物帮助记忆，例如，南美洲秘鲁之"绳结记事"（Quipus），美洲印第安人以串连之"贝壳记事"（Wampums），澳洲土人以短棒系于绳上以记事的信棒（Messenger-stick）记事，皆类属之。

2. 图象期（The Pictorial Stage）：将物件图象化，如埃及文"□"表示家城（town）。

3. 标意期（The Idiographic Stage）：图象简单化，抽象化，原型不再，而成为代表该对象意义的符号（意符）。

4. 标音期（The Phonetic Stage）：腓尼基人用埃及文俗（简）体当作拼音字母，发展成意音文字（logograph），递嬗下来，成为希腊拉丁文以及英、法、德、意诸国文字字母。

（二）汉文字发源和演进历程

近代文字学者蒋伯潜认为，汉文字发源和演进历程亦同英人克罗德所说如出一辙。例如：

1. 我上古之世曾结绳而治。此即帮助记忆期。

2. 汉字"古文"，钟鼎、甲骨、石刻，都逼肖所象之形（如目字，钟鼎文即是一只眼睛）。此即埃及古文图象期之象形文字。

3. 汉字由"古文"字体而籀、篆、隶、草、楷、行体地变迁下去，实质上，其大部分笔画已经"异形"，即使本来是象形字的，也已经不像原来所象之形，成了"意符"文字。此即标意期。

4. 汉语注音符号"ㄅ"，是古"包（胞）"字，字"ㄅ"，韵母"ㄥ"，即古"肱"字；而"拨"则只读它的"声"（"b"），"翁"则只读它的"韵"（"ung/eng"）。此即汉字迈向标音期的例证。

蒋伯潜又以六书来论证，他认为六书中之指事、象形字为图象期；会意字为标意期；而形声字实已有部分标音，转注字因为"音变"而另造新字，假借字则因"音近"而借用他字，这些字都集中注意在读声方面了！不过，汉字为方块体，受字形所约束，所以，"字变"还未竟功——变成完全拼音文字。（《文字学纂要》）

蒋伯潜所说，虽不无道理，但汉文字源起及其走势演变，实在复杂得多。

综览各家所言，汉字源起之说，大概可以分为：

（一）传说期

汉字起源传说，大概在战国时期就注意到了，一直追溯至结绳、书契和圣人们的"杰作"。

1. 字源源于结绳记事之"结法"传说

首先能确定的是，同其他民族一样，我先民确有过结绳过日的生活和"结绳记事"这回事。例如《庄子·胠箧篇》："昔者，容成氏……伏牺（羲）氏、神农氏，当是时也，民结绳而用之"；《易系辞》又说庖犠氏之世，"作结绳而为网罟，以佃以渔"。所以许慎就据之而说："古者庖犠氏之王天下也，……及神农氏结绳为治而统其事。"（《说文解字·叙》）东汉郑玄之《周易注》说："结绳为约，事大，大其绳，事小，小其绳。"唐李鼎祚《周易集解》引《九家易》说："古者无文字，其有约誓之事，事大，大其绳，事小，小其绳。结之多少，随物众寡，各执以相考，亦足以相治也。"

再说，因为《易系辞传下》有说："上古结绳而治（过日常生活），后世圣人易之以书契，百官以乂（治），万品以察。"而许慎更为之"背书"说：

"及神农氏结绳为治而统其事,庶业其繁,饰伪萌生。黄帝之史仓颉,见鸟兽蹄迒之迹,知分理之可相别异也,初造书契。百工以乂(治),万品以察。"(《说文解字·叙》)因此,至晚清时,就有部分文字学者,如刘师培诸人,将结绳(绳结)和汉字之创发扯上关系。据说例子如:

(1) 冬:甲骨文作"∧",像一条丝的两端打了两个结,表示事情终结,也借用之来表示一季的终结;后来其下加上意符"仌(冫)"作冬字,又再加"糸"旁作終(终)字。

(2) 五:甲骨文作"×","推想"是结绳之法,表记数之五;因为数目一至九而五居其中,像一交叉点,故其后加"二"成"㐅"(五),以示交叉于两者之间。

(3) 七:甲骨文作"十",是绳结之征,字作"十"字,乃相切形状,是"切"字初文(象意字);用作数字之后,下直曲折(乚),以别于"十"字。

(4) 九:在甲骨文中,像极两根绳子交叉后,长的一根再拐个弯(乙),以表示十进法中的最后一位个位数——九,故有"曲折探尽"之意涵。(这也是为什么《易经》中之阳爻(一)曰"九"的原因)

(5) 余如商周金文中之十、廿和卅,也有绳结的影子。

刘师培曾据宋郑樵"起一成文"之说(《通志·六书略》),而谓"一绳萦为数形,故一画衍为数字",以证"结绳文字"之实,但为同代人章炳麟斥之为"矫枉眩世,持论不根"。

其实,由于时代久远,实在缺乏足够的论据,去"肯定"汉字"祖宗"初文源于绳结,反倒是同心结(南朝梁武帝萧衍《有所思》:"腰中双绮带,梦为同心结"),成了浪漫化的民族产品——中国结(Knob)。至二十世纪七十年代初尚在使用的珠算(算盘,abacus),倒很能令人与结绳记事这回事产生联想。

2. 刻契为汉文字初文"开步走"传说

刻契应是继结绳(绳结)之后而使用的记事、表意和社会化生活的一种工具。结绳主要是在世质民淳之时，为了记忆所想到的法子，而刻契（书契）则是因为社会进步，世变日繁之后，社交上信守承诺的需要而发展出来的。（《易·系辞传下》："上古结绳而治，后世圣人易之以书契"；唐房玄龄等《晋书·卫恒传》："有沮涌、仓颉，始作书契，以代结绳。"）书，是画（划）；契，是刻。（东汉刘熙《释名》："契，刻也，刻识其数也。"）如何刻法呢？《墨子·公孟篇》有说："是数人之齿而以为富。"清俞樾解释说："齿者，契之齿也。古者刻竹木以记数，其刻处如齿，故谓之齿。汉焦延寿之《易林》所谓'符左契右，相与齿合'是也。《列子·说符篇》：'宋人有游于道，得人遗契者，归而藏之，密数其齿，曰：吾富可待矣。'此正数人之齿以为富者。"（清俞樾《诸子平议》）契从韧；丰，是以刀刻划的线条，也是声符。《诗经·大雅·公刘》："爰契（刻）我龟"；刀是刻划的工具，除龟板外，刻在木上的契是"栔"，镂刻在金属上的是"鍥"（《荀子·劝学篇》："鍥而不舍，金石可镂。"）为什么有此刻齿活动呢？《说文解字·大部》："契，约也。"就是人与人之间的约契，或作一个数目记录。此王肃之释《书序·书契》引汉郑玄之说："书之于木，刻其侧为契，各持其一，后以相考合"之谓也，而西周《师同鼎》铭文叙则说："孚（掠）车马五乘，大车廿，羊百，契用徣（告）王羞于龟。"也就是说，把掠取得的战利品，刻记在龟板上，向君王报告之意。

所以，书，主要既是数目的刻画（划），则与汉字初文之衍展，似仍无直接关联。

3．汉字初文萌于八卦、河图洛书，甲子与圣人造字等的古老传说

（1）八卦

华夏先民敬天畏神、念祖、尚鬼，所以，很早就有一种自认或被认为通灵的巫了。而上古之世，巫术是包括了医的。故孔子对学生说："南人有言：'人而无恒，不可以作巫医。'"（《论语·子路第十三》）而在古籍之中，专业筮的殷人巫咸，和专业医术的巫彭名字，屡见典籍之中。例如，屈原说："我将从彭咸之所居。"《吕览·勿躬》："巫咸作筮，巫彭作医。"《周礼·筮人》说："掌三易（《连山》、《归藏》、《周易》），以辨九筮（九

个巫人）之名……一曰巫更，二曰巫咸……九曰巫环，以辨吉凶。"甚至《山海经》里也有巫彭和巫咸之名。所以，文字学者唐兰推论（《中国文字学》），八卦最初是巫者用算筹（卜算子）来布爻，来问神占卜。所以巫字，甲骨文、金文都是两个算筹交加的形状。巫与"工"同；工者，工具也（巫行法时工具，筮占时使用）。《说文》说："巫，祝也。女能事无形以舞降神者也。"（甲骨文作巫师解，有"妥不以其以巫"之句；又作巫神解，有"宁风北巫犬"、"其帝于巫"之句；金文则作巫师解，有"齐巫姜乍尊簋"之句）爻字的金文是有三个"×"的绳结形，即是三条爻的意思，也就是学字的古文，就像两手在布爻（或结绳）的样子（甲骨文作教学、学校和学习解，有"王其爻，不遘雨"、"王弜爻马，亡疾"、"'于大学寻'屯"，"王学众伐于免方受屮（之）又"之句；金文作学校解，有"才昔先王小学"之句）。教字之甲骨文、金文和小篆也都像以"鞭打"（攵）方式，去教孩童学结绳或布爻（甲骨文作教学解，有"其教戍"之句，金文亦作教学解，有"'越人修教备恁'又"之句）。

巫所用的算筹（爻），有用骨造的，也有用玉做的，后来则改用竹筹，于是就有了"筮"这个字（清末民初博弈场所，仍用条形筹码），加了双手（廾）、后出之"算"字，则表示在弄筹占卦。巫者在占卜之时，方法、巫具一定很多，故另一种巫具，可能是把两块土（圭，音卦），造成筊杯，掷而向天地神鬼卜问，因为筊杯这种法器，只作卜问的专属用途，故后来又加上卜字而成"卦"字，以表征它的神圣以及卜巫之法（卜就是以火灼龟板，得裂纹（兆）而推知神意的过程）。用龟板以卜之后，占卜就叫卜阎（同筹），以示其法有别。除了最初用土块造的筊杯外，后来也有用竹造的（筊）和用玉造的（珓）。文字学家蒋伯潜认为两块筊杯一掷，如同为俯（背面朝上，阴筊）或同为仰（正面朝上，阳筊），就都记以"—"（笑杯）；一俯一仰（圣筊），则记以"--"；"俗以一俯一仰为圣筊（允杯）"（《石林燕语》卷一）。如此，连掷三次，便得三画，总其变化，就得☰、☷、☳、☴、☵、☲、☶、☱八种。其后，灼龟板卜法，大部分时间，取代了掷筊卜法，"—"成了阳爻，"--"则成了阴爻,此即"乾、坤、震、艮、离、坎、兑、巽"八卦由来(《文字学纂要》,记八卦有妙诀:"乾三连,坤六段,震仰盂,艮覆碗,离中虚,坎中满,兑上缺,巽下断")。后来,周文王被纣王囚于羑里,仍将八卦演叠成六十四卦,每卦撰一卦辞,每爻撰一爻辞,而成《周易》(有一联甚妙:《周易》八八六十四爻,爻爻吉凶有准/《春秋》三万九千五字,字字褒贬无差)。

宋以后,伪书《易纬·乾坤凿》以为☰(乾)即古天字,☷(坤)即古地字,☳(震)即古雷字,☶(艮)即古山字,☲(离)即古火字,☵(坎)即古水字,☱(兑)即古泽字,☴(巽)即古风字。例如,篆书之益字(溢本字),其皿字上半部之"水"字,就是"☵"。八卦的阳爻(一)和一字的那一画,写起来都一样,故就被认为那就是文字的"文"了。宋郑樵就有"文字一元论",他在《六书略·论便从(同纵,竖也"丨")》就说:"文字便(方便于)从(丨),不便衡(横"一")。坎(☵)、离(☲)、坤(☷)——衡(横)卦也,以之为字则必从(丨)。故"☵"必从(丨)而后成水,"☲"必从(丨)而后成火,"☷"必从(丨)而后成巛(坤,地)。"这实在是一种美丽的"推论"。(王念孙父子认为"巛"字是借用"川",而非地字)

所以,八卦是巫者算筹时所排列出的卦,用作事物象征,《周易》所说"乾为天"、为君等等,是说八卦所代表之物或其衍义,而不是说八卦就是此八个字。故八卦与文字衍展,关系可能不大,顶多是借用它的符号,或从中得到创造文字的启发。

(2)河图洛书

古书的确有河图洛书的记载,例如:

⌘　　《易·系辞上》:"河出图,洛出书(画),圣人则之(利用之来作运算)。天(奇数)一、地(偶数)二;天三、地四;天五、地六;天七、地八;天九、地十。天数五((十之内)奇数有五个)、地数五((十之内)偶数有五个),五位相得(每个数目),而各有合(由正数相加而得,如5=1+4/2+3)。天数二十有五((十之内)奇数相加是25),地数三十（（十之内）偶数相加是三十），凡天地之数五十有五（（十之内）奇偶数相加之和为55）。此所以成变化而行鬼神也。"

⌘ 《竹书纪年》："黄帝五十年秋七月庚申凤鸟至，帝祭于洛水。"注："庚申天雾三日三夜……雾既降，游于洛水之上，得图书焉。龙图出河，龟书出洛，赤文篆字，以授轩辕。"

⌘ 《河图·玉版》："苍颉为帝，南巡狩，发阳虚之山临于元沪洛洞之水，灵龟负书，丹甲青文，以授之。"

⌘ 甚至连孔子也为之"背书"地说："凤鸟不至，河不出图，吾已矣夫！"（《论语·子罕第九》）

因此，北周卢辨注《大戴礼记·明堂篇》，摆明地说"洛书法龟文"；又另有经籍说"洛龟负书，垂画字"（《孝经纬·援神契》），"黄帝东巡河，过洛，修坛沉璧，受龙图于河，龟书于洛，赤文篆字"（北魏郦道元《水经注》），诸如此类，便以为圣人看了河图洛书，而造出文字来。其实，只要看一下河图洛书（见本书《说闻篇》"'天圆地方'的古老传说"），它是以"○"代表阳（奇数），"●"代表阴（偶数），可能隐喻了阴阳观念，其中也涉及数字的运算，也可能与算筹、术算有些牵扯，亦有指河图所说，与天地生成之数（如"天一生水，地六成之"），似是月分与星位出没之指涉，如六、十一月黄昏，水星见于北方（今之南方）；但若说这些圈（○）点（●）和括形（（））就说与汉字源头相关，则似欠说服力。

（3）甲子隐见字的态势

传说黄帝史官大桡"作"甲子（《吕氏春秋·勿躬篇》），甲子干支在殷商时期的甲骨文（oracle）里，二十二个字，是用来记日的，东汉建武之后，扩大至用来记年、月、日和时。有托名为楚之山林隐士鹖冠子者，著《鹖冠子》一书说："苍颉作书，法从甲子"（《近佚篇》），遂有人认为，若谈中国文字最初源起，须亦将甲子记上一笔。但年代久远，资料阙如，史籍不彰，实难置可否。不过，就我人而言，甲子可助吾人推算年月。例如，公元2008

戊子年生肖属鼠（子），据此前后推算，可以计得年龄；又如，公元逢4天干开头为甲（如2014甲午年），逢1属辛（如2011辛卯年），逢2属壬（如2012壬辰年），凭此可以推知岁次。

（4）圣人造字传说

我华夏社会，有好将事物定于一之习惯，故谈汉文字之源起创造，也会归功于"圣人"（homo sapiens）之德，例如：

- 伏羲：西汉孔安国《尚书·序》："古者庖牺氏之王天下也。始画八卦，造书契，以代结绳之政，由是文籍生焉。"但研究已经指出，这是本伪孔安国作序之书。

- 朱襄：《古三坟》说："伏羲始画八卦，命臣飞龙氏造六书。"西晋皇甫谧《帝王世纪》说："伏羲命朱襄为飞龙氏。"不过托名为晋阮咸所注的、现存《三坟》，亦已证明是一本伪书。

- 沮诵、苍颉：《太平御览》引宋衷之《世本注》说："沮诵、苍颉，黄帝之史官。"而先秦之《世本·作篇》有说："沮诵、苍颉作书"；另外，晋卫恒所著之《四体书势》则指出："昔在黄帝，有沮诵、苍颉者，始作书契。"这也只在史册上，看到有此一说而已。

- 唐道世《法苑珠林》一书说："造书者三人……少者仓颉，其书下行（直写）……黄史苍颉，在于中夏……仓颉因华于鸟迹，文画诚异，传理则同。"（卷十五）但《法苑珠林》的说法，也被研究出是释门附会。

- 苍（仓）颉：战国末年，多把创字作书之功，归于仓颉。汉代以后，司马迁、班固、傅玄等人，则多持仓颉为黄帝史官之说（见唐孔颖达《尚书·序·疏解》）。说仓颉为造字老祖的典籍甚多，例如：

"仓颉作书"（《吕氏春秋·君守篇》；汉班固《汉书·武五子传》；王充《论衡·顺鼓》）。（仓同苍，老也；颉，直项也，他可能是位老巫者。）

"好书者众矣，独传者一也。"（《荀子·解蔽篇》）

"仓颉作书,天雨粟,鬼夜哭。"(西汉淮南王刘安《淮南子》)

"仓帝史皇氏,名颉,姓侯。仰观奎星图曲之势,俯察龟文、鸟羽、山川、指掌而创文字,天为雨粟,鬼为夜哭。"(《春秋·元命苞》)

许慎遂亦说:"黄帝之史仓颉,见鸟兽蹄远之迹,知分理之可相别异也,初造书契。"(《说文解字·叙》)

不过,同样年代久远,史无可稽,若不视作神话传说,则只能猜测可能有过仓颉这一号人物(或族群),整理过"文字"而已。

(二)陶文——汉字史前史

举凡人类表意符号演展,一定经过图象期,也就是图画之属,但类似文字的时期,就汉字而言,由图画文字之出现至形声字形成,可以说是汉文字之早期发展光谱。当中,只有图形文字而尚未有形声字的时期,似可以称为汉字发展远古期,形声字出现之后,似可以称为汉字发展近古期。因为殷商甲骨文卜辞里,已考证得有大批形声字(见唐兰《殷墟文字记》),故这时期文字,只类属近古期,离汉字正式萌芽,可能已经相隔很久。研究汉字的学者,大都相信汉字初文,应该产生在夏代之前,而有夏一代,其实汉文字已经很发达,可惜,能找到及见到的材料,实在太少,论证难以充实服人。不过,幸而已经发现的各年代的石块、甲骨文和陶文,可以稍为弥补一下空白。

- 宁夏中卫之大麦岩画符号,信是公元前 11240 年至前 8864 年之早期文字符号。

- 湖南洞庭湖西北岸沣县彭头山,掘得若干据称是大巫(宗教领袖)的细石块头饰,当中一块有"乂"纹,有文字学者认为,很可能是中华第一个字——"文"字的初文(《说文》:"文,错画也,象交文(纹)。")另外,研究者在此年代的西藏那曲以西的"日土岩画",发现了太阳象形纹(☉)及其演变(卍)。

- 河南舞阳贾湖于相当于裴里冈文化时期所出土的甲骨,有契刻符号,相信比半坡仰韶文化刻画符号和大汶口文化早二千年，比殷墟甲骨文早四千年。

- 西安西郊门斗乡花园龙山文化遗址出土的兽骨上，有契刻文字，比殷墟甲骨文早一千七百年，时在夏代。江苏高邮市龙虬庄，亦发掘得龙山文化晚期陶片，上面刻有两排竖行文字，与甲骨文相似。

- 山东省昌乐县发现距今四千五百年比殷墟甲骨文要早一千年左右，属于东夷文字，为山东龙山文化晚期遗物之牛、鹿和象骨刻文，造型介于大汶口文化刻画符号与商代安阳甲骨文之间，考古学家称之为"昌乐骨刻文"。

- 甘肃出土辛店期陶器，其彩色花纹，可以看得出马、鸟和犬形诸形"图案"，唐兰认为，这实际上已是一种文字（《中国文字学》）。

- 陕西渭水流域西安半坡仰韶文化遗址，找得至少有六千三百年之久的陶罐残片，中有一百一十三个刻划在直口陶钵外缘的陶文符号，汉字专家大都同意，这是一种"文字起源阶段所产生的一些简单文字"。释读之，主要有乂（五）、十（七）、丨丨（廿）、丁（示），以及各种饰纹和鱼纹。同时，陕西临潼姜寨出土的陶文，跟半坡陶文十分相似；其中有一"岳"字，与甲骨文之岳字，已十分类似。

- 山东莒县陵阳河和诸城前寨的大汶口文化遗址区，出土了四件约公元前3400年至公元前1700年之间（大约为夏朝中期）的灰陶缸，上面刻有图象文字"戊"、"斤"（斧）和"旦"（或"熱"）诸字，是一种成熟而又比殷墟甲骨文更早的"文字"。从"熱"字来看，当时"文字"，似已进入具体而又繁复的"会意"阶段。此时，在西亚美索不达米亚平原南部聚居之苏美尔人，似懂得在泥板（clay table）上用楔形文字来记事；而埃及人则已发展出了象形文字，而且已有书写用的草纸（papyrus）。

- 山东济南东北邹平县丁公村，龙山文化中晚期黑陶文化遗址处，掘得约是公元前2200年产品的刻字陶片，比甲骨文约早八百年，学者

简说汉文字之源起及发展

称之为"丁公陶片",而称其刻字为"龙山文字"(见图一)。丁公陶片是一陶盆底部残片,共十一个字,形如古文之草书(cursive),与甲骨文可能是"古早亲戚"。经台北精通甲骨文之马辅先生解读,认为此十一个字为:"危得叩,畯长亡尤,安心事彤斝(古温酒器)。"意即:"匆匆问候,草已长起来了,没有什么不顺利的。不必挂念,多喝些酒吧!"

图一　丁公陶片仿写

(资料来源:彭家发:《变局中的港台媒介》,香港:星岛出版社,1998年,第670页。)

可惜,出土的陶文仍然不多,吾人只能从有限的几个图象文、符号和一些图案饰纹去还原和推想。例如,《黄帝氏之云纪》(《左传·昭公十七年》)说黄帝一族是拜云为图腾的,检视彩陶,果真有云纹(上古之世,云和龙是不分的,拜云就是拜龙;所以商周之世,云纹就成了龙纹)。但这些同文字的联系,仍然是一个缺环。

此时此际,腓尼基人已成功发展出拼音字母了。

四、汉字正式诞生——甲骨文

汉字信史的开始是甲骨文。"陶文"之后,至殷商甲骨文一段期间,可说是汉文字正式诞生、发展的"空窗期",令甲骨文难以堂而皇之地往上追溯,究竟甲骨文是如何诞生或发展出来的?也许,从甲骨文形构来看,有些"图(象)形文字"(日人称为"图象记号"),的确比甲骨文古些,到甲骨文(和金文)盛行之后,则这些"文字",也只余外形(素体),而不再加饰纹描绘。

所谓甲骨文,是指大约商朝后半期盘庚迁殷(公元前1384年)至周武王伐纣(公元前1111年)这二百七十三年间的古文字(《古本竹书纪年》:"盘庚自奄迁于北蒙,曰殷虚。"《说文》:"虚,大丘也。")这些文字"随体诘屈"地契刻在甲骨上(甲是龟甲,骨是兽骨),所以又称为"契文"、"殷契"。因为甲骨文是在满清末叶光绪二十五年(公元1899年),正式于河南安阳小屯一带殷墟旧址出土,所以又称为"殷墟文字"。内容则多属贞卜的卜辞、占辞和兆辞,其中,又以周朝武丁以后的甲骨文出土最多。

甲骨文的"书写"用刀刻(但究竟先书后刻,抑或直接用刀刻出,迄无定论),故字形刚劲方折,同一个字字型象形或笔画繁简亦不一(如羊字有四十五体),形符位置恒变,又常将两三个字写在一起,令人骤眼看起来,似只一个单字。甲骨文之出现,正是汉文字功能性之发展。盖文字最早功能是在标示氏族、家族的族徽(图腾),之后是记叙马、牛、羊之类实物(名词),又后则借用两个或多个象形符号合成动词,来表达动作行为,例如,两手相合为"共",两足交错前行为"步",再后再衍生使于联想的会意字,以及带出虚词的假借字。此时,文字的基本功能已变得是表意加上语言,商汤之世,已图文混合(但会有陪衬饰文〔物〕),其用意在"图记百物"(例如,青铜器(鼎)之制作,便是根据各方国氏族、生活、禁忌和信仰之类"远方图物"(图腾)而造的,臣服的氏族,便把他们的族徽(图腾)送到中央政府,由中央政府把这些徽志"铸鼎众物",作为王者"问鼎中原"的象征)。夏商周之世,图画装饰,可以看到是表意加上美观(不一定代表语言)。所以由商至西周中期（约公元前 1751 年—前 924 年之间），是人面、兽面和鸟头之动物纹饰时期，例如牛、羊、龙、虎、凤、鱼和龟等，及至春秋之世，则多狩猎纹。在甲骨文里，可以看到汉文字功能，之后汉文字发展，就有迹可循了。

五、先秦文字的发展

（一）金文

传说中，我们祖先很早就用青铜来铸造钟鼎，以示"定鼎九州"之意（《史记·封禅书》："黄帝采首山铜，铸鼎于荆山下"）；而金文则是指商周时代，刻铸在钟鼎青铜器上的铭文，由于这些铭文中，常有"易（赐）吉金"、"择其吉金"之类语句，故一般称青铜器为吉金，其文曰"吉金文字"，简称金文。钟鼎多为置于王朝的礼乐彝（常）器（礼器以鼎为代表，乐器以钟为代表，世所熟悉的有毛公鼎、散氏盘和曾侯编钟），故其铭文，有称为"彝文"或钟鼎文。

有些金文，看起来更接近图象，似乎比殷之甲骨文还古老些，也许钟鼎文是殷代的"古文"（或美术字），而甲骨文则是殷代"今文"（或应用的通俗体，demotique）。所以《说文·叙》说："郡国亦往往于山川得鼎彝，其铭即前代之古文，皆自相似"；而潘祖荫则说："《说文》中古文本于经文者，必言（引）其所出；其不引经者，皆凭古器铭识。"（《攀古楼彝器款识序》；"款"，是凹入的钟鼎文阴文，"识"是凸出的钟鼎文阳文，因此钟鼎文又称"彝器款识"）出土可见的钟鼎文，多是西、东两周遗物，所以，钟鼎文也可以说是周代（尤其是西周）文字的字库。

（二）简帛文

殷周时期，已有由竹简与木牍编成的"册"（《尚书·多士篇》："惟殷先人有册有典"），所以书写在简与缣帛上的古文篆字，就叫简帛文（古文）。在简牍中，用同音字以代本字的假借字用法，已十分普遍（如借"胃"为"谓"，"吏"为"使"，"还"为"环"）。湖南长沙出土了一幅先秦帛书，蔡季襄据此著成《晚周缯书考证》（1944 年），因此称此一幅先秦帛书"楚缯书"

或"楚帛书"。

（三）石鼓文

殷周之世的玉器和石器上也刻有些文字，和《说文解字》上的籀文很相似，因此，清代以前学者多认为此是周宣王时期的器物，就名之为石鼓文。最为人知悉的石鼓文，是唐代初年在陕西天兴县所出土的十个像鼓的大石头，上面刻着四言古诗，歌咏国君游猎的情形，但文不易懂，唐韩愈有《石鼓歌》一首，云："辞严义密读难晓，字体不类隶与蝌"；汉武帝时，人已不复知有古文，而谓之科（蝌）斗（蚪）书（tadpole），见晋卫恒《四体书势》；另外，云贵地区所用之彝文，亦叫蝌蚪文；施耐庵《水浒传》写到从罗天大醮所获报应之石碣上，所见之"天书文字"时，亦称之为"龙章凤篆蝌蚪之书"（第七十回《忠义堂石碣受天文》）。元吾丘衍《学古篇·重校说郛》说："科（蝌）斗（蚪）为字之祖，象虾蟆形也；今人不知，乃巧画形状，失本意矣。上古无笔墨，以竹枝点漆书竹上，竹硬漆腻，画不能行，故头粗尾细，似其形耳。"（卷九七）不过，近世文字学者则多认为石鼓应是春秋战国时秦国的器物，石鼓文则是秦国文字。

（四）古文与籀文

到了春秋战国之世，汉字分成两路发展，其一是流行于东南方六国的，即《说文解字》所说的"古文"；流行于西北方诸国的，即《说文解字》所指的"籀文"。许慎在《说文·叙》里说，《说文》全书是以小篆为主，兼及古文和籀文的。许慎所载录的古文，绝大部分是东周春秋中期以后至战国末期简帛上的古文。按许慎的说法是：

> 及宣王太史籀著《大篆》十五篇，与古文或异。至孔子书《六经》，左丘明述《春秋传》，皆以古文。……时有六书：一曰古文，孔子壁中书也。……壁中书者，鲁恭王坏孔子宅，而得《礼记》、《尚书》、《春秋》、《论语》、《孝经》。又北平侯张苍献《春秋左氏传》，郡国亦往往于山川得鼎彝，其铭即前代之古文，皆自相似。……其称《易》：孟氏；《书》：

简说汉文字之源起及发展

孔氏；《诗》：毛氏；《礼》：周官；《春秋》：左氏；《论语》、《孝经》，皆古文也。（《说文解字·叙》）

这些古字，流传诸国，大多一字数形，因地异音，字多假借，异体字（奇字）也特别多。

籀文就是流行于西方诸国的大篆，是周宣王时担任太史的太史籀所整编成的史书（即《史籀篇》十五篇，凡九千字）。《汉书·艺文志》说："《史籀》十五篇"（自注："周宣王太史作《大篆》十五篇，建武时亡六篇矣"）。……《史籀篇》者，周时史官教学童也，与孔氏壁中古文异体。"周宣王死，子幽王立，被犬戎所杀，幽王子平王东迁洛邑，西都故域为秦所占，遂以籀文行于秦地，因又名秦篆。

籀文笔画左右均整，文多繁重、重叠，结体（构）方正，象形、象意之意少，规旋矩折之意多。秦火之后，《史籀篇》尚幸得全，惜王莽乱后，逐渐亡失，今则略传字体而已（唐玄度《十体书》）。

六、小篆——汉文字迈向统一发展之纽带

秦吞并天下之后，为了"书同文，车同轨"的强势统治而整理、定形的小篆，它也是因与大篆相对而得名的。盖秦始皇一统天下之后，即废去六国不同于秦篆的文字，但本身所用的史籀大篆，虽然在战国时期已经逐渐简化，但仍嫌其形构繁重，不便书写，仍借统一文字的当儿，重新将秦篆也作一番整理功夫。正如许慎所说：

> 其后诸侯力政（征），不统于王，恶礼乐之害己，而皆去其典籍。分为七国，田畴异亩，车途异轨，律令异法，衣冠异制，言语异声，文字异形。秦始皇帝初兼天下，丞相李斯乃奏同（统一）之，罢其不与秦文合者。斯作《仓颉篇》，中车府令赵高作《爰历篇》，太史令胡毋敬作《博学篇》，皆取史籀大篆或颇省改，所谓小篆者也。（《说文·叙》）

是小篆出于籀文,秦统一文字,乃以本国之所有,易他国之所有。《法书考》亦持相同观点:"大篆者,周史籀所作也。或曰柱下史始变古文,或同或异,以史官制之,用之教授,谓之《史书》,凡九千字。小篆者,秦李斯所作也,增损大篆籀文,谓之小篆,亦曰秦篆。天下行之,画如铁石,字若飞动,作楷隶之祖,为不易之法,其铭题钟鼎,及作符节(契刻),至今用焉。"

在古文之中,小篆最为晚出,形体进一步简省、字型结构固定而笔画匀圆规整,虽则"或体"、"俗体"的"异体字"难免,但在与"今文"接轨的工序上,促使了汉字步向"今文字"发展,功不唐捐。

七、秦汉文字及其后之发展

汉文字由秦隶而汉隶而草书而楷书而行书,文字史上,都叫今文字,而从秦隶演变至行书,历时两千余年,成就了中华文化的永续!

(一)秦隶、汉隶

汉班固《汉书·艺文志》说:"六体者,古文、奇字、篆书、隶书、缪篆、虫书。"又说:"是时(秦)始造隶书矣,起于官狱多事(秦法严峻),苟趋省易,施之于徒隶(狱吏)也。"许慎说:"是时,秦烧灭经书,涤除旧典,大发隶卒,兴戍役,官狱职务繁,初有隶书以趋约易,古文由此绝矣!"又说:"及亡新居摄(至王莽篡汉僭位),……时有六书(改定六书):一曰古文,孔子壁中书也;二曰奇字,即古文而有异者也;三曰篆书,即小篆;四曰左(佐)书,即秦隶书(也就是现存的汉碑字体),秦始皇帝使下杜人程邈作也。"(《说文·叙》)

唐张怀瓘更清楚、肯定地说:"隶书者,秦下邽人程邈所造也。邈字元岑,始为衙县狱吏,得罪始皇,幽系云阳狱中。覃思十年,益大小篆方圆,而为隶书三千字奏之,始皇善之,用为御史。以奏事繁多,篆字难成,乃用隶字,以为隶人佐书,故名隶书。"

其实,战国时期,就已有了成熟的隶书,把篆字圆转的笔画,变成方折点挑的书写形式，目的在书写的方便快捷。有学者认为隶书也不一定与狱事相关（隶，是附着之意；隶书，或言附书），而其源头，可能分别取材自古文、籀文和小篆。隶书分为古隶和今隶，古隶是指秦及战国末期各国得见的隶体，今隶就是汉隶（汉代人所写的隶书）。西汉初期所使用的隶书，深受古隶影响，而后，书写笔势、笔法不断地改进，至西汉中晚期，波磔挑捺、跌宕不一的笔法运用渐趋成熟，至西汉末而竟其功。

从篆书转化为隶书（方家称为"隶变"），是汉字一次极为重要的改革进步。这一划时代的演变，把汉字从"随体诘屈"的古文解放出来，一方面结束了嬴秦以前的古篆，另一方面又开出了一条草书与楷书的近代文字通衢大道——隶书以前是个古年代，隶书以后，则是另一个新时代的开始。自此汉字可以肆意于方折点挑的今文字领域里，成了名符其实的方块字，并且通常可以望"文"生义，使汉字正式成为符号性强，有着音、形、义系统和蕴含丰富信息量的世界重要语文。而我们所熟悉的隶书，有湖北"睡虎地秦简"、长沙"马王堆简牍帛书"，"居延汉简"和"石门颂"等。

（二）草书

一般俗说，快捷而任意草率书写的，就叫草书；而在汉文字史中，则只是汉兴以来（《说文·叙》），那种快速书写而解放隶书之粗书连笔的字体。东汉赵壹认为草书起于秦末，与隶书成双轨发展，他说：

> 夫草书之兴也，其于近古。……盖秦之末，刑峻网密，官书繁冗，战攻并作，军书交驰，羽檄纷飞，故为隶草，趋急速耳。（《非草书》）

西汉元帝时（在位时间为公元前49—前33年），黄门令史游作《急就篇》，以一定条理章法，解放隶体而粗书之，保留汉隶的波磔，字字独立不连笔，大小均匀，用表奏章。六朝时人称其时所流行之草书为"今草"，而称史游之草书体为"章草"，又因章草仍依汉隶而变，故又有称之为隶草。据说东汉微士张芝精通章草，又将章草演练成上下字间相互牵引，一气呵成，"借上字之终,而为下字之始",舍去章草的波势,书写畅快,每字大小、粗细、正奇不一,行气贯透("一笔飞白"),世称草圣(庾肩吾《书品》,《后汉书》卷九五),其书则称今草,写有《八月帖》。(另一说法是东晋王羲之主导改隶为草的,他的《十七帖》今草,举世无双)不过,草书的极度发展,便成了笔画简省到一般人难以辨认、气势狂放的"狂草",但这其实已成了书法艺术,例如,唐张旭《冠军帖》和怀素的《自叙帖》,便是狂草典型之作。故世只以今草为草书正宗,以贬行草、章草和狂草。(《日知录》卷廿一)

(三)楷书

隶书再往前一步发展,是曰楷书,但由汉初之隶书,至魏楷体,当中文字却有称之为八分书者,此即欧阳辅所说:"隶书之兴,传为程邈,八分之作,称王次仲,名目虽异,大体相同。唐宋以来,或指隶为真书,或以八分为隶……"(《集古求真》)也就是说此际名义上有八分书,但实际上,八分书实隶而楷(隶楷),亦楷而隶(楷隶);楷、隶并无显明分野,即楷即隶,亦隶亦楷。隶、八分书与楷,可说名虽异而实同,三字同名一体,之所以如此,大概是其时以楷书的笔法来写隶书,所以《书史会要隶书》说:"建初中,以隶书为楷法,本一书而二名。钟(繇)王(羲之)变体,始有古隶、今隶之别,则隶书别为二书。"(晋唐以下,称楷书为今隶)张怀瓘说:"楷者,法也,式也,模也。"(《书断》)因为世行,故楷书又名"正书"。楷书之所以名楷,论者有谓是取自山东曲阜孔庙之楷树。相传孔林中之树,为各弟子所种,子贡所植者为楷,其干枝疏而不屈,以质得其直,文(纹)如贯钱,有纵有横,可以为杖。

从出土历史文物来看,楷书在东汉末年,约章帝年间,已可得见,但大盛于隋唐之世,而历史文献,大多认为是王次仲所研发。例如,见之于宋的《宣和书谱·正书叙论》说:

> 字法之变,至隶极矣,然犹有古焉,至楷法,则无古矣!在汉建初(公元76—83年),有王次仲者,始以隶作楷法。所谓楷法者,今之正书也。

人既便之，世遂行焉。

楷书名家，代有传人，宋《宣和书谱》说："此（楷）书既始于汉，于是西汉之末，隶字石刻，闲杂为正书（流行书法）……降及三国钟繇者，乃有《贺克捷表》，备尽法度，为正书之祖（一代宗师）。东晋……如王羲之作《乐毅论》、《黄庭经》……后日虽有作者，讵能过之？东晋而下，亘宋暨齐，爰及李唐，至我本朝，其中得魏晋风气者，亦落落有人焉……今得其正书者，凡四十有四人，在魏则有钟繇（《宣示表》），在宋则有萧思话，在齐则有王僧虔，在唐则有元稹、褚遂良、柳公权（《玄秘塔碑》）、颜真卿（《多宝塔碑》）、徐浩辈二十有八人，在五代则有薛贻矩辈五人，以至本朝，则有八人，其间如宋绶、蔡襄（《澄心堂纸尺牍》）、石延年之徒，皆与古作者并驱争衡，为一代法。"楷书世传"永字八法"（侧、勒、努、趯、策、掠、啄、磔），而为我们所熟悉的名家碑帖，尚有王羲之《孝女曹娥碑》，隋僧人智永《真草千字文》，唐虞世南《孔子庙堂碑》和欧阳询《九成宫醴泉铭》。

（四）行书

行书是介乎楷书与草书间的一种字体，唐张怀瓘说："真（楷）书如立，行书如行，草书如走"（《六体书论》），而其在《书断》则说："行书者，后（东）汉颍川刘德升所造也。即正（楷）书之小讹，务从简易，相间流行，故谓之行书。"也就是说，大约公元180年前后，桓灵之世，就有行书了。《宣和书谱》说："自隶法扫地，而真（楷）几于拘，草几于放，介乎两间者，行书有焉。于是行书兼真（楷），谓之真行，兼草，则谓之行书。"刘德升之行书，"虽以草创，亦丰研美，风流婉约，独步当时"（《书断》）。行书最著名的是晋书圣王羲之有"天下第一行书"之称的《兰亭序》，惜已失佚，现在只能见到唐褚遂良之临本；其他名家名帖则有：王羲之《快雪时晴帖》、《丧乱帖》，唐褚遂良《枯树帖》，欧阳询《张翰帖》，颜真卿《祭侄文稿》（"天下第二行书"），宋苏轼《黄州寒食帖》（"天下第三行书"），黄庭坚《松风阁诗》和米芾《蜀素帖》。传统繁体汉字到了楷书，大体字形已定。

八、汉字支流

秦始皇书同文之后，其余六国文字，如鸟书、虫鸟之类，就散入民间，日渐式微。追溯汉字在中原之支流，当推出现于湖南江永县千家峒一带，"貌合"甲骨文"兼"金文的女书。环绕中国的，则大言之有：（一）云南省丽江地区的纳西文（东巴文，估计创于公元七世纪），纳西语叫"森究鲁究"，就是"木石标记"之意，其结构与"创意"像极甲骨文；而同区域的么些文，据说创于南宋理宗年间（公元 1224—1264 年），是一种"图画文字"，与甲骨文态势亦极相似；（二）余如西夏文、女真文、契丹文和彝文，都有汉字影子。至于在外邦"发迹"的，则有安南（越南）文以及两千余个日文汉字与两千余个韩文汉字。

九、汉字的特质

（一）谈汉字，就等于同时意指其造字、字型和字体，也就是说，汉字之音、形、义天生并列在一起。所以汉字是传播符号（表情达意），是艺术（画画、书法），是文学（散文、作曲、作词、吟诗），是一般人可享用的俗文学（对联、猜谜、占卦、测字、画符咒、取名改字）。其他文字，可以出现"八刀分米粉／千里重金钟"这样的妙联吗？

（二）汉字为方块、象形、合体（文）为字，象形（表形）、指事（表意）、形声（半表意半表音）、会意（表意），为四种基本的造字法则。假借和转注（朱骏声说，假借是"本无其意，依声托字，朋来是也"，而转注者，则是"体不改造，引意相受，令长是也"），是两种字之活用和代用方法（式），此即字之"四体二用"说。不过，这些方法的创意源起，应该来于实用，似乎不是古人造字时，先定出这些造字方法才去造字的，而是东汉诸家，在研究文字时，发现、归纳得这些方法和道理，去解释造字的原则和工序。

所以，可以从汉字里见到文字"因（循）、革（新）、损（省文）和益（增加笔画）"的演变过程，历史遗迹、传承和政治经济种种生活情形。

（三）汉字历经变易和孳乳（文字形成、改变和衍生、增加新字）的过程。造字过程中，后起之字（para-word）往往基于哲理贯注（如欲之后起字为"欲下心"，以强调"欲由心生"），以及功能分工，如畫（画，名词）、劃（划，动词）、雇（名词）、僱（雇，动词）。笔画的书写，亦屡经简省、增繁，以及出现讹误——误写讹传之后，若约定俗成，一般仍可理解。

（四）汉字源起为象形字，书画同源；音为单音，骈字骈词皆易。

（五）汉字表意，骈词充满感情，如慷慨、激昂、踯躅、缠绵、潇洒、缱绻。又因为文义多为统一，故虽异地殊言（方言），只要见诸文字，即可沟通。例如，吴语称小孩为"孲"、"伢"（音牙）仔，粤语称为"伢"、"孲"仔。又例如，说东西有点儿重，北京人会说"有点儿沉"，一般人会说"有点重"，而广东人则会说"有点坠手"，但不管怎么说，都会明白说的是那回事，因为，沉、重和坠都同指物件不轻的意思。

（六）汉字形声，其初多为假借字，所谓"既有假借，不废形声"。如婚，初文昏；祥，初文羊；趾，初文止；鹏，初文朋。原是象形之字，其后，被假借其音，成为声符。为了"回复旧观"，只好"蹭华"地加上义符（形旁），于是加上女、礻、足、鸟等形符成为形声字，以示婚娶、吉祥、足趾、大鹏鸟之原意。因之，汉字读音，有乘数表九因歌之便，通常可以"凭音判字"，如俗说"有边读边，没边读中间"，一般会相当接近；又如说"横戌点戍戊中空"；"阝"部是左"阜"右"邑"（如阡陌、陆、都、郡）；如以"易"作偏旁的，多念入声，声音短速、低沉（如惕、剔、踢、赐）；易字中间多一画的，则多是收鼻音、读来响亮的字（如楊〔杨〕、場〔场〕、湯〔汤〕、傷〔伤〕）。

当然，有原则就有例外，如湍、颛、惴、瑞、端和喘诸字，就各异其音。

（七）汉字因形、义关系，虽然笔误，但若不是离形、离义太远，则通常还可以辨认。

（八）汉字由繁而简，除政治原因外，多由于字体、字形和书写变迁，如由钟鼎文转变为楷书，或由基于便捷和简化、实用的原因。汉字由简而繁，则原因较多，如：新字增加（如化学元素氦，将气加亥）；补充假借字或补充字之被"移用",如布成佈(作动词用)、冈成岗(冈成了音符)、梁成樑(梁成了姓);注入新"元素",如欲成慾(慾由心生);累加字之出现,如採为采累加字。

(九)汉字骈字活泼实用,如车字可以骈合成马车、单车、汽车、货车和火车等等,而不必如英文之属,必得另做新字 wagon、bicycle、car、lorry 和 train 诸字。

(十)对繁体汉字之"批评",大言之有:

1. 字多笔繁,检索不易,初学者难认、难读、难写、难记和难用。汉字笔画多的字比笔画少的字多得多。

2. 本来为象形的字,但经过演变后,似已"形不成形",例如,鱼、贝、为(为,象)、萬(万,蝎子)、易(蜥蜴)、郭(城郭)、昔(洪水)等等,在楷书已与原来形象"有异"。即使本来为表音字的,但经过演变后,又似已"声不成声";例如原以"隹"为音者,则其所音衍而生之字,如雞(鸡)、淮、准、椎、堆、雉、维、帷和锥诸字,已读音各异。即原属形声之字,在时代、语文环境变迁之下,亦渐次出现徒有形旁,而真义渐失的"老"化现象。然而,其他文字,是否也有相同遭遇呢?

(十一)由于字符素的组合关系,汉字易生"错觉组合"(Illusory Conjunction)。例如,章字之组成元素为"立、日、十",一般人便说成"立、早"章(日、十为早);但《说文》则说是"音、十"章(《说文》:"乐竟为一章。从音从十")。其实章字初文见于金文,金文虽作玉璋解(有"王乎宰利易师遽□圭一环章四","反入瑾章"等句),但从字形去看,却该是"辛、日"章,极像仪仗之形(辛像旗帜,日像圆形玉牌),有表彰身份的用意。

(十二)汉字有其特质和数千年历史。纵然网络时代"火星文"打字快速方便,然受使用者、族群、环境和时代变迁的影响,难以真正成为"文字"。

(十三)繁体汉字约有八千六百字,(冷玉龙《中华字海》,1994)百分之九十几为形声字,常用的有三千至五千字,大约七百多个单音(按词语长度与使用频率之间关系,称为"简约法则"(Law of Brevity),单音语合乎人类语言发展，天籁如此）。最早一个字为"乂"（文）字；早古一个字为至今尚用而"形体"未变的，为"卜"字；最少笔画之字为"一"与"丨"（音滚，亦姓也）；十五画之字最多，约四千余个，而笔画最多的字，现有的有六十四画、叠合四个龍（龙）字之龘（音折），以及叠合四个興（兴）字之䲜（音正）。

（十四）计算机打字之后，因为输入和软件的关系，若干传统汉字，已不容易用计算机打出，或必须造字。

2. "独体为文"的《康熙字典》部首

研究传统汉字，得以《康熙字典》为查字工具书；要使用《康熙字典》，若不识其部首，便难明其字之型构。但有些部首，因为过于简略，骤眼之下似"不成文字"，以致窒碍难明，连带也不明白其字之本意，故在翻查时，通常有不知属于何部的困惑。有时倒不是用户的知识不足，而是《康熙字典》部首，确仍有其待补充、更正的空间。

例如，象之一字，《康熙字典》竟属豕部，而不如马字、羊字一样，另成部首；又如"木"部之桼字（音琛，湖南地名），也许令人一时间难以决定是木部抑或是邑（阝）部；而亚字则是"二"字部，都令人费解（简体字则"亚"字另成部首，收录诸如严、晋、亚及恶诸字）。今特择若干简化了的《康熙字典》部首，稍作说明，至于能成字形或能望文生义者，则不再赘述。

一、丨，音滚，上下贯通也，东汉许慎《说文》："丨，上下通也，引而上行读若囟（音信，天灵盖也），引而下行读若退。"例如，中字、串字，属此部首，也是姓氏。

二、丿，音撇，自右向左弯曲，例如，乃、乒、乖诸字，属此部首。

三、亅，音决，倒钩也，例如，了、事诸字，属此部首。

四、亠，音头，似是京字顶端，原见于明梅鼎祚之《字汇》，而今仅作部首使用，如亡、亮诸字，属此部首。

五、儿，音义皆同人，宋郑樵《通志·六书略·象形》："儿，象立人，儿象行人。"例如，兀、兢诸字，属此部首。

六、冂，音冂，坰的本字，宋丁度等《集韵》："空也，远也"，《说文》："邑外谓之郊，郊外谓之林。林外谓之冂。象远界也。"金文则作颜色解（有"易女赤芾冂黄（璜）"之句"）。例如，冉、冏、册、最等诸字，属此部首。

七、冖，音觅，以巾覆物也，从一下垂，似由遮风帽"冒"字析出。例如，冗、冠、冥、冤诸字，属此部首。

八、冫，音冰，本作仌（冰字析出），《说文》："冻也，象水冰之形。"清段玉裁注："象水初凝之文理也。"例如，冬、冷、凌、凛、凝诸字，属此部首。

九、凵，音浅，仅作部首使用；又音勘，张口也，又作盛装东西的器具（见明张烈《正字通》）；凵，是用柳条做的盛饭器（象形）。从甲骨文、金文和小篆（凵）去看，是容器，亦是去字之析出，故《说文》："去，人相违也，从大，凵声。""去"字甲骨文是"大字骑着凵"的样子，很像一个人蹲于簸箕（或坑上）大便，有排污的意涵。凶、凸、凹、出、函诸字，属此部首。

十、勹，音包，包裹也，《说文》："裹也。象人曲形有所包裹。"清段玉裁注："今字，包行而勹废矣。"《说文》又说："包，象人裹妊也。巳在中，象子未成形也。"勹前缀见于小篆，确如腹中之胎形，包，亦古胞字。勺、勾、勿、匈、匍、匐、匐诸字，属此部首。

十一、匕，音比，东汉许慎《说文》："相与比叙也，从反人。"段（玉裁）注："匕者密也；叙者，次弟（排列）也。"从反人，像饭匙之形（《说文》："人亦所以用比取饭"），故明张自烈《正字通》说："朼（饭匙），俗匕字。"朼，又作梐。匕既为饭匕，为家庭妇女碗具，故又以之代表雌性（如牝），故甲骨文既作"比从"解（有"于辛田禽，王匕禽"之句），又作"妣"解（有"御于高匕己"之句），也作"雌性"解（"乙丑允伐右卯曁左卯，惟匕牛"之句）；金文则作"妣"解（有"惠于烈且匕"、"遘于匕戊武乙爽"等句）。匕，也可作矢镞解，《左传·昭公二十六年》："匕入者三寸"，注："匕，矢镞也。"

匕首（短剑），较为吾人所熟悉，此是因古时匕首，其用以握持之剑首，多呈半圆形，像饭匕，故名（汉司马迁《史记·刺客传·曹沫》："曹沫执匕首劫齐桓公。"）

匕部有一字乇，与匕字看起来十分相似，但其实是两个不同的字。乇，音化，通化，改变、变易也，《说文》："七，变也，从倒人"，又说："化，教行。从七从人，七亦声"，清段玉裁注："凡变化当作七，教化当作化（教化者人也）……今变七，字尽作化，化行而七废矣。"《庄子·知北游》："臭腐复化为神奇。"（成语"化腐朽为神奇"）七，似自化字析出，从甲骨文、金文和小篆去看，"化"像是杂耍者（化人），两人一正立、一倒立（拿大顶），在表演杂技、耍弄幻术。余如北、匙等，俱属此字部首。

十二、匚，音方，方形容器，可载一斗之量器亦曰匚。从甲骨文（ ）、金文（ ）和小篆（ ）去看，很像是一幅方型建筑物基址，很可能是一形（同形）两用；甲骨文又解作祭名（有"酒旧匚于祖辛"之句），又用作远祖专名（有"三匚二示眔上甲酒，王受又"之句）。匝、匡、匣、匪、匜、匯等字，属此部首。（眔，音沓，目相及流泪也。）

十三、匸，音系，迤邪相待，有所挟藏也。匸与匚十分相似，但匸起首一笔稍长。匹、匿、区、匾诸字，属此部首。

十四、卩、㔾，音节，瑞信也，今作节。从甲骨文和金文去看，像人之跪坐，而本音应读曰跽，跽坐比站立更耐坐，故其后析出长久之久字；又因为跪坐时，身体折曲，㔾字继而析出己字，以形容一切屈折或束缚的现象（己的金文写作 ，古音读躬字一声转音，故又以为自身之称）。卯、危、卵、卷、却、卿诸字，属此部首。

十五、厂，音罕，又音汉，山石之厓岩，人可居者，亦指岸，俱象形，所以石像山崖下的石块（甲骨文指厂就是石材，"王之厂才鹿北东，乍邑于之"）。厄、厓、厚、厉、厌、厥诸字，属此部首。

十六、厶，音私，今作私，为自己利益而去营求，故有"自营为私，背私为公"之说（《说文》）。在小篆里，厶像犁头，是耒耜之意；合人字之后，"以"字析出，是使用之意，作虚字用。去、参诸字，属此部首。厶，古又同"某"（明张自烈《正字通》）。

十七、宀，音绵，有堂有室的深屋；从甲骨文和金文去看，宀是上有屋顶，两边都有墙壁。与宀相近的另一个部首是广，音俨，广是靠着崖岩而筑的房屋，

"独体为文"的《康熙字典》部首

《说文》："广，因厂为屋也"，段注："山石之厓岩，因之为屋"，从甲骨文和金文去看，广也是有屋顶，但却只有一边墙壁。属宀部首的字，有究、宅、宇、安、家、寝、宝诸字；属广部首的字，有庇、序、库、广、庙、庐诸字。

十八、廴，音引，同引，长行也，从彳而引之，引申为长行、延长之义。彳，音敕，小步也，《说文》："彳，小步也。象人胫（腿骨）三属（大腿骨、胫骨、脚板）相连也"；《正字通》则解作为左步（"亍（𠂇），左步为彳，右步为亍，合则为行。凡行者，彳先亍必随之"）。故廴为彳字之析出，而亍，二部一画，音触，《说文》："步止也，从反彳"，就是走动时停下来的样子（故可引申为踯躅，西晋左思《魏都赋》："矞云翔龙，泽马亍阜。"）故而彳亍是小步地走，又或者欲行又止的样子（西晋潘岳《射雉赋》："彳亍中辍，馥焉中镝"），行字由亍析出。

辶，又析出辶（辵），音绰，本是由彳和止（趾）合成的字，是足行走于道路上，脚在路中的意思，《说文》："辵，乍行乍止也"；辵，又可作奔走解，同犇（见三国张揖《广雅》、南朝梁顾野王《玉篇》）；也通蹿，不拾级而下也（《公羊传·宣公六年》："蹿（辵）阶而走。"

属廴部首之字有廷、延、建诸字，属彳部首之字有彷、役、彶、往、徂、徽、徽诸字，属辶（辵）部首之字有迂、迎、迫、邀、边、逻诸字。

十九、邑（阝）音挹，用作右边偏旁，古地方区域名称，《吕氏春秋·贵因》："舜一徙成邑，再徙成都，三徙成国。"邑字甲骨文由"囗"或"〇"和一个跪着的人形所合成，指的就是人所聚居的逼仄小圈子；而邑邑，则通悒悒，是忧郁不乐的样子；邑怜，则指难过、吝惜的心情（《荀子·解蔽》："不慕往，不闵来，无邑怜之心。"）邕、邢、那、邪、邦、郑诸字，属此部首。

二十、阜（阝），音附，土山也，今作偏旁用，阡、随、隐、险、隧、障、际诸字，属此部首。

二十一、气，音气，云气也，气本字。字本作"三"，上下两画较长，中间一画较短，象征长条之云而云气层叠、中虚的样子，为免同数字三混淆，乃将最上一画或上下两画成一曲形，成了气字。气字减省一画就是"乞"字；

气，音乞，同乞，求也，也是给予，以物予人。

甲骨文对气的解释有：1.迄至（有"王占曰，虫（之）祟，埽光其虫来艰。气至六日戊戌允虫□"之句）；2.乞求（有"王占曰，疑。兹气雨，之日允雨"，"羽申寅气酒，十劦自上甲，衣至于毓，余一人亡祸"之句），3.完成（有"王气以众伐苦"，"毕气步代苦方，受虫又"之句）。金文则作完成解（有"不克气衣王祀"之句），也作乞求解（有"用气沫寿"之句）。氛、氧、氯、氢、氩、氲、氮等诸字，属此部首。

二十二、爿，音墙，剖木为半，左半为爿，右半为片。"李阳冰（李白从叔）云：'木右为片，左为爿，音墙。'"（见宋吕大临《考古图释文》，析字下注）。爿，从甲骨文横转过来去看，长的一画是床板，底下两"⌐"是床脚，爿、片本来同一个字，后来片字代表一切扁平和板样的东西，而爿则做了部首，而且多作声符。牀、牆、牒诸字，属此部首。版、牋（笺）、牌、牒、牖，牍，属片部首。

二十三、尢，音汪，一作尣，像脚不等长，一足跛曲的人。从甲骨文和小篆去看，像人用一手举起重物，致使身体后仰而屈曲，一脚也随势而屈曲，故以一大字屈其一捺，以像曲腿，再引义为佝偻（曲脊）、短小。尤、尴、尬、就诸字，属此部首。

二十四、网，音网，网本字（同罒），从冂，××像网之结绳，甲骨文和小篆都有各种不同的网的形状来表示网猎（甲骨文有"乎鸣网鸟获？丙子风，获五"，"乎多犬网鹿于农"，"不其网鱼"诸句）。罕、罔、罟、罝、罜、署、罩、罚、罪诸字，属网部。

二十五、疋，有数义：1.音疏，《说文》，足也，上像腓肠，下从止（趾），即脚连脚趾之形；2.通胥，小吏也，又通疏；3.音匹，通匹，像一匹布卷折起来的样子；4.音雅，同雅；5.宋陈彭年等编《广韵》："疋，正也"；6.疋似，"譬如"也。疏、疎、疑诸字，属此部首。

二十六、疒，音床，疾本字，又音讷，它是一边是牀（床）、一边是人的变相，可以看到人侧倚，有疾样貌（后来人身跟床板合成一片），《说文》："倚也，人有疾痛也，象倚着之形。"甲骨文之义亦为疾病（有"王疾齿，亡易"，"御疾身于父乙"，"虫（之）疾止，惟黄尹它"，"言其虫疾"，"亚多鬼梦，亡疾"诸句），但亦作疾速解（有"今夕其雨疾"，"疾雨，亡害"诸句）。疫、病、疽、癈（废），属此部首。

二十七、癶，音拨，两足相背，行动不便（《说文》："足剌癶也，从止（趾）、少合意"）；但另有解释说，癶是两脚张开，而两脚相背的则是舛，舛，音喘。从甲骨文来看，癶就原来的拨字，是手持杖以拨脚，阻碍他人的行步，故《说文》说："拨，治也，从手，发声。"癶，又析出癹，音泼，《说文》："以足蹋夷（踏平）草也。从癶，从殳。"癸、發（发）、登等字，属此部。

舛，则有多义：1.人对着人卧着休息；2.引义为相违背（汉班固《汉书·叙传上》："三仁殊而一致分，夷惠舛而齐声"）；3.错误、紊乱（《梁书·陶弘景传》："心如明镜，遇物便了；言无烦舛，有亦辄觉"）；4.困厄，不幸（唐王勃《滕王阁序》："时运不齐，命途多舛。冯唐易老，李广难封"）；5.音蠢，驳杂也，同踳；6.磷字析出。舜、舞、诸字，属此部首。舜，见诸小篆，原先像巫者身上涂磷，藏身柜中，后加入舛字，去强调巫师跳舞作法的景象。

二十八、内，音柔，又音纽，野兽的脚印，《说文》："兽足蹂地也，象形。"亦有人认为禽字之头（人）为一覆盖，其底下之"离"，是捕鸟器"毕"，其后毕字又加又（手），以示握持之义，两字合成天罗地网之状，故应是"擒"的本字；谓内是一个字，谓内是走兽形状，实误。禺、禹、禽，属此部首。

二十九、幺，同么，《说文》："小也。象子初生之形。"从字形去看，幺和兹都是细丝的象形，兹是两缕幺（丝）的并合，并合后方便辨析，因此，有幽彻的意思（幽字析出），又因幺是兹的一半，故用以形容微小，就是么的意思。另外，玄字，是丝绞上头多了一个承架（十），故跟幺分化了，用以代表幽暗的颜色（或是代表牵系的绳索），两玄则合成兹，本作黑色解，今则作"此"解。《说文》："幽远也。象幽而入覆之也。黑而有赤色者为玄（将丝费工多次，染成黑色织布，金文指玄为'赤黑色'）。"《说文》："幽，隐也。从山中，从兹。"金文指幽是颜色（有"易女赤芾黄攸勒"，"虎帏幂位里幽"之句），也指幽静（有"青幽高祖"之句）。幺、玄皆初见于金文。幻、幼、幽诸字，属此部首。

三十、糸，音觅，细丝也，像束丝之形，亦作微小解（幺），亦音丝，厶，义同。宋丁度等《集韵》："丝，《说文》：'蚕所吐也。'或省。"幺、兹后来都作形容词用，因此，就用两个带绪的绞儿（小，灬）来代表絲（絲）的本身，又取丝之一半（糸），来代表丝的细缕，糸，由此析出。另外，系字本像一手抓（爪）住两条绞丝（显示两者的联系）；后来爪简省成一撇（丿），两条绞丝省减为一绞，系字析出。舒，则音关，是用绳索贯连成门插的样子，故加门，便成關（关）。糾、纡、红、纪、纨、紊、纾诸字，属此部首。

三十一、廾，音拱，又音恭，竦手，两手捧物，古作𢪒，由甲骨文、金文和小篆来看，都是双手前伸之状，甲骨文指是召集、收集（有"今条王廾人，乎妇好伐土方"，"王其今毕廾众于北"，"乎廾牛多奠"诸句），金文指是共同（有"廾明德"之句）。廿、弁、弄、弊诸字，属此部首。

三十二、彐，或作彑，音既，猪头也，古祭祀时，常以一个猪头代表整头猪来奉献神祗。彗、彘、汇、彝诸字，属此部首。

三十三、彡，音衫，毛饰画文，亦指毛长（头发）。彡自不同的字析出，代表不同的事物。例如，从肜析出。肜，《说文》："船行也，从舟，彡声。"在甲骨文里，肜却像连续、同势的笔画（彡，甲骨文的卜辞为祭名，或表示鼓声之连续不断，彭字用彡作声符（后变读为蓬）；甲骨文有"肜酒于上甲，亡它"，"王宾大乙肜夕，亡祸"诸句，金文亦指祭名，有"唯王十祀又五肜日"之句）。形、彦、彧、彭诸字，属此部首。

三十四、缶，音否，《说文》："缶，瓦器。所以盛酒浆，秦人鼓之以节歌。"缶上面之"午"像个盖，下面之凵是斧之腹，陶字析出。甲骨文亦指祭仪或保佑（有"于商酒缶"，"帝弗缶于王"，"勿复缶于大子"诸句），金文则指容器名（有"以乍铸缶"之句）。缺、罄、罐、罂诸字，属此部首。

三十五、襾，音讶，又音夏，《说文》："襾，覆也，从冂上下覆之。"金文字作倒皿，故蕴含反复的意思。有谓襾从壶字析出，盖壶字省其盖（士）

"独体为文"的《康熙字典》部首

加斤成斲，斲字不但成了战鬭（斗）之鬭的声符，本身（省去斤字）更析出襾字，"襾"与"西"俗又笔误相混，加贝成了贾字。今要、罩、覆诸字，属此部首。

三十六、豸，音雉，猫科有强壮牙齿的长脊兽，也指如蚯蚓类之无脚虫，《尔雅·释虫》："有足谓之虫，无足谓之豸。"豺、貂、貉、貌、貘诸字，属此部首。

三十七、隶，音代，又音肄，《说文》："隶，及也。从又（手）尾省，又持尾者，从后及之也"；又同與（与）、同本（见宋陈彭年等编《广韵》）。此字见于小篆，却像手持毛笔而墨汁下滴之状。隶字属此部首。

三十八、髟，音标，亦音飘，发长而披垂（髟）的样子，亦指头发花白，或指鬣——兽类颈上特有的长毛；若读若衫，则概指发长的样子，也指屋之翼。髟是发字之头，右旁镸是长的古字，彡是头发或花纹饰物。髩、髵、髯、髻、髦、鬆（松）、髯（胡）、鬚（须）诸字，属此部首。

三十九、鬯，音怅，郁金香的名称，也是古时祭祀用的香酒；通畅，亦指装弓之袋（同韔）。《说文》："鬯，从凵，器也。中象米，匕所以扱之。《易》曰：'不丧匕鬯。'"甲骨文指鬯酒（有"王宾文武丁伐十人卯六牢鬯，亡尤"之句）。鬱（郁）字属此部首。

四十、鬲，音历，古时空足似鼎之炊具，或作甗；又读隔，通隔，阻隔也；亦通膈膜之膈，通车軛之軛。甲骨文指盛载及煮食器（有"于父其尊鬲"之句），金文则指食器（有"王白姜乍尊鬲"之句），也似指"平民食堂"（有"人鬲自馭至于庶人六百又五十又九夫"之句）。䰞、鬻诸字，属此部首。

四十一、黹，音纸，刺绣，做针线。从甲骨文、金文去看，黹像衣缘之对称绣纹，金文指刺绣（有"易女玄衣黹屯（纯）"之句），也指达致（有"元武孔黹"，"簧（横）黹朕心"之句）。黻、黼诸字，属此部首。

四十二、黾，音猛，蛙的一种，从它，象形（在甲骨文，黾字之头与它字之头同），又音泯，勤勉（黾勉），金文指竹材（有"毋载金革黾箭"之句）。鼋、鼍诸字，属此部首。

四十三、龠，音悦，古代之（竹制）管乐，三孔（品）以和众声。从甲骨文和金文去看，就像捆合多个竹管之多音程乐器。甲骨文和金文同指管乐之祭（甲骨文有"王宾父丁肜龠亡祸"，"王宾龠不冓雨"之句；金文有"唯王大龠于宗周"之句）。龢（和）、龡（吹）诸字，属此部首。

说明《说文》部首，有李腾解释《说文》五百四十一个部首之《说文字原》和章太炎《文始》，本文侧重介绍刻下典书，不作字原、文始、初文和准初文一类的研释和评论。

值得一提的是，沈兼士在其所著之《文字形义学》中，把中国文字分为四级，即文字画、象形文字、表义字和表音字；且文字画为原文，但备受争议。大多汉字学者认为，主张此说的人，鲜知象形字就是文字画（"造字之始，其象形如此"，北宋吕大临《考古图》），而后，从繁到简，笔画从流动到比较固定，都是一种历史过程，是不能划分的（"后世弥文，渐更笔画，以便于书"，吕大临《考古图》）。此种讲法，与南宋郑樵的"文字一元论"，有异曲同工之妙。有文字学者认为（如唐兰）伏羲画八卦，继而从八卦演出六十四卦；《老子》所谓"一生二，二生三，三生万物"，以及"惟初太始，道立于一，造分天生，化成万物"（《说文》，编次《一字》注），诸如此类说法影响，令宋郑樵以为文字之创造、演化，可从一点、一画上去公式化、机械化地溯源。他在《起一成文图》里说：

衡（横）为一，从（纵）为丨，邪（斜）丨为丿（撇），反丿为乀（捺），至乀而穷（止）。折（曲）一为⌐，反⌐为⌐，转⌐为⌊，反⌊为⌋，至⌋而穷。折一为⌐者侧也，有侧（就）有正，正折为∧，转∧为∨，侧∨为〈，反〈为〉，至〉而穷。一再折为冂，转冂为凵，侧凵为匚，反匚为⊐，至⊐而穷。引而绕合之，方则为口，圆则为〇，至〇则环转无异势，一之道尽矣。

不过，学者认为，郑樵所举之例子，大都不成字，说是成字之系统，只是一种另类玄想而已。

"独体为文"的《康熙字典》部首

3.  可以触类旁通的"字根"

传统汉字的造字之法,以六书为基础,但刻下我人认识汉字、学习汉字者,打从孩童开始,即多以强记、多写为授受之法,顶多是由浅入深,由笔画少者而至笔画多者。未若东汉许慎《说文》所说:"周礼八岁入小学,保氏教国子先以六书。"故对于整个字构造为何如此?大多茫然不知,以致因声"寄字",错别字丛生,及至记忆力稍差之时,"执笔忘字"情形,似乎人所不免,问题只是常常抑或偶然而已!而六书则成了学术名词,太多不会从字里行间与六书造字之义联系起来,加深了解,加深认识。

打从有字书开始,大多以两百一十六个部首、笔画为编纂序次,据《说文》、明张自烈《正字通》和元熊忠《韵会》等字书,说明其字之音、形、义,古字、正写或俗写,或与某字通假,或从□、□声之类,但却鲜有字书详加指出,此仍会意字、指事或转注字之类,更不用说可以随便在坊间找到好的、详细的、近代学人所著的《指事字字典》或《会意字字典》诸如此类的《六书字典》了。其实早在宋元之际,戴侗于元延佑七年(公元1320年)已刊行了一本《六书故》,内中文字按指事、象形等六书排列,一改许慎《说文》和南朝梁陈之间顾野王所撰《玉篇》体例——不用部首。可惜,此书在解释文字时,虽偶有独见,但字多杜撰,或误将俗写为金文,是以未为世重。

一、传统繁体字造字的方法——六书

六书是字形学(morphology)。历代对六书的解说,可说所在多有,而且多本于东汉许慎的《说文解字》和清段玉裁《说文解字注》,以致愈解愈"复杂"起来;其实就算不引经据典,六书也可以解释得很简单。《说文》说:"文,错画也,象交文。"所以"乂"(文)是第一个成为汉字的字,有了"文",

正式成了笔画符号之组成元素后（纹，morpheme），一生二，二生三，字就多起来了。所以，《说文》说："字，孳乳也，从子在宀下"；又说："盖依类象形，故谓之文（对实物依样画葫芦）；其后，形声相益，即谓之字（把形和声音与文（偏旁、部首、字根）作为各种组合）"，就是文字的诞生了。所以，造字的方法，可以归纳为：

（一）象形（pictographs）

《说文》："画成其物，随体诘诎"，即实物素描，该圆就圆，该方就方。如日（圆形）、月（弯形）。

（二）指事（demonstrations）

若碰上"只能"意指，而无实物可描时，例如上面、下面这样抽象性的描述（形容词、副词）则创指事。《说文》说指事是"视而可识，察而见意"。如上、下、高、旦、曰、亦、本和末一类的字。

（三）形声（ideophones）

象形、指事诸字，每每成为组合新字的元素（文）。凡有组合"工序"，通常会混合物之形和物之声（读音）。形声既具，自可衍生另类造字方式和字汇，就叫"形声"。《说文》："形声者，以事（形）为名，取譬（音之近喻者）相成，江河是也。"也就是说，以一文（如江河之"水"）为字的基本意义，学名就叫形符、义符或意符（significant symbol），另一文则加上去作为声音，以便将字读出来，学名就叫声（音）符（phonetic symbol），例如，江之工声，河之可声。由于形声字生动活泼，易于创造，故为繁体汉字主流，据约略估计，六书收两万四千二百余字，其中百分之九十五为形声字。

（四）会（象）意（ideographs）

形声字为一形一声一义，尚有发展空间，例如，联缀数文（集数个形符）而另成其他新字（明一义），即成"会意"。《说文》："会意者，比类合谊，以见指撝。"也就是说将适合之形符（文）凑合在一起，堆砌成新字。例如，合"人"与"言"两文（形）而成另一新字曰"信"，以明传递（消息）之义。

形声与会意为"复合字"，亦即因文，合象形、指事之形而造新字；例

可以触类旁通的"字根"

如武之一字，戈为象形，止（趾）（"止"）为会意。所以，象形、指事、形声和会意，合称为四体（四种文字构造方法）。

（五）转注（transformed-graphs）

由此四体造出来的字，尚有一伏笔，即可以在其形构上加以增加、补充或省减而另成新字，又或者借用其本字，另作新解，以成新义（以不造字等同造字），此即字之"二用"原则，转注其表征也。《说文》对"转注"的解释是："建类一首，同意相受。"也就是在一个部首（radical，C/R）之下，意义相同的，就彼互辗转为用，互为通假、解释，如老、考两字。实际上，转注字是以改字为造字，也就是从形声、会意字里，取同部首而意义又近者为字种（根），再将其字之形构改造（增加、省减或代入某些字画），使之成为一个"新形状"的字。这一"改变"，有人认为是改变了字之形（形转说），也有人认为是改变了声（声转说），其实形转说比较接近实情，但实际上，转注字是将"本尊字"作部分改变，而成为另一个新的、"风貌不同"的"分身字"。例如，以"画（畫）"为"正身字"（田之界也），将其中"田"之形文取出，而易之以"日"，则为"昼（晝）"，"昼"为"分身变异字"，喻日、夜之分界；又如以"杀（殺）"为"正身字"，变其右形之"殳"（殳，如杖之武器），而以"式"代之（弑，音忒，恶也），则成"弑"（臣杀君、子杀父）；又如以"高"为"正身字"，以"豖"易其下边之"口"，是"豪"字（养猪大户也），如易其上边之"亠"而代之以"夭"（音妖，美盛貌），则为"乔（喬）"，亦高盛貌。

（六）假借

造字之法，最后一招则是"无为而治"的以"借他字为造字"的造字法——假借（loan characters）。宋郑樵《六书略》曾以"反正为乏"来解释假借之义。书中说《左氏》曰："反正为乏"，正，无义，是"射侯"（布或皮箭靶）之正（音征，箭靶）。正以受矢，乏以藏矢，正乏相反之义在此；因为正无所象（不能用象形字表达），故用侯正之正，协音而借（用）之。（另有说法"反正为丏〔音免〕"，丏，为蔽矢短墙；正以受矢〔被射〕，丏以蔽〔躲〕矢，亦相反之义。)《说文》："假（叚）借者，本无其字，依声托事。"亦即假借某字及（或）其读音，以成后出之字义（para-word，para-meaning），亦即用"旧字"成新义（音），也就是在形声字中，以增（借）义（音），而不增（改）字的方法，以达到"造字"的目的。令、长之不同读音，表达不同意义，是最佳注脚（命令、令兄；长者、专长、长江、出长）。

转注和假借，都是源于形声、会意以字"生字"的"宗亲字"；另外，则尚有所谓"音模拟方"的同音通假字（homographic metonyms），大概因为还是属于字之为用，"所以"没有收入六书造字之例。通假字有时得依赖注释方明其义，是繁体汉字较难理解的字类。通假字也有些规则，如：

1. 以声代字，如："辟（代譬）如行远必自迩。"（《中庸》）又如："选贤与（代举）能。"（《礼记·礼运·大同篇》）
2. 以字代声，如："盖（代盍）亦反其本矣。"（《孟子·梁惠王》）又如汉以后，以"女红（音工）"代周时所称之"女工"。
3. 同声符相代，如："时（代'是'，止声）日害丧。"（《孟子·梁惠王》）又如："絜，（代挈，同糸、手上之声符'韧'）举之道。"（《礼记·大学》）
4. 同音相代，如："男有分（代婚），女有归。"（《礼记·礼运·大同篇》）又如："上下交征（代徵）利而国危矣。"（《孟子·梁惠王》）

繁体汉字是属于可以望文生义的表意文字（语言）系统，基本上是由文组成，"独文"是一个字，"复文"则可以组成更多的字，但最基本的象形字字根，不足五百个。所以，如果想进一步学习繁体汉字，从可以触类旁通、偏旁共（同）声，具完整字义，而通常在一字之内笔画较多的"字根"入手，而非依其部首，则会事半功倍。这在中文电脑打字、搜字方面，应为便利。举例而言：

· 占为字根，则字族可以辨知：占、沾、玷、拈、粘、黏、帖、贴；
· 周为字根，则字族可以辨知：雕、鹛、涠、碉；
· 敝为字根，则字族可以辨知：弊、瘪、憋、蔽；
· 扁为字根，则字族可以辨知：篇、遍、编、偏、褊；

可以触类旁通的"字根"

- 曹为字根，则字族可以辨知：嘈、漕、槽、糟、遭；
- 卒为字根，则字族可以辨知：悴、萃、淬、瘁、粹。

另外，值得一提的是，字根通常是可以作偏（声）旁类推的，例如：

- 赞：攒、躜、缵
- 采：踩、睬、彩、菜
- 斯：撕、嘶、厮

假借既容许因音借字，如果"走字入魔"，也会乱字丛生。因为，乱码式的口头字比起"山寨版"的六书，对汉字损害可能更大；有时，"山寨版"的六书，虽然牵强附会，但反倒平添几许"字趣"。例如：

- 罚：古右旁从刀（刂），是持刀詈（音立，骂也）人。但《春秋·元命苞》一书，一度将之改刀为"寸"，因为寸为法，以法治人之意（见宋郭忠恕的《佩觿》），但未行于世。
- 对（對）：据说此字左边丵（音啄，乱草丛也）下之"士"，原是"口"字，但考虑到言者，多非诚意（言不由衷），故以"士"易"口"（士之口为吉），因而行于世（见《佩觿》）。
- 叠（疊），古字原从三日（晶），非从三田（畾），其后改为畾，而以此字行。汉扬雄指出："古理官（司法官）决罪，三日得宜；新室（居）以三日大（太）盛，改（用）三田（畾）。"但为何用畾呢？宋郑樵又有解释说："叠与丰同意。从宜（畾字下边象宜字之省去宀之'丶'），祭器也；从畾，象积肉之形。"
- 日与百：两字有何相关？据《曼衍》一书说："日出一上为旦，日入一下为百；'百'，古昏字也；'一'，地也。"
- 仁与乂（義）：两字有何相关？据宋江休复《江邻畿杂志》一书说，汉董仲舒曾以天人感应想法，解释说："以仁治（对待）人，以义治我。"另一位学者原甫再追加解释说："仁字从人，义字从我，岂（可不是）造文之意邪？"但《说文》却说："仁，亲也；从人，从二"；又说："义（義），己之威仪也；从我、羊。"董仲舒讲法，有类唐韩愈在《原道》

所说："博爱之谓仁，行而宜（适宜）之之谓义。"是借字来解释哲理，原与字之结构和字义相关不大。

- 贱：贝与戋或戈何关？据宋李之彦《东谷所见》解释："两戈争贝为贱。"两人因财失义，抄家伙（戈）打起来了？故贱。但《说文》说："贱，贾少也，从贝，戋声。"两戈争贝，应只是猜字游戏而已。

- 疾之与病：有谓疾病"从丙，从矢；盖言丙燥矢急；燥急，疾病之所自起也"。又谓"病字从丙；丙，火也（天干之丙，在方位五行中，属南方火位）；（中医认为）百病皆生于火。夫病字内为固火（丙字内之'人'看来似'火'）；外二点从水，内火盛而外火微；且相间隔（被'疒'隔开）则病；（所以如果能）水火既济，自然无病"。（《四季录》）但《说文》只是说："疾，病也，从疒，矢声。"又说："病，疾加也，从疒，丙声。"将病理与字理互训，附会者居多。

- 辰：宋郑震《读书愚见》解释说："天子以建辰（之）月（农历三月）祭灵星以求农耕。灵星，天田星，在于（周天十二等分之）辰位，故农（農）字从辰（曲辰）。"但《说文》说："农，耕也，从晨。"从甲骨文、金文来看，农（農）字都像在林间，以"晨"这件贝制农耕工具，从事耕作。农（農）字从辰之说，恐怕是附丽的多。

- 心：宋小篆名家张有，尝从小篆之"心"字字形，去解释"火"字，用劝世人必收"心火"。因为"心"字篆文，是一倒火字。"盖心，火也，故不欲（之）炎上（起火）。"（宋何薳《春渚纪闻》）

- 智慧：北宋张君房《云笈七签》有谓："智者，日中之星也；慧者，宜以生生为急也。故慧字有两生（'丰丰'像生字），并而共乘，急之象（慧字'丰丰'字之下像急字省）。"此亦恐怕只是从劝世角度去解释字理而已。

- 聋（聾）：据说宋寿皇（宋孝宗）曾问王季海说："聋字何以从龙耳？"王季海也不是省油的灯，立刻回答说："《山海经》说过：'龙听以角，不以耳。'"不过，《说文》对聋字的解释是："聋无闻也；从耳，龙声。"张舜徽在《说文解字约注》中再进一步解释说："聋之言娄也；娄者，空也（清段玉裁《说文解字注》：'中空为娄'），谓空有（具）耳形而无其用也。"也许逼于无奈吧，王季海的解释，不过是为了应付皇帝的金口，耍耍嘴皮而已。

· 郡县：董义仲认为："郡之为言君也（君主治郡），郡守专权，君臣一体。"又说："君在其（郡字之）左，邑（阝）在其右；又以邑者所以载民，合之为郡。县，元也，言当元静（停止）徭役也。""（县）悬也，悬（管治）十郡矣。"（《十三州纪》）

· 田：《绿雪亭杂言》："富从田言，富自田起也。"宋陈后山更说："金陵人喜解字，以同田为富（富字'田'之上像'同'字），分贝为贫。"（《读书偶见》）

余如："地乃土乙力（也字看起来像乙力合字）"（见晋张显《古今训》），"土立于乙为地"（《春秋·元命苞》）；"畛者有尔田（畛亦田也，田字之边旁像古尔（爾）字）"（见《埤巷》）；吴，"口在天上"，俗话即说"口天吴"；酉，"二在天下"（见宋吴陵《诗说》）；航，"舟在二间为航"（见南北朝宋何法盛《晋中兴书》）；德，"人十四心为德"（见清郝懿行《春秋说略》）；王，"王乘马上"（明梅鹫《尚书考异》）；唐明皇编《开元文字音义》："子在母怀"（母字中间之"十"像子字），"十夹一为土"（宋李昉等撰《太平御览》卷三七），"推一合十曰土"；"以一贯三为王"（三，代表天、地和人，意谓王者，管天地人者也，见诸《禾子说文》），"黍可为酒，禾入于水也"（《说文》）；"人散二者为火"（唐徐坚《初学记》卷五）；"四合共一为日"（唐瞿昙悉达《开元占经》卷五）；"两人交一（人，水字两旁），以中（丨）出者为水。'一'者数之始，'两'譬男女；言阴阳交，物以一起也"（《太平御览》卷五八）；"八推十为木"（《太平御览》卷九五二引）。

其实，古人也并非全无六书字典之类的著作。例如，清江声就著有《六书说》一卷，认为六书中之指事（仍）属于象形，转注属于会意，假借则属于谐声，将六书分为"三书"，颇有见地。可惜，"破解六书"是一门大学问、大功夫的志业，[1]而如或稍微做的未如理想，就会贬多于褒。例如，元杨桓撰有《六书统》二十卷，企图以六书统括所有汉字，并以例子说明其一般性分类原则，但是却又有例外的字，而且不能自圆其说的是，特例中又有特例，令人无所适从。清《四库提要》就批评说，变乱字书的做法，实始于戴侗而成于杨桓（见《四库提要·经部·小学类》）。其实，英文文法（grammer）也有这个问题——有原则就有例外，只要用心归类编纂，问题是可以解决的。可惜，世变日繁之后，学者也得为稻粱谋，更精进的六书研究，有心人士每有同余者何人之叹！

二、借六书名目发展的测字"心易六法"

另外，有汉一代因为谶纬之说流行，附会之下，遂更有所谓"庖羲六义"之说，以为六书源发于庖羲，术士提借六书名目，发展出测字之"心易六法"，例如：

（一）象形测法：又分以物象字，如口、木、马；以字象物，如乙（似鱼钩）、弓（似蛇）、且（似神主牌）；以字象字，如芒（亡，破口）、祀（像破袍，缺"勹"）、工（进贡）；以意象字，如辛（似幸）、兔（似免）、夫（似失）。

（二）会意测法：如烟（因风吹火之象——事必借力方成）；蜃（飞龙（辰）破蛰（虫）之象——凡事，能得权柄）；霏（长虹（非）截雨之象——

---

[1] 当然，历代学者研究字源者，所在多有。除了许慎《说文解字》外，古籍已有唐颜元孙《干禄字书》、宋郭忠恕《佩觽》之类字书；宋王安石之《字说》二十卷，因政治操作而遭毁损不传；但元脱脱等《宋史·艺文志》录有五代林罕之《字源偏旁小说》三卷、宋娄机《汉隶字源》六卷；《宋史·魏王延美传》则有北宋赵克继之《广韵字源》；元李文仲有《字鉴》五卷；明叶秉敬作《字孪》四卷，梅膺祚著《字汇》十四卷，影响后世颇深；清龙启瑞有《字学举隅》一书，同代之赵曾望亦同以《字学举隅》为名，著书两卷，清吴大澂著《字说》一卷，清汪立名著《钟鼎字源》七卷；最凄惨的是乾隆朝的王锡侯，他写了六十卷的《字贯》，但因为对《康熙字典》颇多訾正，又在凡例内开列庙讳及御名，被扣上大逆之罪，全家被戮，书遭毁禁。

可以触类旁通的"字根"

事多阻隔不成）。

（三）假借测法：如旦（因"日"字也，故假借为春），夕（因为像冬字左上半部，故假借为冬）。此两字是将"四时"借为"一日"来测字。立（测字时逢人至，则假借为"位"，遇水（氵）则为"泣"，有妇女在，其必为"妾"，得见男丁，问六甲可成（生）"童"）；子（测字时若旁有女子，测事必"好"；若在门（门＝宀）边，家人有字来（报平安））。此两字是借人事为测字之用。口（测时若鸟飞过，则有欲鸣之象（得声名）；见木入（丨），则主中（得高位））。此字是借事物（鸟、木）为测字之用。

（四）谐（形）声测法：如桃逃、梨离诸字同音，可以互释；又如莺字，若问天气则主阴，因莺、阴同音；再如齐字，可以解释成"参差难平"（差，可以读若疵）。

（五）指事测法：即随环境所在，鉴貌观色，视字等等而作出判断。类似方家所用之测字、双句格或散格。如据清初学者周亮工《字触》所记，有士子书一"串"字问考试得失，术者判断，就字而论，不特乡试得中，连继后之会试亦可得中进士，因为"串"字寓"二中"；另一位在傍之士子，亦书同一串字问考试得失，但术者却说，他不独连乡试都中不了，而且生病了，因为前者写串字时，是无心的，故当如其字所示，而他却是有心（有意）写这个串字，串下加心，则成患字，故作此判断。

（六）转注测法：一字会由于读音平仄不同而有数义。例如，王（平声），王（音旺，去声）；故而，若以王字问财运，则可取其去声，断为王（旺）相，财运亨通。

综言之，"心易六法"只是术者自认有穷通之能，随意假六书为用，充实术数内涵，并非六书本义。不过，由此则可知传纪六书造字之法，合乎结构性、弹性和多元性原则，随时可以附丽于文化内涵。

有数理名师往生前，尤念念不忘想"按人类造字过程"，编一部字典，以别于坊间按部首排序之字典。可惜,繁体字字典部首问题仍悬而未决之际(如"字"字,从"子"不从"宀";袁字从衣,不从土,不从口)。电脑汉字输入法已经在"字海"里风靡于世。汉字变迁走势研究,识者应重视之。①

---

① 本文所引《曼衍》、《埤卷》、《禾子说文》诸书,转引自杨昶、宋传银编著:《测字术注评》,台北:云龙出版社,1994年。

可以触类旁通的"字根"

4. 汉字的奇趣

网络上也有些"汉字网上对谈"诸如此类的链接（link），读之实在令人莞尔。例如，熊对能说："怎么穷成这个样子？连四对掌都卖了！"由对甲说："你什么时候学会倒立？"非对韭说："我们蜈蚣也会走钢丝？"日对旦说："你什么时候学玩滑板的？"大对爽说："就那么四道题，你全都错了？"也对她说，"当老板了？还请了女秘书！"[1]虽然是胡诌瞎掰，但趣味盎然。

之所以如此，是因为目前繁体汉字的楷书，是由象形的甲骨文、金文和篆书等演变而来，充满型构之美，每个字都主要由指事、象形（多为名词器物，如口、马、车；而动词则多摹状字，如呼、斗）、形声和会意（推理）排列组合的音、形和义（表意）三者组成；跟着部首（偏旁）、字根去想，几乎可以望文（纹）生义，"字境"涌现，凝结概念；而字之音，尤有如天籁之自然。所以韵文，例如五七言绝律诗句，纵或一时忘记，但多诵几次，找回它的音乐旋律，感情一爆发投入，就不难想得起来。试读读宋陆游《书愤》两句："楼船夜雪瓜洲渡，铁马秋风大散关"；《十一月四日风雨大作》："僵卧孤村不自哀，尚思为国戍轮台。夜阑卧听风吹雨，铁马冰河入梦来。"

---

[1] 因为汉字，字字皆有如文字画（沈兼士语，见《文字形义学》），故从这一角度推衍，就可以凭想象，产生许多对话的字，如：晶、品、区、巾、币、毫、毫、手、毛、仟、任、鼓、豉、侍、待、剌、刺、差、羞、阵、陈、兔、兔、木、禾、石、右、间、闲、吕、昌、夫、天、木、束、丙、两、卓、罩、乒、乓、兵、丘、弋、戈、长、张、扁、匾、美、羹、兀、元、奇、可、句、勾、朗、郎、盲、肓、屈、届、因、困、奉、俸、骞、鸯、侔、怦、注、汪、王、玉、二、三、十、七、牛、朱、金、全、胃、胄、手、毛、米、木、奏、秦、秦、泰、壶、壸、曾、曹、丰、李、季、杳、沓、啄、喙、扦、扞、皋、皋、羸、嬴、治、冶、荣、荥、矢、失、周、固、卿、乡、等等。

只要一上口,就能朗诵一生而不会忘记。

又如,说"谁人背后无人说,那个人前不说人"(《增广贤文》),就有三只耳朵私私窃语的"聂"字,口对着耳朵细诉的"听"字,两人争执打官司曰"叩"(两个口,音讼),死而复生的最正确描写"欥"(欠部,音自),吃不足(饱)的是"欤"(音坎),而龟、马和鸟等字一看就知是一种动物。汉字造字,大有天人(自然)合一之势,例如,犁字,禾是种物,是收成,勹是农夫用耕具,牛是动物,是动力资源。汉字意义,又充满社会性,例如,"谈话"会带有谈判意味,"说话"较重有交谊,而"讲"则是一种表达方式。

有时中英文更可以"通假"。例如用英语同人打招呼,洋人说"hi",我们也说"嗨!",有人以为是英词中译(语),其实不然,我们早就说"嗨"了(不过,多作感喟词用),如马致远《汉宫秋》:"嗨!可惜!可惜!昭君不肯入番,投江而死!"又如英文称母亲为"mammy",我们译音为妈咪,其实应作"奶"(汉语早就有此一字,音义皆同)。

有些中英"合璧"的谜语,也令人拍案叫绝。例如,"ten":猜一汉字(会意格)——谭(谭,西言曰十);"morning":猜一中国字(会意格)——谭(谭,西言早,见清张起南《橐园春灯话》);"如果在我们中间('if between we are')":猜一英文字(会意、拆字格)——"wife"(w-if-e);又如"十只蚂蚁":猜一英文字(会意格)——"tenants"(住客);"chief"(首长),射清蒲松龄《聊斋志异》篇目——《美人首》(美国人所谓之头头);cloth(布匹),射古人名——英(黥)布(楚汉争时将领);"rice"(米),射一种食物——西谷米(Sago),西方所称之谷米;"我跳入水中",猜一英文字(会意、拆字格)——"waiter"(I jump into water);《循环日报》、《申报》、《大晚报》、《银灯日报》,猜一英文字(会意格)——express(快速;express——都是已停刊的旧报纸)。

绝律诗我们大多数人不会作了,但对句、对联,我们还经常用到。多读一下历来名联名句,文笔会自然通达,可以"露两笔"给人看看了。一二千年下来,我国名句名联一大堆,例如,有名的乾隆绝对:"烟锁池塘柳,炮堆镇海楼",就是一例(都是金木水火土部首的字)。

以汉字做新字够灵活。新事物电话、电视,加一个电字就可以了;新化学元素氦、氢,只要将气字加上新元素名称即可,并从而可得知其类属。汉字可以用作游戏,例如上述之猜谜。谜面:"侍中人不在,出去半山归"(拆字格猜一字),谜底:"峙"字。又如,古时行酒令有以九、韭、酒作诗钟者,就有能者把三个看起来似乎不相关的字串联起来:"猫形似虎十八九,尽吃鱼虾不吃韭,只因捕鼠太猖狂,打翻床头一壶酒。"(一说是道观开坛,扶乩所得诗句)汉字又可以用作引人入胜的谶纬测字,例如,月初失物,以"醋"字测失物何时可以寻回?测字先生的答案可能是廿一日酉时(下午五到七时之间),至于灵验与否,求个心安与希望的问卜者,通常是不会深究的。又如"汉"之一字,在小篆里别写作"灘(濮)",由"或"(㦯,音义同"域")、"大"加上(三点)"水"组合而成,是一个会意字,指的是楚地"域内之大水(河)"的汉水(如下图)。清末青红帮会因为反清,故红帮将汉(漢)字减省,增加另一支会称为"洪门",以襄助革命,盖取其汉失中土之意。故洪门留有诗句说:"二九河山归我主,一统乾坤为洪儿。"世事真奇,革命党人有三·二九黄花岗之役,又捧出了一个临时大总统黎元洪——洪儿?

〔小篆〕

《说文》:汉水也。上流曰漾。从水,难省声。
(域内之大水——汉水为楚地之大河)

古音 xan.

汉字又有想象中的浪漫。例如,作介词用之"至"字,像一支箭射落地面,在金文里,却又像一只鸟从高处降落地面,但若把两个"去"字上下重叠在一起,省去头尾,不也就是"至"字——到了,不走了。猜字谜就有个"至"字与"去"字互射的谜面。若从"至"字去猜"去"字,则谜面为:"上头(是)去(字之)下头(至字也),下头(是)去(字之)上头(至字也),(至字上下两笔两头（是）去（字之）中间（那一画，即一），（至字之）中间（是）去（字之）两头（厶、土）。"反过来，则是从"至"字去猜"去"字，而通常则是"至"、"去"两字一起连猜的。

明冯梦龙《警世通言·王安石三难苏学士》里，说王安石偶论东坡之"坡"，从土而皮，乃土之皮也；苏东坡就抢白他说，然则"滑"字乃水之骨乎？王安石著《字说》提到"以竹鞭犬为笑"，苏东坡又取笑他说"以竹鞭马为笃，不知以竹鞭犬有何可笑？"这当然只是茶余野史。也不是文人多大话，王安石的浪漫随想，其实并没有错，因为"五经无双"的许慎也是这样说的。许慎也没有错，因为有汉一代，还看不到甲骨文，一直到清光绪二十五年（公元1899年），甲骨文才被在北京退职的王懿荣发现。其实，滑是一个动词，是用水把甲、骨洗干净，磨个平顺，以备占卜之用。而从小篆来看：笑字之部首——竹，古文像极一双笑得眯起的眼睛，而其下半部之"夭"，则像一个人张口而呼的样子。再就是笑的古文"关"，从"八"从"天"，"八"就是面上笑容可掬的样子，这就可解释了；可惜这个"夭"字，向来被误认为"犬"字（哭字更明显了）。又如言，音浅，言部，言，音巘，言部，言言，则表示心急得两唇发颤说不出话来。又再如翠字，来个位移，成了翍（音卒），则表示飞得很快的样子。

汉字在传统上，也经常被东亚地区"借用"。例如，日本人说吃"牛丼"，而丼在汉字里，音近"懂"，是物件随落水时所发出的响声（见北宋丁度等撰《集韵》）；韩国人称高贵女士为"女史"；越南语指主理情报的官员，为"情报官"。有些则已国际化了，如为人熟知的"kowtow"（叩头）、"chop suey"（杂碎）和"shanghai"（拐骗）。

汉字最有趣的地方，还不止于此。有些汉字可以任君加减（如飙／猋），可左可右（如夠／够），可上可左（如峯／峰），可上可右（如翌／翊），可中可下（如雠／讐），可以上下平分（如裡／裏），可里可外（如匯／滙）。当然，除了正写和俗写之外，笔画位置一经变动之后，意义可能亦有所变更。例如怡，是快乐，但若把心字置于台字之下，就成了怠，那就是怠忽，令人扼腕叹息的。束并排是棘，但竖起来叠罗汉，就是枣（棗）字。①

汉字还有"合音字"（合体字、合声字、急声字）和"析音字"（慢声字）。"合音字"是用两个字合音，以一个字作两个字用。例如，不用——甮（音近 beng，同甭）。析音字是用两个字作一个字用，又称慢音字。例如，二十（廿）、三十（卅），之于（诸）；又如楚三闾大夫屈原自我期许说："又安能以皓皓之白，而蒙世之温蠖乎？"（《屈原列传》）温蠖，是"污"的析音字，与"皓皓之白"相对。汉字会一字多音，如长（音常、音掌），但不一定是缺点，英语等外语也有同样问题。另外，汉许慎《说文》曾引孔子的话说："乌，吁（xū）呼也。"乌同鸦配合，成了乌鸦双音词后，学者就称这样的字为摹声字。

世界上似乎还没有一种可以猜想、可以表情达意，记叙娱乐、艺术画画、占卜问神（与未知世界沟通）等，丰盛得几乎无所不包，而且有着历史一贯

---

① 说一个方块字的趣事。据说，汉朝时，某次匈奴要攻打中原，在给汉朝的"战表"（开战照会）上，却只有"天心取米"四个字。一时间，汉朝满朝文武，竟无一人能解，唯独宫中一宫吏叫何瑭者，将之"破译"为："天者，天朝也；心者，中原也；米者，皇上也；天心取米者，就是要夺天朝江山也。"乃大笔一挥，就在原来"战表"上，将"天心取米"四字改为"未（天）必（心）敢（取）来"，以止匈奴嚣张之气。果然，匈奴就此作罢，免了一次干戈杀戮。

所以，汉字是可以"变形"的，故要注意其"一点"之差的正俗和正误分别，例如：

冱（音护，寒气凝结也），沍（俗）；决（正），決（俗）；泮（音判，冰融化也），冸（俗）；冲（正），沖（俗）；况（正），況（俗）；冽（音列，寒冷也），洌（俗）；洺（正），洛（俗）；浼（正），凂（俗）；凉（正），涼（俗）；凄（正），淒（俗）；凑（正），湊（俗）；减（正），減（俗）；凖（正），準（俗）；廚（正），厨（俗）；廈（正），厦（俗）；凟（正），渎（俗）。

冶、冾；泠（音零，清凉也）、冷；洗、冼（音省，姓也）；清、凊（音靖，清凉也，成语"冬温夏凊"，喻孝子行事，冬温父母被窝，夏则凉之）；淮、准；沂（音宜，水名）、泝（音素，同溯）、诉、欣；戌（音须）、戍（音恕）；汎（同泛、氾）、汛（音讯）；钖、钖（音阳，即当卢，马额上之饰物）；市、巿（音拂，巾部，皮制护膝）。

说闻解字

脉络的、人的沟通符号，如汉字者，我们"用而不察"，岂真如苏东坡所说："横看成岭侧成峰，远近高低各不同。不识庐山真面目，只缘身在此山中。"（《题西林壁》）

5. 左形右声

有道是"秀才认字认半边",能用此种识字法的,是指形声字而言。又说"擒贼先擒王,认字先认娘",娘,指的是传统繁体形声字的声,因为形声字先有声而后附形。或问,若说传统繁体汉字多形声字,则到底先有图形抑或先有读音?粗略地估计,传统繁体汉字常用字约七千多个,而汉字为单音字,约有七百多个读音;由此推论,该先有形而后配声,亦即繁体字由形符(形旁)和声符(声旁)组合而成,因为形先于音,故汉字先见其意,而后衍其读音。

拿"戈"字来说好了。戈是长兵器,甲骨文作十,原是以绳系石卵于长竿之端(弋),以击飞鸟,其后改良为硬兵器,用于马上和战车作战,再后来,陆上步战也用戈了,为了便捷,便将长戈改为便于陆战的短戈。于是,戋(音间,义同,甲骨文作⼲)是小戈,也就是连带有了小的意思(如戋戋之数),成了声符兼义符(见北宋沈括《梦溪笔谈》)。

于是就有了:牋,音枪,榹字古文,养羊小屋;錢(钱,金),是小单位币制;棧(栈,木),小旅馆;剗(划,音铲,除草小铲);剗,同划;淺(浅,水),水不深貌;幓(音散,小裙);箋(笺,信纸);盞(盏,小杯、小碟);醆(音盏,小酒杯);綫(线,小丝);虥(音栈,浅毛虎);踐(践,实行);賤(贱,不值钱小贝);餞(饯,蜜饯,饯行);輚(音栈,卧车也);琖(音盏,小玉杯);諓(音贱,浅薄的话);殘(残)等十余个衍生字。

又例如"单"(單)之一字,加戈成战,加门成阐;左边加享成弹(音朵,同躲,戦则是弹之俗讹字);加心、加人成惮、僤(俱音但,畏难也);加角成觶(音支,酒壶);加歹成殚(音旦,竭尽也);加"疒"(音床,疾也)成瘅(音旦,瘮病也);加示成禅;右边加展成㞗(音产,笑貌);加水成潬(音滩,义同）；加口成啴（音贪，喘息也）；加黾成鼍（音驼，蜥蜴类爬虫，即猪婆龙）；加马成驒（音驼，青骊色而带有白驎花纹的马）；加衣成襌；加虫成蝉；加巾成幝（音滩，破布）；加纟成繟（音阐，宽大丝带）；加辰成蜃（音枕，连续不停也）；加舌成䑙（音滩，舌延䑙，语不正确）；加齿成齳（音允，无齿貌）；加鱼成鱓（鳝）（同鲤，鳝鱼）；加鸟成鷤（音坛，小雉也）；加木成樿（音善，木材）；加土成墠（音善，郊野也）；加邑（阝）成郸（音单，邯郸，战国时赵国都名）；加竹成箪（音单，盛物小竹器）；加石成碪（音低，黑染石）；加火成燀（音阐，坎也）；加弓成弹；加手（扌）成掸（去灰尘）；加女成嫸（音蝉，形态美好）。①

今天，戈这件兵器只是电影道具，戯（浅毛虎）、醙、酨（音代，酒色光而甜）、輚、弾、輾已成"化石字"，觯和癉等字则成了罕用字，但其余的仍是日常用字。试问谁不想有钱？同实践理想的亲朋钱行，把盏话旧，浅酌低唱一番！谁不想重看经典名片《龙门客栈》？谁不想千里姻缘一线牵？细看一下五千年汉文字之发展，无论笔画之增（如禮字，古作礼）、减（如叫，古作䚯）、变形（如蕊，古作蘂），"异形"（如塵，古作尘），都气象万千，确有"致中和，天地位焉，万物育焉"（《中庸》）的架势。②

---

① 单之骈字很多，例如：䫌，音腆，面黄也；蕇，音阐，黄色也；韗，与胭同；䣭，音单，县名，同郸。

② 形声字通常有六种组合：1.左形右声，如"编"字；2.左声右形，如"鸽"字；3.上形下声，如"雾"字；4.上声下形，如"煎"字；5.内形外声，如"闻"字；6.内声外形，如"圃"字。另外，还有二形一声，如"碧"字（玉、石是形，白是声）；多形一声，如"宝"字（宀、玉与贝是形，缶是声）。

一般说来，形（意）符旨在指出字的类别意义，如缮、膳、鳝；声符则表示字音，如莎、痧、鲨。不过声符也会有表意作用，例如，潮、汐（南朝梁萧统《昭明文选·郭景纯〈江赋〉》："呼吸万里，吐纳灵潮。自然往复，或夕或朝。"唐李善的注解引东晋葛洪《抱朴子》云："潮者，据朝来也；汐者，言夕至也。"）。形符也有分别声音作用，例如枪、抢。

左形右声

6. 重文加码的复式字

这里所说的复式字，是依一个字根（例如朿），重叠或并排而增添新字（例如棗、棘）。不过，所合成之复式字，与原字根本义，多能一本原义，但也可能另衍新义。就以朿字来说，朿，音义同刺，原是草木的刺，木芒也；将两朿并排则成棘，音亟，泛指有刺的植物；将朿字上下叠罗汉，又另成棗（枣）字，酸枣类属。明吴县陆贞山七岁时，即有一对联描写此两字，甚为传神："棗棘为薪，截断劈开成四束；闾门起屋，移多补少作双间。"

复式字第一个字，首推一加一之"二"字，继之则是"巛"字。字根是"〈"，音犬（小篆同甽），汉许慎《说文》："水小流也。象形。""巜"见之于小篆，音浍，《说文》："水流浍浍也。象形。方百里为巜。广二寻，深二仞。"而"仌"则是冰的本字。人，是字根，双人就是从，三人则成众。余如：

1. 卩，音节，义同，瑞信也；而卯，则是巽（馔），音同，行礼或宴席时列坐有序之意。

2. 幺，原像孩子初生之象，小也，故转义为么，音同（但金文同玄字）；幺幺，则是从幽字析出，音义同兹，隐微也。

3. 屮，音彻，《说文》："屮，艸（草）木初生也。"故艸，即草古文。

4. 夕，为日暮，重叠、增益则为多。《说文》："多重也，从重夕。夕者相绎也（连续不断），故为多。"有一对联对"夕、多"两字之描述十分贴切："此木是柴山山出，白水为泉夕夕多"。（不过出字并非山叠山，而是屮、凵两字之合成字，《说文》说："出，进也，象草木益滋，上出达之形。"但从甲骨文来看，实像一足〔屮〕半步出地下穴居〔凵〕之形。）

5. 口，两口为吅，又有叩，音讼，从"多口"之义，诉讼之意；亦音宣，通讙，大声吵闹也，惊呼也（此义或从欢字之叩形析出，叩为大眼鸟之双眼）。

6. 土，双土为圭，而圭则是上圆下方之瑞玉（以喻天圆地方之意），是古代天子与诸侯所执之物，依其大小而别尊卑。圭表则同卦，亦同琮，原是用以计算时节标竿的象征物，故谓可以通天地，为王者权力象征。

7. 子，双子为孖，孖，音兹，双（孪）生子也；粤语则读曰"妈"。

8. 女，姦为讼，音、义皆同。此字有性别意识——两女在一起，易逗口舌之争？

9. 乂，音治，义同；爻，音肴，交错也；燊，音丽，窗格交错，止也。

10. 弓，弜为强，强弓重弩之意。

11. 水，双水为沝，音捶，义同水；闽南语称水曰沝。

12. 戈，平头戟也。叠戈为戋（戈），音间，义同，引申戈以杀之义也。

13. 日，双日，明，音宣，日正当空也。

14. 止，双止，址，音歧，歧路也。止为足趾之趾本字，亦有至、到、临之意。（《诗经·鲁颂·泮水》："鲁侯戾止，在泮饮酒。"）址，是止义之引申。

15. 日，太阳，但日、曰则为昌，《说文》："昌，美言也。"不过，若从字之初形来看，很像早上时分旭日初升自海面而起之象，曰是日之倒影，与旦字同形，故在甲骨文里，等同旦字。

16. 火，叠火为炎，大火也。炏，音凯，火燃烧盛貌。

17. 犬，两犬为狀，音垠，同狋，两犬互咬也。

18. 月，双月为朋，但古字则是指以五玉或五贝串在一起为一系（系列），两系相合为一朋，是货币兼饰物单位（金文有"侯易贝三朋"之句），后来由于字形变化，加上人（亻）旁，用以表示人相辅助之意，这就是我们现在看到的朋字（东汉许慎《说文》误以为朋是神鸟，为凤之故，故说凤字从鸟，凤声）。

19. 木，双木为林，树木丛生也。

重文加码的复式字

20. 夫，两夫为夵，音伴，义同。

21. 瓜，双瓜成瓞，音雨，藤细瓜肥载重不起的样子，借喻力量微薄。

22. 目，双目成瞐，音觉，转头而左右视也。

23. 禾，双禾成秝，音历，通历，义同，引义为稀疏均匀得宜的样子。

24. 示，两示为祘。示原义为"天（二）垂象（小），见吉凶，所以示人也"之意，另一义通视，看见也。祘，见之于小篆，音筭（同算，音义同），《说文》："明视以算之也。"从小篆去看，像在横纲上（二）结多条打结的绳子（小），以帮助计算或记忆财物和日子等事情。

25. 生，两生为甡，音深，生，是生长、滋长之意；甡是众草丛生欣欣向荣的样子（《说文》："甡，众生并立之貌。"），诗经："甡甡其鹿"。

26. 玄，两玄成兹。玄是丝字上头多了个系丝的挂钩（十、一），表示是牵系丝的绳索挂具，后转义为幽暗颜色；兹，原作黑色解，后转义为"此"之意。

27. 玉（偏旁作王），双玉，珏，音觉，《说文》："二玉相合为一'珏'"，亦作瑴。

28. 立，双立为竝，音并，为并的本字，并立也。

29. 糸，细丝也，音觅，像束丝之形；双糸成丝，泛指丝织品；糸，已成部首。

30. 至，到也，重至成臸，音义同至，由晋字析出。

31. 先，前进也，两兟，音仙，亦进也；兟兟，众多的样子（唐李商隐《戊辰会静中出贻同志诗》："金铃摄群魔，降节何兟兟。"）先字从"之"在儿（人）上，是走在人之前头的意思，故二先字合成兟，从字形上去说，是两个给宾客引导的人，所以加贝就是"赞"，作为给宾客的赞礼。

32. 吉，双吉、三吉皆为喆，音义同哲，明智也。吉，谨也，佳美也；《说文》："吉，善也，从士口"，从甲骨文来看，"士"像一具泥塑模套，插在土坑（口）上，推想可能是浇铸工序，凡浇铸都希冀得到好铸件，因而会以良善之意。

33. 百，双百为皕，两百也，音秘，奭字自此析出。

34. 耳，重耳为聑，音喋，安也，通妥帖之帖。二耳之在人首，安也，春秋时，晋公子即名重耳。此或与古之战功有关，因为古战时杀俘后，辄馘取其一耳记功；而两耳俱在，则表示平安也。（南朝梁萧统《昭明文选·马季长〈长笛赋〉》："瓠巴聑（帖）柱，磬襄弛悬。"）聑与耶义无关，虽然俗说阝是耳朵（实则阝在左为阜，在右为邑），耶通邪。馘，音或，国之本字，或同域，从甲骨文来看，像将人首悬于戈端以示杀敌得胜。

35. 虫，音虫，双虫为䖝，音昆，通蜫，虫之总名也。

36. 见，两见为覞，音耀，两目并视也。

37. 言，双言为誩，音竞，同兢，争论也；"争"的人手舞足踏，充满敌意，"誩"者，则以言争辩，君子动口，争之同时亦欣赏对方。誩与竞、兢两字字义关系密切，《说文》："誩，竞言也。"竞，由誩字析出。克，《说文》谓肩也，像屋下刻本之形。《系传》则进一步解释说："肩者，任也。……任者，又负荷之名也。……能胜此物，谓之克。"但据甲骨文和金文，克，比较像一块攻守兼备之皮制盾牌（皮字像手持"克"形之物）；故克重文成兢，义亦备矣。

38. 贝，双贝成賏，音婴，颈饰也。

39. 呆，同獃（愚笨），古同保，从甲骨文来看，是背负小孩以保护、提携之意，故古文又与孚字同义（爪下子之孚，是手携小孩）；双呆却是梅字的象形字，亦音梅，至今仍有书法家以槑代梅字的。

40. 隹，音锥，泛指一切短尾鸟，两隹成雔，音酬，有彼此相对之意，故加言成雠，音义同仇，校对又称雠校，雠属言字部。

41. 辛，古黥面用的曲刀（刑具），二辛成辡，音辩，《说文》："罪人相与讼也"，辩字由此析出——同党彼此以言论相互顶证，把罪行推给对方；辨，则是以刀刑辨两造之对错。罪之一字，古字是"自"字下面一个"辛"字——辠，因为秦始皇认为此字"太像"皇字，而他又自认为是"功过三王,德高五帝"的始皇帝,故以"罪"易此字,实则罪字本训为捕鱼之竹网(网),为形声字(从网,非声),秦始皇将之易为会意字,而汉后经典则"将错就错"。

42. 豖,双豖,豩,二猪也,读曰欢,顽蛮大胆也,故豩古音亦读顽。

43. 赤,两赤为赫,火赤貌。

44. 来,是麦芒束之形,传是周朝所受之瑞麦来牟(音谋,大麦),是自然赐予(天之所来),故衍其义为行来之来。双来,秾,音力,酸野枣也。

45. 虎,两虎为虤,音颜,虎怒的样子,唐孟郊《懊恼》诗:"求闲未得闲,众诮瞋虤虤。"

46. 马,双马曰骉,音独,两马并驰时的马蹄声;两马上下重叠,骉,则音氿,马奔不齐貌。骉,音标,众马也,众马走也。

47. 龙,两龙曰龖,音沓,或音眅,飞龙也,而袭字由此析出(袭,高官衣服之刺绣或图画的图案)。龘,亦音沓,龙行貌。

48. 手,两手曰挊,音拱,古拱字;三手曰弄,窃贼也。

49. 车,两车曰轰,夷益切,音亦,即车也。

50. 山,两山曰屾,音新,山势貌。

51. 干,两干曰开,音牵,《说文》:"平也,两竿对冓,又同开。"

52. 母,两母曰毑,古蹯字,兽足印也。

53. 垚(尧),两垚曰㙓,音义同翘。

54. 己,两己曰㠯,音旱。

简体字由于"简化",复式字已十分罕用,例如,競,已简化为"竞"。

另类复式字,则是在字之型构组织上,平衡相对之"对称字"。例如:八、比、卝(矿的古字)、卡、申、出、北、册、米、竹、丱(音惯,孩童丫角髻)、兆、回、羽、门、巫、吕(吕为脊骨,通膂)、串、非、韭、丽、乖、壆、器、囍、畓、晃、骎、拹、班、幽、拜、爪、蕊、卵、夹、斗、州、渊、咖、蒜、小、曲、母、弱、关、中、亘、户(音士,门的枢轴)、粥、弻、掰、舜、雔、蠕、蹦、嫩、办、辩、辨、辫、瓣、班、斑、靸（音服，车軡上的皮袋子）、孱、羼（音膻，众羊杂聚在一起）、邠（音彬，又作邠，地名，通斑）、奭、爽、鼎、伞及乒乓等等。有些对称字，单就字义就可吟风弄月一番。例如：

1. 井字：如南朝宋鲍照的《井字诗谜》："二形一体，四支八头。一八五八，飞泉仰流。"（拆字格，同见于南朝宋鲍照《鲍参军集》与清张玉书《佩文韵府》两书）一八者，井字有八角。五八者四十也（井字堆叠了四个十字，为四十之数），仰流者，谓以垂绠（井绳）汲水而上。今有人改为"一口（、）四十八个头，中间水不外流"。一口，指井字中间所成之"口"形。

2. 田，字谜很多，例如：明徐文长之："四山纵横，两日绸缪，富是它起脚，累是它起头。"（拆字格）又如："四山相对顶相连，横也川竖也川。团团一家共十口，只有四口不周全（共边公用也）。"（拆字格）又有巧对曰："八人共拥炉中火，十口同耕郭外田"（八人为"火"字，十口为"田"字）。

3. 用，宋周密有谜曰："一月复一月，两月共半边。一山又一山，三山皆倒悬。上有可耕田，下有长流川。六口共一室，两口不团圆。"（拆字格，见宋周密《齐东野语》）

4. 亚，为恶字去其心。北宋陈亚曾自为"亚字谜"曰："若教有口便哑，且要无心为恶，中间全没心肠，外面任生棱角。"（拆字、会意格）陈亚曾与蔡襄会于僧舍，蔡襄题句于屏间曰："陈亚有心终是恶"，陈亚立即掌笔对曰："蔡襄无口便成衰"（襄字若去了两口，更像衰字），风趣逗笑，永留文坛佳话。

上述重文加码的复式字，有些仍是常用字，有些则已经减省，更有些已成罕用字或只是字书的"典藏字"。不过，古人造字，通常有其用意，复式字虽则笔画稍"烦"，但生动活泼，形容透贴，多彩多姿，它们在文化史中的定位，定然超越"古意字"的狭义范围和解释。

7. 你是"达人"吗?

中日文化交流既久,随着全球化的步伐,日曲、日词和日字,早已融入我们的文化和日常生活之中,见怪不怪。例如,"駅"(驿)字,渐渐已变得常见了。又如,自日剧兴盛后,"达人"也就成了我们的常用语。

其实,"达人"一词,是正宗的"出口转内销"。它原指通达事理的人(《左传·昭公七年》:"圣人有明德者,若不当世,其后必有达人。"唐孔颖达疏:"谓知〔智〕能通达之人"),也指达观的人(汉贾谊《鵩鸟赋》:"小智自私兮,贱彼贵我;达人观兮,物无不可。")而明邱濬之《成语考》则有"惟君子安贫,达人知命"(《贫富篇》),以及"惟智者能调,达人自玉"(《疾病死丧篇》)等语,意即通达事理、命理之人,深知一己命运安排,凡事顺其自然,不作强求。而字典的解释,其谓达人者,是明德辨义,达观而又行事不为世俗所拘束的人(晋陶渊明《饮酒》诗句:"寒暑有代谢,人道每如兹。达人解其会,逝将不复疑")。周有八士,曰伯达,曰叔夜(《论语·微子第十八》),而嵇康则认为,柳下惠、东方朔两人,才是达人典范。

与达人同义之词不少,如达士(《吕氏春秋·知分》:"达士者,达乎死生之分",南朝宋范晔《后汉书·仲长统传》:"至人能变,达士拔俗",是以至今日人尚称柔道八段者为"达士")、达才(材),皆指通达事理之人。推而论之,达人一词,源自汉语,应无异议。一般而言,汉字、汉词东渡扶桑之后,其意义可能有所衍生变动。例如"结束"一词,汉语是"完结"之意,但日文则作"捆成一束"解。然而,达人一词,在日文既概作"某方面高手、专才"之解释,与汉语原意出入不大;而"转销"之后,原词基本意义亦没有什么流失,相当"原汁原味"。

西汉董仲舒《春秋繁露·精华》有云:"《诗》无达诂(固定的解释),《易》无达占。"达人,看来是一个达诂之词。

8. 武则天"遗字"在人间

数年前台湾有位里长的大名叫"圙堂",因为是极罕见之字,故"挤"上了版面,但一般报纸,多未用"今日小词汇"之类小栏,来指出该字读音、字义和字源,令阅听众得益。

其实大周皇帝武则天,既是历史上首位真正掌握皇权的女性,因而时时刻刻、处处维护一己既得特殊地位,是可以理解的。职是之故,她改唐时东都为神都,自己取名为曌,以示双目悬空、监管天下之意(俗说是日、月悬空〔曌〕)。

据唐张鷟《朝野佥载》一书所记:"天授(年号)中,则天好改新字,又多忌讳。有幽州人上书云:'国(國)字口中或,或乱大象。请囗(古围字)中安武以镇之。'则天大喜,下制(诏命)即依。月余,有上封者(密封的奏章)云:'武退在口中,与囚字无异,不祥之甚!'则天愕然,遽追制改作圙(故此字读音为国,义同普天之下莫非皇土)。后孝和(唐中宗李治)即位,果幽则天于上阳宫。"(应了奏者所言,武退在口中,与囚字无异,不祥之甚)

至明朝末年,日本仿唐之风仍盛,不但早把唐手(空手道)搬了过去,连汉字也早有部分直接搬过去使用,圙这个字就是一例。例如,德川家康最小的儿子是德川赖房,原封于水户。赖房逝世后,传位于他那位崇儒的第三子,他的这个第三子,就叫德川光圙(同国)。

所以,真凭实据,圙这个字是出口转内销的,只是这早已是个古董字,连日本也只能在历史书上或德川家康近代史中看得到。

9. 蹩足行路难

2008年鼠年年杪,台东市富岗渔港一位海产业者,在台东钓获一尾长逾二十五公分的"怪鱼"——全身有五个鳍,其中胸、腹鳍连在一起,演化成可以在海底行走的蹼脚。经海洋生物研究者初步鉴定,这尾"怪鱼"极可能是渔民俗称为五脚虎亦即深海康氏蹩鱼类属。

鱼有"足蹼"趴趴"能行",但行得颠簸迟滞,故名之为"蹩",实在传神!盖蹩(音碧),经常写作"躄",一般泛指两足残废或虽具足而残疾不良于行者。故脚不能行走的人,古雅些就叫"蹩者"(汉司马迁《史记·平原君虞卿列传》:"民家有蹩者,盘散行汲");跛足的病,就叫蹩疾(陈寿《三国志·魏志·陆绩传》:"绩既有蹩疾,又意存儒雅,非其志也");不过,蹩踊则是搥胸顿足的哀痛(唐房玄龄等《晋书·后燕载记·慕容熙》:"苻氏死,熙悲号蹩踊,若丧考妣");而蹩蹩则是行走缓慢的样子(唐李贺《感讽诗》:"奇俊无少年,日车何蹩蹩。")

与蹩鱼形似、字又相近的一个字,应为"趸"(音敦)。它原指看起来像蜥蜴类的爬虫(萬),后来称一种大鱼的龙趸,更转义称一大批整批出售的为趸售(wholesale)。而泊在浅水港口,供码头及存货两用之小船,则称为趸船。

蹩、趸两字都如鲜字一样俱以形、音取义、显义和衍义。鲜字原是一种鱼类,"羊"字原是置在鱼字上头以象形的,其后才把"羊"这一个象形符号,转置于鱼字之右侧,而衍义为新鲜的鲜字,反而真正以形带动感觉经验而取义的鱻字,渐渐成了罕用字了。

10. 武、甩的"想象"

反（厌）战者和讲求武德修养的卫道之士，对于"武"之一字解释，总不离楚文王所说："于文，止戈为武"（《左传·宣公十二年》），一般借喻虽持有武器（力），但修养好，不去碰它（不动武），则大可"四周宁静干戈息"。不过，如此讲法，则在这个崇高理想背后，是否意味着只有拥有了强大兵力或武力（或者武艺超群）之后，才能以战力恫吓、以战止战，方能达到不战而屈人之兵，成为武林盟主？否则，为何不干脆把戈放下来？

从字义上去看，"止"的确有静止的意义和意示。但从字形的变迁来看，"止"原是脚趾的"趾"正字，后来，因为止的字义和合成词多起来了，才有后起字——加上了"足"字的"趾"，以示区别。所以，循本溯源，"止"是"足趾"，是"步操"之意；"武"，则等同阿兵哥肩枪在进行"一二、一二、一二三、四"步操，或者把戈放在脚旁，准备出征，此之所以为武也！这样的一个"想象"，是否更合情合理？何况，"武"字，字典的正宗解释乃是：定功之后戢兵（收藏兵器）为武（楚庄王另有解释"武"字意义的，他说："夫武，定功戢兵，故止戈为武"，见《说文》）；驾凌、欺侮（《老子》六八："善为士者不武。"）而其实，楚庄王此句"于文"的说法，旨在解释"武"字的字形结构——"止（趾）"+"戈"＝"武"。

另一个已习用但用法似有争议的字，则为"甩"。一般对"甩"字的印象，是"摔"掉之意，但现今"不甩"则等同"不管"的同义词。事实上，根据字典的解释，甩，属用字部（笔划同用），意为抛、丢下，同摔（清文康《儿女英雄传》九："一概不管，甩手走了"）；脱去（《儿女英雄传》十七："都摘了帽子，甩了大衣"）；摇摆（《儿女英雄传》五："那骡子护疼，把脑袋一拨甩，把驾着的人掀了下来。"）如此说来，甩手运动的甩，对极了。

粤谚则有一语曰"甩须"者，甩，音近"Luk"，是丢掉之意，此词原指系台上武角把挂在嘴上之胡须掉了下来，威风尽失之意。另外，北语读甩为"摔"，绍兴人则读"惯（刮患切）"，粤人说"甩低（跌倒）"，即读此音，南方人亦有将甩读为"滑"音者。

其实，"不甩"似应作"不睬"。睬，是理会、过问之意（清曹雪芹《红楼梦》一："士隐听了，知是疯话，也不睬他。"）睬，也可作采，唐杜荀鹤《登灵山水阁贻钓者》："未胜渔父闲垂钓，独背斜阳不采人。"

11. 疑、疑似

诽谤罪是刑事罪，官司不易打，但一旦罪名成立，牢狱之灾之外，赔偿金额可能大得惊人。所以大众媒介尤其报纸，会极力避免报纸审判（trail by newspaper）。做法之一是，无论新闻故事（news story）是多么的煽色腥（sensational），多么的色彩化（color news），即使凡"新闻"皆作极度描写、绘声绘影的黄色新闻（yellow journalism）报刊，但若法庭上未判案，一槌定音之前，也尽量插入"疑"或"疑似"两字，以力求自保，趋吉避凶，远离官司纠缠。

故火警原因，是"疑因"电线短路；车祸发生，是"疑因"天雨路滑；两人打架，是疑酒精作祟；凶嫌、凶手，都称"疑人"（受怀疑之人）；有人被打伤了，只说："纠缠中，一名男子拾起一把疑似水果刀作为武器，刺向伤者。"（至于到底谁被杀，就令你看得伤神，搞不清楚了）

即使艺人之私密照片由网络外泄，容貌清晰，个中艺人已痛哭，承认有欠检点，也都只用"疑似艺人不雅照片"。纵然已呼之欲出，还少不得"疑"和"疑似"两字，免负刑责。

不过，凡事过犹不及。倘若一见"疑似"法律地雷，便把"疑、疑似"硬塞到文句中，有时就不通顺。何况，"疑人"读来，总有点拗口；而且，用多了，就如"本故事纯属虚构，如有雷同，纯属巧合"一样，这一"先此声明"（以免后论），只是一个给媒介"公然抄袭"的借口。

12. "三字"经

知名服饰品牌"恒源祥",于2008戊子鼠年农历春节期间,推出十二生肖的贺年广告,画面由童声唱"鼠鼠鼠,恒源祥","牛牛牛,恒源祥",一直唱下去。童稚天真,令人莞尔。

撇开这一广告天才创意不谈,在十二生肖中,的确有许多字,是可以以本身之字为基础字根,而重叠两三次,①成一新字的。例如:犇(音奔,义同),虤(音颜,虎怒也),龘(音打,龙翔也),蟲、猋(音飙,义同),羴(音山,膻也),雔(音酬,二鸟),猋(音飙,义同),豩(音彬,二猪也),虽则繁冗少用,但够奇趣。

犇字还有个字的故事。据说好作释字、写过《字说》一书的明冯梦龙,在《警世通言》中说曾经"三难"苏学士(东坡)的宋代(神宗熙宁)名相王安石(荆公),也曾被苏轼刁难一番。据南宋岳珂《桯史》所载:"(东坡问荆公)曰:'丞相赜微窅(音窈,深远貌)穷,制作某不敢知,独恐每每牵附,学者承风,有不胜其凿者。姑以犇、麤(音粗,义同)二字言之,牛体壮于鹿,鹿之行速于牛,今积三为字而其义皆反之,何也?'荆公无以答。"(麤字,汉许慎《说文》的解释是:"行超远也。")麤,又作"麁",音义同粗,

---

① 本字重叠三次之汉字,实属不少,而各有其意,如毳(音翠,鸟兽细毛也);厽同么,细小也;㸁则音义同小(见清吴任臣之《字汇补》);品;聶(聂,听人闲话);掱(音扒,义同);晶(音小,义同,《说文》则说音皎,显也);磊(礧),说人闲话也;惢(音琐,心疑也,又同蕊);芔(音杂);嚞,同哲;鱻(音钱);鱻(同鲜);闘(音闭,传说中像龟动物);譶(音沓,说话快、不停地说的样子);雥(音杂,喧吵也);劦(音协),同协;轰(轰);蠢;鑫;森;淼;垚;焱(音演,火花也);姦(奸);孨(州古字);垚(音尧);众;磊;叒(音若,木名,又喻同心同德,相辅相翼);叕则音辍,连结也。

说闻解字

唐李商隐《韩碑》："长绳百尺拽碑倒，麁（粗）砂大石相磨治。"

另一则有趣轶事则是一位明朝时的陈汝同，他在翰林时，忤逆一权贵，至被贬为从六品官的知州佐使（州同）。同僚为他饯行，席间，有倡行酒令者，定明以俗话一句起首，同一字分为三字，另一字合二字为一字，分合字须音韵相协，最后以一句诗书作结。有同僚即说："勤劳奔走，犇放三头牛，田寿合成畴。牛、牛、牛，将有事乎于西畴（陶渊明《归去来辞》）。"同僚陈循则说："轟字三个车，余斗字成斜。车、车、车，远上寒山石径斜（唐杜牧《山行》句，下句为：'白云深处有人家'）。"另一同僚高毅却说："品字三个口，水酉字成酒。口、口、口，劝君更尽一杯酒（唐王维《渭城曲》句，下句为：'西出阳关无故人'）。"陈汝同即刻接上："矗字三个直，黑出字成黜（革职）。直、直、直，行焉往而不三黜（《论语·微子第十八》）。"（见明郎瑛《七修类稿》）如此自我嘲解一番，当然逗得合席大笑！

"三字"经

13.  "称"什么？

也许当初旧式报刊为了传统梯形标题字数的省减吧，印刷媒介尤其是旧式报刊，非常喜欢用"称"这个字，如某某人"称（说）"之类；沿用之下，已习以为常。

不错，"称"的确有述说之意，如汉司马迁《史记·淮阴侯列传》即说："常称义兵，不用诈谋奇计。"又如韩愈《送董邵南序》："燕赵古称多感慨悲歌之士。"最妙的是"称猫"一词，指的是不想谈论政事，随便讲讲猫，敷衍一两句。如宋苏轼《郭忠恕画赞》："放旷岐、雍、陕、洛间，逢人无贵贱，口称猫。遇佳山水辄留数日。"又例如宋陆游《初归杂咏》："偶尔做官羞问马，颓然对客但称猫。"用现代的话来说，这不就是等同指天画地闲聊、侃大山？

不过，从上述引文，就粗略可得知，"称"其实隐涵着强烈的"自我表达"的意义，如号称、声称，而用英文来表达，似乎就是"claim"！

如果合乎上述"号称"、"声称"的，当然可以用"称"，表达大大争取之意。但是，一般而言，若尝试活用"说"、"指出"、"表示"、"透露"和"告诉"等词汇，则通篇报道可能更为活起来呢！

14. 口头字之"拗"、"乔"

不管是口语或媒介用语,"拗"之一字,曾经在媒介里,流行过好一阵子。也许,有人以为拗是英文"argue"(强辩)的音译,也有人以为硬拗是粤人常说的口头语,拗一定是"港货"。其实,这都似是而非。字典里的确有拗这个字,只是以往常挂在嘴边,而今,忽然因势利导,成了媒介常见字而已,但若写得更精确些,如果指的是强辩的话,则应写成"詏"。

拗,原意是折断(唐温庭筠《达摩支曲》:"捣麝成尘香不减,拗莲作寸丝难绝"),也有硬撑的意思(唐韩愈《答孟郊诗》:"古心难自鞭,世路终难拗。")过往多指旧诗平仄格律问题,如拗句(不合常格之句)。

继拗字之后,"乔"字又搬上版面。乔字意义比拗多得多。

"乔"是一种如松杉之类的高大木材(乔木);古兵器的矛,其所挂缨的地方,也叫乔。乔桀,指俊秀超逸之士;乔梓,是以乔和梓比喻父子;贺人迁新居,则曰乔迁之喜。乔字负面意义,起于其与"骄"通假(音同骄),《礼记·表记》:"其民之敝,蠢而愚,乔而野,朴而不文。"于是,乔字衍为诐(罾)辞,意指狡诈、伪假,乔才即坏蛋,乔志指人意志高逸,而最为人挂在嘴边的,则为拿乔,一言以蔽之,即打其鬼主意。明藏晋叔编《元曲选·贾仲名·对玉梳剧》:"他那些乔殷勤,佯动问。"这与现在媒介所说"这事还有得乔"——等着瞧吧,后续发展还波涛起伏呢——意思几乎一样。

口头语(字)一经媒介采用,便会流行一时。例如,有人说:"真是太超过"(it's too much),便你也说太超过,我也说太超过,忘了"太过分"这个贴切的对译词。又如,现时常常听说失业率多少,高于预期。预期,译自英文"expectation"是没错的,但就中文而言,预期多少带有正面和期待之意;

如果不一定得拾人牙慧,泥于字义,对某些"情况惨淡"、不想预见而竟然发生了的坏消息,将之译成"预估",不是更合情合理?

15. 掖钱，夯起来？

掖钱，指的是贪污，但一般媒介却写成"A钱"，之所以用"A"，大概取其音近而已。难道汉字真的没有相近似之字，*而只能因音借字，将英文字母口语化认"充数"，方便使用？

答案当然非也，"A钱"，似乎该用"掖钱"才对。其实"A"读音也应近"air"而非ABC的A；读"A"可能是想不到相对应之字，而姑以"充数"的。掖，正音读若"亦"，通亦、腋，是"以手持人臂"、扶持之意；也是姓（见宋陈彭年等编《广韵》）。但若从讹音读为"yeh"（音近"夜"），则有两个意义，其一是塞，其二是藏。例如清曹雪芹《红楼梦》二五："马道婆便挑了几块（绸缎），掖（塞）在袖里。"又如清文康《儿女英雄传》八："说着，掖（藏）上那把刀，迈出门，往外就走。"故从音义来说，"掖钱"应该较诸"A钱"更合情合理，更有"中文味道"。

另一个"夯"字，因为是"祖父级"的字了，故一向只是口头语白读字（如"你夯起来了"——你够神气了），也不知何故，而今此字竟也成了"显字"。不过，初识夯之一字，大概是在读中国历史时，读到古华夏建筑是夯土（用木杵作土作）而成（敲打地基，使其结实）；另外，"夯雀儿先飞"即今所谓之"笨鸟先飞"（清曹雪芹《红楼梦》六七："俗语说'夯雀儿先飞'，省得临时丢三落四的不齐全，令人笑话"）；至于夯字之其他意义，则有夯汉（戆汉）强力以肩举物。不过，随着时代演变，夯字已经慢慢走入历史，成了"中古"字。

其实，如果不用夯字，大可用"行"字来替代。行字是一个多义、多音字，例如行走（古诗"行行重行行"）；做（行行好）；品行，品德；内行；行（可以）；行列；佛家语（《俱舍论颂疏》一："造作迁流，二义名行"）；行伍（军队），排行；（职业）改行；行人（古官名）；行尸（中医病名）；行子（旅客）；

行止（进退）；等等。

　　不过，行字还有一个字义、字音都同"夯"的。抗日战争初期，九一八事变，东北沈阳一夕之间失陷，时广西大学校长马君武实在气夯破胸，乃作了一首诗讽刺张学良："赵四风流朱五狂，翩翩蝴蝶（时美女演员）正当行。温柔乡是英雄冢，那管东师入沈阳。"（《哀沈阳》其一）历史真伪姑且不论（其后有人考究，当时胡蝶并不在少帅身边），但在全国抗日氛围之下，当时报刊竞相转载此诗，真是行（夯）遍全国。不过，实情则是如孟子所说"挟太山以超北海"（《孟子·梁惠王上》）——有此说无此事也！

16. 通俗语是社会的探射灯

华夏文化传统风俗，向多忌讳。例如，红帐代表喜庆，素帛则表示白事。文字的形观和使用，原亦有同样的民族情怀。例如，毙、丧、噩、凶、死、尸和杀等字眼，骤眼一看之下，总会让人有种不祥之感。有些字，则在上文下理的语境衬托下，会令人感到粗俗和不雅。例如，屎、尿、尸和屙等诸字；"他把他吓个半死"比"把他吓得屁滚尿流"，听起来和看在眼内，好像都比较顺耳和舒服些。所以，要公民谈吐得体、文字优雅，是家教、学校教育和媒介社教责无旁贷的事。

从字的"形构"来说，令人看起来"于我心有戚戚然"的字，以部首为"尸"的字居多。因为，尸除了扮"活神主牌"之外，尸者陈也，象卧之形。有了传承意涵，再加上丰广的造形自由度，就好配成动作及人体器官"合成字"。例如居是蹲踞、尻（音沟）是尾椎骨；屄（音逼），女性器官；屌（音丢），男性器官，后作粗俗动词解；屪（音聊），男性器官（后用鸟代替）；尼，从后"亲近"。不过，屄、屌这两个器官字，因为过于庸俗，早已不登大雅之堂，明显是厕所文字，有教养的人，不会在大庭广众中公然大声嚷嚷地说这两个通俗字的。

通俗语类之使用及流行，是社会文化程度的探射灯。所谓有什么样的社会，便有某样的通俗语，而从通俗语类的流行情形，可以得知该社会的文化素养。通俗量报既然已有了江湖（媒介）地位，苟能善尽社会期望和责任，因势利导，打造一个文质彬彬的人文小区，世界该有多么美好！否则，纵然有新闻自由、言论自由和出版、印刷自由之类大口号支撑，白纸黑字的媒介，一样会动见观瞻。

17. 英译

　　香港南非标准银行（Standard Bank of South Africa，HK），因缘际会，成了"知名"银行；而其实香港人所熟悉的，是香港渣打银行（Standard Chartered）。不知何故，南非标准银行初见媒介之初，大都误说成香港标准银行，致令很多人联想成香港渣打银行。其实，香港渣打银行已有百多年历史，与香港上海汇丰银行齐名，也是香港法定印钞银行之一，在香港及世界华文报纸，向称之为渣打银行（Chartered 音译），故南非标准银行就由意译"Standard"一字而来。

　　港译最令人印象深刻、通用全球华人地区的，当然是1841年设于香港的屈臣氏（Watsons）啰！不过，在不同华人地域，有些翻译相异，则是颇为吊诡的。例如通胀，有译为通膨。又如"run on bank"，有称为"挤兑"，又有称为"挤提"，其实此一词固可译成挤提或挤兑，但因为中文字义混成组合，挤提、挤兑就有了不同概念。"挤提"主要指对某间存款金融机构失去信心，怕所存放款项血本无归，于是群起向该金融单位赶快把存款提出来，产生挤提风潮，令社会动荡不安。如果政府或相关部门处理不好，则事情会愈闹愈大。二十世纪七十年代初，受世界性金融危机影响，香港金融机构（主要是民营银行）就发生过几起挤提风波，令存款户损失不少。

　　"挤兑"通常是指对某一货币失去信心，而赶快把所存之货币改换成另一种货币保值；又或者是对某一金融单位失去信心，而群起赶快把手上票据兑现，免遭损失，也叫挤兑。

　　一般而言，挤兑比较不常见，而挤提，也因社会安稳以及金融法令规章和监控、保险制度日趋完善，近年也甚少发生了。

说闻解字

18.  港台粤词通

闽南话见诸报章版面之后,成为报刊新特式。不过,有时若未能望文生义,例如"代志大条"(事情大了),不懂闽南话就可能看不太懂,一如吾人看香港报纸一样,看到"困"、"呷"当然全都懂,但若看到"咸不刺"(粤音近"陷澎冷",全部之意),可能就丈二金刚(粤语为"丈八金刚")摸不着头脑。

不过,有些词类是台、粤都通的。例如,闽南语说"唛搁"(不要),粤语则为"咪搁"(咪应作采,即"采搁",粤字常写作咪;"搁"读若计);"食人到够",粤语则为"食到够"(食人不吐骨);也有些音义、音序稍有不同,但也大致可解,例如日头、头日、头家、事头(老板)之类。然而,有些粤词东渡台湾之后,"容颜"就有不同变化。例如"埋单",单是结账单据,埋是埋没、隐没消失之意(bury it),故埋单是结账之意。此词"入境"台湾之后,则多说成"买单",如说"今晚我买单。"

类似的"进口"粤字,见诸台湾媒介,可说所在多有。例如,在香港说"搞掂"(掂,读若搞店,弄妥了),在台湾说成"搞定";在香港说"正嘢"(嘢音同野,好东西之意),在台湾则说成"正点";台湾说通膨、挤兑,香港说通胀、挤提(run on bank)。不过,"好嘢(耶)"(表示妙哉之意)、"够衰"(倒霉之意)原则上并无太大分别,"生猛海鲜"更是令人垂涎三尺。①

---

① 顺带解释,粤人叫吃火锅曰"打甂炉";"打"可作"打火"或"把盖打开"解,甂,音边,原是一种阔口扁平、易于涮肉的锅,故宜作吃火锅用。而一般人所说的"吃火锅"(进食时,炉子置桌旁,盆肴放中间),也说得通。

有交流，语言文字更容易融合。例如，严禁某些人事、作为，香港现在也说"严打"了；又如香港说"搭的士（by taxi）"，北京说"打的"；而箱型车（van），海峡两岸暨香港、澳门都有人叫"面包车"了。

19. 活脱脱，超现代语也

"活脱脱"原是口头语，意为"就像真的一样"，把此句口头语活用于文字，显示其草根性的，多为文学家。例如，曹禺《日出》第二幕："（王福升）活脱脱一个流氓，竖起眉毛，抓着黄省三胸前衣襟。"又如杨朔的《三千里江山》写道："小燕子拉着白烟穿过天空，活脱脱就是一群小白鱼，溜出溜入在大海里。"不过，我们比较熟悉的却是"活脱儿"。

脱脱，原指舒迟的样子（《诗·召南·野有死麕》："舒而脱脱兮，无感我帨兮，无使尨也吠"）；而活脱，则是指东西的形象很相似。据元陶宗仪《辍耕录》（又名《南村辍耕录》）所说，抟丸之伎，另名"活脱"（即"塑工"）。宋杨万里《冬暖》诗："小春活脱是春时，霜熟风酣日上迟"；宋黄升《酹江月》词："禾黍秋风，鸡豚晓日，活脱田家趣"；宋史弥宁诗："楚山活脱青屏样。"

很明显，活脱儿是脱脱与活脱两词音义相揉合而变生出来的，也就是"活像真的一样之意"（清石玉昆《三侠五义》七九："口里虽然说着，他却偷着眼儿瞧热闹儿，真正三个人装了个活脱儿"）。与活脱儿词法相近但不同义的大概有活生生、活生生的、活鲜鲜、活泼泼和活泼泼地诸词；最妙的是粤语，把它借音另组一新词曰"滑脱脱"——滑不溜咚之谓也！

不管活脱脱或活脱儿，都是一个感喟形容词，如果用在新闻标题上，就成了有题意的"意见题"（think piece），都与正统新闻标题要求"写实"的理念相违背，故"老"标题编辑大都尽量不用。不过，旧词新用，作为"仿如"的代用词，也屡见不鲜，看起来是够超现代的！

20.  矫枉过正的"一字一体"

汉学名家王叔岷2008年八月下旬以人瑞高寿辞世,痛失耆老,汉学界咸表惋惜。报纸在报道此则讣闻时,多尊称他为校雠名家,致令此则新闻读者,颇感疑虑,不知是校什么的?

雠,音仇,校对也;校雠,亦可称雠校,校勘也。雠,还可以写成讐,属言字部,亦可通应酬的酬,是个多义字,原指对答(《诗经·大雅·抑》:"无言不雠,无德不报"),或相等、相类(东汉班固《汉书·霍光传》:"卒不得遂其谋,皆雠有功"),故字形结构是两"隹"相对。

传统繁体汉字正楷造字结构"XYZ"很有意义。例如,言字部有一"䜌"字(音脔),紊乱也(治丝易棼,丝亦不绝,故从丝,会意),以后发展成恋、峦、变、燮和湾等诸字。至于两犬对言之"狱"更是大众所熟悉的。丝,部首属纟部,纟音觅,曰绞丝旁者,只是口语化。

狀(音垠,犬部),是两犬相咬(同犾);猌(亦音垠),两犬相争所发出的声音;而"狱"(犬部)则不用多解释,当然是两犬相争,引申为诉讼,所以孔子矢言:"听讼吾犹人也,必也使无讼乎。"(《论语·颜渊》)

王叔岷有一名著——《史记斠证》一百卅卷,历时十七年而成。斠,斗部,音较,通校,校正也。

曾经有一阵子,一些传统报纸,大吹"繁体字"之风。例如,占为名词,佔为动词(人旁);畫(画)为名词,劃(划)(刀旁)为动词;雇,名词,僱(人旁),动词;但公布的布,却又不分名词、动词,一律不得加人字作偏旁。另外,又如岗字有"山"、没"山"又引起一阵讨论,而其实类似"冈"、"梁"字,已成音符(如钢、刚、梁),故山岗的岗,还是该有"山"的,是以王安忆之《岗山的世纪》,用对字了!话又说回来,拚还是打拚,而拼凑、拼装还是用拼的好!

21. 词非模棱两可

有些词语，由于字的组合相近、类似，往往使人产生混淆，误用、误写、误解甚至引起争议，又或者妥协，以为两词用字，只要音近即可，何必斤斤计较？其实不然。

例如，根柢与根底就并不相同。"根柢"是事物之基础，南朝梁萧统《文选·左思〈吴都赋〉》："霸王之所根柢，开国所基趾。"所以，我们常称某方面之专家（达人）根柢深厚。而我人将心理学上之"schema"译成听起来并不十分顺耳之"基模"，这样的"异取"，倒不如回归平凡，译为"根柢"，反而更适合吾人理解力。做学问功夫，若能追根究柢，学问方能更上层楼啊！

"根底"则是事情原因。清曹雪芹《红楼梦》第一二〇回："似你这样寻根底，便是刻舟求剑、胶柱鼓瑟了！"柢、底，两义不同。

又如破土与动土。"破土"其实沿用已久，明罗贯中《三国演义》第三十四回：《蔡夫人隔屏听密语，刘皇叔跃马过檀溪》首段就写："乃即日破土断木，烧瓦磨砖，筑铜雀台于漳河之上。"因为破土指的是开山辟地，后来，黄（农）历就把在山地开土掘墓穴者称为破土，而一般建筑动工，则称为动土，并且相习成俗。英文就简单多了，一律称"ground breaking"。

不过，凌架与凌驾一词，则是一个特例——两词同一义，都是超过之意。南朝钟嵘《诗品》："王元长创其首，谢朓、沈约扬其波，于是士流景慕，务为精密，襞积细微，专相凌架。"而凌架则同凌驾，见诸唐刘知几《史通·断限》："其史党附本朝，思欲凌驾前作。"

当然，宵夜还是应该作为消夜的，因为"消夜"是消其永夜，原是打发时间之意（kill time），故辞书有"消夜果子"条（吃些什么）；而"宵"则是"夜"也（如"通宵达旦"），宵夜两字连成一词，重义成了"夜夜"，就没有什么意义了。

22. 字随心象生

有将遗憾笔误为遗"撼",有报纸将此两字作一析辩,并解释说:"民众常常会把这两个字搞混,尤其是用注音输入的电脑新世代,更是错误率很高",新科技、新技法推行的结果,反而产生"文字障",诚令人叹息。

撼,音汗,本作搞,动摇之意(宋欧阳修等《新唐书·席豫传》:"当官不为势权所撼"),也有撼动(欧阳修《湖州长吏史苏君墓志铭》:"顾人主方信用,思有以撼动(打动、感动其心)"),撼顿(南北朝庾信《枯树赋》:"低垂于霜露,撼顿于风烟")和冲撞之意(唐孟浩然《望洞庭湖赠张丞相》诗名句:"气蒸云梦泽,波撼岳阳城。")

憾,亦音撼,心(忄)部,作遗憾解(《论语·公冶长》:"愿车马,衣轻裘,与朋友共,敝之而无憾");亦是怨恨之意(《管子·版法解》:"众无郁怨之心,无憾恨之意")。感字通撼,也通憾,是撼与憾的中介通假字。

憾字从心,撼字从手(扌),先从咸,再转而从感。两字都有"心象",古人造字,岂无深意。古人视心是思维器官(《孟子·告子上》:"心之官则思";《荀子·解蔽》:"心者形之君也,而神明之主也"),心又等同精神、智虑、能力和品德(《孟子·告子下》:"故天将降大任于斯人也,必先苦其心智"),也是思想、意念和情感之所生(《诗·小雅·巧言》:"他人有心,予忖度之。")也正因为文字能表达个人一己意念,故古人称文字为心画(心中之图象),汉扬雄《法言·问神》:"故言,心声也(言为心声);书,心画也。声画形,君子小人见矣。"所以,心字部之字,每多道德性之添附,尤多佛家语骈字,如:心心(一切思想欲念),心王(心为眼、耳、鼻、舌、身、意、末那识、阿赖耶识八识之主),心水(心如水能影视万象),心月(道心无尘,明净如月),心田(心如田,藏有善恶种子,随缘滋长,唐白居易《狂吟七言十四韵》名句:

"性海澄渟平少浪，心田洒扫净无尘"），心冰（心有挂碍，譬如冰结，疑惑而不得解），心印（以心相印证，心心相印，顿悟成佛），心地（心如大地，随缘生一切诸法，晚唐韩偓《残春旅舍》名句："旅舍残春宿雨晴，恍然心地忆咸京"），心灰（心中尘埃，世俗杂念也），心行（善念、恶念交杂运行，或心中凝罣不忘之事），心佛（心即是佛），心波（相续不绝的意念），心性（不变的心体，《圆角经》："以净觉心，知觉心性"），心花（佛菩萨悲心普照众生，兴慈济苦，有如花香，沁入众生心），心城（禅定如城，外缘不入），心珠（众生本具佛性，清净灵明，无垢无碍，如水精明珠），心马（同心猿，心猿意马，人心浮乱如奔马），心源（心为万事万物本源），心灯（心灵），心树（意念产生，如树木一样茂盛），心证（心与佛相印证，唐释皎然《送清凉上人》："花空觉性了，月静知心证"），心药（佛的教法能治众生心病），心镜（心如明镜，烛照万物）。

爱，繁体为愛。爱河（情欲之为害，如河水溺人，陷人自陷），爱染（净性受外间感染而生爱情），爱根（爱欲，如根入土，爱欲之恼，又生其他连带烦恼）。

忍土（娑婆世界，众生宁忍受各种苦恼，也不愿出离这世界），忍辱（忍受各种侮辱、恼害，而心不记恨）。

悲心（慈悲之心，拔去他人之苦的同情心，《大乘义章》十一："慈能与乐，悲能拔苦"），悲田（以悲悯之心，救助贫困），悲增（即增悲，甘愿不断受烦恼困扰，以利众生拯救），悲愿（由慈悲心所发的愿）和悲观（常怀救苦救难之心，来观察众生）等诸词，直是道尽心迹。

诚如宋释道源《景德传灯录·从谂和尚》所云："莫教心病最难医"，故古人造字，往往以心示人，如忚（音西，傲慢欺人貌）、忲（音泰，同忲，奢侈也）、忮（音支，嫉恨；忮心，猜疑妒忌之心）。其中，尤以忌、忍、耻（恥）、忠、恕、悲和感七字，以己、刃、心、中、如、非和咸骈配心字，其字貌内涵，更见古人造字之用心考究。

一、忌，憎恶，妒嫉（《荀子·致士》："隐忌雍蔽之人，君子不忌"）：

- 忌克、忌刻、忌剋，忌妒他人才能，而想超越之；
- 忌恨，妒嫉别人的才能，而心生怨恨；
- 忌前、忌贤、忌才，妒嫉贤才；
- 忌盈，戒避盈（恶）满；
- 忌害，妒恨别人有才能，而加以陷害；
- 殪忌（殪，音掉，家畜暴死）。

二、忍，容忍，抑制（《荀子·儒效》："志忍私，然后能公；行忍情性，然后能修"），残酷（西汉贾谊《新书·道术》："恻隐怜人谓之慈，反慈为忍"）；孟子曰："人皆有所不忍（不忍心的所作所为），达之于其所忍（把所不忍心所做的事，去考虑原本忍心所作的事），仁也；……人能扩充无欲害人之心，仁不可胜用也（仁心仁义就之不尽）"（《孟子·尽心下》）；

- 忍人，残酷不仁的人（《左传·文公元年》："且是人也，蜂目而豺声，忍人也。"注："能忍行不义。"）；
- 忍心，狠心，克制（唐白居易《酬皇甫十早春对雪见赠》："忍心三两日，莫作破斋人"）；
- 忍性，克制性情（《孟子·告子下》："所以动心忍性，增益其所不能"）；
- 忍耻（唐杜牧《题乌江亭》："胜败兵家事不期，包羞忍耻是男儿"），同忍辱（忍辱负重，忍耻偷生），忍羞，忍垢，忍訽（訽，音购，汉司马迁《史记·太史公自序》："能忍訽于魏齐，而信威于强秦"），忍尤让诟（忍受耻辱，以待昭雪之时）。

三、耻（恥），羞辱、羞耻也，心部从耳，耻为俗字（见明张自烈《正字通》，耳部从止，止同趾）。《说文》："恥，辱也"，《尚书·说命》："其心愧耻，若挞于市"，《吕氏春秋·顺民》："越王苦会稽之耻"，《荀子·法行》："故君子苟能无以利害义，则耻辱亦无由至矣"）。《中庸》、《论语》一书对耻之解释，尤为详尽，例如：

1. 《中庸》
- 子曰："好学近乎知，力行近乎仁，知耻近乎勇。知斯三者，则知所

以修身；知所以修身，则知所以治人；知所以治人，则知所以治天下国家矣。"《第二十章》

2. 《论语》

- 子曰："（引）道之（民众）以政（政治法令），齐（整顿）之以刑（法律），民免（行为上不犯法）而无耻（但不会有羞恶之心）；道之以德，齐之以礼，有耻且格（达到领导者的理想）。"《为政第二》
- 子曰："士志于道，而耻恶衣恶食者，未足议也！"《里仁第四》
- 子曰："古者言之不（妄）出，耻躬之不逮也（害怕做不到反而感到羞愧）。"《里仁第四》
- 子贡问："孔文子（卫大夫）何以谓之文（谥曰文）也？"子曰："敏而好学，不耻下问（不惜向下属请教），是以谓之文（勤学好问）也。"《公冶长第五》
- 子曰："巧言（嘴巴甜）、令色（装着讨人喜欢的面色）、足恭（对人过度卑屈），左丘明耻之，丘（我）亦耻之。匿怨（怀恨在心）而友其人（但表面上同他做朋友），左丘明耻之，丘亦耻之。"《公冶长第五》
- 宪问耻。子曰："邦有道，谷（白支薪俸），邦无道，谷，耻也。"《宪问第十四》
- 子曰："君子耻其言而过其行。"《宪问第十四》

3. 《孟子》

- 孟子曰："故声闻过情（虚名，名过其实），君子耻之。"《离娄下》
- 孟子曰："人不可以无（羞）耻（之心），无耻之耻（以无羞耻之心为可耻），无耻矣（就不会遭受耻辱了）。"《尽心上》
- 孟子曰："耻之于人（关系）大矣。为机变之巧者（投机取巧的人），无所用耻焉（羞耻之心对他们是没有用的）。不耻不若人（不如人家还不感到耻辱），何若人有（那有什么可以跟别人相比的呢）？"《尽心上》

四、忠，尽心尽意，无私：

- 忠心，忠言，忠孝，忠告，忠直（忠诚、忠实），忠厚，忠贞，忠信，忠恕，忠义，忠谏，忠尽，忠鲠，忠肝义胆。

五、恕，以己心忖他人之心，推己及人，《论语·卫灵公》："其恕乎！己所不欲，勿施于人"；宽谅：

- 恕直（仁厚正直），恕宥，恕思（仁厚的考虑）。

六、悲（明张自烈《正字通》："悲戚也，有声无泪曰悲"），怜悯（鸠摩罗什译《大智度论》："夫言悲者，意存饶益，善顺物情"）：

- 悲悯，悲天悯人。

七、感，动人心也，摇动也，通撼（《诗·召南·野有死麕》："舒而脱脱兮，无感我帨兮"），通憾，憾恨（《左传·昭公十一年》："王贪而无信，唯蔡于感。"）感应（《礼记·乐记》："感于物而动"），感恻（宋王安石《题张忠定书》："窃观遗迹，不胜感恻之至"），感激（南朝梁萧统《文选·张华〈答何劭〉诗》："是用感嘉贶，写出心中诚"）：

- 感刻（深为感激），感念（感怀思念），感咽（受感动而泣），感涕（感动而涕泪俱下），感悦，感格（感动），感恩，感愧，感遇（感激恩遇），感铭，感戴，感怀，感恩不尽，感恩报德，感激涕零。

世传宋王安石曾撰《字说》二十卷，自谓天地万物之理著于此书，可与《易》相表里。惜元祐中，废止王安石新法，论者谓其穿凿破碎，蒙蔽学者，予以禁绝，以致其书不传。但若从文字变迁史来看，每一个汉字，都几乎蕴涵了历史、环境、政治、天文、地理、心象和心愿期许的"基因"，王安石所谓之天地万物之理，信有所悟而云然。至若指言道德，释氏之字，多从心——从心象而生，"往事依稀浑似梦，都随风雨到心头"（巴金《家》），然则"心病"可藉"心字"而得疗否？

23. 台风·飓风

2008年8月中秋强台风森拉克（Sinlaku）在台湾地区肆虐，无独有偶，飓风艾克（Ike）也同时横扫美国德州，两地都乌云密布，昏天暗地，豪雨成灾。或许有人会问，台风、飓风有什么不同？

台风（typhoon），我们又叫风台，是发生在亚太平洋赤道以北的热带气旋（tropical cyclone），也就是热带海洋面上的风暴，在西太平洋地区称为台风，通常发在五月至七月之间。如果每秒风速在32.6米以下者属轻度台风，32.7至50.9米者为中度台风，51米及以上者为强烈台风。受经纬度、气候及气温、气压的影响，台湾地区的台风，以七、八、九月最多，故此三个月称为台风季节；但也有例外，台风发生在年底者，并非罕见。

所以，简单地说，台风成因，是那股来自被称为热带气旋的热带海洋低气压（low depression）。热带气旋在亚太平洋形成后，经常会向西移动，再转向进入中纬度西风带，之后再转回东向移动。因此，除少数热带气旋会在热带大洋上消失，大多数热带气旋要待进入热带大陆后，方才减弱消失。

按其强烈程度，台风亦可分为三级：每秒风速为17米者，为热带低压（tropical depression）；18—32米者，为热带风暴（tropical depression）；而若风速高达33米以上者，则是台风了。

台风发生于热带海洋加勒比海者，称为飓风（hurricane）。其实我们也一度称为飓风的。例如，《太平御览·天部·风》引《南越志》说："熙安间多飓风。飓者，具四方之风也。一曰惧风，言怖惧也。常以六七月（农历）兴，未至时，三日鸡犬为之不鸣。大者或至七日，小者一二日。"古人甚至把夏秋之际天空所出现如虹般之晕（水气），认为是飓风来临先兆，因而称之为"飓母"。美国新奥尔良因为经常受飓风侵袭之苦，所以它的著名烈酒就叫"hurricane"。

粤人叫台风为"打风"或"打大风";在菲律宾,台风称为"baguio"(读若"霸娇");孟加拉湾、阿拉伯海域称为"cyclone";在澳大利亚则称为"willy-willy"。台风眼——台风的低气压中心,真的就叫"typhoon eye"(eye of typhoon)。大家可能知道家庭用品大卖场,有一家著名的宜家,英文就是"Ikea";大家可能不太记得起第34、35任美国总统艾森豪威尔(D. D. Eisenhower,1890–1969)的口头禅,也是"Ike, Ike",所以,他就有了"艾克"的昵称。

另外,值得一提的是焚风(foehn / chinook),那是指低气压通过时,海洋性暖湿空气因越过山脉而在下风侧形成了干燥的高温。森拉克袭台,其所带来的焚风,对农作物的伤害甚大。而说台风"走得慢",从前讲"牛步",现在说"龟速",随便啦,两词俱通,也甚为传神。

24. "搅"字的本尊与分身(搞)

搅局、搞电玩,一字两写,究竟哪个字是"本尊"?哪个字是"分身"?从字义原意说来,除了混合、拌合(如"搅拌")以及作水声、寻索(如"搅搜")与开销(如"搅计")等诸义外,更多的意义,都是指向具体动作但多负面意涵的打搅、搅乱,如搅局、搅恼、搅挠(弄坏)、搅扰等等。也许这个搅字笔画多,故而一般人好用另一同义的搞字。

搞字有两义,一义为"敲"(音同),另一义就是搅,更妙的是,它身兼正反两面意义。例如,搞手、搞笑、搞定(怗/掂)、搞错、搞鬼、搞事、搞活动、把它搞好、搞不好、搞个公司、搞搞论文、搞得乱七八糟。不过,搅却不可以通敲,而"搞"也通常对抽象性事物而言。

晚清至民初,一般人用"搅"、"搞"时,也是"乱搅"一番,所以章太炎在其所著《新方言》一书上,慨乎言之地说:"今人谓之'乱之'曰搅,其谓'治之'亦曰搅,此犹古训以乱为治矣。要之,今人言搅以代'作'、'为'等语。"(《释言》)

曾经有提倡严于用字的报馆,在编辑手册中,指出正面意义时应用"正写"的搅,而当负面意义凸出时则用搞。这种分法,并不见得恰当;不过,也许由于搞字书写时笔画较少,印在版纸上,也较能清晰易认之故,用搞的人愈来愈多了。这并不是件坏事,在今日的计算机键字年代,更不是个问题了;何况,搞之与敲,又早已分家了,推敲不会写成推搞。

# 25. 刹那间煞车

传播媒介在报道车祸时,往往将煞车写成刹车,实在错得离谱。

煞,火部,是个多义字,可以作"伤"解;又同杀(音同);通作"甚"、"极"解,如"煞费苦心"、"煞费踌躇",宋柳永《迎春乐》:"近来憔悴人惊怪,为别后,相思煞";凶神亦谓之煞,如犯煞、冲煞、凶神恶煞,而阴阳家更有八煞之说(见宋周密《齐东野语》);俗谓收束曰煞,如收煞、煞尾(北曲套曲结尾一段),所以,煞有停止之义,煞车、煞掣也得用煞。

刹,原指佛寺所立幡竿,也指佛国,唐玄奘《玄应音义》说:"刹,梵云差多罗,此译云土田,经中或言国,或云土,同义。"《圆觉经》:"心花(菩萨心胆)发明,照十方刹。"佛寺亦曰"刹"(古刹、宝刹)。我们常用"刹那"(梵语"Ksana"),指一念间、时之最短者。唐法藏《华严经探玄记》说:"刹那者,此云念顷,于一弹指顷有六十刹那。"《仁王护国般若经》更说:"一念中有九十刹那,一刹那经九百生灭。"唐白居易诗:"欢荣刹那促"(《和梦游春》),故"刹"实指瞬间的微时间单位。他义如:刹海(土田/北京有什刹海),刹尘(无限国土也),刹利(田主),但却无停止的动作。

刹那,又经常有媒介错写成"霎那"。霎是小雨点,虽然霎霎、一霎或霎时,也指极短时间,但驾车人士脑海中应时时记着:煞有介事地小心驾驶,有情况则贵能在刹那间煞车,这样才不会雾煞煞地愁煞人,才不会脚煞(北京土语,末路也),惨煞,才不会犯煞,过凶神恶煞之七煞关!

26. ☺ 囧 >_<

新新人类透过大想象,用"囧"字创造火星文"囧 rz",代表愁眉苦脸,而被广泛应用,成为网络流行俚语。以囧字之外观形构,加上日本颜文字"Orz",真是一绝。

不过,就汉字的原意而言,囧字的原意并非忧郁,刚好相反,是明亮开朗的意思。囧同冏,囗(围)部四画,读若窘。字典的解释是窗明几净,是一幅窗牖交疏玲珑剔透之境,又或者是一片光明的样子(南朝梁萧统《文选·江淹〈杂体诗〉》:"囧囧秋月明,凭轩咏尧老。")唐韩愈也有《秋怀诗》说:"虫鸣室幽幽,月吐窗囧囧。"

囧字的字族其实不少。例如,"恖"是"悉"古字,"朙"是"明"的古字,畗是古姓氏,䀠是"睦"古字。而我们比较熟悉的则有炯,是烱(音迥)的俗字,是光明、眼光锐利之意(宋陆游《雪中独酌》诗:"莫惊醉眼炯如电,假钺犹堪行督战"),也就是我们常说的两眼炯炯有神;炯字通耿(如炯戒),俗字作烱(见明张自烈《正字通》)。又如莔(音萌)是贝母别名,而莔麻可作药用。再如迥(音同炯),是遥远之意(如天高地迥)。我们比较少用的,则有洞(音肿),水势回旋也;絅,罩袍,《诗经》:"衣(动词)锦尚絅(穿贵衣服外面应加上一件单层罩袍,以免太招摇)。"

另外,近似的旁系字则有冏;泂(音迥),是谓寒冷也、遥远也(如泂泂:水深而清澈);坰(音扃),郊野远处;诇(音倘),告密也;駉(音扃),牧马之地,駉駉则为肥壮好马(《诗·鲁颂》:"駉駉牡马,在坰之野。")

中国文字基本上是象形文字,符号特质丰沛,如果有心将汉字转换成有意义的"新新文字",恐怕也不是办不到的。

27. "得的句读"和"造与做作"

一、得的句读

相对于学生而言，报刊在使用标点符号方面，比较不令人那么担心。为了版面"眉清目秀"起见，在报章里专名号（_）、书名号（《》）和省略号（……）不用，破折号（——）、冒号（：）、感叹号（！）、问号（？）和引号（""），通常只用于特写（新闻报道少用）。职是之故，记者写稿时，若能小心使用分号（；），用短段、短句，那么，剩下来的句号（。）和逗号（，），就比较不易出错。

比较令人担心的是，"得"与"的"用法，已到了"无法便是法"的阶段，不知伊于胡底！世俗也就顺其然，约定俗成，其实要分辨两字用法并不难。

（一）"的"的用法主要有四：

1. 表所属介词（preposition）：如，我的老板；
2. 代名词（pronoun）：你们这些不食人间烟火的（人）；
3. 置在形容词（adjective）之后：如，雪满山头，一片白蒙蒙的；
4. 表示决断形态的语助词（particle of assertive）：你是不能脱身的。

偶然可作"些"字用，如元《通制条格·荫例》："皇帝识也者；除那的已（以）外，一品子荫正五品子，从一品荫从五品。"（卷六）

（二）"得"字的用法，主要有三种：

1. 动词（verb）+副词（adverb）：如"做得不错"（现在已说成"做的不错"了）；
2. 动词+状态副词（adverb of manner）（或程度副词，adverb of degree），如"把礼堂布置得色彩缤纷"；

3. 置于动词之后，表示可能，如"来得快，去得快"。

"得"、"的"混用，古已有之。例如，《说唐演义》第五十一回《王世充发书请求》，即以"的"代"得"："尉迟恭大悦，把酒吃的大醉。"而《元曲选·马致远〈青衫泪〉》："比及我博的个富贵荣华，恰便似盼辰勾（水星），逢大赦。"连刘鹗写《老残游记》，也是将"的"代"得"："而《湘军志》一书做的委实是好，有目共赏。"（十二回）又如，清俞樾修订《三侠五义》百十四回："交朋友不过是了就是了，人在人情在，那儿犯的上呢！"再如清曹雪芹《红楼梦》二十六回："薛蟠笑道：'你提画儿，我才想起来了。昨儿我看见人家一本春宫儿，画的很好……真好的了不得！'""得"、"的"混淆，日久之后，可能产生"约定成俗"的效果，但不知这是失控的语态变迁，是自然而然的语言社会化演进，抑或是对传统文化的一种"摧残"？

二、造与做作

造与做的用法，有各自的规则，也有约定俗成的习惯用法，"似乎"也有互为解释的。用英文去解释，也似乎更清楚：

造	做
1. to make, to do, to create, to build, to manufacture	to make, to do, to work
2. to arrive at, to reach, to go to	to act as, to pretend to be
3.（in law）a party concerned in the suite（两造）	to give（a party reception, etc.）
4. era period	to enter（a profession）
5. to prepare	
6. to institute	
1. 造币、造酒、造纸、造船、造林、造访、造诣、造就、造成、造字、造园、造物、造化（天也，即命运）、造次（《论语·里仁》："造次必于是，颠沛必于是。"）、造型、造像，造屋	1. 做牌、做大牌（麻雀术语）

续表

造	做
2.织造、塑造、建造、打造、捏造、深造、未造、创造、缔造	2.做作、做（干）活
3.造成灾害、造谣生事、造神运动、造句子、可造之才（造才、小子有造）、造化小儿（指命运）、造陆（山）运动、造血器官、造骨细胞、造手工、造劳作	3.做（作）寿、做（作）爱、做（作）梦、做（作）工、做（作）饭、做（作）案、做（作）东、做（作）弄、做（作）假、做（作）主、做（作）保、做（作）伴
4.造（作）孽、造（作）反、造（作）塑料花、造（作）福人群、造（做）作	4.做（作）文章、做（作）出来、做（作）衣服、做（作）朋友、做（作）好人、做（作）手脚、做（作）生日、做（作）生意、做（作）人情、做（作）样子、做（作）中学、做（作）客人、做（作）自己、做（作）人难、做（作）贼心虚

　　至于"作"，英文的解释是：to make，to do，to write，to compose，to act the part of；词例有：作弊、作品、作废、作风、作恶、作态、作乐、作乱、作梗、作家、作假、作者、作主、作嫁、作祟、作呕、作业、作物、作为、作文、作用、作料、作威作福、作奸犯科、作茧自缚（毙）、作践自己、作殊死战、作（做）为一分子。

　　由于"做"几乎都可以用"作"代入，而"造"则通常不能，因此，当考虑用"造"或"做"之时，一个"冒险"但比较简单的原则是：若能以"作"代入者，大可用"做"。

28. 说名道字

中国人传统上向来重视名字笔画，每感不如意，觉得时运不济，便想到要去改名。但若改名字后，时运不见得更好，又或者比改名前更差，遂又再恢复原名。想改名字的人，大都依从命理师建议，择日、择时改名，以图改运。而在各行各业中，尤以演艺界艺名最常更改，祈求大红大紫。

由于传统文化和中国文字的音、形、义结构，中国人的名字，几乎是一部另类文化史。老子《道德经》早就说过"无名天地之始，有名万物之母"。从语义学角度来说（不是生物进化论或宗教观），这句话可以解决"鸡生蛋、蛋生鸡"的吊诡——先有家禽名鸡，所以它所生的（蛋），从鸡名衍义（"一生二，二生三，三生万物"），就叫鸡蛋，倘若光得蛋，而无禽类配属，则焉知其为鸡、鸭抑或鹅？从甲骨文、金文来看，名之一字初形，是月在口旁，甲骨文有卜辞残文"重囗（缺字）其名囗"（意义未详），金文则有"厥名囗囗邦"（名字）与"朕余名之"（吉日（为）剑命名）诸句。所以汉许慎在解释"名"之一字时说："名，自命也。从口从夕；夕者，冥也（黑夜），冥不相见（黑夜看不清楚对方），以口自道名（字）。"（《说文解字》）

名是"明"的意思，自名的使用，实际上是适应"我族类"公名（即姓，如姬、姚、姜）的图腾（toten）母系氏族社会渐次演化为使用私名的父系社会之故。在父系社会中，每一男子汉都是一个"独立分子"，各自持戈守护自己的禾（我），指指鼻子（厶）对人说禾是我的（私），舍是余的住处，以弓来保护自己的田土（疆）。名、命、生、姓，古义相同，互为通假。

不过，自名只是口语传播，而真正首见之于文字的，厥为依礼俗而刻的鼎铭。从殷代铜器（或陶器）里，可以看到镌记有人名（或氏名）的图形符号。《礼记·祭统》指出："夫鼎有铭（文）。铭者，自名也，自名以称扬其先祖之美，而著之后世者也。"汉刘熙《释名》亦说："铭，名也，记其功也。"也就是说把名字刻上去，使后人知其祖宗之德或功勋，故如"邾公华钟"者，即刻有："慎为之名，元器是旧。"《周礼·春官·外史》有说："掌达书名于四方。"汉郑玄为之注释曰："古曰名，今曰字。"所以，在我国人的名字涵义及其衍展过程中，名称（name）、文字（word）及铭鼎之铭文（inscription）三者，其实是一个无差异的三合一重叠通假关系。

追溯上古华夏之世，封建郡邦初建之时，嫡承正统，而庶则领氏封藩（"天子赐姓命氏"），也就是说，这些受封诸藩，大都顶着（部落）氏族、封地、祖宗、有国或官职公名，世代相传（《左传·隐公元年》："天子建德，因生以赐姓，胙之土而名之字。"）① 例如，清孔广森在《大戴礼记·补注七》中指出："彭祖者，彭姓之祖也。彭姓诸国，大彭、豕韦、诸稽，历事虞、夏，于商为伯，武丁之世灭，故曰彭祖八百岁，谓八百年而亡。"余如黄帝居于轩辕之丘，故称轩辕氏；神农氏居于烈山，故称烈山氏。服虔在《礼记·月令》中亦解释说："自少暤以上，天子之（称）号以其德，百官之号以其征；自颛顼以来，天子之号以其地，百官之号以其事。"相传夏朝寒浞给次子取名豷（音翳，猪喘息也）（《左传·襄公四年》："浞因羿室，生浇及豷"），可能就是乳名阿猪、阿牛的源起。

殷代用天干（如武丁）、地名（如帝喾名高辛；高辛，地名），以事（如主癸之妃扶都见白气贯月，意感而于乙日生商汤，故名履，实践也），以德（如帝辛，因"残义损善"，天下谓之纣）等途径命（取）名，命名方式自

---

① 宋刘恕《通鉴外纪》："姓者，统其祖考之所自出；氏者，别其子孙之所自分。"清段玉裁《说文解字注》："姓者，统于上者也；氏者，别于下者也。宋郑樵《通志·氏族略》："（三代之时）男子称氏，妇人称姓。"夏商周最早姓氏，见于商代甲骨文，如"帚（妇）秦"（来自秦地妇女）、"帚（妇）楚"（来自楚地妇女）。在封建社会，姓氏为贵族专利，奴隶只有名字而无姓氏，如优孟（叫阿孟的演员，成语"优孟衣冠"），庖丁（厨子），鲁班（鲁国的阿班）本名公输班（公输是字，班是名）。而所谓系出名门，嫁娶时查家宅、查祖宗三代之古习俗，也是其来有自的。

是趋于多元复杂。及至春秋之世，命名方式，已有"五法"和"六不"之说。"五法"指的是：有信（征），如唐叔虞手掌有纹象虞字，因名；有义（德），如周文王生武王，期望之发兵诛暴（纣王），故名发；有象（长相），如孔子，父叔梁纥母颜氏祷于尼丘，得孔子，孔子生而污顶（胎志），像尼丘，故即名丘；有假（借机），如孔子之子生时，适有人送他一条鲤鱼，因名之曰鲤、字伯鱼；有类（比），如齐桓公太子与他同一日生，故名同。"六不"是不以国（名）、不以官、不以山川、不以隐疾、不以畜牲以及不以器帛等命名，以免犯忌（如名豕，然则豕死了怎么办）。而晋公子之所以名重耳，则因为双耳为聃（音喋），取其双耳俱在，没有被敌人葴去之意，祈愿一生征战平安无恙也。

所以如此严谨，是希望命名和命字与命运、成就、期许、形象、德行等有所呼应，以使"闻名即知其字，闻字即知其名"（东汉班固编撰《白虎通》），此之所以楚三闾大夫屈原就以他的名字为荣，并且由自我期许而内化为德。他说："兆出名曰正则兮，卦发字曰灵均"（《九歌·离世篇》），又说："纷吾既有此内美兮，又重之以修能。"（《离骚》）据闻一多解释，那是屈原生的那天，灼龟甲卜兆，凭兆文而将他取名曰正则，字灵均（见闻一多《离骚解诂》）。

据近人马来西亚学者萧遥天所著《中国人名的研究》一书所说，周秦命名方法，大致有"同义互训"，如被孔子斥责好睡午觉的鲁国宰"予"，字"子我"；"反义相对"，如孔子学生卫人端木"赐"，字"子贡"（上予卑者曰赐，下奉上曰贡，赐与贡相对）；"连义推想"，如孔子之孙、作《中庸》的孔"伋"，字"子思"（伋与急通假，忧患孔急也，故取字曰思，静思、多思）；"连义指实"，如楚公子"启"，字"子闾"（闾为里巷之门，启、闾，启其里门也）；"辨物统类"，如楚公子"鲂"，字"伯鱼"（鲂为鱼）；"原名加辞"，如孔子说可以把女儿嫁给齐人公冶"长"，字"子长"；"干支五行"，如秦人白丙，字乙（丙为火，天干排序第三，为奇数，奇数刚；乙为木，天干排序二，为偶数，偶数柔，故名丙，字乙，寓意火生于木，刚柔并济）；"名字间插入一语助词"，如《孟子·公孙丑上》所说的"孟施舍之养勇也"之孟"施"舍，实名"舍"（施是助声词/语气词），实即"孟啊舍"，又如秦相吕"不"韦（不，是正言若反，不韦，韦也）等。

所以，至周秦之世，取名定字，已渐成风俗，一如《礼记·檀弓上》所说"幼名，冠字"。《国故论衡·上》更直率地说："人生幼而有名，冠（成年）而为之字，名、字者，一言之殊号，（但）名不可二（只能有一个名），挚乳浸多谓之字（字号则可以有多个）。"（国学讲习会编，1910年5月）

有汉一代，每喜在字中显示其排行并加上尊称。例如，同卓文君热恋、写《长门赋》得名的司马相如，即字长（音掌）卿；侠士郭解，字翁伯；在北海边牧羊十九年的苏武，字子卿。当时流行的字号，每多"元"字组合，如三国时华佗，字元化，徐庶，字元直，左慈，字元放，"蜀中无大将，廖化作先锋"的廖化，字元俭。新莽误解《公羊》及《左氏春秋》两书讥二名之说（用两个字做名字），禁贬二名，影响所及，汉魏三百年间，几用单名（字）成习。此则可从南朝宋范晔《后汉书》和《三国志》得窥其大概。三国时人好用单名，如刘备、曹操之辈；又好以两个字的字号，来补助名之威势，如刘备字玄德，关羽字云长，张飞字翼德是也。

晋代以降，盛行依名加词为字，如东晋淝水之战名将谢石，字石奴；唐朝诗人杜牧，字牧之；明大儒宋濂，字景濂，而魏晋六朝之流行名字即为"之"字，如大书法家王羲之一族，即有玄之、凝之、徽之、操之和献之诸名。入唐之世，诗家文人互称，则每喜以兄弟之子侄混合排序、俗称大排行之"行第"称呼代名，如韩愈吊侄十二郎，称白居易为"白二十二舍人"，杜甫赠卫八处士，称高适为"高三十五书记适"等，而最为人熟悉的，当然是白居易之《问刘十九诗》（"绿蚁新醅酒，红泥小火炉。晚来天欲雪，能饮一杯无？"）。

宋元之世，据说巷里细民无正名，如明施耐庵《水浒传》梁山泊三十六天罡星之一的立地太岁阮小二、活阎罗阮小七，食肆堂倌为店小二（小二哥），明开国勋臣、开平王常遇春父名六六，祖父名重五，曾祖父名四三；而其时绍兴乡间，有合父母之年岁而为新生儿命名者，比如，父年二十三，母年十六，生子即名三九。宋辽金元之世，受民族交流推动，中土人士名字受胡人影响颇多，胡人名字之汉化，亦比比皆是。例如，欧阳修有子曰僧哥，《水浒传》里踢爆西门庆、潘金莲奸情给武松知道的郓哥，元宪宗本名蒙哥，金完颜承立（字献甫）本名庆山奴；贾塔尔晖、张巴图俱汉人，刘敏本汉人，受元太祖成吉思汗（蒙古语"天赐"也）赐名玉出千。明清之后，西学东渐，文化交汇，改名取字方法，已愈来愈多，而有清一代，尤好以谐音假借来定字号的。例如，撰《廿二史札记》的赵翼，字云松，又作耘菘；又如办《循环日报》的王韬，字兰卿，晚年又自号懒今。此外，又有以古书语句（如温、良、恭、俭、让）或金木水火土作偏旁而取名字者（如鑫、森、洪、燊、尧）。

走了这趟中国人传统取名走字的历史"捷径"后，自知国人对名字的重视，实其来有自。故《礼记·檀弓疏》说："始生三月而加名，故云幼名，年二十有为父之道（古人早婚），朋友类不可后呼其名，故冠而加字。"大抵按吾人传统旧俗，呱呱坠地即有乳名（如犽豴）；之后则有小名，如残唐五代周主郭威，小时贫贱，人呼之郭雀儿，宋太祖赵匡胤小名香孩儿；到启蒙就学，就取个学名，如学良；成婚时，父母或长辈，又给予一个婚名（曰大号），如兴业；至于字和笔名，则可以自己斟酌，一任己意而为，想多少有多少，想改什么都可以，所以俗谚说"迂腐书生多别字（笔名）"。有了名字，以后虽天涯海角，是亲戚就有"凭据"可以相认了。正如唐李益诗所云："十年离乱后，长大一相逢。问姓惊初见，称名忆旧容。"（《喜见外弟又言别》上半阕）当然，世变日繁之后，这一名字号阶段性的过程"公式"，亦已酌情简化。

有一个疑问是，名字号真的对人的命运有所影响吗？若以传闻旧事证之，茶余饭后的谈兴是：兴许有诸。且说一下名字故事。

远一点来说，三国初与伏龙（诸葛亮）齐名，谓"两人得一，可安天下"的庞统（字士元），号凤雏，因从刘备入蜀，围攻雒县，不幸兵至落凤坡，因与地名"冲煞"，应了"天狗（地球阴影）流（彗）星坠，太白（星，太岁）临雒城"此不利主帅之谶象，不幸死于乱箭之下，也应了童谣所说："一凤并一龙，相约到蜀中。才到半路里，凤死落坡东。"（见《三国演义》第六十三回《诸葛亮痛哭庞统》)。①宋庄绰《鸡肋编》说,钱君唐休,赵丞相(鼎)荐之于朝,(宋)高宗嫌唐休之名(不吉而)不用。因为名字而"误"了前程,也真冤哉枉也。不过,有时也真是同人(名)不同命。后魏高祖(即北魏孝文帝拓跋宏)为儿辈取名为恂、愉、悦、怿,而他的臣子崔光(原名孝伯,为孝文帝赐名曰光),为诸儿取名曰劢、勖、勉。一次高祖突然问他:"我儿名字旁皆有心,卿儿旁皆有力?"崔光立刻回答:"君子劳心,小人劳力。"逗得高祖大乐,保住了高祖称他为"今日之文宗"的令名。(见明宋濂《篇海·类篇》)

　　拉近一点来说,清乾隆进士阮元,历任翰林院编修。据说某次词臣宴中,嘉庆帝突然问他:"阮元为何无双耳('阮'字有'阝'字旁,而'元'字却没有'阝'字旁)",聪明的阮元,也是一时福至心灵,立刻回答说:"伊尹(商汤辅臣)从来只一人"(相关语,"伊"有人字旁,"尹"没有人字旁),致令嘉庆赞赏不已,从此一生顺利,官高富有。②

　　道光时,浙江会稽人孙山麓,多次会试不中("麓"与"落"谐音,"孙山麓"听起来像"孙山落"——名落孙山)。至咸丰即位,他易名为庆咸应考(庆

---

①　后晋刘昫等《旧唐书·窦建德传》亦有犯地讳的类似说法:"先是,军中有童谣曰:'豆(窦)入牛口,势不得久。'(窦)建德行至牛口渚,(听闻此谣)甚恶之,果败于此地(牛口渚)。"

②　汉姓字历来都有许多有趣故事,例如:

A.浙江金华某处,据说曾有一位金姓王族无嗣继承,后得一位刘姓家臣,愿将独子过继给他,但声明其后子子孙孙生时虽姓金,但死后则要归宗恢复姓刘,此一"生金死刘"之俗、之族,有谓至今尚存。

B.因为孔子说过"窃比于我老彭"(《论语·述而第七》),故称姓彭的人为老彭,是一种尊称。

C.外国有姓"Lee"和"Young"的,但与中国之李姓与杨姓无关。

D.战国时期宣王立有德而无貌的无盐(今山东东平县)之女,姓钟离名春者为后,世之俗谚误传"有事钟无艳,无事夏迎春",亦误以钟无艳称之,实为钟无盐。

E.唐末八仙之一的钟离权,硬是给后人称为汉钟离;李铁拐(玄),亦被硬称为铁拐李。

咸丰登基），果然得了会元第一。同治七年（1868年），江苏举人王国钧，殿试已列入前十名，但据说因为王国钧三字，与"亡国君"谐音，故倒了霉，只落得个三甲上榜。光绪三十年（1904年）甲辰科最后一名状元名刘春霖，据说殿试时原排名榜眼第三，然时逢东北、华北大天旱，光绪看到春霖两字，认是吉兆，又与慈禧恩泽永垂心意相合，于是特意拔为魁首！

其实名字是"社会化产物"，受政治形势和社会风气影响。例如，"文革"前后，百姓生子多名小红、任穷、忠党或单名兵字。而一九四九年后，在台湾出生的，多名为台生、台英、台凤、高雄、新生、自立和建业等，以志子女出生地。

清末革命策源地之一的香港，上一代名字，原有着浓厚的家国和民族观念，故名为振民、振武、建国、建华者，代不乏人。二十世纪六十年代取名，男的阳刚味重，多名根、泉、伟、强、英、明、豪、杰，女的温柔婉约，多名卿、娇、美、丽、娴、芬。七十和八十年代，受火炽般电视剧的影响，剧中人名字，如希文、玲、若彤、辉、杰等名字相继而生。到了九十年代，父母亲教育水平提高，一般多希望子女名字能脱俗，土气十足的名字已不多见，总想找些特别的字为子女命名，就是同音字也用不同写法，例如，恩字被欣、昕取代，咏则改用颖；中性名字亦是一个选择，例如，子慧、子颖、子豪、子丹和子欣诸字，就男女都用。① 有时，为了名字笔画吉祥数，也取用较僻的字为名，如叫芯，不叫心。

北齐颜之推（531—约591）《颜氏家训》说："古者名以正体，字以表德。"但当今之世，从诸如陈乐育、李勤耕、张理机、黄金万、戈卫华、何济世、

---

① 台湾在20世纪三十至五十年代，男的多"称雄"，女的多称秀或玉兰、丽华；六七十年代，男的多称"志"，女的多称淑或雅惠；八九十年代，男的多称冠或豪，女的多称雅婷或怡君；2000年时，男的多用承字命名，女的则多叫宜蓁、欣妤和诗涵；而在所有年代中，志明和淑芬都是最普遍的名字；其中不乏父母的祝福和期待，如添福、添丁；当中也透露着些许浪漫，如琼瑶小说流行，生男的，父母亲就叫他为家铭，生女就叫婉君；及至偶像剧兴起，则父母亲又每喜叫女儿为欣妤、诗涵。

钟安良和蔡美音等传统典型名字，去推敲这些人的职业身分为教育（士）、农、工、商、兵、医、警政和演艺人员，由于行业变动，已经不合时宜。但若稍微注意一下名字的"质感"，例如，齐"管（仲）夷吾"（双声），秦太子"扶苏"（叠韵），唐"韩愈"（平仄），唐"李密"（仄仄），宋"苏东坡"（平平平）和唐"牛僧儒"（仄仄仄）等诸人"韵味十足"的名字，确会令人印象深刻。

所以，世变日繁之后，取名定字法则也随之日渐增多起来。例如：

一、从卜易取名，如屈原一样，在婴儿出生之日卜卦，以卦之名为名。如《易》卜得中孚卦，即名中孚；得谦卦，则名应谦。相传写《茶经》的陆羽，是一个不知父母姓名的私生子，及长，因从《易经》卜得"蹇"之"渐"曰："鸿渐于陆，其羽可用为仪"，因自姓为陆，名羽，字子仪。

二、从生日征兆取名。例如秦始皇正月初一日生，取名政（正、政通假）；宋岳飞"生时有大禽若鹄，飞鸣室上，因以为名（飞）"，并字鹏举。明末郑成功"因产于苍松之下，故取名福松"。（颜兴《郑成功复明始末》）

三、依宗族辈分排行取名，并期盼继往开来，如名继祖、显祖、念祖、广嗣、念孙和绍箕之类。二战后婴儿，则每多名和平者。

四、父母亲期望。例如，期望子女名字组成的笔画有父母名字部分笔画的离合，如父名为永诚，母名为晓芙，则生男名昶（昶有永字），生女名晔（晔有日字）。又如，以父母亲之梦符（兆）取名，故成语有"梦熊有兆"一语，乃指六甲（怀孕）在身。再如，郑文公妾燕姞因梦其祖伯鱼遗之兰花，后生穆公，因而名兰，以兰有王者之香故也。（《左传·宣公三年》）

五、从积极与消极性方向取名。积极方面，例如，希冀寿颐的，就叫彭年、延年、大年、永年、龟年和鹤龄之类；消极方面，如只期无灾无难的，便叫去病、弃疾、无忌、如晦和不害等等。金庸《射雕英雄传》中，郭靖和黄蓉所生的儿子，叫破虏，也是积极、企图心强的名字。有时，名的口气"太大"了，也会取个消极些的字，以求中庸之道，以免太满招损。例如，曾国藩（国家藩篱），就字涤生（修身），晚年更自谦求阙斋主人，等同东方不败与独孤求败两种际命的中和揉合。

六、同姓名意义连贯。例如，黄金盈、江万里、万家春和龙在野、林森、聂耳等诸名属之。

七、考虑子平八字，天干地支之五行盈缺而取名。例如生年四柱为辛丑年（天干辛属金）、己亥月（天干己属土）、丁未日（天干丁属火）、癸巳时（天干癸属水）生的人，就五行欠木了，取名就得以木字旁（部首）来考虑，例如，男的名森，女的名桦。此法近世相当流行，惜乎能真正通子平之术者，实如凤毛麟角。另外，除了金木水火土诸字及其偏旁（部首）字外，若说字有属性，例如砚属火、鹏属水，则是业者的极度推论。

八、算姓名笔画以取名字。此法源于日本，讲天格（祖宗承传）、人格（本身／主运）、地格（父母影响／前运）、总格（后运）和外格（家族）等五格笔画数；如天地人三格加起来笔画得二十二画，是位艺术家，三十三画则是富翁之类，此法亦已流行多时。

九、自我及他人之期许。例如，明末闯王李自成，原名鸿基（皇帝大业），自谓丈夫当"自成自立"，因改名自成。（清初计六奇《明季北略》）又如还珠楼主《卧虎藏龙》书中之李慕白，明末文坛怪杰金喟，字圣叹（《礼记·礼运》："（孔子）喟然而叹"），皆自我期许，欲效贤能也。又如宋文天祥应试拔为状元，宋理宗见其名即说，"此天祥，乃宋之瑞也"。朋辈便称他为宋瑞。（《文天祥纪年录》）

十、特用僻字，令人印象深刻。例如，满清中期皇室以胤排名，令人一看就知是皇家子弟，如四阿哥胤禛（雍正），传被雍正夺位之十四阿哥胤祯。又例如香港早期报刊漫画家雷雨田，民初为军阀张宗昌所杀之名记者林白水（原名泉），早期女影星王人美（美人王），民初小说名家吴沃尧号我佛山人（我，佛山人），以及江天一、凌万顷等名字，都饶有深意，易记、易听、易明。

近世取名，可能都以流行为宗。例如西风东渐之后，男士多名约翰、杰夫和坚尼夫（肯尼斯），女士则爱称玛丽、莉莉、帕妮丝和伊莉萨等西化名字，已不若前时，男的多以民、士、君、子、郎和友等作名字搭配，女的多以娥、兰、凤、缦、黛等作为闺名组合，是时移世易之故，势有必然。

说名道字

其实，所谓名字，只要自己感觉良好就可以了，不必在乎世俗眼光，至于是否好名即好命，由自勉自励而产生的自信(念力)，恐怕心理作用大于一切，此之所谓皮格马利翁效应也（Pygmalion effect），信之则灵吧！

29. 释姓·正词

一、释姓

台湾桃园县有鸡姓居民，姓氏确为罕见。口耳相传，鸡姓源起说法有二，其一是因为祖先开罪朝廷，南迁隐姓避祸，见树下鸡群，遂引发灵感易姓为鸡；其二是回溯到三国时代，越族走海路到广东佛山垦荒，因环境恶劣，故特姓鸡以许愿过丰足生活，是故鸡与田、布及老为佛山原住民四大姓氏。

鸡姓确是一个古老姓氏，不过，后裔却很稀少。据明张自烈《正字通》记载，明英宗正统年间，陕西苑马寺即有监正名叫鸡鸣时的人。因为母鸡会生鸡蛋，公鸡见曙光报晓（《说文》："鸡，知时畜也"），唤民犁田（鸡鸣早看天），故在农业社会里，鸡很早即为家禽，而且数千年如是。晋陶渊明《归田园居》："狗吠深巷中，鸡鸣桑树颠"，唐温庭筠《商山早行》名句："鸡声茅店月，人迹板桥霜"，宋辛弃疾《南歌子》："月到愁边白，鸡先远处鸣。"要是没有了鸡，便无法凑成一幅农耕图，也少了不少文人想象。

鸡（雞）字原是"隹"旁（隹，短尾禽也），但通"鸟"旁之鸡，不过，若写为姓，则统一用"隹"旁较好。从字的型构去推敲，隹字旁左声之"奚"字，甲骨文其上为"爪"，中间之"幺"，下面之"大"，合起来是个长发奴隶，俱象形——似以手抓紧奴隶之头，令其饲养家禽（隹/鸟）。鸡之所以成为家禽，其义极明确（成语也是杀鸡取卵，而非杀鸭杀鹅取卵）。而雞字之山，不是高山的"山"，而是鸡之冠（或头饰），"山"只是像其巍峨之形。

北宋时《百家姓》里有姓龙、马、牛、羊和鱼的，近代也发现有人甚至姓死和姓难的。古人说鸡有五德，并且将每年正月初一定为鸡日（东方朔《占书》），所以，姓鸡也没什么好奇怪的。《韩诗外传》卷二："君独不见夫鸡乎？

首戴冠者，文也；足搏距者，武也；敌在前敢斗者，勇也；得食相告，仁也；守夜不失时，信也。"

俗语说："宁为鸡口，无为牛后"（《战国策·韩策一》），勉世人宁可小而尊，不要似大而实卑屈。可惜，吾人向来并不善待民生上如此重要的家禽。为了一饱口福之欲，我们把公鸡"镦"了（镦，音线，阉也）；玩斗鸡，不敌时，还要它"雄起"，要它斗死方休！而在禽流感的威胁下，香港已不准在住户屋内养殖鸡只。嗣后，透过鸡窗（书房）去感受"风雨凄凄，鸡鸣喈喈"，已是香港人难得的浪漫了！

台湾有蔄姓人家，全台只有两户，据陈述，蔄，音慢，言是明代避乱迁往云南，后又迁到山东威海卫的人家（山东文登市有蔄山镇），又或许是元代南下的蒙古人。《康熙字典》有蔄字（《申集·上》，艹（艹，草）部，十一画），其解释为："唐孙腼《唐韵》：亡苋切（音缅），人姓，见《姓谱》；明张自烈《正字通》作'莫半切，音慢'，非。"故此字似应从《康熙字典》，读"缅"，而不是"慢"，但因是罕见字（姓），随俗读亦无不可。与蔄在字形上相近者有两字，其一是"蔄"，据明梅膺祚之《字汇》说，同"妍"；另一个是蔄，《唐韵》："古闲切，音闲"，兰、莲之属，亦姓也（见《康熙字典》），俱为罕用字。

二、正词

（一）功亏一篑

有传媒将功败垂成说成"空亏一篑"，令人莞尔。"空亏"，其实应作为"功亏"；"篑"是盛土的竹器，功亏一篑是说只差那么一畚箕的土，就可以把九仞高的山（土堆）成功堆砌起来，是功败垂成之意，语出《尚书·旅獒》："为山九仞，功亏一篑。"一仞，大约是一个人伸长双臂的长度；九仞，也不是顶大的土堆。中文电脑打字，若以注音为之，同音字多，传媒校对机制理应加强，以减少错误。

（二）吹风会

"吹风"一词，确是透露消息之意，清连梦青《邻女语》卷八一书有道："沈道台又到街头巷尾，找寻都统的书役，一路吹风送信，要他们回来当差。"不过新闻业界之用此语，恐自香港始。盖港英时期的香港政府单位，对新闻业界并非那么的友善和合作，很多消息都被相关单位视同"机密"，而只愿与业界协议，作"不予报道"（off the record）的背景说明。虽然提供说明的相关单位，仍称之为"简报"（briefing），但一般记者却因为如此吹吹风扇，憋着不能作任何报道，于是仍竞相戏称此种另类、异相简报为"吹风会"——只是乖乖地待在简报室吹吹风扇而已，什么都不能做。当然，香港的新闻业界也是厉害脚色，他们也会千方百计、东一块西一块地透露些端倪给读者知道。其实开吹风会的政府单位，也早有盘算——吹风会上的"简报"，多是探视民意的风向球，能作媒介讯源的"幕后隐者"，正是求之不得。

为了寻找消息，媒介有时真是身不由己，里外不讨好。

30. 或困于"惑"

有中文作文题,为一字题之"惑",导引文字则提到"孔子四十而不惑",以及"生活里充满令人迷惑的人、事、现象",好使学生能够贴切题旨,颇引起一些争议。因为除了一字题通常"过于刻板",不易发挥之外,"惑"字是一个"负面"意义的字,除了不惑之外(不,亦为负面字,两字缀成一词,负负得正),几乎尽是"负面意义"的多,连孔老夫子三十而立之后,到了四十岁才能不惑。① 所以唐韩愈《师说》认为为门生解惑,是为师者之道;而今硬是要年轻的学生说惑,实在未免有点强人所难。另外,导引题也无疑如传播理论议题设定(agenda setting)所说的一样,虽然不是导引学生去"想什么(题目)"(what to think),但还是要学生"想些什么(内容)"(what to think about),有类明朝之程文、清之八股——方向、角度已经为学生定了,则学生就会千篇一律,从知过能改、迷途知返、觉今是(悟)而昨非,作起、承、转、合,像填字式般一段一段地去凑个满纸"忏悔"意味浓郁的"作文"。

惑,从或从心。或,《说文》:"邦也。从口、从戈以守 ;一,地也。"通域,原是国本字(从或从口〔围〕),从甲骨文去看,极像以武力(戈)防守墙沟(口)的样子。或,很早就有也许、或许的意思,作限制词用,如《左传·宣公三年》:"天或启之,必将为君。"或,本身即有困惑之意,故通惑(《孟子·告子上》:"无或乎王之不智也";《大戴礼记·曾子制言》:

---

① 见《为政第二》。《论语》提到"惑"的有:

(1) 子曰:"知者不惑。"(同见《子罕第九》、《宪问第十四》)

(2) 子张曰崇德、辨惑。子曰:"主忠信,徙义,崇德也。爱之欲其生,恶之欲其死。既欲其生,又欲其死,是惑也。"(《颜渊第十二》)

(3) 樊迟辨惑之问。孔子说:"忘其身以及其亲,非惑与?"(《颜渊第十二》)

"贫贱吾恐其或失也")。但"或"是戈部，而"惑"却是心部，困惑、惑乱（矛盾），因心而起，字义至明（《论语·颜渊》："既欲其生，又欲其死，是惑也"；《荀子·解蔽》："治则复经，两疑则惑矣。"）像或字般加上心，以加强其字义之哲理性者，字书里，所在多有，即如欲（慾）望之"慾"字，原为欲，贤者认为欲由心起，故加心以加强警惕之义。

惑是烦恼，南朝梁萧统《文选·王巾〈头陀寺碑文〉》："以为宅生者缘，业空则缘废；存躯者惑，理胜则惑亡。"惑字可以凑成很多发人深省的词汇，翻一下字典就查得到，例如：

- 惑志，疑惑的心也。《论语·宪问》："夫子固有惑志于公伯寮"；《文选·班固〈东都赋〉》："今将语子以建武之治，永平之事，监于太清，以变子之惑志。"
- 惑易，困迷乱而产生错觉。《韩非子·内储说下》有一则燕人妻子与人私通，为夫撞见，因为妻子早已买通家仆，故异口同声说没看到什么，其人捉奸不成，反被妻子恶人先告状地骂他神经病的有趣寓言："燕人其妻有私通于士，其夫早自外而来，士适出，夫曰：'何客也？'其妻曰：'无客'，问左右，左右言无有，如出一口。其妻曰：'公惑易也。'"
- 惑星，行星也；荧惑，火星也。
- 惑疾，精神病。《左传·昭公元年》："晦淫惑疾，明淫心疾。"（夜间失常是精神错乱，白天失常是心理有病）
- 惑众，一解是去迷惑众人，东汉班固《汉书·陈汤传》："商闻此语，白〔陈〕汤惑众，下狱治"）；另一解是佛家语，指未脱离烦恼的世俗众生，梁简文帝《菩提树颂序》："涅槃宝棹，接惑众于背流；慈悲光明，照群迷于未晓。"
- 惑术，骗人的手法，《韩非子·忠孝》："恍惚之言，恬淡之学，天下之惑术也。"
- 惑乱，迷惑、混乱，《左传·昭公元年》："淫弱，惑乱之所由生也"；

或困于"惑"

《庄子·缮性》："文灭职，赌博溺心，然后民始惑乱，无以反其性情而复其初。"

- 惑惑，头脑不清楚、起哄盲从，《汉书·贾谊传》："众人惑惑，好恶积意"；西汉刘向编撰《说苑·敬慎》："众人惑惑，我独不从。"
- 惑营，无主见、人云亦云，《淮南子·齐俗训》："无以自见，则动而惑营。"
- 惑蛊，施手段而令智昏，左丘明《国语·晋语二》："将以骊姬之惑君而诬赖国人，谗群公子而夺之利，使君迷乱，信而亡之，杀无罪以诸侯笑。"惑蛊同蛊惑，唐白居易《古冢狐》："糜费产业，蛊惑士女。"而粤语"蛊惑"则是奸狡之意，港制"蛊惑仔"（帮派分子）影片，一向误作"古惑"——古惑是无义的。

从这些名词的意涵范围来看，"惑"是心中之结，起伏在经验的浮桥上，如果强要人生经验尚属生涩的青少年去说惑、解惑，甚至向壁虚构，那么，考生墨卷能言之由衷、言之有物者，恐怕不可多得吧！惑甚！

31. 增释"罕见"字

一、笨

有名作家提及"'笨'这个字,与'愚蠢'相提并论,其实不无可疑",所言甚是。"笨"原是"人怜直节生来瘦,自认高材老更刚"(宋王安石《咏竹》)的竹的那层内膜(竹笨),它和笨拙扯上关系,正式见诸书刊者,似乎首推唐时由房玄龄、褚遂良等补注合撰之《晋书·羊曼传》,内中提到晋豫章太守史畴,因为身体肥胖,时人称之为笨伯。但为何用"笨"这个字,似乎无从稽考。不过《康熙字典》里,的确有一个引宋丁度等编《集韵》指称粗率、愚拙甚为贴切的一个笨字——竖心旁加上本字的"怀"(卯集上,心部五画)。根据《康熙字典》的解释是:"部本切,音笨,性不慧也",也不知什么原因,这个"怀"字也并没有广为世用。正如粤人说"急急散"(急忙四散),最贴切的一个"散"字一样,应作"赸"(音近散,《西厢记·闹简》:"你也'赸'我也'赸'"),不知何故,世人只用散字或"闪"字,如"闪"人、"快闪",而形容得贴切的"赸",却不用。

二、跽

汉阳陵博物馆的稀世彩俑,以"塑衣式跽坐拱手俑"为镇馆之宝。这里要说的是"跽"字。跽,音伎,是长跪之意,长跪不同一般的跪或唐(日)式跪坐(骆驼坐);它是要求两膝着地,上腿和上身挺直而跪,臀部不碰脚跟,是表示有所动作的样子。汉司马迁《史记·范雎蔡泽传》:"秦王跽而请曰:'先生可以幸教寡人。'"

三、重孙

有古俗谚戏说:"老爸养子,子养子",又说:"牛耕田,马吃谷,老爸攒钱子养福",慨叹孝道淡薄,"檐前水点滴,未尝见倒流"。在人伦关系上,子之子为孙,孙子的儿子,为重孙,亦即曾孙。《尔雅·释亲·孙之子为曾孙注》:"曾犹重也。"重音重复之重。

关于人伦之辈序,我国自古即甚重视,故启蒙之《三字经》即有:"高曾祖,父而身;身而子,子而孙;自子孙,至玄曾;乃九族(属),人之伦"之教;而明邱濬所撰之《成语考》,说得也很清楚:"何谓九族?高、曾、祖、考(父)、己身、子、孙、曾、玄。始祖曰鼻祖,远孙曰耳孙。"(《祖孙父子》篇)玄孙儿子称来孙,再来就是日下一个弟字的晜(音昆)孙、乃孙、云孙以及耳孙等,凑成祖宗十八代。宋代陆游嘱咐儿辈:"王师北定中元日,家祭无忘告乃翁。"(《示儿》)其后,宋亡于元,有人写诗感叹地说:"来孙却见九州同,家祭如何告乃翁?"乃翁、来孙,皆是辈分,至于男子姊妹之孙,就叫离孙(明朱谋玮《骈雅·释名》)。当今青年男女生育意愿低落,社会少子化,三代同堂似乎还是可能,四代、五代同堂就不易了。

四、亘

亘,音"宣",与宣音义皆同,俱宣扬、宣布、宣通之义,亦是回应、旋转之意。《说文》:"亘,求回也,从二,从回……象亘回之形,上下所求物也。"故回字有三种写法:回、囘与囬。清段玉裁注进一步解释此字回从二之意说:"回者转也……上下谓二,所求在上,则转而上,所求在下,则转而下。"等于说把一个阴阳太极图的动静观,用一个亘字表达出来。亘又与亙通,作从此端直贯到另一端解,此谚语"亘古未闻"一语之所取喻也,而梁启超《题放翁集》诗,更有"亘古男儿一放翁"名句。与亘字很接近的一个字是恒,字家说此亘字之"中心一块",是上下弦之形,是周而复始之意,历久不衰故曰恒。

五、豩

字书并无"三只小猪"并叠之字，倒是有两猪并排的"豩"字，音彬，亦音顽，顽蛮大胆之意，该是两只小猪顽皮地嬉戏。《说文》说："豩，二豕也。"段玉裁注解之曰："二豕乃兼顽钝之物，故古有读若顽者。"唐刘禹锡之《答乐天见忆》即有"笔底心无毒，杯前胆不豩"之句。

六、禤

禤，音宣，是一个罕见古姓氏，字书多付阙如，连《康熙字典》也只简单地引明梅膺祚《字汇》说，呼渊切，音喧，又据金韩孝彦《篇海》解释为"姓也"（午集下，示部十一画）。

有将此字型构解说得十分漫画化，说禤是汉南越王赵佗所创造的字，"示"为王者的讲话、发文，"四"指四海，"羽"是龙袍；又说，禤氏鼻祖本是将门，明洪武年间离军回户，因而以禤为姓以纪先祖，故"示"为将旗，"四"为将军背负的四面令旗，而"羽"则是铠甲。

不过，若真的要字的型构去解释禤字，似乎又另有其他有趣线索。"四"应不是数目字的四，从甲骨文和小篆去看，最像"网"（罒）字；"羽"字在甲骨文、金文和小篆里，都是羽毛成翅膀的样子，就是鸟的意思，所以，网下之鸟，应是在说捕鸟这回事，是先民的一种自然生活方式（和这部分最接近的，是小篆"曰字下边一个羽"，音榻的字，像飞鸟振翅而飞）；而示字从甲骨文（示）、金文和小篆（示）去看，都如《说文》所说："天垂象（天文）见吉凶，所以示人也"——示字不但像祖先神主牌位，"二"字下的"小"字，原是三垂（行）明（流）星的意指（像个"川"字），是"观乎天文以察时变"的意思，正如《易·系辞下》所说："夫乾，确然示人易矣；夫坤，隤然示人简矣"，扩大解释，则是泛述鬼神之事。从这样的视角来说，禤字就是一幅初民生活写照——神巫之事的宗教活动加上捕猎营生！示，古又通祇（神祇），亦为姓（汉司马迁《史记·晋世家》记载，春秋时晋有示眯明者），所以，禤姓另一种说法——源自黄帝之后的北宫禤及其以方国为姓的后裔，可信度较高。另外，和禤之字型十分相似的字是褟字。据《康熙字典》说，褟字，丁塔切，音答（今读为"他"），衣也，至今粤人仍称背心曰背褟。

32. 走马灯·灯走马

电视媒介一提到荧①幕边的"流水标题"（running head），就囫囵吞枣地一律称之为"跑马灯"，已积非成是了。

跑（赛）马盛行于香港，已有一百五十余年历史，熟悉跑（赛）马的香港人，向称这样的"流水标题"为"走马灯"，而非"跑马灯"。走马灯是什么？它是一种纸扎式庆典传统灯饰，挂在当眼之处，供人玩赏和增加节目气氛，并且炫耀门楣。走马灯可大可小，但必然扎得华丽漂亮，分内外两层，内层呈圆筒形可以转动，多绘上奔腾状之马匹，当内层受热（点烛或灯泡），冷热空气交流，基于流体力学原理，绘有马匹之圆筒内层便会旋转起来；此时，马匹奔走之形状，便会如皮影戏（shallow show）一样，投影于外层裱纸壁上，且会愈跑愈快，马蹄得得，十分好看，故名。

中国民俗，凡喜庆节日，多张灯挂彩，通宵达旦，金衙不禁，"花市灯如昼"，以示普天同庆。走马灯不知起于何时，但宋朝已有此雅玩，还给王安石带来了一段浪漫姻缘。相传王安石进京赶考时，途经马员外家，顺道一望，只见门楼上挂了一盏走马灯，灯旁还挂了一幅为马家闺女征才郎为婚的对联，上半联："走马灯，灯马走（回文），灯熄马停步"，王安石也不以为意，只冲口而出地说："好对！"及至闱场试毕，无意中游目四顾，又见厅前挂有一面绘有飞虎的彩旗，一时福至心灵，顿悟走马灯下联的对法："飞虎旗，旗虎飞，旗卷虎藏身。"

---

① 萤，是虫；荧，甲骨文去看是三个火把在点燃，故荧光幕比萤光幕贴切。宋绍兴三十年，陆游写信给后来官至丞相的好友周必大时，就写道："邻家借酒，小圃锄菜，荧荧青灯，瘦影相对。"

真是缘定三生，凭此下联，王安石赢得了佳人青睐，成了马府娇婿，成婚之日，又传科场告捷，洞房花烛夜又是金榜挂（题）名时，王安石真是乐透了。好研究文字的他，遂大笔一挥，写了一个喜字的"复式字"——囍，以志此一双喜临门的盛事。从此，这个王安石所作的新字便成喜庆场合里不可或缺的吉祥符号。

　　俗语"跑马射蚊须"，是夸张地形容事之不可能性；"走马看花"，原意是新科状元三日看尽长安花（游街）的特权，其后则借喻浏览之匆忙。循其本源，"流水标题"最好还是叫"走马灯"，方符合其流动的本意，"跑马灯"则根本义无所本。

33. 有典有则

对一向惯于用"池鱼之殃"来表示自己清白,无辜、无端受到牵连以致吃亏受损的人来说,突然闻得有人说"鱼池之殃"也通,而且宋朝某人在某书某篇也是这样写的!你说他会不会五味杂陈?不过,其实气结归气结,无奈归无奈,到底是"池鱼之殃"抑或是"鱼池之殃",也不是不可以辩证一番的。

池鱼,是明指水池里的鱼。南朝宋范晔《后汉书·樊宏传》:"池鱼牧畜有求必给。"南朝梁萧统《文选·潘岳〈秋兴赋〉》则说:"譬犹池鱼笼鸟,有江湖山薮之思。"晋陶渊明犹念念不忘"羁鸟念旧林,池鱼思故渊"(《归田园居》),其后,成语即有"池鱼笼鸟"一语,用以比喻身受约束,身不由己,有如池中之鱼,笼中之鸟,不能返于故渊旧林之憾。俗谚亦有"池中无水鱼难养"之说,肯定寡居少妇再醮(嫁)之正当性,摆脱封建不合理的贞节枷锁。而鱼池呢?就字序合成之词义(名词)来说,那是个养鱼的地方——池塘,不是鱼,就好似家同家里的人(家人)一样,两者意义是不相同的。池鱼之殃(池里的鱼倒了霉),与鱼池之殃(养鱼的池塘遭到破坏),两者截然不同,赫然可见!容不得硬拗,文过饰非的。

最为我们耳熟能详的,当然是比喻无端受累的成语——"城门失火,殃及池鱼"。其实,"城门失火"与"殃及池鱼",原是源于两个不同的寓言典故,后人为了加强语势,而将之合二为一,另起新义为城门失火,取池塘之水去灌救,池水取尽了,池鱼缺水而死。两义虽转折,但意味无辜受害则一。城门失火,据唐欧阳询《艺文类聚·鳞介部·鱼》所记,春秋战国时,宋国有名为池仲鱼者,家住在城门附近,不幸城门失火,还蔓延至他的家,把池仲鱼烧死。所以,城门失火,殃及池鱼,原是说殃及池仲鱼。后来,就以此来比喻人之无辜受到牵连，蒙受损失。杜弼为东魏撰檄梁文时，即引用之说："但恐楚国亡猿，祸延林木（砍去树林找它）；城门失火，殃及池鱼。"（《为东魏檄梁文》）

而殃及池鱼则语本《吕氏春秋·必己篇》："宋（人）桓司马有宝珠，抵（获）罪出亡（得离境）。王使人问珠之所在，（答）曰：'（已）投之池中'，于是竭池而求之，无得，鱼死焉。此言祸福之相及也。"

所谓宋有某某人说，是否有以偏概全、孤例引证（single example）之嫌；而且，正如俗语笑言，圣人都有错——手误也，传抄印误更有其可能。

识字难，识不易认识、理解和记忆的难字更难，所以杜甫读书搞懂了难字之后，就饮酒庆祝一番（《漫成》诗："读书难字过，对酒满壶频"）；米芾就干脆"不求甚解"了，他说："何必识难字，辛苦笑扬雄"（《与薛老》）。不过，识词识语，似乎难上加难。例如，我们常说"横眉怒目"，但典故却是"横眉努目"（后蜀何光远《鉴诫录·引陈裕诗》："横眉努目强干嗔，便作阎浮有力神"）；又如"有目共睹"，清末刘鹗《老残游记》卷十二用的却是"有目共（赞）赏"（"而（王闿运）《湘军志》一书，做的委实是好，有目共赏"）；再如"高不成低不就"，比喻不能胜任更高阶工职，又不愿"屈就"较低下工作、职位，然而，明凌蒙初《拍案惊奇》卷一却是作"高不凑低不就"（"有怜他的，要荐他坐馆教学，又有诚实人家，嫌他是个杂板令〔懂的虽多，却无特别专长〕，高不凑，低不就"）。唐张藉名句："还君明珠双泪垂，何不相逢未嫁时"（《节妇吟寄东平李司空师道》），后世则好诵为"恨不相逢未嫁时"。"心灰意冷"则原是心灰意懒（元乔吉甫《玲枝曲·闲适》："不是我心灰意懒，怎陪伴愚眉肉眼"）；"应春花"一般也世俗化而曰"迎春花"（西晋陆机《要览》："九华〔花〕树生南岳，虽经雪凝寒，花必开便落，时人谓之应春花"）；而"心惊胆战"的正写则是"心惊胆颤"。

不过，由于池鱼之殃有典（出处）有则（沿用多时），引用时，还是请循其本，用池鱼而非鱼池，此则如"心伏（心中悦服）"之于"心服"（南北朝庾信《谢赵王赉丝布启》："妾遇新缣，自然心伏；妻闻裂帛，方当含笑。"）

又如成语人溺己溺，言人之陷于困境（《孟子·离娄上》："天下溺，援之以道"，然溺，另音尿，义同，《庄子·人间世》："夫爱马者，以筐盛矢（屎），以蜄盛溺〔尿〕"），然则"人溺己溺"读若"人尿己尿"，可乎？倒不如用人惄（音溺，饥饿也）己惄（《诗·周南·汝坟》："未见君子惄如调饥。"）孔老夫子说"予欲无言"（《论语·阳货第十七》），但"知之为知之，不知为不知，是为知也"（《论语·为政第二》）。传媒在"传知"的当儿，更须秉真知灼见，用正谪非，强辩或文过饰非，只是服人之口，不足服人之心，真是非徒无益而又害之！

有典有则

34. 打破沙锅璺（问）到底

或谓"追根究柢"之"柢"，写作"底"亦可，盖两字通用也。是耶？非耶？"柢"确与"底"通假，但若说"归根究柢"，还是用"柢"为宜！起码，字书是如此说的。

底，《说文》："底一曰下也。"南朝梁萧统《文选·宋玉〈高唐赋〉》："不见其底（下），虚闻松声。"清段玉裁《说文解字注》曰："下为底，上为盖。"所以我们常说床底下。底，多指事物的末端，如眼底、年底、月底、底稿和底细等等。

柢，树根也，汉许慎《说文》："柢，木根也"；段玉裁《说文解字注》："叶之根曰蒂，树之根曰柢。"《韩非子·解老》："根者，书之谓柢也；柢也者，木之所以建生也。"又东汉班固《汉书·邹阳传》："蟠木根柢，轮囷（音菌，圆形谷仓）离奇。"张晏注："柢，根下本也。"也就是说，植物主干往下蔓生的叫做根，直长的就叫做柢。故柢，有底之义，并通邸。《尔雅·释器》："邸，谓之柢。"（注：根、柢，皆物之邸，邸及底，通语也。）不过，若是露出地面之根，则称为"株"（寓言有"守株待兔"故事）。其后，事物之基础就称为根柢，根柢已联缀成一词矣。

比喻根基十分稳固，不易动摇的"根深柢固"一语，很早就见之于典籍。如《老子》说："是谓深根固柢，长生久视之道。"《韩非子》则说："柢固则生长，根深则视久（耐看）。"唐房玄龄等《晋书·刘颂传》又言："建诸侯而树屏藩，根深固蒂，则延祚无穷。"而晋陈寿《三国志·魏书·荀彧传》更指出："昔（汉）高祖保关中，（汉）老武据河内，皆根深固本，以制天下。"所以，不论根深柢固或深根固柢，根深蒂固、深根固本抑或根柢深固，都是形容根基深厚和坚固；追根究柢或追究根柢，俱言追寻事情最初的原因和根源；

归根结柢、归结根柢，则指归结到事物根本，也是直截了当的意思。

但是，由于有典有则之故，追本穷源，刨根问底，追本溯源，穷源竟委，探本究源，虽然单字可以通假，但若"根柢"两字合用衍义而成骈字时，就得用"根柢"，查一下字典就可以知道，未有字书说的以"底"代"柢"的！

35. 你睇靓不靓？

靓字是个多音多义的字。"靓"念净或静的时候，通"静"、通"请"，指粉白黛黑的艳丽服饰（唐贾至《长门怨》："舞蝶萦愁绪，繁花对靓妆"），也指艳丽的样子（元贡师泰《拟古》："意态闲且靓，气若兰蕙芳。"）由于靓的艳丽内涵最浓（靓装、靓妆、靓庄），所以它意指美丽和美好的解释时，最广为人所接受、知悉。而粤音则读曰"亮"。

睇，音弟时，是斜视貌。如屈原《楚辞·九歌·山鬼》："既含睇兮又宜笑，子慕予兮善窈窕。"东汉许慎《说文》说，睇是"目小视也（望一下）"，又说"南楚谓眄为睇（斜视貌）"，故唐孔颖达在解释睇时，就说："《说文》云：'睇，小邪（斜）视也。'"（《毛诗正义》）三国魏张揖《广雅》就干脆笼统而言曰："睇，视也。"南朝宋范晔作《乐游应诏》就说："睇目（远望）有极览，游情无近寻。"但睇读作"题"时，则同睨，迎视也。唐白居易《长恨歌》："含情凝睇谢君王，一别音容两渺茫。"宋佚名《李师师外传》："帝（宋徽宗）于灯下睇物色之，……问其年，不答。"粤语口头语保留了此字为常用字，作睨（看）解（例如，"睇白"即看透之意），世遂以为此是粤方言字矣。

睇有"睇视"一词，在女权运动史上颇堪一记。粤俗较维护传统，三四十年前，凡嫁娶，迎新娘之乾宅（男方）家居，必贴一对联曰："幸有香车迎淑女，愧无旨（美）酒宴嘉宾"，横批则是"也曾攻读内则篇"，以示所娶之妇媳，知书达理，幼受庭训之意。《礼记·内则篇》写的是："在父母舅姑（夫家）所，……升、降、出入、揖游，不敢哕（音约）、噫（干咳）、喷嚏、欠伸、跛倚、睇（侧）视。"今日看起来可视之一笑，但亦可知我人男女平权得来岂易！

36. 漂流语汇之在地化

　　语言是漂流的，是两地文化交流的反映，但是，一语由甲地渗入乙地后，受地区环境影响，多会在地化。比如，普世通用的粤词埋单（结账／付款），一到台湾就在地化，就"变音"为买单了。又例如，港人说"正嘢"（好东西之意），因为"嘢"为方言字（嘢，音同野，意为对象、东西），在台湾就改口说正点（其实，正嘢，应为"正斗嘢"之省称，意即经由标准合法之斗，所量出来的东西，亦即是有正字标志的商品，是一个十分古旧的讲法；而粤语"乜嘢"，就是什么东西之意）。又例如，港人说"搞掂"（掂，粤音读若"店"字之阴入，办妥当了之意，此字应作怗），台湾又转音为"搞定"，大概有点跟"敲定"一语骈合了，成了"粤词北语化"。

　　埋单之埋，是取消之意（to burry），埋单，意即把账目计算清楚、付钱（但"消单"是取消所点餐点或免付钱之意）。埋，隐没消失也。埋有很多骈合词，如：埋头，同埋首，比喻专心勤奋不分心的样子，也就是埋头苦干，邵雍《思山吟》："果然得手情性上，更肯埋头利害间"；粤词说得更透彻些，说成"埋头埋脑"、隐姓埋名、埋伏、埋没诸词。粤语也好用埋字，如埋边（里面，也叫埋便）、埋位（同埋座、埋席，酒筵入座）、埋手（开动，一齐挟菜，又叫起筷；另义为着手，如没处埋手，有一俗谚"老鼠拉〔乌〕龟"，其歇后语即"没处埋〔着〕手"——找不到着力点，不知从何做起）、火船（洋轮）埋（码）头（船到岸船了，同埋船）、埋数（计算收支）、同埋（一起）、畀埋（也给他）、匿埋（躲起来）、预埋（计算在内）、埋站（到站）、埋来（过来）、埋身（肉搏）、黏埋（混在一起）、"行埋的"（靠近些或靠里面点）、埋牙（贴身打斗）。有时则作语助词用，无义，例如"食埋你个分"（连你那分也吃了）。

　　而最有禅意的则是"叠埋心水"，叠埋，即握叠起来，喻低调、沉匿之意；心水，原是佛家语，因为心能动、能静、能清、能浊，如水态般样貌，故释氏称之为心水（《大日经》："心水湛盈满，洁日犹雪乳。"）

去过香港马场看赛马的朋友，大都会听见投注者最常问的一句话就是："你有什么心水（马）呀？"意即你认为哪只马会跑出来呢？心水在粤人俗世应用中，已借用为心得、心之所想、所爱或惬意的代称词，所以叠埋心水是指心无旁骛，专心一意，不作其他妄念，安分守己去做事，再徐图后策，有暂时修心养性而待"打破玉笼飞彩凤，顿开金锁走蛟龙"之日来临的意味！

37. 是干涸又是干渴

2009年中秋之后,流入湖南洞庭湖的湘、资、沅、澧及其周边水系地区,持续干旱少雨,加以三峡大坝在作试验性蓄水,部分长江水流被截留,致令洞庭湖水位降至六十年来同期最低。

有报纸在报道此则新闻时,标题写:"洞庭湖60年最干渴",但内文则用"干涸"。到底是"干涸"抑或"干渴"?

其实干涸、干渴同义,两者俱可。涸,下各切,音河,水枯竭也。(汉许慎《说文》:"涸,渴也。")成语"涸辙鲋鱼"出自《庄子·外物篇》,意谓鲋(鲫)鱼处于干涸的车辙轨迹之中,因为离开水面,而且只有丁点儿的水,恐怕命不久矣,比喻身陷困境,词语"涸鲋"、"涸辙",亦同一义。

渴,原指口干想喝水,原写作"潵";但渴又另音杰,水干涸也;又通竭、歇。《说文》:"渴,尽也。"清段玉裁注:"渴,竭,古今字。古水竭字多用渴,今则用渴为潵字矣。"明梅膺祚《字汇》也说:"渴,水涸也。"所以渴泽,指的是干涸无水的沼泽。

渴,一音读曰曷,水反流也,宋柳宗元《袁家渴记》:"楚越之间方言,谓水之反流为渴。音若衣褐之褐。"

所以,若指水枯不足,说干涸或干渴,两者并无差别,干渴似乎还更古朴一点。不过口渴,则最好不要用口涸,因为嘴巴好涸(干),喉头很涸(干),不舒服,可能患上感冒了。

38. 私心·无相

有谓公仆尤其在上位者,理应无私心,贵无相,实在令人低回不已。私心者,自私自利之心也。《管子·任法》:"群臣百姓人虑利害,而以其私心举措。"《韩非子·饰邪》:"私义行则乱,公义行则治,故公私有分,人臣有私心,有公义。"与私心相反的,则是"背私为公"的"公"——公利也。为官者若私心见尽,终非社稷之福。

在新闻写作形式的发展过程中,二战之前,曾有过解释性报道（interpretative reporting）,但因为所谓"解释"者,总有意为自己利益而辩的意涵,所以当深度报道（in-depth reporting）之名目一出,解释性报道说法,就日渐淡出。

相,若作佛家语解,是梵文"攞乞尖拏"（laksana）的义译,指的是外在事物的相状或内心活动的情形。《圆觉经》:"妄认四大（宇宙人身的基本元素:地、水、火、风）为自身相,六尘（色、声、香、味、触、法:六种外物的污染）缘影为自心相。"而《净心诫观》下则进一步解释:"云何名尘?坌污净心,触身成垢,故名尘。"

作为国家社稷领导人,除无私无相外,最重要的还要"无遮",亦即心胸宽容广大,没有遮隔挂碍。如《楞严经》卷一所云:"如来开阐无遮,度诸疑谤。"如果一国领导人白痴"无慧（惠）",未能"无漏"（以真智消除烦恼）,岂能担负社稷之重托。

39. 闽南小考

有一小学级的谜语:"虫入鳳中飞去鸟"(拆字格,猜一字),答案是:凤(鳳)字。

有一超难对而天然巧合的对联:"人从门内闪,公向水边沿(音沿)。"(见《杨万里集》)沿,为沿的俗省字(见《康熙字典》,已集上,水部四画,引明张自烈《正字通》),为一罕见字,而沿指的是"顺水而下";下联对的是说"阁下(公)自水边沿流而下"。

既然写"闽南小考",讲这一虫、一门的俗文学,目的在依次带出"虫向门里爬"或"门内有虫"的闽(閩)字和南字。门(門)为象形字,开合随时,很容易了解,汉许慎《说文》说门字是"二户相对"之意,在甲骨文里,就是门户之意(甲骨文有"王于宇门逆羌"、"其用才父甲必门,又正"及"王于南门逆羌"等句;金文则有"宰弘右颂,入门","虎臣,西门夷"及"小门人繇"诸句)。而"虫",《说文》说:"一名蝮,博(长)三寸,首大如擘指,象其卧形,物之微细,或行或飞,或毛或蠃,或介或鳞,以虫为象。"总之,"虫"就是些细小的虫儿,读音为卉,则同"虺",或读为虫,则同"蟲",古字虫、蟲通假,今则虫已多作部首之用。故闽,从字貌而言,的确有蛇的连带联想。

不过,就字典意义而言,闽主要是指种族和方位,例如:

- 古代居于今福建省及浙东一带的住民,称闽(见《周礼·夏官·职方氏》),《说文》说:"闽,东南越。"
- 残唐五代时,唐之王潮受封为威武军节度使,居福州;其子审知继之,封闽王,领有今福建省大部分。
- 福建省简称闽,是因秦设闽中郡而得名,即今之福建一省和浙江的宁海、瓯江和飞云江等流域一带。清康熙年间顾祖禹所著之《读史方舆纪要》之《历代州域形势·秦》篇记载说："闽中，今福建州郡，郡治候官（县，五代梁朝乾元年改为闽县），今福州府附郭县。"故闽中即泛指福建省地（唐李延寿《南史·到彦之传》："余衣本百结，闽中徙八蛮〔古称南方'穿胸'、'儋耳'等八个少数民族〕。"）

余如：

- 七闽：古代居住今福建省和浙江省南部的闽人，因为分为七族，故称七闽，此是福建省之所以称为闽之由来，很早就见之于《周礼·夏官·职方氏》："辨其方国，都、鄙、四夷、八蛮、七闽、九貉、五戎、六狄之人民。"疏："叔熊悟濮如蛮，后子分为七种，故谓之七闽也。"宋苏东坡《送张职方吉甫赴闽漕》："空使吴儿怨不留，青山漫漫七闽路。"

- 八闽：元代分福建省（闽）为福州、兴化、建宁、延平、汀州、郡武、泉州、漳州等八路，明朝改为府，故称为八闽。（见清张廷玉《明史·地理志六》）

- 闽越（《汉书·闽粤传》作闽粤）、闽县：战国末年，越败灭于楚，勾践后裔无诸自立于闽中，号称闽越王；后秦废之为君长，以其地为闽中郡；汉高祖又再立无诸为闽越王，仍治闽中故地。

- 至于闽县，在汉时称为治县，属会稽郡，东汉时废之。建安初年，再设之为侯官县，属晋安郡治地。隋开皇九年（589年），又改置为原丰县，十二年改称为闽县。唐武德六年（623年）从中分置出侯官县（见《读史方舆纪要·福建·福州府·闽县》）。1912年，闽县与所分置出之侯官县又再合并，称为闽侯县，隶属福建省。

所以，不管闽的名称如何变来变去，始终只是一个地域的称号，至于闽字貌"含蛇"，则只是其结构性意指与内含对应关系而已。汉字之地名与姓氏假借动物之名、之形，所在多有，如禹、万、蜀、虞、程，俱类之。禹者，虫也；万，即"蝎"子，象形。蜀，则是蛾蝶幼虫，有一蜀字谜（拆字格），对蜀字字构，形容透彻，谜面为"横目勾身，虫入其腹"[①]。（见隋侯白《启颜录》）其后，蜀则用以指称"南楚之地"（见西汉扬雄《方言》卷十二），为四川省简称；并一向用作古国名称，例如，秦灭蜀国而置蜀郡，刘备入（四）川称帝，后世称为蜀汉（简称蜀），十六国、五代十国，皆有蜀国（西蜀、前蜀、后蜀）；蜀，又为姓氏之一（见南宋罗泌《路史·国名纪丙》）。

虞，是传说中的仁兽，亦是掌管山泽、鸟兽的官吏，古代部落即有有虞氏，居于蒲版（今山西永济县西浦州镇），是舜所在之地。

至于程，则更是虫，明方以智所著《通雅》说："秦声谓虫为程，谓虎为大虫也"（卷四十六）；北宋沈括《梦溪笔谈》则提到："尝观《文子注》：'秦人谓豹曰程'，予至延州，人至今谓虎豹为'程'，盖言'虫'也。"

门字与动物、人事扯上关系的，亦属不少，而且活泼生动，例如：

䮝，原是兽，传说似驴，但一角（也有谓两角），歧蹄，《山海经·北山经》："县雍之山……其兽多䮝麋。"注："䮝，即㺉也，似驴而歧蹄……一名山驴。"

闯，马冲出门的样子，《说文》："马出门貌，从马，在门中。"

品，是物品单位（金文有"凡区以品"、"易玉五品"和"易臣三品"等句）；閛，则是从门中向外看也（宋陈彭年新编《玉篇》："閛，门中视也"），所以拥有大批货物，又是监工的店主，从门中往外看着店员和客人，当然就是老閛了（今俗作老板）。

閛，音瓢，义同嫖；去狎娼玩妓，当然坏门风，清吴任臣《字汇补》："閛，溺倡（娼）也，俗字。"

[①] 原载于《三国志·薛综传》："蜀者，何也？有犬为独（獨），无犬为蜀，横目勾身，虫入其腹。"北宋邵博《闻见后录》，则有"闽蜀同风，腹中有虫"（卷二十）之句。

古昔天朝观盛行之时，以华夏为中心，对边境民族，确有"南方之强欤，北方之强欤"的观点，说"粤中语少正音，书多俗字，如谓平（常）人为狌（佬），谓新妇曰心抱"（见清钮琇《觚剩·粤觚·语中之异》）。但闽字却毫无贬义，即古官闽隶，亦只是指专责打理繁殖、训练鸟禽事宜的官（《周礼·秋官·闽隶》："闽隶，掌役畜、养鸟，而阜蕃教扰之。掌子则取隶焉。"疏："掌役畜、养鸟者，谓若畜鸟氏，掌畜禽鸟阜盛也。蕃，息也，使之盛大滋息，又教扰使从人意"）；在测字者来说，闽为"风（虫）光满门"之象（见《测字秘牒》），是个好字。

至于"南"字，《说文》："南，草木至南方有枝任也。"甲骨文、金文已指明它是一个方位字（甲骨文有"南土受年"、"于丁卯酒南方"、"于南门寻"、"才南奠"诸句，金文则有"王征南夷"、"降以南封同道"、"至于南行西行"等句），有谓南可能为一种乐器，或乐舞名（《诗·小雅·鼓钟》："以雅以南，以钥不僭"）。从南字之原始字形来看，南确像铃形，似能敲击，可能古时设乐，习惯设于南侧，因而析出南字，借以指称南方。从字形变化来看，南与壳（殼）字左边偏旁（省"殳"，"土下冖，动物孵化出壳形貌"），简直是同字分化；因此，南也蕴含了向阳多育之方之意，也是个得天时的好字。

方位既定，骈字即出，如南国（《诗·鲁颂·泮水》："元龟象齿，大赂南金。"传："南，谓荆扬也"；唐王维《相思》："红豆生南国"）；南人（《论语·子路第十三》："南人有言曰：'人而无恒，不可以作巫医。'"注："南人，南国之人"）；南川（南朝齐谢朓《始之宣城郡》诗："解剑北宫朝，息驾南川涘"），泛指南方，也指四川省的南部。

所以，闽南，诚为美斯土的贴切形容词！

40. 可以"交待"得了吗?

举凡有人问大专生,最常见的一个错字是什么时,恐非"莅"字(欢迎莅临的莅字)莫属。很多时候,大专院校学生都把此字错写。从字义来看,莅字一定得要有"人(亻)",没人怎么莅临呀!

新闻界,不论印刷媒介或电视走马灯字幕(running head),最常见的一个错字,是交代的代字——新闻界每每写成"交待",而非交代。

交代原是彼此相接替之意,而新旧官移交也称交代。如汉班固《汉书·盖宽饶传》:"及岁尽交代……卫卒数千人,皆叩头自请,愿复留共更一年。"其后,因在交接时,也须把事情说清楚讲明白,所以又衍其义为交代。例如,清吴敬梓《儒林外史》:"到了任,查点了运丁,看验了船只,同前任的官交代清楚。"所以,交代是嘱咐、移交、完结(例如说"这样算是交代了")和总结说明(例如说"他提到这些,总算交代了")。至于"交待"却是接待之意。例如,晋陈寿《三国志》:"交待无礼,并致奸慝,悼惟轻虑,陨身匡国。"现代中文,已鲜用交待一词,而用"招待"了。

这样一对比,"交代"抑或"交待"就很清楚了。粤语将此词读作"交代(音同粤音之袋)"有之,更多时候则读作"交带(音同粤音之带)",故港澳新闻界在使用此词时,反而错误不多。

41. 描声字和状声词

路人甲一个不小心，脑袋撞向玻璃大门，轰隆一声，痛得呱呱大叫，唉呦——痛啊！呦，原是鹿鸣声（《诗经·小雅·鹿鸣》："呦呦鹿鸣，食野之苹"），但亦可以作其他鸟兽鸣声；又可以作流水鸣咽之声（晚唐雍陶《洛源驿戏题》诗句："如恨往来人不见，水声呦咽出花溪"）；更可以作哭声解（唐白居易《新丰折臂翁》诗句："应作云南望乡鬼，万人冢上哭呦呦。"）

在中国文学里，描声字和状声词都占有很重要的地位，种类多而且用声来"写景"，显得生动活泼。唐柳宗元就有那著名诗句："烟消日出人不见，欸乃一声山水绿。"（《渔翁》）也许，诸如虫蚘（音恤），虎啸、猿啼、狮吼、牛哞（音吼）、羊咩、鸡鸣喔喔、鸭叫呱呱、蛙鸣咯咯、马嘶驴声咽哑和风声鹤唳等等，对现代都市人来说已经很陌生了。但细心想一下，我们在日常生活中，还是会用很多描声字和状声词的，例如：嗡嗡（蜂鸣）、嘒嘒（音惠，蝉鸣）、噌噌（音撑，铜锣声）、嗷（音敖）嗷（哀声）、艾艾（口吃）、喃喃（自语）、鼞（音汤）鼞（鼓声）、吱吱（鼠声）、哆哆（步声）、咾（音劳）咾（狗吠声）、呿（音区）呿（打鼾声）、唎唎（小孩哭声）、号咷（音桃）（哭声）、吰（音宏）吰（钟声）、咕噜（东西翻滚声）、锵锵（金石碰撞声）和咕咚（两物相撞声）等等。另外，汉许慎《说文》曾引孔子的话说："乌，吁也。"乌同鸦配合，成了乌鸦双音词后，学者就称这样的字（乌）为摹声字——也就是鸽、鸭、鹅一类的字。

在我国诗词中，倘若缺少了状声词，就会出现"哑声"，试朗诵一下：

"伐木丁丁，鸟鸣嘤嘤"——丁丁（音争争），砍木声；嘤嘤，鸟鸣声。

(《诗经·小雅》)

"唧唧复唧唧，木兰当户织"——唧唧，织布机声。(《木兰辞》)

"车辚辚马萧萧，行人弓箭各在腰"——辚辚，马车声；萧萧，马嘶声。(唐杜甫《兵车行》)

"锦荐金炉梦正长，东家呃喔鸡鸣早"——呃喔，鸡鸣声。(唐温庭筠《常林欢歌》)

"鏦鏦铮铮，金铁皆鸣"——鏦鏦铮铮，金属撞击声。(宋欧阳修《秋声赋》)

"南窗读书声吾伊，北窗见月歌竹枝"——吾伊，诵书声。(宋黄庭坚《考试局和孙元忠博士竹间对窗戏作竹枝歌三章和之》)

"多时窗外语呢喃，只要佳人卷绣帘"——呢喃，燕子叫声。(刘兼《春燕词》)

"却入空巢里，啁啾终夜悲"——啁啾，燕子叫声。(唐白居易《燕诗示刘叟》)

"慈乌失其母，哑哑吐哀音"——哑哑，乌啼声。(唐白居易《慈乌夜啼》)

"鸭鸭嘴喳喳，朝浮杜若洲，暮宿芦花夹"——喳喳，鸭叫声。(宋陆游《长歌行》)

"遇酒且呵呵，人生能几何"——呵呵，笑声。(唐韦庄《菩萨蛮词》)

"智深撇了狗肉，提起拳头，去那光脑上吡吡剥剥只顾凿"——吡吡剥剥，物件破裂声。(明施耐庵《水浒传》第四回)

"忽听'吱喽'一声，院门开处，不知是那一个出来"——吱喽，木门开门声。(清曹雪芹《红楼梦》第二六回)

"狗吠深巷中，鸡鸣桑树颠"(陶渊明《归田园居》)，"大音自成曲，但奏无弦琴"(唐李白《赠临洺县令皓弟》)，自然天籁之声最和谐悦耳；所以，宋欧阳修题画眉鸟时，就感慨地说："百啭千声随意移，山花红紫树高低。

始知锁向金笼听，不及林间自在啼！"（《画眉鸟》）描声字、状声词也贵在自然真实，精准传神，为文句配音！①

---

① 描声字和状声词多为叠字，对加强语气，其效甚大，名句甚多，如：
- 林林总总，形形色色，点点滴滴，嘻嘻哈哈，开开心心，哭哭啼啼，冷冷沉沉，喃喃自语，呵呵大笑；
- 寻寻觅觅，冷冷清清，凄凄惨惨戚戚（宋李清照《声声慢》）；
- 翠翠红红，处处莺莺燕燕；风风雨雨，年年暮暮朝朝（清雍正九年总督李卫建之杭州西湖孤山花神庙对联）；
- 潇潇雨歇（宋岳飞《满江红》）；对潇潇暮雨洒江天，一番洗清秋（宋柳永《八声甘州》）；念去去、千里烟波，暮霭沉沉楚天阔（宋柳永《雨霖铃》）；车辚辚，马萧萧（唐杜甫《兵车行》）；悠悠我心忧，苍天曷有极（宋文天祥《正气歌》）；白云千载空悠悠（唐崔颢《黄鹤楼》）；
- 伫倚危楼风细细（宋柳永《蝶恋花》）；长安古道马迟迟（宋柳永《少年游》）；十年生死两茫茫（宋苏东坡《江城子》）；
- 漠漠轻寒上小楼（宋秦观《浣溪沙》）；小雨纤纤风细细（宋朱服《渔家傲》）；
- 新月娟娟（宋汪藻《点绛唇》）；萋萋芳草忆王孙（宋李重元《忆王孙》）；离离原上草（唐白居易《野草》）；霭霭春空（北宋廖世美《烛影摇红》）；
- 酣酣日脚紫烟浮（宋范成大《眼儿媚》）；江水苍苍（南宋史达祖《秋霁》）；
- 湛湛长空黑（宋刘克庄《贺新郎》）；一叶叶，一声声，空阶滴到明（唐温庭筠《更漏子》）；恻恻轻寒翦翦风（唐韩偓《寒食夜》）；梨花院落溶溶月，柳絮池塘淡淡风（宋晏殊《无题》）；寂寂寥寥扬子居，年年岁岁一床书（唐卢照邻《长安古意》）；残灯无焰影幢幢（唐元稹《闻乐天左降江州司马》）；
- 嘈嘈切切错杂弹（唐白居易《琵琶行》）；漠漠水田飞白鹭，阴阴夏木啭黄鹂（唐王维《积雨辋川庄作》）；鸳鸯自是多情甚，雨雨风风一处栖（清季淑兰《消夏词》）。

42. 五·鬼／五鬼

一位"撒钱怪客",身携巨款,到处随机随街撒钱,警察讯问他时,他说之所以会如此,是五鬼缠身之故。"言者无心",听者虽不知所云,唯心中实难免毛骨悚然。

在华夏文化里,五是一个十分奇异的玄数。正常人手五指足亦五趾,用五为倍数,则数目可以作无限增添,此所以孙悟空纵有七十二变,一个筋斗可翻个十万八千里,但始终逃不出如来佛祖之五指山(明吴承恩《西游记》第七回《五行山下定心猿》,借喻人之"心猿意马"欲望无穷)。

记数目的"五"字,从甲骨文、金文和小篆来看,字根基本上是一个交叉,就如冬(终)、六、七、九、十、廿和卅诸字一样,具有结绳记事的模样,但因为从一到九数字中,五居其中,像路的交叉点一样,故古之造字者,将二画加上去,以示交叉于一、九两者之间(故五字原像一正、一倒两个三角形上下重叠在一起,部首为二)。所以《说文》说:"五,行(通)也,从二。阴阳在天地间交午也。"故五为中数,河图洛书亦以五置中间作组合数;而与五字字形相类似之亘、亙诸字,却是上下回旋之意。

五与中国文化关系密切。例如五行(五种物质,金木水火土),五德(朝代更换,五行相生相克之因由),五采(色)(黄青白赤黑),说人作风豪迈曰五湖四海(五湖:滆湖、洮湖、太湖、射湖、贵湖),贺人家得偏财曰得五路财神(玉路、金路、象路、革路、木路——其实都是周代天子之车驾名称),内心辛酸未竟于言者曰五味杂陈(五味:辛、酸、咸、苦、甘),对人言谢曰五中(内心)感铭(铭感五内),民族大融合曰五族共和,强身健体有华佗流传之五禽戏(操)。

佛家用五以见性者尤多,如我们熟知的五苦(生老病死苦、爱别离苦、怨憎会苦、求不得苦、五阴盛苦），五根（眼、耳、鼻、舌、身），五蕴（色、受、想、行、识）和五道（天、人、地狱、畜生、饿鬼）轮回等等。

至于鬼，在华夏文化的意义上，信其为逝者的精灵。《礼记·祭义》："众生必死，死必归土，此之谓鬼。"汉许慎《说文》说："鬼，人所归为鬼。鬼阴气贼害。"在甲骨文和金文里，鬼，就是活脱脱的一个人（酋长或巫师），戴上面具，成一个恐怖的"鬼头人"形象；同样，畏字在甲骨文和金文里，原是这个"鬼头人"手持长杆武器之象，令人心生畏惧。但在甲骨文和金文的意义里，鬼，的确已明指鬼神这回事，甲骨文有"亚多鬼梦，亡疾"，"王占曰，兹鬼魅"，"多鬼梦，不至祸"等句，而金文则有"龏夤鬼神"之语。故同时见诸甲骨文、小篆之鬼魅的魅字，原从鬼、从彡，彡为陈年尸骨之磷光，魅为后出之字。

"子不语怪力乱神"（《论语·述而第七》），又说"未能事人，焉能事鬼"（《论语·先进第十一》，"非其鬼而祭之，谄也"（《论语·为政第二》），可见至春秋之世，仍将鬼视作往生者之正灵。真正记载为鬼物，令人为之毛骨悚然者，最早应见之于《列子·黄帝》所记："赵襄子率徒十万，狩于中山，藉茷燔林，扇赫百里（焚烧树林开山辟土）。有一人从石壁中出，随烟烬上下，众谓鬼物。火过，徐行而出，若无所经涉者。"汉班固《汉书·刘向传》："淮南有枕中鸿宝苑秘书，书言神仙使鬼物为金之术，及邹衍重道延命方。"《吕氏春秋·疑似篇》则记载有黎丘文人遇鬼故事。至魏晋间，据说是魏文帝曹丕所撰之《列异传》，有宗定伯卖笨鬼得千五百钱，谈生与鬼妇故事；晋荀氏之《灵鬼志》，则述死于非命千年野鬼，授嵇中散（康）广陵琴曲经过，"故事"大都温馨，鲜少邪恶。清蒲松龄写《聊斋志异》，也是浪漫的鬼多，凶恶的鬼少。俗语"人老精，鬼老灵"，讽喻上了年纪的人，江湖历练够了，人就精灵不笨，而民间皮肤病中药验方，则有一帖"鬼遗方"。

自从鬼被"想象"成异度空间的人类归宿后，诸如有鬼、无鬼之论，以不可知为诉求的争论（argument from ignorance），就自有永有，一如UFO一样——信者言之凿凿，不信者恒不信，正如粤谚说"未碰过鬼，焉会怕黑"。

说闻解字

而汉王充早就质疑说:"如审鬼者死人之精神,则人见之,宜徒见裸袒之形,无为见衣带被服也。何则?衣服无精神,人死,与形体俱朽,何以得贯穿之乎?"(《论衡·论死篇》)晋朝的阮瞻,也就写了篇《无鬼论》,自谓理足以辩正幽明。(见唐房玄龄等《晋书·阮瞻传》)唐朝林蕴,因见临汀民间多山鬼淫祠,令百姓经常苦于拜神事鬼,故特撰《无鬼论》,意在匡正时弊。南朝宋刘义庆《世说新语》则有论及汉阮宣子(修)之鬼神说:"或以人死有鬼,宣子独以为无,曰:'今见鬼者云,着生时衣服,若人死有鬼,衣服复有鬼乎?'"(《阮宣子论鬼》)

说到五鬼,通常只是一个笼统、含混的名词,如风水师说一幢公寓如有五道门,就是"五鬼拍门"之格局,而若"撒钱客"者,应不知五鬼为何物,五鬼又为何缠上他?恐怕只是弱窍幻象之所由生也。其实五鬼有多重意义。五代南唐主李璟,重用冯延巳、延鲁兄弟及陈觉、魏岑和查文徽等五佞臣,时人称之为"五鬼"。(宋欧阳修《新五代史·南唐世家》①)按旧俗,每年农历正月廿九日,俗称为"穷九"日,民间辄有"送穷"礼俗,而韩愈于唐宪宗元和六年(811年),戏作《送穷文》一篇,称智穷、学穷、文穷、命穷和交穷为"五穷鬼"(收录于《昌黎集》),孰料五鬼(穷)之阴位,竟由此而起(宋陆游《闲中乐事》诗:"五穷虽偃蹇,二竖(二竖子,喻病魔)已奔忙。")另外,北宋真宗时王钦若、丁谓②、林特、陈彭年及刘承珪等五佞臣因把持朝政,时人亦称之为五鬼(见《宋史·王钦若传》),而符箓家又添上属于邪灵鬼子五鬼阴兵(红、黑、白、青、黄面鬼),以及五鬼搬运(运财)之类说法,五鬼之名由是有增无已。

其实,自从殷人尚鬼之后,鬼的概念,已从巫师、酋长的"鬼头人"形象,以及"人所归"的宿命论,逐渐"失控"地复杂起来。所谓鬼,已经是历史

---

① 又名《五代史记》。

② 淳化年间,进士杨亿任翰林学士与史馆修撰,因丁谓以联句讥讽他髯长:"内翰拜时须扫地",遂回以联句:"相公坐处幕漫天",反讽他贪腐滥权。

文化、风俗迷信（以讹传讹）、宗教生死观、人生想象、社会氛围环境、对往生者不舍和怀念、术士及通俗小说电影吹嘘（鬼教）个人经验、心理因素（例如祈福心态、对阴暗静寞空间的恐慌、对无法合理解释事物和对存在的不知者的害怕）等等的一个大综合"鬼神之会"（《礼记·礼运》）的概念或想象。

  对于"找替身"的鬼祟，当然令人害怕，但同时，"鬼神之为德，其盛矣乎"（《礼记·中庸》），只要"为人不作亏心事"，我们大可鬼混下，讲些鬼（诡）话，鬼扯淡[①]一下，赞美鬼斧神工（鬼工）般的雕塑精品，欣赏他人鬼才，扮扮鬼脸，逗逗鬼精灵般的小孩子，教教字写得像鬼画符般的弟弟，不与鬼计多端、鬼头鬼脑的人做朋友，而有鬼使神差的帮助，哪会在鬼门上占卦，夜半鬼上床！

---

  ① 鬼扯淡，胡诌也。《西湖游览志馀·委巷丛谈》："（杭人）胡说曰扯淡，或转曰牵冷，则出自宋时梨园市语之遗，未之改也。"清西周生《醒世姻缘传》第二回："你没的扯淡，你认得我是谁？"

43. 测字奇谈

　　一位好玄学之警员，以测字之法测凶嫌名字，增加凶嫌的心理负担，终而令之俯首认罪，破了一件埋骨山坡地波萝蜜树下的冤案。凶嫌原名木春，案发后改名钧霖，警员唬他说，木，指的就是波萝蜜树；春，是（现场得见的）三根树根横过枯骨；钧，左边是金（钱），右边的匀，写歪一点就像个"欠"字，是债，是冤亲债主；霖，像雨从天而降，雨字头可解释成灵魂，下半部的林字，是树木繁衍成林之象，可解释成子孙之意。因而告诉凶嫌说，即使冤亲债主的灵魂不找他，也会找他的子孙算账，祸延后代。

　　这位警察的确懂得测字诀门，应变之口语说词也有一套，所用的测字法，亦已用上了字之引（触法，触类旁通）、字之离合和以事之兆迹成字／解字等诸法。因为汉字特殊的音、形、义型构，所以测字很早就是中国特有的一种迷人术数活动，萌芽于秦汉时期，至唐宋之世则渐趋成熟。清初，原是明臣而降清之周亮工，更集古今大成，著有测字之书《字触》面世，成为测字术的经典之作。

　　从测字而能"离奇雪冤"，又与春字相关者，最著名的例子是《唐人传奇》中之《谢小娥传》。故事说谢小娥之父升与夫婿华同往长沙贸易，不幸于湖中遇贼，双双遇害。她父亲向她"报梦"说："杀我者，车中猴，门东草"；她的夫婿则向她"报梦"说："杀我者，禾中走，一日夫。"其后，获洪洲使君李公佐为之析字说，杀她父亲的，是名叫申兰的人，因为猴生肖在十天干中为申，而车（車）字之中（去掉头尾两画）即为申，门东草即兰（蘭）字；而杀她夫婿的，是申春，因为禾中走是说"穿田而过"——申字也，一日夫则合成为春字。谢小娥凭此解说，终于找到杀父、杀夫两盗贼申兰、申春兄弟，而令其伏法。"报梦"之说，由来已久，例如，南朝梁僧人慧皎之《高僧传》

有记:"汉永平中,明帝夜梦,金人飞空而至,乃大集群臣,以占所梦。通人傅毅奉答:'臣闻西域有神,其名曰佛,陛下所梦必是乎!'"(卷一)

春字之用于卜测,并不多见。有宋一代称测字为相字,其时,全国都信测字。如宋神宗熙宁年间大旱,大臣们就讨论改元,最初拟改为"大成",神宗不赞成,因为"成"字分开离形即折出"一人负戈",凶战之象,不吉利;再拟改为"丰亨",神宗亦认为不妥,因为"亨"字下面是"了",像"为子不成";最后,方选定为"元丰"。

北宋宣和年间,四川成都人谢石是测字名家。据说南宋高宗微行,曾路过谢石的测字摊档,他以杖于地上画一字令相,谢石见而吃惊,请他另书一字再测。宋高宗就随便写个"问"(問)字问他,但因为泥土地凹凸不平,门字两旁写得东斜西歪。谢石急忙下拜山呼万岁爷。原来他认定"土上加一画"是王字也,而问字因为门字左右两边写得斜侧飘飞故,"左看是君(字),右看又是君(字),故非主上是谁?"翌日,宋高宗于便殿召见,又书一"春"字命测国运,谢石即说:"秦头太重,压日无光",时秦桧专权,朝政旁落也。①

明徐文长之《徐文长集》则有一小段记载说,时新安有人生病,用扶乩测卜,得"三春"两字,大家都以为病人无虞,不料病人却于九日后逝世,原来三春是指"九日人"之意(春字分拆开是"三日人")。

不过,这次警察所用的,只是借用世俗冤有头债有主,"鬼神之为德,其盛矣哉"(《中庸》)的讲法,去影响疑犯心理,而"果然"奏效而已,一个是福至心灵,一个则是贼星当败;否则,若说嫌犯名字中有"木",即

---

① 同样一个故事,有说成是发生在明末崇祯朱由俭身上。据传当李自成军队逼近京城时,崇祯某日乔装成平民,出宫视探民情,偶然经过一测字摊档,便在脚下随便写了个"一"字,以卜凶吉,测字者一看,见此君相貌堂堂,准是皇帝无疑,便立即俯伏下来,山呼万岁,并向崇祯解释:"土上加一,非王而何?"崇祯见其通灵,再说一"友"字要他一卜,测字者说:"不好了!'反'字出头了!"崇祯大惊,急忙改口,说是"有"字,测字的说:"更坏,大明江山已去一半!"崇祯更怕,狡辩说的是"酉"字,孰料测字者说:"哎!至'尊'要斩头截足呢!"崇祯遂颓然而返,终至于紫禁城景(煤)山自缢!

硬指其把尸体埋于树木之下,这岂非由不得嫌犯的"命定"论?于"理据"上是有点说不通的。

其实,就文字学来说,嫌犯名字俱另有解释。"木"字是单纯象形(上面有枝干,下面有根株);"春"古字原从"木"或"屮"(音彻,草初生也),从"屯"(音肫,像草木初生时之不易茁壮,兼作声符),从"日",就是草木屯然未茂的日子(见汉许慎《说文》),楷书"秦"字头的春,是字体演变的结果,已"无复旧观"。①钧,原是重量单位,三十斤为一钧,故衍为称重之意,也与均同义,可以说是一个多义字,例如急迫曰"千钧一发",说天工造化曰"大钧播物"(汉班固《汉书·贾谊传》)。"钦"则是欠部,金声(《说文》,表示人倦而张口的样子)。雨字头的"霝"字是雨滴之意;雨下三口并排的㗊,更是雨滴的"现场传真"(三口并排"㗊"读若零,属罕见字,只见于龠字);加上巫师法器(巫)之灵字,则泛指神灵、灵魂一类的宗教信仰(大洋洲土著人就认为人身体会有一种直觉、自觉性的自然力量,他们称之为灵力〔Mana〕)。

---

① 拆字推事理之法,多见于野史和传说。宋吴处厚之《青箱杂记》记有一则故事:

(义兴)县有后汉太尉许馘庙,庙碑为许劲记。岁久,字多磨减。至(唐)开元中,许氏诸孙重刻之。碑阴(背)有八字,云:"谈马砺毕,王田数七。"时人不能晓。(徐)延休一见,为解之曰:"谈马即言午(地支马属午),言午,许字。砺毕石卑(磨刀石不再用了),石卑,碑字。王田乃千里(之广),千里,重字。数七是六(十)一,六一,立字。"(也就是说"许碑重立")

同书卷七又说:"(王)衍在蜀时,童谣曰:'我有一帖药,其名为阿魏,卖与十八子。'其后衍之兄宗弼果真卖国归(后)唐(后唐姓李——十八子也)。宗弼乃王建养子,本姓魏氏。此其应也。"

测字奇谈

44. 家教循古释义

只要翻一下字典,就可以知道,"家教"的意义,自古有四:其一,是同现在在课堂上课或远距教学相反,在家里教导学生(汉司马迁《史记·儒林传·申公》:"〔说汉初儒家代表人物申培公〕退居家教,终身不出门");其二,是唐宋时,乡间私塾用以教导初学幼童的启蒙读本,如敦煌诸卷中即有《太公家教》和《武王家教》读本;其三,是近代家庭补习教师的省称,例如,在香港仍称为家教、作家教和家教老师;最后一义也是最传统的解释是:家人所当谨守的家庭礼法。

中国人自古即重视教育子孙和教化万民。例如从字源来看,"学"字无论在甲骨文、金文和小篆(学)去看,都是教孩子在屋顶结绳(✗)之意(修整房子),其后衍义为学校、教学和受学。(甲骨文有"于大学寻"、"王学众伐于免方";金文则有"才昔先王小学"诸句)因此汉许慎《说文》解释"学"是觉悟、从教,故教(敎)字更为表情达意,它在甲骨文、金文和小篆里,都像极手持着鞭子要孩子学打绳结(✗)模样,故《说文》说"上所施,下所效也。从手(攵)、孝(斅)"。甲骨文和金文亦将教聚焦在教学上(甲骨文有"其教成",金文则有"越人修教备恁"诸句)。《小戴礼记·学记》说:"玉不琢,不成器;人不学,不知道。"又说:"君子(古之王者)如欲化民成俗,其必由学乎!"但无论古今中外,最初之教与学(社会化第一步),必自家庭开始,此即家教一词意义之所由生。

不过,在父系、父权宗族社会制度中,父严母慈,教之者责任,主要便落在家庭中位尊的父亲身上(因此"养不教父之过")。因为根据《论语》所记,孔子除了关心儿子阿鲤有没有学习《诗经·国风》之《周南》、《召南》外(《论语·阳货第十七》),还曾于庭中两度训鲤,故雅称父亲的教诲为庭训——庭训就等同家教的等位同义词。《论语·季氏》记述，孔子"尝独立，（想溜出去玩的）鲤趋而过庭，（孔子见到就问）曰：'学《诗（经）》乎？'对曰：'未也。'（孔子就教训他）'不学《诗》，无以言。'鲤退而学诗。他日又独立，鲤趋而过，曰：'学《礼（记）》乎？'对曰：'未也。''不学《礼》，无以立。'鲤退而学《礼》。"自后庭训，似乎就成了家之所以为家的一个崇高家门指标，最好能够标榜。例如，唐房玄龄等《晋书·孙盛传》："时盛年老还家，性方严有轨宪，虽子孙（头发）斑白，而庭训愈峻。"因此，一个人如果在成长过程中，没有受过庭训，反倒是件憾事，例如东晋葛洪就说："年十有三，而慈父见背，夙失庭训。"（《抱朴子·自叙》）

广义来说，庭训、家教、家训、家约、家规、家法、家钵和家行（音恒）等，全都是等位同义词；谈论家教的古书亦不少，比较著名的如北齐颜之推的《颜氏家训》，宋司马光的《家范》和清曾国藩的《曾文正公家书》等。而若一言以蔽之，所谓家教者，教孝也，但若深入细思，则我文化所谓之家教，其实是一个十分复杂的履行概念。

首先，家教是内遵和外扬的。内遵就是孔子说的"子子"——做个孝悌的好儿子、好女儿。"事父母能竭其力"，并且要和颜悦色，一片孝敬之心。正如《弟子规》一书所说，"父母呼，应勿缓；父母命，行勿懒；父母教，须敬听"；"出必告，反（返）必面"；"或饮食，或坐走，长者先"；"长呼人，即代叫；人不在，己先到"；"称尊长，勿呼名；对尊长，勿显能；路遇长，疾趋拜"；"步从容，立端正；揖深圆，拜恭敬；勿践阈（踩门坎），勿跛倚，勿箕踞（跷起二郎腿），勿摇髀（摇腿）"。外扬则是要"扬名声，显父母"，"大孝尊亲"，父没，则要"三年无改于父之道"。

其次，家教是有阶级性的。在一般家庭里，只要子孙先意承志，无违父母之命，不辱门楣即可；但在大户人家中，则要子孙顾及家世、家风、家行、家业和家学诸多要求，以符世家门望。后周渔阳人、右谏议大夫窦燕山（禹钧），教子有方，家法为一时表式，五子俱相继登科，时人称为"燕山窦氏五龙"，成为中国第一位模范父亲（见元脱脱《宋史》卷二六三），此即我们熟知的《三字经》"窦燕山，有义方；教五子，名俱扬"典故。据说粤人称父亲为"老窦"，即源于此（但亦有谓是客家语"老头"一音之转）。

另外，家教也因性别不同而施教有异。例如，儿子因为要留守家园，打理父业，故"父母在，不远游，游必有方"（《礼记·曲礼》）；但因女儿出嫁在外，故强调的是妇德、妇容、妇言、妇工，在家从父，适人从夫，夫死从子，三步不出闺门，事（专注）在馈食之间，饿死事小、失节事大之类的闺范懿德，读的书也几乎是《礼记·内则篇》和西汉刘向《列女传》一类。

不过，一则由于时代变迁，二则由于生活忙碌，家教的现代社会意义，早已转趋淡薄。现代家庭，已非三代同堂，父母亲一早忙到晚，小孩子从幼儿园开始，直到高中，几乎全日就学，稍有闲余，又得上各类才艺班，到上了大学，又多居宿在外，家庭影响力式微，所谓家教，实也不知从何教起；似乎社教、媒体之教和议堂示范之教，比家教更有成效。简单地说，今天如果觉得小孩子乖、有规矩、有礼貌，嘴巴甜些，负责守纪，就会说他的父母教得真好，真有家教。

就传统粤俗来说，说人没家教，就等于影射人家"有爷生没娘教"，那是个野（生）孩子，是一句十分伤人的话，有浓厚侮辱意味，君子勿言——古谚说："良言一句三冬暖，恶语伤人六月寒"，此之谓也。

45. 字无繁简，体贯古今

近代汉字演变历经无限沧桑。溯自清末积弱，受尽列强欺凌，尤其甲午战败之后，有识之士思唯维新方能启迪民智，国力方得提升，而减少文盲使识字者众，最基础扎实的一步一脚印的做法，则咸信透过教育才是达成目标的正当途径，而提高民众识字素养，则又似乎非从汉字革新去"想象"不可。不过，知识分子论事，似乎一向惯于有建议即有争议，其时，以王照为首，比较保守、主张渐变的一派，力倡发展"官话字母"；以劳乃宣为首，比较激进、主张急变的一派，则力倡使用"简字"；余如谭嗣同等维新之士，则甚至主张尽改象形文字。

至1917年，教育部通过以"ㄅㄆㄇㄈ"来拼音的"注音字母（符号）"。1919年，白话文运动正炽之时，北京《新青年》杂志，亦有不少"文字改革"和"废除汉字"的内容，撰文者彼此放言高论，历时有两年之久，后因时局动荡而休兵。1922年，钱玄同等北京大学精通文字学的教授，率先正式提出"减省汉字的笔画案"，主张使用诸如"灯"（燈）字之类"手头字"（亦称简俗字，后易名为简体字）。（灯字原收录于明张自烈《正字通》）。

1926年，"国音字母"第二式颁布（初称"国语罗马字"），采用英人威德（Sir Thomas Francis Wade, 1818—1895）所开发出来的"威妥玛拼音法"（Wade and Giles System of Transliteration）。嗣后近百年，一般将我人名字或地名，以罗马字译成英文者，多采用此法。1932年，"国音常用字汇"又再颁布，吾人所惯用之简体字（或曰简笔字、简写字、减笔字、省笔字、减省字），几灿然大备。不过，翌年，亦即1933年，却掀起"罗马拼音字母"新文字（Romanization）与"拉丁化新文字"（Latinization）路线之争（"罗马拼音字母"是明神宗万历年间，意大利传教士利玛窦〔Matteo Ricci〕到中国传教时，为了方便拼写汉字而开发出来的）。1935年底，拟订得三百二十四个简体字，例如，台、臺相同，裏（里）转作裡，后因抗日战争起而息议。

1954年，在台湾之罗家伦诸人，再提出简化文字之议，但未有附议，终而作罢。在北京，1956年元月底，国务院通过《汉字简化方案》，"中国文字改革委员会"公布第一批简化字，取代繁体字，目的在走拼音文字路线，开发"拉丁拼音文字"（汉语拼音方案），用"ｂｐｍｆｄｔｎｌ"诸字母，取代"ㄅㄆㄇㄈ"。1958年，又公布《汉语拼音方案》，作为推行文字拉丁化的主要依据。1964年，文字改革委员会出版《简化字总表》，共二千二百三十六字，即今日简体字主体。

1955年，王显归纳简体字"造"字的"单型简化"类型如下：

1. 用部分代替全型，如以汇代匯，灭代滅。

2. 省并重复，如质（質）、齿（齒）。

3. 符号替代，如伤（傷）、仅（僅）。

4. 草体楷化，如伪（僞）、拨（撥）。

5. 改换声符，如亿（億）、剧（劇）。

6. 改换形符，如迹（跡）、节（節）。

7. 形声改为非形声，如岩（巖）、体（體）。

8. 非形声改为形声，如邮（郵）、态（態）。

9. 同意替代，如干（乾）、付（副）。

10. 恢复古体，如后（後）、礼（禮）。

至于"复型简化"的类型，诸如轰（轟）、观（觀）、证（證）、钟（鐘）、惊（驚）、护（護）等等属之（孔仲温，1992）。

简体字推出后，1969年，台北的何应钦又主张整理简笔字（如点、铁），以落实其适用性，不过，此议又遭搁置。1976年夏，台北师范大学国文研究所完成"常用国字标准字体表"，以"一字多体时，取一字一体，以通用及笔画少者定为标准字体"为原则；例如，取才不取纔（才为异体，但通行），取脚不取腳（但腳较合六书造字原理），但亂字不取乱，繡不取绣，以正字体，得字共四千七百零九字。此表于 1978 年再度修正，名为《标准行书典范》，与《简化字总表》比较，两者相近或相同的约七百字，大约是 30%。此之所以我们有时写起字来，"像繁又像简"的主要原因，这也正好说明了简体字和繁体字，基本有着同卵双胞胎般血缘，硬是将一字归类为繁为简，从字体、字形的变迁来说，意义不大。

1986 年 10 月，两千两百三十五字的《简化总表》重新公布，并指出汉字形体在一个时期内应当保持稳定，以利应用，至是简体字"动异"，暂时"停格"。值得一提的是，1978 年元月，人名、地名已拉丁化，例如，北京，拼译为"Beijing"（以前用 Peiking），但长城仍称"the Great Wall"，从此，中文拼译音，除了威妥玛式、语言学大师赵元任的"国语罗马字"，以及耶鲁式（Yale）外，又多加了拉丁化拼音。

汉字书写，由竹简的横平，到甲骨文、金文、篆、隶、草、行、楷书的直竖，的确流失了不少初文，甚至"面目全非"；例如，春之"始祖字"原是"艹（艸）、屯、日"叠竖的，后来却成了秦字头之春，这部分是无解的。故从汉字变迁史来看，当字型由曲线定型为方块之后，其线条（笔画）减省空间原来就大，字义亦可灵活因应时代需要。因此，汉字固有由简变繁的，例如，山岗的岗，原本是冈字，后来冈字成了声符（如刚、钢、棡），故山冈的冈就加上山字成岗，以示区别。不过，从整体来看，汉字由繁变简的情形居多。所以，识简——不论是"识简用繁"，抑或是"识繁用简"——向皆是如此的了，只是时代的解释不同而已。

例如，在甲骨文中，已有繁体的羊字和简体羊字；雷在金文里，原是雨字下面有四个象征雷声的"田"字，中间夹着一道电光（ ），十分之传神，但为了书写便利，就省减成只有一声雷响（田）的雷字；汉魏六朝的碑刻，已将"號"字简化为"号"，"亂"简化为"乱"；三国时期把"體"简化为"体"，"尋"简化为"寻"；"虽"（雖）、"实"（實）、"称"（稱）是宋元以来俗字；至清太平天国之时，则将"國"字简化为"国"，"範"简化为"范"，"乾"简化为"干"，以及"雲"简化为"云"等。所以，

字无繁简，体贯古今

简体字其实主要由三大部分组成:

其一,是复古返祖字,如后(後)、尘(塵)、叶(葉)、礼(禮)、处(處)、弃(棄)、离(離)和铁(鐵)诸字,又或者是行之已久的俗写字,如"双"(雙)、"党"(黨)、"灵"(靈),此类字多见于第一批简体字中。

其次,是以个人字迹造字,例如,郭沫若将"言"字写成草书之"讠"字,简体字随之,"言"旁写作"讠",如谈(談)、论(論)诸字。

第三,是通假古字,例如:说同悦,女同汝,陈同阵,厌同压;又或是(异)体俗字互用,如恆、恒。

所以,另起造字炉灶的简体字,由另一个角度来说,大多数还是同传统汉字有着"字缘"关系的。因为一、它保留了原字大致轮廓,如"马"(馬)、"车"(車);或者,二、虽然笔画减省了,它仍保留着原字一部分,如"业"(業)、"习"(習)、"对"(對)、"劝"(勸)。

所以,从汉字演变来看,其实是字无繁简、体贯古今的。之所以造字,应该是因应所需的。例如,汉许慎《说文》里原没有"髣"这个字,但因要造髣髴(仿佛)这一骈字,于是,世人便造了个髣字出来;而近世科学字,亦不得不造新字,如铀、氢之类。不过,"好为仓颉"却是俗病。例如,篡汉的王莽,把原是上面一个晶字的叠字,改成了三个田字的叠字(现时繁体字俗字,又改为三个又字的叠字);东汉光武帝则拆"高阝"字为"高邑";唐武则天则把日、月悬在上空(曌),代替"照"字(一说是双目悬空,瞾),又把"山水土"叠竖一起,以代地字;不过,三国时吴景帝孙休和北魏魏武帝拓跋焘所造的千余"新字",却一个都没有留下来。五四时期,刘半农造了一个"教我如何不想她"的"她"新字。1946年,书画家齐白石为北京宣武门一家烤肉店写招牌时,谓"自我作古"——创造了一个"烤"字,袭用至今。

扰攘百年,从现阶段汉字来看,惯于写简体字的,会觉得繁体汉字笔画好"繁",很不容易写;而惯于使用繁体字的,因为汉字文理加上上下文语境,"猜"简体字为何字,一般都不太困难,而且有时会在不知不觉中,用上了些印象中的简体字（如觉、报、众）。简体字和繁体字相异之字，估计在一千五百字左右。不管哪一字体，保留较易识别、易学、易记忆和记得久之字，再次去芜存菁，"读同文"，实在是件好事。新千禧年年底通过的《国家通用语言文字法》，已明确规范汉字为国家通用文字，而繁体字和异体字，则视为文化遗产而加以保护，容许在一定领域和特定地区内长期存在；另外，1988年以来所使用的《现代汉语通用字表》也重新编辑，把喆、昇、淼等五十一个"异体字"，也予以收纳，但仅限于人名和地名的使用。

简体字与繁体字一瞥：
万马无声听号令／学而时习之不亦说乎
萬馬無聲聽號令／學而時習之不亦說乎

字无繁简，体贯古今

46. 李男张女

信不信由你,称人为先生,汉朝就有了这种称呼;例如,汉司马迁《史记·孟尝君列传》即说:"冯谖闻孟尝君好客,蹑屩而见之。孟尝君曰:'先生远辱,何以教文?'"(卷七五)而叫人某君、某甲、路人甲和"那个人"的称谓,也几千年前就有了,不信?且看几个例子。

一、某日孔子同生徒经过石门(鲁城外门),那位晨门(早更看门更夫)知道是孔子经过,竟然很不礼貌地对孔子说:"是那个明知办不到还硬着头皮去干的人吗?"("是知其不可而为之者与?"见《论语·宪问第十四》)

二、"不知何一男子",是西汉中晚期至东汉初期常用的口语,在《居延汉简》里就常常有这样一句话。例如:"不知何男子"、"不知何一男子左□"(见《居延汉简释文》,第173、175页);东汉班固《汉书·王莽传》说:"不知何一男子,遮臣车前。"而最离谱的则是汉王充《论衡·实知篇》之托名孔子伪谶:"孔子将死,遗谶书曰:'不知何一男子,自谓秦始皇,上我之堂,踞我之床,颠倒我衣裳,至沙丘而亡。'其后,秦王兼吞天下,号始皇,巡守至鲁,观孔子宅,乃至沙丘,道病而崩。"

三、东汉之邯郸淳,就是那位作《孝女曹娥碑》,被蔡邕誉为"黄绢、幼妇、外孙、齑臼"——绝妙好辞(辞,见《世说新语》),文、谜因而得留存史册的博士给事中,他又著有《笑林》一书,以调侃庸愚,藉资一粲;今文多佚散,但所遗之二三十则故事小品中,亦有某甲、有甲两篇:

(一)某甲(某人也)夜暴疾,命门人钻火。其夜阴暝,不得火,催之急。门人忿然曰:"君责人亦太无理,今暗如漆,何以不把火照我,我当得觅钻火具,然后易得耳。"孔文举(融)闻之,曰:"责人当以其方(道理)也。"

（二）有甲（某人也）欲谒见邑宰（县令），问（县令之）左右曰："（县）令何所好？"或语曰："好《公羊传》。"

后入见，令问："君读何书？"答曰："惟业《公羊传》。""（令）试问（根据《公羊传》所说）谁杀陈他者？"（背景是：县令故意把陈佗说成陈"他"，来考有甲对《公羊传》的认识。陈佗是陈国陈文公的儿子、陈桓公的弟弟；桓公死，杀太子免而自立。《春秋·桓公六年》录有"蔡人杀陈佗"条，《公羊传》解释说："蔡人杀陈佗，陈佗者何？陈（之）君也。……淫于〔欺凌〕蔡人，蔡人杀之。"）

甲良久对曰："平生实不杀陈他。"令察谬误（知道有甲胸无点墨），因复戏之曰："君不杀陈他，请（问）是谁杀？"（有甲）于是大怖，徒跣（连鞋子都不穿了）走出。人问其故？乃大语（声）曰："见明府（县令），便以死事见访（以命案相询），后直不敢复来，遇赦（要等到大赦时）当出耳。"

仔细想一下，这都是谑人的称谓。以前的香港媒介，尤其是印刷媒介，最怕犯诽谤罪，故当处理社会新闻时，例如，打架事件，对于涉事人物、武器、打斗受伤经过及原因，都必小心翼翼，以免犯上诽谤官司，久而久之，就形成为一种无解的独特报道方式、词项和文体。例如，涉嫌之人，用"疑人"，任何对象，都加上"疑似"两字；如报道打架时说："混乱中，一名男子手持一把疑似手枪物件，向伤者射击，事发后，疑人逃逸无踪。"有时，也真令人看得有如丈二金刚摸不着头。

现代中国人姓名，以三字居多，如何却喜缩为两字？除姓氏之外，一律"加上"固定的单名，男的称男，女的称女；例如，名叫李大文（虚拟）的男子，新闻中就称为"李男"，名叫张心（虚拟）的女士，新闻中就称为"张女"。李男，不过比李大文三个字省去一个字，两字总笔画却是一样，而张心同张女则不但字数一样，女字比心字亦只不过少了一画，实在看不出将人称男道女，到底有什么好处？相反，这正是丑陋的"返祖现象"，是报纸轻视报道中人物的口气，堂而皇之地公然侵犯人类姓名的尊严（这不同于英文简称，如kenneth可简称为ken），令人不忍卒读。即使是一只小狗，通常也都叫全名；

李男张女

例如，美国前总统小布什的爱犬叫"Buddy"，它就可能听不懂人叫它"Bud"。不知道经常自我期许为社会良心的报业，是否可以冷静地检讨一下这种写法，或请撰稿者稍微留意一下！

47. 这个字嘛——也通

谈及女士之瘦身,免不了商业盈利之操作,医疗生理忠告之被漠视,传媒之渲染,以及"榜样"人物以"意见领袖"自居之鼓动时潮。虽然社会对此种氛围,唯唯否否,但其实此种氛围,古已有之。例如,后汉明帝时,首都长安城中有谣曰:"城中好高髻,四方高一尺;城中好广眉,四方且半额;城中好大袖,四方全疋帛。"就是说"上有好者,下必有甚焉"。幸而,还是有存良知传媒,作出警示:"瘦干巴还减肥?""干巴"一词,用得古雅。试浅释则个。

一、干,俗作乾,原音前,上出之貌,清段玉裁《说文解字注》(《说文·乙·段注》):"自有文字以后,乃用为卦名(八卦乾作☰)",而孔子释之曰健也。健之义生于上出(向上破出),上出为干,下注为湿,故干与湿相对,俗"别其音",故又音干,俗字为了"强化"此一音义,更有将日字其下之"十"字,以"干"易之(乾)。干即燥,没有水分也。(《左传·襄公九年》:"与国盟,口血未干而背之,可乎?")

在华夏文化里,天是可见的表象,而乾则是指人们脑海中,天的功能。在《易》中乾本意是指日出时光气舒展的形象,也有发音近似"健"的含意。"健"是创造活动力的本能(《易·乾·象》:"天行健,君子以自强不息");而《易·乾》乾卦卦辞:"乾,元亨利贞"就是说乾是万物创始的根"元",通行无阻(亨),祥和有益(利),正道而贯彻(贞)。而《易·说卦》则说得更明白:"乾,为天",宋程颐《周易程氏传》:"以形体谓之天,以性情谓之乾。"什么"性情"呢?明潘士藻《读易述》说:"乾象坚刚",而《乾卦九三占辞》则指出:"君子终日乾乾(健健也,努力不懈也,《易系辞下》:"乾,天下之至健也"),夕(如果正处于晚间暗室,《吕氏春秋·明理》:"是正坐于夕室也,其所谓正,乃不正矣")惕若（就要警惕），厉无咎（谨守本分，不要因为背群而招过失）。"

二、巴，音芭，己部一画，原是大蟒蛇（汉许慎《说文》："巴，虫〔虫〕也，或曰食象它〔蛇〕"），但后来将之置在词尾，用作：（1）语气词，如尾巴、盐巴；（2）作为黏结物的指称，如锅巴、泥巴；（3）作为面颊部位描述，如嘴巴、下巴；（4）作贴近解（明施耐庵《水浒传》第一回："前不巴村，后不巴店"；（5）表示急切盼望或迫切的样子（明冯梦龙《警世通言》卷二："夫妻本是同林鸟，巴到天明各自飞"；宋陆游《大慧祥师真赞》："平生嫌遮老子，说法口巴巴地，若是灵利阿师，多取画底妙喜"；元末高明《琵琶记·南浦·嘱别》："眼巴巴望看关山远，冷清清倚定门儿盼"）；（6）表示挣扎（《水浒传》第十五回："也巴到岗上松树下，坐了喘气。"）

巴巴，则可作特地或偏偏解（清曹雪芹《红楼梦》第二二回："我巴巴的唱戏，摆酒，为他们不成？"又或者作巴掌解（清俞万春《荡寇志》第十回："足足打了二十个大巴巴"。但巴、巴巴同干成骈字或词，成了干巴、干巴巴，表示不湿润、偏瘦之意，就其意旨或意义上来说，似乎难以"自圆其说"。其实巴，理应作"羓"！羓，音巴，羊部四画（见宋丁度等编《集韵》），腊属，是羊的腊肉（羓子腊肉），也叫巴子（《水浒传》第十一回："将精瘦肉片为羓子，肥肉煎油点灯"）；当然用"羓"也可以，腊猪肉嘛！所以干羓羓就有意义了——干瘦得如羊的腊肉一样。不过，既已约定俗成，就用干巴、干巴巴吧，反正类似"将错就错"的例子多到俯拾即是；例如台北街头"名菜"盐酥鸡（应是咸酥鸡）、鲁肉饭（应是卤肉饭）、肉焿（应是肉羹）等等，已经见怪不怪，默认这些"次元字"了。

又如，"番薯"之"番"，通常误作"蕃"。其实，蕃，艹（草）部，七画，音烦，草木枝叶繁盛也（《说文》："草〔艹〕茂也"），《易·坤》："天地变化草木蕃"（宋周敦颐《爱莲说》："水陆草木之花，可爱者甚蕃。"）蕃可音番，义同，指：（1）西戎的一种（唐汪遵《长城诗》："秦筑长城比铁牢，蕃戎不敢过临洮"）；（2）蛮夷的通称（宋欧阳修《新唐书·百官志工》："凡朝会，五品已〔以〕上及有功将士，蕃酋辞还，皆赐于庭"）；（3）

泛指外国（元脱脱《宋史·食货志》："雍熙中……分四路招致海南诸蕃、商人出海外蕃国贩易者，令并询两浙市舶司请给官券。"）

番，音翻，田部，七画，原是兽类的脚掌，也作蹯（《说文》："番，兽足之番，从釆、田，象其掌"），通蕃，清时称西部各民族为西番（见《清会典·户部·番户》）。番，尚可通鄱、潘和嶓。番茄从南美秘鲁输入中国，番薯（甘藷）则是明万历年间从菲律宾传至中原，番荔枝（释迦果）来自西印度、美洲一带，既然蕃、番俱同可省减草头，而番泛指外国之指谓更浓，故番茄、番薯用番字足矣。

这个字嘛——也通

48. 人言为信？犬吠成狱？

某日，加拿大籍女生帕妮丝（名字虚拟）看到一则报纸标题——"猫狗收容所（变成）人间炼狱"，一向宠狗如命又感性的她，不禁有些疑惑，跑到研究室问我："狱是专门给狗住的地方吗？"帕妮丝对事物有着敏锐的观察力，也是位女权主义者。她曾问过一些很有趣的"问题"，诸如，看到姜母鸭，就会联想到人们光吃母鸭，而不吃公鸭（其实是姜母——鸭；姜母，老姜也，与嫩姜或子姜相对）；看到卖帝皇鸡的招牌就高兴了大半天，因为，她的朋友请她吃贵妃鸡；不知从哪里看到《公羊传》书名，就不服气为何没有《母羊传》？（《公羊传》为《春秋》三传之一，相传是战国时齐人、子夏的学生公羊高所著，公羊，姓也。传清文学名家韩荚曾以句联考某塾师："《曲礼》一篇无母狗"〔因塾师在教《礼记·曲礼》时，将"临财毋苟得，临难毋苟免"一句之"毋苟"，误读为"母狗"〕，塾师回应曰："《春秋》三传有《公羊》"，后竟成了妙联，流传于世）看到鸡母虫，便问有没有鸡公虫，诸如此类行径，令人莞尔。

言归本文，要解答帕妮丝的疑惑，得先从"言"字说起。言，当然是说、说话、言论之意。《说文》："直言曰言，论难曰语，从口。"（甲骨文有"今夕西言王"，"今夕王西言"，皆是报告之意；金文有"允哉若言"，"此易言而难行施"等语）不过，从甲骨文、金文和小篆去看，言都像一座长管乐器，可以将之想象为一个用作宣布政令的扩音器材（故引申为语言）；而《尔雅》更说："大箫谓之言（也作誩）"（见《释乐》），其注更明白地说（言）编二十三管，长尺四寸。所以，言是一种乐器。

这里有一个"猌"字，它的解释就有点费思量了。猌，音垠（同狋），是狗相争时所发出的吠声（宋苏洵《审敌》："投骨于地，猌然而争者，犬之常也"），猇猇，则是犬吠声（《楚辞·宋玉·九辩》："猛犬猇猇而迎吠兮，闭关梁而不通"）；但除此解释之外，若谓言为乐器，则从字之指事、象形而解释之，谓其犬守言（大箫）旁（一如犬贴人字旁之"伏"字），实亦可解（因斤亦斧也，故犴，亦犬在斤旁之意），也就是说，犬同大箫（言）杂处一起，偶随其吹奏而发出吠声。而狱字，见诸金文和小篆（金文有"勿使暴虐从狱"之语），一般解作二犬相争而吠，好像诉讼的两造争论不停，故引申为诉讼之意，清朱骏声《说文通训定声》："狱，按狀，两犬相争也。狱讼也。"《诗·召南·行露》有说："谁谓女（汝）无家，何以速我狱。"疏："狱者，核实道理之名。"《周礼·秋官·大司寇》则有句曰："以两剂禁民狱。"注："狱，谓相告以罪名者。"

狱，也指讼案（汉司马迁《史记·李斯传》："君子以明庶政，无敢折狱"），至于狱指拘系罪人的牢狱，乃是汉以后的事了，因为汉之前的牢狱"唐、虞曰士官，夏曰均台，周曰囹圄，汉曰狱"（见东汉蔡邕《独断上》）。为什么将囚犯之处称为狱呢？曾有人开玩笑说，那是用双犬看着人犯，不许他们叫嚣的地方，语虽谑，但不全无道理，因为解说狱字的人，往往忽略了《说文》的重要解释："狱，确也。从狀（狱），从言，二犬所以守也。"确，坚实也。所以，想象的空间是：狱本是一间牢靠的房子，平常用狗来看守，原本是用来放置乐器和杂物的地方，其后才改变用途，作为囚牢。

至于山狱的嶽（岳）字，则与狱无关。它原作岳，是一个上形下声的形声字（见甲骨文，有"惟岳它禾"、"求年于岳"、"燎三小牢卯三牛"、"入于岳"等语），像多层峰峦之山脉，《说文》："东岱、南霍、西华、北恒、中泰室，王者之所以巡狩所至。从山，狱声……古文从山，象高形"；嶽，是在小篆才出现的字。其后，羁押囚犯的地方和名称就多起来了，例如监和牢[①]；不过，

[①] 监，《说文》："临下也，从卧。"从甲骨文、金文和小篆去看，监字都像一人俯临水盆之状，似在向下注视水中反映的样貌；至金文，始有监理之意（金文有"监囗师戍"之句）。

最贴切的宰字,却不作此解。

汉字对于家畜豢养之处,大都有专用字。①例如,家,为豕之居(后引申、假借为人之居,见清段玉裁《说文解字注》);牢,《说文》:"闲也,养牛马圈也";廐(音救),马舍(栏);厂,马屋;涤,养祭牲的宫室(《公羊传·宣公三年》:"帝牲在涤三月。"注:"涤,宫名,养帝牲三牢之处。谓之涤者,取其荡涤絜〔洁〕清。")但宰才是真正的"在屋下裁治罪人"(《说文》:"辠〔罪〕②人在屋下执事者"),盖"宀",音绵,是有大堂的深屋,而辛则为刑具。就字形的变化来说,辛,从甲骨文来看,原像柴薪的薪字,似由"叢(丛)"字之取字上半部或"對(对)"字之左边转化而成,到了金文,除了意指干支之外,也像是向罪犯施以黥面之刑的曲刀,所以《说文》说辛是"大辠也";其后之孽、辜、辟和辩等字,皆从辛为罪之意旨出发。辛,也演展成多义,如辛辣、辛苦、辛伤和辛(新)生诸义;而两辛,"䇂",则古音辩,《说文》:"辠人相与讼也",是以辩字析出,以言论辩对方是非(金文作辩白解,有"辨于多正"之句),《说文》:"治也"(段注:"谓治狱也");辨字析出,以刀刑辨别(判断)两造之对错,通辩、辦(究辦、重辦)。③

至于一般俗说、见于《谷梁传》会意字之"人言为信",意指其"诚也"(《说文》),或无可疑之内涵,似已是约定成俗说法,但若将"言"仍视为大箫,

---

① 不过有原则,就有例外,拿庠字来说好了。庠,音祥,是古代地方所设的学校,也是奉养老人的地方,《说文》:"庠,礼(遇)官养老也,夏曰校,殷曰庠,周曰序。"所以庠,就不是养羊的地方。

② 辠,从自从辛,辛为刑具,故是"正牌"罪字,《说文》:"辠,犯法也",但因为秦始皇以辠字太似皇字,故改为罪。段玉裁说,将辠改为罪,是"此志(标志)改字之始也",因为自古只有假借而无改字做法。罪,本训捕鱼(之)竹网(四),从网(形)、非声,是秦始皇将罪字之形声易为会意(网捕犯律者);汉后经典却多从之,后世遂约定俗成,用罪而鲜用辠。

③ 不过,瓣,则是瓜子或指花瓣,与刑具(辛)无关。另外,雠字正是一个有趣的字,它是像双佳在一啼一叫(唱和),所以《说文》说:"雠,犹应也。"(雠也与仇、售同义)

则此字的想象空间是：正因人言不尽可信，故经由执令者（亻）吹奏管乐（言），召集众人来听，其所公布的消息，才是值得相信的消息；信字似初见于金文，作信用解（金文有"余智其忠信也"之句）。后世以信解作消息，是很恰当的（南唐李后主《清平乐》有名句："雁来音信无凭，路遥归梦难成。"）另外，信字的古文是伫或訫，很令人深思它的原意。

不管我说得口若悬河，又笔又纸加上字典、辞书一大堆向帕妮丝解说，她仍是面有"难色"，突然问道："说了一大堆什么形、什么声，我真是似懂非懂，似通非通，请问：'一块的块字，为什么是如您所说从土从鬼的呢？'"哗！真是大哉问，实在愣了一下，所幸有字书在。

其实初见于小篆的块，原有两个字，其一是古文的块（塊），是"土在凵内"（就是屆字的下半部（尸省），《说文》："墣也，从土一屈〔凵〕，象形"），很明显块是指盛装在筐中的土块（以便搬运）；另一个即是我们所熟悉的块，想象的空间是：搬运者戴了挡尘的、有遮面布的斗笠（望之如鬼脸），去搬土块！既然提到鬼（原是戴了面具的巫师，"+"隐约为面貌之形），就借机告诉她一对有趣的对联。十九世纪末叶，美、英、法、德、日、俄、意和奥八国联军，发动侵华战争，腐败的清廷根本无法抵挡，北京、天津迅即陷落，清廷求和。据说在一次"议和"会议上，一个自认中国通的日本代表，傲慢地对议和的李鸿章说："听说中国有一种独特的文学形式，叫作对联，现在，我出一上联，看看诸位能否对出下联。"说罢，即环顾四周一下，大声地说："骑奇马（回文），张长弓（回文），琴瑟琵琶，八大王王王在上，单戈能战（拆字）。"①通中文的八国联军代表，明白怎么一回事，都等待着看李鸿章的笑话。可幸，一位年轻秘书够机灵，霍然起身对曰："伪为人，袭龙衣，魑魅魍魉，四小鬼鬼鬼犯边，合手并拿。"

这位年轻秘书解了大伙儿之窘，为清廷挽回了面子，但帕妮丝还是"不

---

① 不过，有野闻说，明朝张显宗殿试考中榜眼，帝以一联命对："张长弓，骑奇马，单戈合战"，张显宗对曰："种（種）重禾，犁利牛，十口为田"，此联或是袭用附丽。

人言为信？犬吠成狱？

知所云",只是高兴加拿大不在八国联军之中!而据说此联是日代表抄袭而得的,因为有野史说,明之唐守之(臬)某次出使朝鲜,通中文的朝鲜王出句考他:"琴瑟琵琶,八大王寸身俱射",要唐守之对通它,可幸唐守之实时对上:"魑魅魍魉,四小鬼合手擒拿。"另一说法是唐守之以翰林使朝鲜,朝鲜王出句:"八大王一般头面",他即对以:"四小鬼各自心肠",世人就此联多所合并扭接。

谈了近个把小时,帕尼丝竟一无所得,因为加拿大产羊毛,为了不想她"空手而回",决定告诉她若干可以今古对照的有关羊的通俗成语:

一、羊胃羊头:比喻滥授官职。南朝宋范晔《后汉书·刘玄传》:"其所授官爵者,皆群小贾竖,或有膳夫庖人……长安为之语曰:'灶下羊,中郎将。烂羊胃,骑都尉。烂羊头,关内侯。'"

二、羊踏菜园:嘲笑忽得美食,以致肠胃不适之人。清周亮工等《尺牍新钞·韩廷锡·山中答孟韩妹书》:"二哥在山中,已是长素,忽寄若干肉至,得无羊踏菜园乎?"

三、羊质虎皮:比喻外强内弱,虚有其表。汉扬雄《法言·吾子》:"羊质而虎皮,见羊而说(悦),见豺而战,忘其皮之虎矣。"《后汉书·刘焉传论》:"所谓羊质之虎矣,见豺则恐,吁哉!"

四、羌无故实:作诗只白描,不用典故。羌,语首助词。南朝梁钟嵘《诗品·序》:"'清晨登陇首',羌无故实(白描也);'明月照积雪',讵出(难道出自)经史?"

五、羊毛出在羊身上:所得的利益,实出于己身。清西周生《醒世姻缘传》第一回:"媒人打夹帐,家人落背弓,陪堂讲谢礼,那羊毛出在羊身上,做了八百银子,将珍哥娶到家内。"

帕尼丝笑笑说,同"挂羊头卖狗肉"一样,这句我懂!趁她乘兴而归之前,又赶着告诉她更多相传的会意字:刀守井为刑(荆),人藏禾中为秃,"男女男"

为嬲(见于《三仓》①及三国魏嵇康之《绝交书》),追来(倈、徕)为归(归),大小为尖,四方木为楞,大长为套,不正为歪,不一为丕,不长为矬(音矮,义同),人小为佌(音袅,义同),不生为甭(音终,义同);但都只是搏君一粲,非严谨之字义也。

---

① 《三仓(苍)》,又称《仓颉篇》。按书家所说,先是秦李斯作《仓颉篇》,赵高作《爰历篇》,胡毋敬作《博学篇》,合称《三仓》;其后扬雄作《训纂篇》,东汉贾鲂作《滂喜篇》,又与《仓颉篇》合称《三仓》。

人言为信?犬吠成狱?

49. 错字简史

人类、动物和自然界都会犯错,否则便不会有所谓"试误"(trial and error)的学习理论提出。吾人在使用文字符号时,手误、执笔忘字情形,几乎发生在每个人身上;又或者字到用时,突然心血来潮,灵光一闪,噫!这个字是这样写的吗?可能愈看愈不像,愈看愈怀疑,而一查字书之下,哈!却又佩服自己的记忆力——是这样写的!手误有多种,例如,把本字错笔成"从大从十"(夲),而这个字却音"滔",增进也,把"来"字写成耒,把"步"字下半部写成"少";又如传抄上的错误,以致积非难解。比如《孟子》说:"必有事焉而勿正,心勿忘、勿助长也",令人似懂非懂,注释则一大堆;而据考证,此句之"正(,)心"两字(忘),因句读(,)而笔误,故实应是"必有事焉而勿忘;勿忘、勿助长也"(浸淫其中,但又应顺其自然,不必刻意揠苗助长),诸如此类。所以俗谚说,圣人都有错,无心之失,"可以谅解";曾有人把名叫赐郎的,误写成赐朗,只"赢"来"耳朵(阝)"像月亮,冯京作马凉之谑而已!

俗语说:"读书读得多,料字写成科;读书读得少,小字写成少。"系出名校法学院高材生的美国前副总统奎尔,居然连马铃薯一字(potato)都错了,以为是"potatoe";而根据英国《每日邮报》(*Daily Mail*)报道,在线市场调查站(One Poll)曾整理出英国人最容易拼错的字,居首的都是一般普通字,如"definitely(误作definAtely)","indict(误作indictE)","prejudice(误作preDjudice)。在中国很早就有人写"错别字(白字)"和读错字音的。"错字"是写得不成字的"字",如上述奎尔之"potatoe",又或者把"福"字之"示"字旁写作"礻(衣)"字旁;"别字"是把某字误写成另一个字,例如把"福"

写成"幅",或者把"茶"误写成"荼"①,别字也可以说是错字。不过,异体的"俗字",有时可以稍微通融一下,不会说是错字。

据说孔子门徒、卫人子夏之(至)晋,过卫,有读史志的人说:"晋师伐秦,三豕涉河。"子夏听见了就说:"非也,是己亥也。"因为己字近似三,而豕则与亥看起来也差不多,故而错读。到了晋国,问晋国人,晋师果然是于己亥日渡河犯秦的(见《吕氏春秋·传察》,魏王肃伪撰《孔子家语·七十二弟子解》,亦有类似记载),读此则史志的卫人,大概眼花或者不认得己亥二字。在古籍中,因为字形过于相似而误书者,所在多有;如猋、焱(音演,火花也),即是一例。又如《楚辞·屈原·九歌·云中君》所记:"灵皇皇兮即降,猋远举兮云中。"补注:"猋,卑遥切,群犬走貌。……唐李善引比作焱,其字从火非也(猋字是对的)。"又汉班固《汉书·五行志上》:"臣易上致,兹谓不顺,厥风大焱(应为猋)。"注:"焱,疾风也,音必遥反。"东晋时,又有俗谚说:"书三写,鱼成鲁,虚成虎"(见晋葛洪《抱朴子·遐览》),或者说"书经三写,乌焉成马"。错误的发生,是因为鱼字和鲁字形体过分相似的原故,故其后就戏称文字的讹误或混淆为鲁鱼或鱼鲁之误,再而有了"亥豕之疑"的讲法(见唐白居易辑《白孔六帖·文字误》),又将"鲁鱼亥豕"骈合成成语,又称为"鲁鱼帝虎"、"乌焉亥豕"或"三豕涉河",用指辗转传写的手误或笔误。清章学诚在其《校雠通义》一书序中说:"因取历朝著录,略其鲁鱼亥豕之细",即是指此。秦始皇自以为功盖三王,德高五帝,故用"永远是王帝"的"白头王"做皇帝的"皇"字而不用"王"字,还不爽"皋"(罪)字太像"皇"字,而硬是用"罪"为"皋",把指事之"皋",改为会意之"罪"("罪"本鱼网也)。

《韩非子·外储说左上》篇,则有一个浪漫的"笔误"小故事。战国时楚国郢都有某君晚上秉烛写信给燕国相国,因为烛火不够亮,便边写边讲地

---

① 不过,茶之原字却是"荼"。《尔雅·释木》义疏:"今茶,古字作荼,……至唐陆羽著《茶经》,始减一画作茶,今则知茶,不复知荼矣。"

向持烛的仆人说，"把烛举高些"，不料一时分心，竟在字里行间也把"举烛"两字写了进去，也没有再看一次，便急急忙忙呈了上去。孰料燕相看到"举烛"两字，竟大为欣赏，并且理解为"举烛者尚明也；尚明者，举贤而任之。"——崇尚光明，就是荐贤授官，以治理国家。他把这种体会，告诉燕王，燕王也非常受用，就按燕相"举烛"之说，治理国家，燕国果然兴旺起来。此即成语"郢书燕说"之由来，一时手误，却产生了圆满结果，真是"错有错着"，天助燕国；不过，这句不常用的成语，后来却解释成穿凿附会、以讹传讹和曲解原意的意思。例如，杜甫有诗句说："近来海外为长句，汝与东山李白好。"俗本在引述此诗句时，竟误为"汝与山东李白好"。至明撰写《大明一统志》，竟据此一错误诗句，将李白归为山东人物（见明杨慎《升庵诗话》卷六），是实实在在的郢书燕说。

古书又有将"蛮夷"误写成"蛮左"的，因为"夷"字古作"㠯"，与"左"字字形十分相似，《北史·齐高祖纪》："神武乃表曰：'荆州绾接蛮左（夷），密迩畿服。'"唐玄宗时佞相李林甫，不但口蜜腹剑，酿成安史之乱，也经常写错字和读错字。例如，他是唐室子弟，一次他表弟生了个儿子，他送贺仪，竟把贺人生儿子的"弄璋之喜"，误写成"弄麞之喜"（见后晋刘昫撰《旧唐书》）①；麞，通獐头鼠目之獐。他主管选部时（相当于吏部），有一下属在公文写有杕、杜两字，他不识杕字，随口读为"杖"杜，因而得了个"杖杜宰相"之名。其实杕，音弟，是树木孤零特立的样子；杕杜，是孤生的赤棠，亦是诗经的篇名，《唐风·杕杜》即言骨肉离散之情（后以喻独居而无兄弟者），《小雅·杕杜》则是一首慰劳戍役凯旋的诗。②

武则天因为政治关系而擅改字、造字，如将"国"字改为"囻"，又创造一个日、月高临万民之"曌"，并以自名——结果是朝终字结。皇帝写错字可说稀松平常，清帝尤其严重。曲院风荷是杭州西湖十景之一。所谓曲（麯）

---

① 《旧唐书》原名《唐书》，因宋欧阳修撰《新唐书》，故易名以区分。

② 另有一"杕"字与"杕"亦十分相似。杕，音逝，习惯也。

院,据明田汝成的《西湖游览志》说:"麯院,宋时取金砂硎之水造麯,以酿官酒。其地(西湖)多荷花,世称'麯院风荷'是也。"清许承祖还有诗句说:"白云一片忽酿雨,泻入波心水亦香。"孰料康熙皇帝为此景题字立碑时,竟错写了"曲院风荷",一字之误,意境全失!他的孙子乾隆知道祖父写了错字,还在碑的背面刻了一首诗,为祖父讳——"莫惊误字传新谤,恶旨(不爱美酒)崇情(崇尚情欲节制)大禹同"——因此,康熙帝是故意将酒麯的"麯",写成"曲"字的啊!("禹恶旨酒,而好善言"见诸《孟子·离娄下》)① 所以,错字也同政治、权力扯上关系。例如,宋文帝迷信忌讳,竟认为"騧"字像"祸"字("騧"为黄毛黑嘴的马,周有八士,中即有名季騧者,见《论语·子张第十九》),而硬将之改为马边瓜之𩣡(音瓜,与騧同音)(见《本传》)。

不过,乾隆却讨厌别人弄错文墨。② 据说,有个翰林在给他的奏折中,竟然把看守古墓的石人翁仲错写仲翁,他就勃然大怒,在奏折上刻意御笔一批:"翁仲为何作仲翁,只因窗下少夫工(应为'工夫')。从今不许为林翰(应为'翰林'),贬入朝房作判通(应为'通判')。"据说,仲翁后来衍音成懵懂,喻人糊涂又顽固之谓也;而笑人写别字,则称之为"鸡肘博士"(张知甫《可书》:"张鼎为太常博士,用鸡肋为鸡肘,时辈讥之曰鸡肘博士。")

然而,正如俗语说,知过能改,善莫大焉!据说以编成辞书《辞通》而名重士林的近代著名辞书编纂家朱起凤,因为出错而奋发雪耻,终于编成《辞类汇纂》三巨册。清光绪二十一年(1895)时,他在海宁安澜书院担任阅卷工作,

---

① 宋陆游《予好把酒常以小户为苦戏述》有云:"我非恶旨酒,好饮而不能。方其临觞时,直欲举斗升。"

② 乾隆自恃才高,据说某次他向宰相张玉书解释"夫"字笔顺时,竟大放厥词地说:农夫是刨土之人,上(先)写土字,下加人字;轿夫肩上扛竿,(应)先写人字,再加二根竹竿;孔夫子上通天文,下晓地理,故孔夫子之夫,(应)写个天字出头;夫妻是两个人,(故应)先写二字,后加人;匹夫是指大丈夫,这个字(应)先写个大字,再加一横啊!虽只是谑言,但君无戏言,够霸道啊!

某日，看见一份卷上写了一句"首施两端"的成语，他也不查证，就大笔一挥，批了"当作首鼠"四字。卷子发下，全书院哗然，因为"首鼠两端"固然是对的，但首施两端也没有错，两者通假，都是踌躇不决之意。朱起凤受此刺激，便发愤读书，搜集各种同义异字词，如徘徊、俳佪、俳回、裴回等等，穷三十年之力，编成《辞通》，一鸣惊人。

首施两端出自南朝宋范晔《后汉书·邓禹传》："虽首施两端，汉亦时收其用。"此传之注说："首施，犹首鼠也。"两端，两头也，此即说其人迟疑、踌躇、进退不定，甚至畏首畏尾，同书(《后汉书》)[①]《西羌传》有说："初，'饥五'"（部族名）同种大豪'卢忽'、'忍良'（俱部族名）等千余户别，留'允街'（部族名），而首施两端。"首施，也同首尾，清王念孙《读书杂志·余篇上》："首尾两端，即今人所云进退无据也。"首鼠两端，则初见于汉司马迁《史记·魏其武安侯列传》："（武安）侯召韩御史大夫载，怒曰：'与长孺共一老秃翁，可为首鼠两端。'"《三国志·吴志·诸葛恪传》则说："缓则首鼠，急则狼顾。"唐李百药《北齐书·文襄帝纪》更露骨地说："以狐疑之心，为首鼠之事。"

可是，宋陆佃（陆游祖父）对首鼠两端，却解释错了，影响匪浅。在他所著的《埤雅》一书中，强解为："鼠性疑，出穴多不果（迟迟疑疑，不敢出去），故持两端（在两头跑来跑去）。"美丽的误解、误释，日久就会约定成俗，狼狈就是一例。狼（wolf），确是犬科动物；狈（wolf like），则只是传说中的狼属动物而已。（宋丁度等编《集韵》："狈，兽名。狼属也。生子或欠一足、二足者，相附而行，离则颠，故猝遽（跌踬）谓之狼狈。"）但唐段成式《酉阳杂俎前集·广动植·毛篇》却相信传言："狼狈是两物，具前足绝短，每行常驾两狼，失狼则不能动，故世言事乖者称狼狈。""狼狈不堪"、"狼狈为奸"两词，由是而生。李密就在《陈情表》说："臣之进退，实为狼狈。"（见《昭明文选》）南朝宋临川王刘义庆《世说新语》则用得较为通俗生动：

---

① 陆游在《读后汉书》诗中云："赁春老子吾所慕，垂世文章宁在多。诗不删来二千载，世间惟有五噫歌。"道尽历史之沧桑！

"仲智（人名）狼狈来，始入户，刁（人名）下床对之大泣。"（《方正》篇）

其实，甲骨文和金文之狈字，指的应该是大尾、尾毛丰满若贝之犬，而古词狼狈又写作狼贝、狼跋（见《辞通》），用以形容进退维谷的困境，而后，却有这样的附会。传说仓颉造字而鬼夜哭，因为世间从此有"文字劫"了。写了错别字，有时会"兹事体大"。港星周星驰之宋世杰讼棍官司电影（台湾版电影名为《威龙闯天关》），即是根据清末民初广东民间诉讼状师（师爷）之文字官司而改编的。不过，错误也可以作高明的政治上卸责的运用。曾国藩初打太平军时，屡战屡败，但他上书朝廷时，却故意笔锋一转说"屡败屡战"，竟然赢得朝廷的嘉奖（或者不得不如此吧）。难怪他在遗嘱中说："不信书，信运数，公之语，传万世。"再说，就大众传播的角度来说，俗字、白字或冷僻字和罕见字，还是小心使用的好。

阅读一瞥：练太极健身养生者甚众，可知太极始祖是张三豐还是张三丰？

附释：

错字可说历代都有，兹再录若干则以说明之。

一、远自商周之世，文字已免不了错误，如"帚"字原像一种可以做扫帚的草形，可是，那些小草枝，有时却写成了足形；"畐"字本来是一个"厚唇的器皿"，后来却变成了从北、从田；"冀"字像人头顶一个"畐"字，《说文解字》却错以为从"北"、从"异"，后陈常陶釜里的"畐"，纵写成三个人形（巛），而下面从"田"；"奔"字本来是"三个脚印"，却错成从"卉"；从"贝"的字，后来往往从"目"了。（唐兰《中国文字学》）

二、成于汉以前的《尚书·大诰》有"宁（文）王遗我大宝龟"、"予翼以于敉宁（文）武图功"、"宁（文）王惟卜用克绥受兹命"等语。一直至清，古文字学家才肯定"宁"字是"文"字之误，因为"文"字在金文中，都与小篆"宁"（䆱）相似。又《淮南子·原道》说："欲肉之心亡于中，则饥虎可尾。"但道藏本的《淮南子》则将"肉"作"寅"（更有不少版本作"害"），但无论"寅"或"害"，都是错的，因为，汉隶之"肉"字，跟"寅"、"害"两字骤眼一看之下，都十分相似。（唐兰《中国文字学》）

三、《论语·乡党第十》云："色斯举矣，翔而后集。曰'山梁雌雉，时哉？时哉？'子路共之，三嗅而作。"历代名家注释，都说法不一，文义难明。经考正，"色"似为"危"字之误，"嗅"字为"嘎"字之误（此两字字形，在古字中十分相似）。此章原是说：孔子行山，子路偕行，却用手去捉一只雌雉，吓（危）得其他雉鸟急急忙忙飞走（危斯举矣），飞了一回，又再停落下来。孔子就责备子路说："你捉停在山间桥梁（山梁）的雌雉，是时候吗？是时候吗（时哉？时哉？）"子路就小心地用双手把雌雉放回地面（共之），雌雉叫了三声（嘎），就飞走了。

四、宋苏东坡出任杭州知府时，一个附庸风雅又不学无术的"书生"白文秀，一次持一篇自作的《读过秦论》，向苏东坡求见，希望苏东坡点评一下，而使自己身价十倍。无奈，他却把标题错写成"过泰论"，令苏东坡啼笑皆非，良久"方悟"，并且妙想——是"秦"朝当年天灾，大水淹了庄稼，"禾"被水淹掉了（"泰"）！遂大笔一挥，在文稿上大书："此文有高山滚鼓之妙！"用讽其文"噗通（不通）噗通（不通）"之劣也。

五、北宋仁宗年间，四川成都府考生赵旭，本能以佳作而蟾宫折桂，高中榜首状元。可惜，他卷中将"惟"字代"唯"字（虽则两字通假），而为仁宗所不悦，不但没有钦点他为状元，且御笔一提："去言、吴矣、吕台"几个字，质问他"卿言通用与朕来？"（"口"与"厶"有时可以通用）赵旭自是无言以对。

六、《红楼梦》第二十六回，曹雪芹透过薛蟠竟把书里"唐寅"落的款错看成"庚寅"的一小段描述，就把薛蟠这个不学无术的纨绔子弟形象，活鲜鲜地表露了出来。

七、清时据说有位教馆（书）学究，老爱读"白（错）字"。某次，在一大户人家教私塾,东主言明聘酬高,但若读白字,误人子弟,则要从严扣其薪酬。结果,他果然把"泰山石敢当",读成"秦山石敢当",把《论语》中"曾子曰"读成"曹子曰","卿大夫"读成"乡(鄉)大夫","季康子"读成"李麻子","王曰叟"读成"王四嫂"。结果,薪酬全被扣个精光,白干了一年。他作了一首打油诗自嘲说:"三石穀租苦教徒,先被秦山石取去。一石输在'曹子曰',一石送与'乡大夫'。"又说:"四千伙食不少,可惜全扣了——二千赠与'李麻子',二千送给'王四嫂'。"

八、字、语之讹传

《归田录》对于世俗传讹,有一段很精彩的描写(卷二):"世俗传讹,惟祠庙之名为甚。今都城西崇化坊显圣寺者,本名蒲池寺,周氏显德中增广之,更名显圣,而里俗多道其旧名,今转为菩提矣。江南(江西省彭泽县长江南岸)有大、小孤山,在水中嶷然独立,而世俗转孤为姑。江侧有一石矶谓之澎浪矶,遂转为彭郎矶,云'彭郎矶,小姑婿也'。(此则宋苏轼《李思训画长江绝岛图》云:'舟中贾客莫漫狂,小姑前年嫁彭郎'。)"

今世俗言语之讹,而举世君子小人皆同其缪者,惟"打"字尔(打,丁雅反)!其义本谓"拷击",故人相殴、以物相击,皆谓之打,而工造金银器亦谓之打可矣,盖有"槌"(一作"挝")击之义也。至于造舟车者曰"打船"、"打车",网鱼曰"打鱼",汲水曰"打水",役夫饷饭曰"打饭",兵士给衣粮曰"打衣粮",从者执伞曰"打伞",以糊黏纸曰"打黏",以丈尺量地曰"打量",举手试眼之昏明曰"打试",至于名儒硕学,语皆如此,触事皆谓之打。以字学言之,"打"字从手、从丁,丁又击物之声,故(打应)音"谪耿"(踢)为是。不知因何转为"丁雅"(打)也。

讹误最初之源起,其中之一大原因可能来自忌讳和出绰头。例如,粤人讳空(与凶同音),故言吉(如称空屋为吉屋),此则《鸡肋编》有很精彩说明:"天下方俗,各有所讳,亦有谓而然。渭州潘源讳'赖'(因宋太祖〔赵匡胤〕微时在潘源博弈而胜,邑人欺客〔生〕,殴而夺之,〔故潘源人〕有无赖之名)……常州讳'打爷贼'(传说有伍伯者〔类似守望相助队长〕,父亲犯罪,恐被他人打,就自己动手杖挞父亲,虽说孝心,然儿子打父亲,有违伦理)……苏州人喜盗,讳言'贼'……京师僧讳'和尚',称曰'大师'。尼讳'师姑',呼曰'女和尚'。南方举子至都(开封)讳'蹄子'(猪脚),谓其爪,与獠同音也。而秀州又讳'佛种'(妇女同和尚所生之子女)……卫卒讳'乾',医家讳'颠狂',皆阳盛而然。……浙人虽父子朋友,以畜生为戏语……"(卷上)

至于"出绰头",北宋欧阳修《归田录》亦有说明:"京师食店卖酸馦(腌渍物,如酸菜)者,皆大出牌于通衢,而俚俗昧于字法,转酸从食(馂字,音俊),馦从舀(餡,音滔)。有滑稽子(好说笑的人)谓人曰:"彼家卖馂餡,不知为何物也。"饮食四方异宜,而名号亦随时俗语不同,至或传者转失其本。汤饼,唐人谓之"不托",今俗为馎饦矣。晋束晢《饼赋》,有馒头、薄持、起溲、牢九之号,惟馒头至今名存。"(卷二)

九、附录四喜诗一首,察其易字加减,可博君一粲,诗见《万历野获编》卷二六:

"向来有四喜诗曰:'久旱逢甘雨(一作露),他乡遇故知。洞房花烛夜,金榜题名时。'……山阴王对南相国,每一句上加二字,曰'十年'(十年久旱逢甘雨)、曰'万里'、曰'和尚'、曰'教官'以谑之,已堪捧腹。……近复有复试被斥者,改四喜为四悲,曰:'雨中冰雹损稼,故知是索价人(讨债者)。花烛娶得石女(传不能过夫妇生活者),金榜复试除名。'盖俱重在末句,而他则借以翻案,闻者亦为之捧腹。"

其实,把四喜诗之末,各加两字,亦可博君一粲:"久旱逢甘雨几滴,他乡遇故知借钱。洞房花烛夜饮醉,金榜题名时看错。"

十、正字、正写一览(引号("")内为正写字):

·吃个"饱"·打"包"票·小笼"包"·背"景"·环"境"·场"境"·污"蔑"·竹"篾"·莫"名"其妙·明日"黄"花·统领万"邦"·"帮"个忙·"浑"身是血·小"混混"·半"吊"子·半"瓶"醋·半"桶"水·"掉"包·"掉"书袋(卖弄典故)·"调"职·"丢"差事·灰飞"烟"灭·"烽"烟四起·出"锋"头(出风头)·避"风"头·"丰"(风)姿·张三"丰"·值得"嘉"

勉・有则改之无则"加"勉・"禁"得起风浪・"经"得起考验・拿"乔"・变动不"经"・不"禁"眉开眼笑・"经"不起诱惑・"萃"取其液・自我"淬"砺・"撒"手锏・杀"着"・追根究"柢"・中流"砥"柱・花开并"蒂"・令人不"齿"・不"耻"下问・"优"游・"优"柔寡断・担"忧"・"悠"闲・"悠"然自得・"悠"哉悠哉・"传诵"一时・善行令人传"颂"不已・雪"融"・"融"合・"溶"解・"溶"化・委"曲"求全・委"屈"一下・"倒霉"・触"霉"头・"蹙"起眉头・"霉"干菜・"霉"菌・"部署"兵力・"布"防・"迁就"一下・"佩"枪・"配"菜・"戴"罪立功・面"带"笑容・"修养"很好・"休养"生息・"板"荡识忠臣・汽车"钣"金・"黄"金・"铂"金・"扳"回一城・老"板"・死"板板"・闹"别"扭・"憋"了一肚子气・"蹩"脚货・吃"瘪"・秉烛夜游・"禀"性忠厚・放手一"搏"・"搏"斗・打赤"膊"・斑"驳"・"剥"落・"斑"斓・"搬"家・可见一"斑"・"皴"裂・信"托"・"托"付・"暴"跳如雷・"曝"光・火山"爆"发・并行不"悖"・"背"道而驰・作"践"自己・贫"贱"之交不可忘・不"遑"多让・装"潢"・堂"皇"・狠"脚式"・"角色"甚多・"留"得青山在哪怕没柴烧・"流"芳百世・"耸"动・毛骨"悚"然・"弥"天大祸（谎）・"迷"离世界・"靡靡"之音・所向披"靡"・肉"糜"・"棉"花・情意"绵绵"・"绵"里藏针・明火执"仗"・"仗"义执言・手"杖"・穿"州"过府・亚"洲"・大洋"洲"・"墨"守"成"规・"默"不作声・"陈陈"相因・"呕"心"沥"血・旁"征"博引・论"证"・"罄"竹难书・红鱼青"磬"・人才"济济"・"挤"来"挤"去・如愿以"偿"・"尝"试成功自古无・"少"安毋躁・"稍"等・"稍"事梳洗・水乳交"融"・危如"累"卵・壁"垒"分明・相形见"绌"・"拙"著・向"隅"・"偶"然・心心相"印"・互相辉"映"・"莘莘"学子・"辛辛"苦苦・虚"左"以待・一"座"大厦・"坐"落・"煊"赫一时・"炫"耀・"贻"笑大方・"遗"臭万年・"源"远流长・深"渊"・越"俎"代庖・"庖"丁解牛・飞"越"关山・责无旁"贷"・李"代"桃僵・仗义"执"言・"直"言不讳・"头头"是道・"投"笔从戎・攻城"掠"地・骨"鲠"在喉・"蛊"惑人心・"蜚"短流长・流言"蜚"语・"迷"途知返・名

"副"其实·名不"副"实·事实不"副"·"符"合·"成"见·"陈"旧·"兰"桂腾芳·色彩斑"斓"·天真"烂"漫·山"清"水秀·"青"山绿水·"少"安"毋"躁·"稍"事休息·"湮"没无闻·"奄奄"一息·"掩"面痛哭·"偃"旗息鼓·摇摇欲"坠"·"堕"落风尘·"倚"老卖老·"以"身作则·饮"鸩"止渴·"鸠"占鹊巢·"鸠"形鹄面·真知"灼"见·"卓"尔不群·针"砭"时弊·"贬"抑·"振"聋发聩·"溃"不成军·"震"耳欲聋·众口"铄"金·闪"烁"·纵横"捭"阖·"俾"便·自出机"杼"·子不学,断机"杼"·"抒"情文·开"阖"·"阖"府·一"脉"相承·一"发"千"钧"·自"顾"不暇·千里"迢迢"·心力交"瘁"·出"其"不"意"·生死"攸"关·别出心"裁"·含辛"茹"苦·守口如"瓶"·兵"荒"马乱·利"欲"熏心·地老天"荒"·天"方"夜谭·财神爷赵"公"明·江晚"正"愁予,山"深"闻鹧鸪·百万军中寻"妹"喜·煮豆燃"萁"·箇"箕"·秦王"苻"坚·鬼画"符"·雨过天"晴"·不堪"设"想·大车"拼"·扎"晃"·"巩"俐·圭"臬"·"皋"陶·"息息"相关·稳操胜"券"·"故"步自封·"胯"下之辱·床"笫"之间·兄友"弟"恭·"姐"妹淘·草"菅"人命·"管"理·以免向"隅"·黄"粱"一梦·国之栋"梁"·"刻"苦耐劳·"留"恋·"流"连·龙"蟠"(盘)虎踞·"献"技·剪"彩"·狡"猾"·"滑"倒·"鄙"人·转"弯"·河水"湾"又"湾"·"抵"触·"尽"快·"尽"早·"沉"湎·"担"心·"耽"搁·"耽"延·"耽"乐·"茫"然无知·"盲"目跟从·惊惶失"措"·"错"杀良民·"功"德无量·"功"不唐捐·"疾"言厉色·和"颜"悦色·"循循"善诱·"谆谆"告诫·战战"兢兢"·昏迷不"醒"·发人深"省"·"贾"余余勇·"鼓"起勇气·"诡"计多端·"鬼鬼"祟祟·"贻"误戎机·趋炎"附"势·"赴"汤蹈火·家"具"·"繁"重·啧有"烦"言·畸形·"伺"候·"了"解·明"了"·一目"了"然·"茅"塞顿开·"孳孳"为利·人"士"·女"士"·"工"夫茶·"工余"玩乐·"公余"进修·游"弋"人"才"·热"中"·身"份"·部"分"·"分"子·二"分"之一·缘"分"·成"分"·过"分"·股"份"·一"份"·省"份"·提"升"·"王"牌·"吊"

说闻解字

诡·"以"及·其"他"·"巨"额·艰"巨"·"泛"滥·布"氓"·"匹"夫·动"辄"得咎·"牟"取暴利·身上血"渍"·路上血"迹""斑斑"·"吸"收·"汲"取经验·化"妆"·化"装"采访·"妨"碍·朝"廷"·大"庭"广众·"戒"指·"介"绍·"抒"发·各"抒"己见·"舒"展·"舒"服·身"材"·"裁"量·断"章"取义·"并"且·合"并"·"拼"合·"并"吞六国·比"拼"·"制定"法律·"制定"公约草案·仓"猝"·仓"皇"·"周"年·"周"而复始·音容"宛"在·忧心"忡忡"·"臧否"人物·心乱如"麻"·张口"结"舌·归"咎"·议"定"·"订"婚·"念"书·品"尝"·果"腹"·"歧"见·"物"议·"罔"顾钟"表"·精"彩"·喝"彩"·睡"床"·"信"息（information）·"讯"息（message）·"保姆"·"度"日如年·"度"假·"渡"过大渡河·"恍"若·搜"括"·"搜"集·反"映"·放"映"·公"映"·"盈"利·"纯"利·"营"业·淋漓尽"致"·景"致"·翻"筋"斗·从容不"迫"·"迫"不及待·"逼"上梁山·寒气"逼"人·饥寒交"迫"·"风"采·风"靡"一时·"风"头不对·"流"连忘返·"倨傲"·盘"踞"·"零"时·"凌"晨·"挟"持·"廿"平·海"旁"·"瑟"缩·完"竣"·"峻"峭·英"俊"·"亭亭"玉立·哑巴吃黄"连"·"斗筲"之人·"傍"晚·"症"状·晕"眩"·"釜"底抽薪·"唯"一·"聚"餐·餐"叙"·茶"叙"·缺"陷"·拮"据"·"喧"哗·"嘘"寒问暖·寒"暄"·"掣"肘·膨"胀"·混"账"·"账"目·算"账"·图"像"·对"象"·务"须"·毋"须"·"圆"满·香"烟"·"烟"囱·最后通"牒"·食"肆"·"肆"业·发"迹"·踪"迹"·"遏"止·"镭"射线·气"概"·以偏"概"全·"彻"底·透"彻"·"彻"查·"彻"头"彻"尾·"撤"销·清"澈"见底·杀"戮"·"戮"力同心·邮"戳"·"摩"擦·"猖獗"·取"缔"·"缔"造佳绩·"膜"拜·"蔓"延·"冲"击·"冲"浪·各"适"其"适"·店"铺"·"铺"设·平"铺"直叙·"噩"梦·"噩"耗·蜂"拥"一"拥"而上·日"历"·经"历"·"树"立榜样·"竖"起横"梁"·劝"谕"·比"喻"·呼"吁"·"储"备·"贮"藏·"阙"如·"缺"乏·一"阕"词·"爆"

竹·"痴"情·称"赞"·"赞"成·"致"辞·名"词"·"籍"贯·"借"口·"燥"热·烦"躁"·"跻"身其中·拥"挤"·日"晒"雨淋·"洒"水·抽"签"·"签"名·高瞻远"瞩"·"触"目惊心·一"幢"大楼·鬼影"憧憧"·小事一"桩"·"关照"·"观"照·"翩翩"俗世家公子·春寒料"峭"·"黯"然失色·按"部"就班·"按"兵不动·暴"殄"天物·别出"心"裁·"筚"路"蓝"缕·青出于"蓝"·菜"篮"·变本加"厉"·互相砥"砺"·"励"精图治·再接再"厉"·病入膏"肓"·"盲"目投资·不可"名"状·不"明"就里·不"毛"之地·田园荒"芜"·不"假"思索·欲"加"之罪何患无辞·不"胫"而走·拦路剪"径"·不落"窠"臼·"沧"海桑田·"苍苍"白发·重蹈"覆"辙·反"复"·重"复"·出奇"制"胜·"致"命一击·"川"流不息·"穿"针引线·发"愤"图强·"奋"斗不懈·飞扬"跋"扈·开"拔"·分道扬"镳"·保"镖"·纷至"沓"来·脚"踏"实地·甘之如"饴"·景色"怡"人·各行其"是"·共商国"是"·"事"必躬亲·攻城"略"地·劫"掠"·鬼"蜮"伎俩·疆"域"·汗流"浃"背·"夹"叙"夹"议·怙恶不"悛"·忍"俊"不禁·"皇皇"巨著·栖栖"遑遑"·金碧辉"煌"·原"璧"归赵·"璧"还·家徒四"壁"·既往不"咎"·追"究"·"咎"由自取·"岌岌"可危·爱屋"及"乌·竭泽而"渔"·如"鱼"得水·土"崩"鱼烂·"噤"若寒蝉·"禁"忌·刑轻政"简"·"减"灶增兵·苦心孤"诣"·主"旨"·"脍"炙人口·外"烩"（catering）·针"灸"·老奸巨"猾"·经济"滑"坡·礼"尚"往来·"上"有好者下必有甚焉·"寥寥"无几·鳞次"栉"比·"节节"上升·"伶"牙"俐"齿·有"利"可图·"非"同小可·"飞"上枝头作凤凰·"循"序渐进·"循循"善诱·"徇"私舞弊·"殉"难·"洵"属·察"言"观色·古道照"颜"色·精神"委"靡·"萎"缩·"流"连忘返·"流"年大吉·"留"得青山在·"急"如星火·电"气"用品·大"器"晚成·头昏脑"涨"·"涨"价·水"涨"船高·"掉"头而去·"调"头寸·蛛丝"马"迹·"蚂"蚁上树·亲临坐"镇"·大"阵"仗·大"快"朵颐·"块"头大·满腹经"纶"·议"论"·滥"竽"充数·"芋"头·双"胞"胎·闹双"包"·目"瞪"

说闻解字

口呆·"瞠"目结舌·打"鼓"·豆"豉"·"卤"味·"鲁"莽·穿"制"服·制"伏"歹徒·主"办"·"辨"认·污"染"·脉"搏"·松"弛"·"驰"骋·"狭"隘·"陕"西·"漠"不关心·乌烟"瘴"气·天网"恢恢"·前"提"·"鞠"躬·清"晰"·跋"涉"·"消"夜·通"宵"达旦·置"喙"·"啄"木鸟·雕"琢"·"荡"气回肠·震"荡"·俯首"帖"耳·"贴"邮票·"漪"欤盛哉·涟"漪"·"科"以重罚·依法"课"税·音讯"杳"然·人声杂"沓"·提纲"挈"领·"絜"矩之道·振衰起"敝"·浮云"蔽"日·输"赢"·"羸"弱·飞"黄"腾达·战果辉"煌"·转"圜"·"寰"宇·"庐"山真貌·"戡"乱·"勘"误·"酝"酿·"蕴"藏·对"峙"·有"恃"无恐·"镂"骨铭心·条分"缕"析·"锻"炼·"铩"羽而归·"囿"于成见·原"宥"·光"芒"·"茫"然无知·全神"贯"注·"灌"水·"剀"切·"恺"悌·"症"结·"征"兆·追溯"既"往·游目"骋"怀·"逞"强·按"捺"不住·"奈"何·兴"致"·"驳"坎·璀"璨"·"灿"烂·"罔"顾·"枉"费心机·敲"诈"·"榨"取·"窜"改历史·编"纂"·谋朝"篡"位·三审定"谳"·文"献"·"枉"然·醉"酱"面·酢"浆"草·木"浆"·美"轮"美奂·不"致"如是·"至"于·"廉"价·映入眼"帘"·下"榻"·"塌"楼·"沿"袭·拖"延"·"隶"属·结"痂"·"恂恂"儒者·"遐"龄·龇牙"咧"嘴·"幌"子·"悻悻"然·"揠"苗助长·"偃"旗息鼓·"搔"首弄姿·入"彀"·请君入"瓮"·临"摹"·检"核"·答"复"·意兴阑"珊"·"姗姗"来迟·银样"镴（可作蜡）"枪头·"腊"肉·"蜡"烛·"暴"露·"曝"晒·镶"嵌"·"箝"制·人焉"廋"哉·肥"瘦"·甜"蜜"·哈"密"瓜·"备"受责难·加"倍"努力·一语成"谶"·"忏"悔·"玷"污·"沾"染·"摧"枯拉朽·"催"促·"钟"灵毓秀·"宣"泄·"灵"机一触·"意"想不到·"异"想天开·跳"槽"·"糟"糕·"洋"溢·"扬"名·"涣"散·容光"焕"发·"蘸"墨·再"醮"·额"手"称庆·"首"尾·"剑"拔弩张·一个"箭"步·"褫"夺公权·传"递"·情有独"钟"·"滋"事分子·"兹"事体大·四不"像"·"恻"隐之心·安"详"·吉"祥"·英"镑"·"磅"重·求才"孔"急·大"鲍"

错字简史

牙·"讵"料·"遽"去·"辐"射尘·大"幅"度降低·奉为圭"臬"·重"整"旗鼓·重"振"声威·集思广"益"·广"义"而言·形"迹"可疑·天真"烂"漫·"浪"漫·"裨"益·"俾"便·"候"补·"窒"碍·"滞"留·层峦叠"嶂"·"障"碍·"勘"舆·"汩汩"而下·"汨"罗江·兰心"蕙"质·"慧"眼识英雄·"贸"然·"冒"死以求·"注"定·"注"册·"袒"护·"坦"承·"驱"使·"趋"向·"渺"茫·"藐"视·"既"然·"即"使·不明就"里"·愤世"嫉"俗·"疾"速·帐"篷"·混"账"·"蓬"门·"殿"后·坐"垫"·兴"冲冲"·急流"勇"退·"涌"现·暹"罗"湾·"逻"辑·抚"恤"·不"至"于·泡"沫"·一"味"·个中三"昧"·"默默"无闻·"默默"无声·桎"梏"·"却"步·一"抔"黄土·扫"描"·"瞄"准·世外桃"源"·桃"园"三结义·"乌"烟瘴气·"笼"络·拉"拢"·"气"球·"汽"车·"赝"品·荣"膺"重任·黄"连"·"莲"花·稍"微"·"促"使·一"副"怪模样·激"愤"·"坐"落·一"座"大楼·过"度"·"渡"河·过"渡"时期·"升"迁·招"揽"·"殚"精竭虑·大剌剌

说闻解字

50.  对对联可以补强逻辑思考能力

我华夏远古之世，教育制度奠基伊始，即以礼乐射御书数六艺以教国子，孔子告诉他的儿子孔鲤说，"不学礼无以立"，"不学诗无以言"（《论语·季氏第十六》），"人而不为《周南》、《召南》，其犹正墙面而立也欤"（《阳货第十七》）。我们学习数学呢？数学之为用，之训练，不在解题、求得答案，而在论证（只有七分证据就不能说八分话），在逻辑性思考和推理方面。苟如此，则中学时期因为未修习数学而缺乏这些训练的学生，上大学之后，是否该有课程上替代的配套？例如，修读逻辑学和语义学及其相关课程，以补强学生论证、说理、逻辑思考和推理能力训练之不足。又或者退而求其次，透过"古法翻新"的途径，鼓励学生们多练习言简意赅、言有尽而意隽永的对对联，以期"土法炼钢"的成效。

中国对联，是一种独特的文学形式，它有一定的"数学公式化的"文体格式，例如，虚字对虚字，实字对实字；在对偶上，要求名词对名词，动词对动词，例如大家熟知的云对雨，雪对风，晚照对晴空，来鸿对去燕，宿鸟对鸣虫之类；在声调上，得以平声对仄声；在字序的平仄上，又道"一三五不论，二四六分明，末字千钧重，中间一线轻（上联最后一字若为仄声，则下联为平声）"。潜移默化之下，日子有功，不但能培养出文字运用的兴趣和丰富的想象力，逻辑性思考及推理辩证，亦可望稍稍得个"无师自通"！唐宋元明诸士子，从这里开始，而成就一代大文豪者，大有人在。信否？姑提列些例子，以旁证此一想法。

- 唐杜甫《绝句》有一名句："两个黄鹂鸣翠柳，一行白鹭上青天。"吾人若戏以"半只烧鹅落地行"来对"一行白鹭上青天"，先按下平仄对偶不谈，在文字上是勉强可"对通"的，但不合常理——半只烧

鹅又如何落地行呢？这是"逻辑上的对，常识上的错"。俗谓"文人多大话"，但若"大话"得通，合乎逻辑，则仍是锦绣文章。例如，有此一联："玉帝行兵，雷鼓云旗，风刀雨箭，天作阵；龙皇夜宴，虾兵蟹将，山珍海错，地为盘。"——妙乎！

· 写成中国四大奇书之一——《水浒传》的施耐庵，据说曾以"渺渺茫茫海中天"一联，要另一位写成中国四大奇书之一——《三国演义》的罗贯中来对，罗贯中即对以"霏霏霭霭水含烟"，一时传为佳话。（相传罗贯中为施耐庵学生）

· 明杨一清八岁举神童，英宗召见以对考之："冻雨洒窗，东二点（冻）西三点（洒）"，杨一清即对曰："切瓜分片，横七刀（切）竖八刀（分）"；但后人多误为"寒雨洒窗"、"切瓜分客"、"上七刀"，但这样一来，"东二点"和"切"之字构意义，便无法离合，不能理解透彻。（又有谓此联是明文学家苏郡蒋涛所对，上联同，下联为"切糕分客，上七刀下八刀"）

· 清龚自珍《己亥杂诗》名句："落红（花）不是无情物，化作春泥更护花"，词、意、景俱佳，但若取其意境，抛出一句情境结语："柳絮飞来片片红"，则其上句该怎么个讲法，才能自圆其说、合逻辑呢？那就非说"夕阳映入桃花坞"不可了。类似这般推求逻辑思考的对子，可真不少，随手拈来即有之，如：

闭门推出窗前月，投石冲开水底天。（章回小说相传：合卺之夕，苏小妹留难夫婿秦少游之句，而苏东坡以石投井，助秦少游解对）

一夜五更半夜五更半，三秋八月中秋八月中。

水桶漏干船漏满，蜡烛吹熄炭吹红。

船载石头，石重船轻轻载重；杖量地面，地长杖短短量长。

柴也愚，参也鲁，师也辟，颜（回）其庶几乎；（伯）夷之清，（伊）尹之任，（柳下）惠之和，孔子集大成也。

· 龙怒卷风风卷浪，月光射水水射天。（回文对）

- 水车车水水随车，车停水止；风扇扇风风出扇，扇动风生。（相传是明祝枝山与唐伯虎之对，是回文对。小说《三笑姻缘》虚构祝枝山曾在大学士华鸿山府第，以一联"十口心思，思家、思国、思社稷"，向其时为亲近华府婢女秋香而假扮成仆役之华安（唐伯虎）求对，唐伯虎即对："八目尚赏，赏花、赏月、赏秋香。"又相传乾隆亦曾以此对要近臣纪晓岚对之，纪晓岚乃将原对之"寸身言谢，谢天、谢地、谢三光"改为"谢君王"。）
- 看我非我，我看我，我也非我；装谁像谁，谁装谁，谁就像谁。（为一舞台对联，有谓是指梅兰芳旦角演技）
- 日未西斜先见月，酒过三巡未上肴。（本书作者自对）
- 公门桃李争荣日，法国荷兰比利时。
- 此木为柴山山出，因火成烟夕夕多。（传是晚清翰林刘尔所对，后有人借用此联成新联，贴在鸦片馆前以警世：因火成烟，"若"不撇除真是"苦"；舍官作馆，"入"而忘返难为"人"）
- "或"入园（園）中，施出老"袁"还我"国"（國）；"余"行道上，不堪回"首"问前"途"。（传上联是梁启超讽袁世凯窃国之句，下联是随袁之杨度，失意后所悟之对句，用拆字之离合法。另说谓是1915年袁世凯称帝，时在东京与孙中山先生新婚的宋庆龄，一次有感而出此上联给中山先生对，中山先生对之曰：余行道上，义无回"首"瞻前"途"）
- 有酒不妨邀月饮（唐李白《月下独酌》："举杯邀明月，对影成三人"），无钱那得食云吞（清广东玩世不恭之何淡如对句，粤人谓馄饨〔音译〕为云吞）。
- 马足踏开岸上沙，风来复合；橹梢拨破江心月，水定还原。
- 珠海船如梭，横织波中锦绣；羊城塔似笔，倒写天上文章。（何淡如对句）
- 烟锁池塘柳，炮镇海城楼。（乾隆绝对）
- 小子，重叠两山该是重，何必读出；老夫，出走千里应为出，为啥念重。

对对联可以补强逻辑思考能力

（传是颖儿反诘金圣叹之句。《说文》说："出，进也，象草木益滋，上出达之形"，但从甲骨文、金文去看，"出"像是一足出半地下穴居之状，不是"山叠山"；而重之初文，则见之于金文，《说文》说是厚之意，从金文和小篆去看，"重"字像囊之塞满了物件，沉甸甸的，不是"千里"之合字。此则如"东"（東）字，《说文》说："东，动也。从日在木中"；但从甲骨文、金文和小篆去看，都像一个头尾两端紧绑着，内中塞满了东西的袋囊，猜想因其两端都紧缚着，故借用为方向之指称——东西）

- 四口同图（圖），内口皆归外口管；五人共伞（傘），小人全仗大人遮。
（传是明武英殿大学士杨溥少时，解老父被征徭役之作）
- 风吹马尾千根线，日照龙鳞万点星。（曹丕对父操句）

就因为对联的对句要推理，所以连苏东坡也有"笔拙"的时候。据说某次了元和尚（佛印）出联给同游巫山的苏东坡对句："无山得似巫山好"（上联），苏东坡立刻对曰："何叶能如荷叶圆"（下联），在旁的弟弟苏辙认为词未胜理（以叶对山，稍欠工整），于是"大胆"改为"何水能如河水清"，令苏东坡折服。又如"梧桐枝横杨柳树"一联（上联全是木旁），"若干"年后，才有人对得出"汾河浪激泗洲滩"（下联全是水旁）。此中例子也很多，例如，明嘉靖八年（1529年），状元罗洪先游九江，遇一船夫出联："一孤舟，二客商，三四五六水手，扯起七八叶风篷，下九江，还有十里"（上联），请状元对下联，孰料罗洪先江郎才尽，哑口无言，而此联一直成了"绝联"。据说直至1959年夏，一位叫李戎翎的人，才在偶然触动之下，对通此联："十里运，九里香（木材），八七六五号轮，虽走（一九）四三年旧道，只二日，胜似一年。"（下联）又例如，据说清礼部尚书李宗昉曾在乌江渡口，出过一则上联："省曰黔省，江曰乌江，神曰黑神，缘何地近南天，却占了北方正（黑）色"，但此联一直没人对通，至二十世纪八十年代，一位叫嘉禾媼的人，想出了下联对句："崖称红崖（贵州），水称赤水，寨称丹寨，只因人怀古国，就留为今代嘉名。"

有些对不出的对联，对的人竟含恨而终。例如："独立小桥，人影不随流水去"（后有人代对"孤眠旅邸，梦魂曾逐故乡来"）；又如："移椅倚桐同玩月"（奇、同，一字扣一字，后有人代对"点灯登阁各观书"〔登、各，亦一字扣一字〕）；再如据说北宋时有某书生娶妇，新婚之夜，新娘出对句："梳妆楼头，痴眼依依，痴情依依，有心取媚君子、君不恋"，给夫婿对下联，书生百思不得，竟含恨而终（其后，黄庭坚代对为："延支山上，落木萧萧，落花萧萧，无缘省识春风、春难留"）。也有些对联，因为无法补合其逻辑性，故一直成为"悬联"，至今还没能对得出来，例如："食包包食饱"；"凤（鳳）山山出凤，凤是凡鸟"；"一岁二春双（闰）八月，人间再度春秋"等等，诸如此类。

野史也有三国时期孔明、周瑜和鲁肃三人吟诗对对斗智的"故事"，虽是向壁虚构，但饶有兴味：话说曹操八十万人马下江南，吴蜀共商破敌大计，"既生瑜何生亮"，周瑜和孔明，却因彼此斗才斗智，而互有心结，但据说某次宴会，周瑜就挑孔明吟诗作对，看谁会江郎才尽。周瑜先开口说："有水便是溪，无水也是奚。去掉溪边水，加鸟便是鸡。得志猫儿胜过虎，落坡凤凰不如鸡。"

孔明立刻接上："有木便是棋，无木也是其。去掉棋边木，加欠便是欺。龙游浅水遭虾戏，虎落平阳被犬欺。"

周瑜见孔明确是急智，心中不忿，就施起人身攻击——讥讽孔明娶了一个丑妇黄阿丑做老婆，说："有手便是扭，无手也是丑。去掉扭边手，加女便是妞。隆中有女长得丑，百里难挑一个妞。"（丑与繁体字醜通假，如演戏谐角称丑生，生旦净末丑。）

孔明当然不甘示弱，立刻还以颜色，提周瑜的老婆小乔被曹操垂涎一事："有木便是桥，无木也是乔。去掉桥边木，加女便是娇。江中吴女大小乔，曹操铜雀锁二娇。"（大小乔原姓桥，东汉时桥玄之女，孙策娶大乔，小乔则为周瑜之妻，俱貌美。曹操在漳河筑铜雀台，广选美女，命曹植作《铜雀台赋》，中有："连二桥于东西兮，若长空之虾蝾（虹也）"，孔明为了激周瑜共同抗曹，竟在背诵给周瑜听时，将此句改为："揽二'乔'于东南兮，

对对联可以补强逻辑思考能力

乐朝夕之与共",硬说曹操心中鬼主意是把大、小乔两人俘虏回来,好作金屋藏娇(见《三国演义》第四十四回《孔明用智激周瑜　孙权决计破曹操》)。唐杜牧《赤壁怀古》名句,即是这样写的:"折戟沉沙铁未销,自将磨洗认前朝。东风不与周郎便,铜雀春深锁二乔。")

鲁肃见势色不对,立刻打圆场说:"有木便是槽,无木也是曹。去掉槽边木,加米便是糟。当今之计在破曹,龙虎相斗便是糟!"果真一语解颐,平息了孔明和周瑜两人口舌之争!

其实,往昔名人,大多能对对,能对好对,故执笔为文之时,大多文气盛、声韵锵而佳句多。例如:

- 宋黄庭坚自题联:"认半句错,省千般累;忍一息怒,保百年身。"
- 宋元祐年间苏东坡以"四诗风雅颂"(下联),对通辽使之上联:"三光日月星。"
- 明名臣于谦以县学生员身份,在一座寺院中以"一介书生,攀凤、攀龙、攀桂子"(下联),对通巡按随从之上联:"三尊大佛,坐狮、坐象、坐莲花。"
- 清张英、张廷玉父子俱为学士,父子曾对一脍炙人口之对联:"除夕月无光,点数盏明灯,替乾坤生色;新春雷未发,击几声响鼓,代天地扬威。"
- 清郑燮(板桥)自题联:"三绝诗书画,一官归去来",佳联:"半湾活水千江月,一粒沉砂万斛珠。"
- 清林则徐十岁即以"牛郎击鼓,明邀百姓观天"(下联),对通塾师之上联:"织女点灯,偷看万人赏月",又有自题联曰:"海纳百川,有容乃大;壁立千仞,无欲则刚。"
- 左宗棠自题联:"身无半亩,心忧天下;读破万卷,神交古人。"
- 康有为赠杜月笙联:"春申门下三千客,小杜城南尺五天";贺吴佩孚五十大寿联:"牧野鹰扬,百岁勋名才半纪;洛阳虎踞,八方风雨会中州。"

- 孙中山先生自题联："养天地正气，法古今完人。"
- 据说张之洞督两湖时，某次出巡江夏，梁启超持"江夏第一士"名片请见，张出句："四水（长）江第一，四季夏第二，先生居江夏，还是第一，还是第二"，以考梁启超才学，梁启超则对以："三教儒在先，三才人在后，小子本儒人，不敢在后，不敢在前。"（儒道释为三教，天地人为三才）又据说梁启超见张之洞时，名刺落款"愚弟梁启超顿首"，张之洞大为不满，以对示梁启超说："披一品衣，抱九仙骨，狂生无礼称兄弟"，梁启超即对曰："行千里路，读万卷书，侠士有志傲王侯。"
- 章炳麟曾以一联赠日本同盟会盟友，以激励之："有志事竟成，济河焚舟，十万秦师终入晋；苦心人不负，卧薪尝胆，三千越甲气吞吴。"
- 清末南通状元张謇，以"虹出海外，地涌半副金环"（下联），对通慈禧太后之上联："雪落缸口，天赐一条玉带。"
- 郭沫若少时以"他年攀桂步蟾宫，必定有我"（下联），对通塾师之上联："昨日偷桃钻狗洞，不知是谁"（上联），而得以免去因偷吃庙里的桃子而挨罚。
- 田汉少时，曾以"单人独马一杆枪"（下联），对通了自家果园久悬之"绝联"："二河两岸双江口"（上联）。
- 鲁迅"借用"钱季重联句"酒酣或化庄生蝶，饭饱甘为孺子牛"后半句数字，而合成一联："横眉冷对千夫指，俯首甘为孺子牛"，世遂广传。

所谓出对容易对对难，现今国学普遍不受重视，"文字障"重重。要能对出如"孙行者，祖冲之"（陈寅恪所出之联句），又或者："冬夜灯前，夏侯氏读《春秋传》；东门楼上，南京人唱《北西厢》"，已经只能"梦里寻他千百度"了（上联隐含春夏秋冬，下联包括东南西北），更甭说诸如："竹影扫阶尘不动，月穿潭底水无痕"，"屋北鹿逐谷，溪西鸡齐啼"，"鸡声茅店月，人迹板桥霜"（唐温庭筠《商山早行》），"香稻啄余鹦鹉粒，碧梧栖老凤凰枝"（唐杜甫《秋兴八首》之八）之类，充满境界、哲理的对句了。

故而只能就对对的逻辑推理训练功能方面，加以推广，强调人人可学浅易的、趣味的"大众对"；例如，西域对东洋，上海对中江，三水对五岸，永定对长安，曲阜对横山，武进对文登，牛头对马嘴，点心对抄手，手无寸铁对胸有成竹等等。总之，从"知其所以然"中，寻回对对联之乐趣和得益。①

人类祖宗会结绳记事和刻契，而且有手指就天生会数，日常生活其实也少不了数学，既然受肯定之逻辑推理训练，舍数学而不学、不教，那么，借用文字之便利性，就学对对，就教对对吧！有联迷戏称用英文来对对嘛也通——"Give me a little./ Thank you very much."②

---

① 对联还有有趣的"假对"，又称借对、谐声对，即借用谐音而成对仗。例如：
- 厨人具鸡黍，稚子摘杨（羊）梅。（见《古今诗话》，"具鸡黍"，语出唐孟浩然《过故人庄》："故人具鸡黍，邀我至田家"）
- 谈笑有鸿（红）儒，往来无白丁。（唐刘禹锡《陋室铭》）
- 本无丹（朱色）灶术，那免白头翁。（唐杜甫《陪章留后侍御宴南楼得风字》）
- 眼穿长讶双鱼断，耳热何辞数爵（雀）频。（唐韩愈《酒中留上李相公》）

由假对又再发展出假对律（诗），即利用假对手法去完成律句。例如：
- 床头两瓮地黄酒，架上一封天子书。（见北宋邵博《闻见后录·十七》）
- 三人铛脚坐，一夜掉头吟。
- 须欲沾青女，官犹佐了男。
- 枸杞因吾有，鸡栖奈汝（尔）何！（唐杜甫《恶树》）
- 饮子频通汗，怀君想报珠。（杜甫《寄韦有夏郎中》）
- 当时物议朱云小，后代声名白日悬。（唐杜牧《商山富水驿》）

② 又有借字之离合发展出析字联者，例如：
- 人曾是僧，人弗能成佛；女卑为婢，女又可称奴。（传是苏东坡好友佛印和尚与苏小妹斗嘴之对句）
- 天下口，天上口，志在吞吴；人中王，人边王，意图全任。（传是朱元璋攻姑苏城时，与刘伯温对句）
- 弓长张，文武斌，张斌元帅，统领琴瑟琵琶八大王，单戈能战；一人大，日月明，大明天子，横扫魑魅魍魉四小鬼，合手并拿。（传是明末外族犯境，其统兵元帅张斌，用以嘲弄明守关将领之联，幸而明军军师想得下联以对）（转下页）

《论语·子张第十九》："子游曰：'子夏之门人小子，当洒扫、应对、进退，则可矣。抑（可是）末也，本之则无（没有学到做人的根本道理）。如之何（怎么可以这样子呢）？'子夏闻之曰：'噫！言游过矣！君子（教人）之道，孰先传焉（先教些什么）？孰后倦焉（什么是后来才教——教倦了才不再教）？譬诸草木，区以别矣（因材、因时、因程度施教）。君子之道，焉可诬也（怎么可以不分先后、深浅而一视同仁去教，来欺骗人呢）？有始有卒者（有始、有终、有本、有末地去教人），其惟圣人乎（〔唉！〕只有圣人才能做到吧）！'"其实，若从学数学途径去培养逻辑推理素养，也许根本问题在于教些什么内容？如何去教？如何考出实力，如何不令学生"心生畏惧"？教之与考又是不同的层次，而不论从数学或对对联去培养逻辑推理素养，则理应只有先后之序，而实无偏废之理。

（接上页）

- 妙人儿，倪家少女；大言者，诸葛一人。（传是乾隆下江南，在镇江和告老还乡宰相张廷玉对句，另有人对之曰：钟山寺，峙立金童）
- 寸土为寺，寺旁言诗，诗曰：明日送僧归古寺；双木成林，林下示禁，禁云：斧斤以时入山林。
- 辇辇同车，夫夫竟作非非想；究究同穴，九九还将八八除。（传是清翰林院某君之作，用讽某大学士之书白字）
- 鸟入风（鳳）中，啄去虫而作凤（鳳）；马来芦（蘆）畔，吃尽草以为驴（驢）。（拆字离合句，相传是清末两同科进士，一姓卢，一名王云凤，两人斗嘴对句）
- 四维罗（羅），马累骡，罗上骡下罗骑骡；八牛朱，豕后猪，朱后猪前朱赶猪。（传说是一姓罗，骑骡赶集，与一姓朱，徒步赶猪者，赶集相遇而斗嘴之对句）
- 天寒地冻，水无一滴不成冰；国乱民贫，王不出头谁是主？
- 有水有田才有米（潘字），添人添口便添丁（何字）。
- 品泉茶，三口白水；竺仙庵，两个山人。
- 欠食饮泉，白水何以度日；才门闭卡，上下无边逃生。

附释：多音字联、叠字联、谐音字联、十字诗与回文诗

一、多音字联

通俗句者如：

种花种种种种种种生。音近"（众）花（总总总总）（众）（总总）生"。

又如清乾隆进士李调之贺钱庄开业联：

长长长长长长长（业绩长长）。音近"（祥）（掌）（祥）（掌）（祥）（祥）（掌）"。

行行行行行行行（与各行各业交往都行，亨通也）。音近"（杭）（夯）（杭）（夯）（杭）（杭）（夯）"。（若以"夯"代"行"而书此联，则误）

二、谐音联

与多音字联等位者，为谐音联、叠字联。谐音字联如：

· 蚂蚁树下马倚树，鸡冠花前鸡观花。
· 嫂嫂扫柴呼叔束，弟弟递桶叫哥箍。
· 尼姑田间挑禾上（和尚），姑娘堂前抱绣裁（秀才）。

三、叠字联

重言体的叠字联丁宋李清照《声声慢》已见其端："寻寻觅觅，冷冷清清，凄凄惨惨戚戚。"通俗故事里明嘉靖年间广东才子伦文叙之寺观对则有：

· 齐齐斋，齐齐戒，齐斋齐戒，神恩广大；
朝（音"招"）朝朝（"潮"），朝朝拜，朝朝（"潮"）朝拜，功德无涯。
· 西湖花神庙嘉庆间曾有联：翠翠红红，处处莺莺燕燕；风风雨雨，年年暮暮朝朝。
· 苏州葑门瞿氏网师园"联阵"更盛：
红红翠翠，树树花花，暮暮朝朝，处处莺莺燕燕；
脉脉依依，卿卿我我，来来往往，时时鹣鹣（音碟）鹣鹣。

四、倒句联，倒句诗、词、曲

叠字联余绪则有倒句（回文）联，倒句诗、词、曲，叠字文与十字诗。

（一）倒句联（回型句）

· 客上天然居，居然天上客；人过大佛寺，寺佛大过人。

· 僧游云隐寺，寺隐云游僧。

（二）倒句诗（全篇回复式，又叫反复诗）

最有名的倒句诗之一是苏轼以"茶"为主题的《记梦二首》，其中一首是：

酡颜玉碗捧纤纤，乱点余花吐碧衫。歌咽水云凝静院，梦惊松雪落空岩。

回文诗则为：

岩空落雪松惊梦，院静凝云水咽歌。衫碧吐花余点乱，纤纤捧碗玉颜酡。

而一般通俗诗句则有：

处处飞花飞处处，潺潺碧水碧潺潺。树中云接云中树，山外楼遮楼外山。

（三）倒句词，如《菩萨蛮》：

暮江寒碧萦长路，路长萦碧寒江暮。

花坞夕阳斜，斜阳夕坞花。

客愁无胜集，集胜无愁客。

醒似醉多情，情多醉似醒。

（四）倒句曲，如《普天乐》：

画麒麟，麒麟画。

荣华富贵，富贵荣华。

在金门下玉马嘶，玉马嘶在金门下。

宰相人家规模大，大规模宰相人家。

莫不是王侯驸马？

簪花御酒，御酒簪花。

（五）叠字文

下面一篇用叠字合聚写成的春景妙文，见于明冯梦龙《醒世恒言》之《苏小妹三难新郎》，故事是苏小妹春日郊游，遇一"怪"碑，刻有130组叠字，

对对联可以补强逻辑思考能力

悟而解读则个,兹举若干句一作管窥。(然据考证,苏小妹只是章回小说故事人物;另说本诗是佛印写给苏东坡的叠字诗)

部分原文如下:

野野鸟鸟啼啼时时有有思思春春气气桃桃花花发发满满枝枝莺莺雀雀相相呼呼唤唤岩岩畔畔花花红红似似锦锦屏屏堪堪看看……

解法如下:

```
      (A)1    3    5       (C)10  12  13    15   17   19   21
         野野 鸟鸟 啼啼 时时 有有 思思 春春 气气 桃桃 花花 发发
      (B) 2    4    6  7  8  9    (D) 14   16   18   20   22

         23  25(F) 28   30   32   34 35  37   39  (H)42  44
         满满 枝枝 莺莺 雀雀 相相 呼呼 唤唤 岩岩 畔畔 花花 红红
      (E) 24   26 27   29   31   33     36(G)38   40  41   43

              46   48   50 51   53
              似似 锦锦 屏屏 堪堪 看看……
              45   47   49   52   54
```

解读如下:

(A)野鸟啼,(B)野鸟啼时时有思。(C)有思春气桃花发,(D)春气桃花发满枝。(E)满枝莺雀相呼唤,(F)莺雀相呼唤岩畔。(G)岩畔花红似锦屏,(H)花红似锦屏堪看。

(六)十字诗

以十个字反复截取、排列组合,即可得七言四句,如下述两首描写春秋两季之十字诗:

十字言春:莺啼绿柳弄春情(,)晓日明。

十字诗:莺啼绿柳弄春情,柳弄春情晓日明。

明日晓情春弄柳,情春弄柳绿啼莺。

十字言秋:秋江鸿雁宿沙洲(,)浅水流。

十字诗:秋江鸿雁宿沙洲,雁宿沙洲浅水流。

流水浅洲沙宿雁，洲沙宿雁鸿江秋。

（七）回文诗

回文诗相传始于晋代之傅咸和温峤，但诗已佚失。目前能看到最早的是晋代苏伯玉之妻，因怀念使蜀的丈夫，而作了一首螺旋环状排列的《盘中诗》，取其"盘旋回环"之意——字须自圆心起，逐旋作逆时针读下去——以示缠绵委婉的深情。《盘中诗》每句三字，收录于宋桑世昌之《回文类聚》。据说苏伯玉见诗即感悟回家探妻。该诗首四螺如："山树高，鸟鸣悲。泉水深，鲤鱼肥。空仓雀，常苦饥。吏人妇，会夫稀。出门望，见白衣。"

北朝前秦苻坚时，女诗人苏蕙因忆夫窦滔，以五色丝线织成一幅《璇玑图诗》，而将回文诗造诣推至最高峰。唐武则天在《璇玑图诗序》中说，苏蕙在图中"题诗二百余首，计八百余言（841字），纵横反复，皆成诗句"。其首八行字与该列七字纵横读之，即得"此中寻"诗一首："仁智怀德圣虞唐，贞志笃终誓穹苍。钦所感想妄淫荒，心忧增慕怀惨伤。"此诗倒读，即成回文诗一首。

（八）天下第一长联

浙江嘉兴鸳鸯湖烟雨楼有顾鳌所题长联，共260字：

湖山点缀，量来玉尺如何？漫品题，几回搁笔，曾记碧崖绝顶，看波澜壮阔，太湖无边。停桡渐北斗斜横，趁凉月从三万六千顷苍茫湖水摇归，生憎鸟难度。为饶游兴，白袷宁抛，还思暮暮朝朝，向断桥问柳寻花能再。最是撩人西子，偏画眉深浅入时，早匡庐失真面，恨铅华误了倾国，强自宽，也悔浓抹非宜，天然惟羡鸳鸯，湖畔喜留香梦稳。

楼阁玲珑，卷起珠帘最好！破工夫，半日凭栏，管甚沧海成田，尽想象空蒙，层楼更上。远树迷南朝兴废，任晓风把四百八十寺多少楼台吹散，愁煞燕双飞。知否昨宵，绿章轻奏，要乞丝丝缕缕，将孤绡离情别绪牵牢。却怪作态东皇，竟故意阴晴错注，寓高处不胜寒，罔蓑笠载得扁舟，欲坐待，又怕黄昏有约，到此未逢烟雨，楼头闲话夕阳残。

对对联可以补强逻辑思考能力

51. 触景生情来灵感

　　就传统采访观念而言，正式"执行"和完成一个采访，必须经过访前准备、现场采访（观察）、访问、数据寻找和引用，以及精确性查证等诸步骤，方属"功德圆满"；尤其是现场观察，更是不可或缺，否则就流于猜测、道听途说，甚而倚靠其他行家帮助，沦为一位"盲巫记者"。所谓"万物静观皆自得"（宋程颢《秋日偶成》），孔子见水流不息，顿感"逝者如斯夫，不舍昼夜"（《论语·子罕》），唐朝李白在宣州谢朓楼饯别校书叔云，见流水不断，则喟然而叹"抽刀断水水更流"。观察，通常可生出灵感（顿悟）。以对对联为例，就史不绝书。以下一些例子，按典史所说，皆是真人、真事、真对联。

　　一、唐代田园诗人戴叔伦，一次塾师带他出游，午间到了一处叫白店的地方，适见一白毛公鸡在高处啼，塾师突生灵感，得一句上联："白店白鸡啼白昼"，要戴叔伦对，戴叔伦一时语窘。至傍晚走到一处叫黄村的地方，恰遇一只黄犬窜出狂吠，乃灵机一动，对出下联："黄村黄犬吠黄昏。"

　　二、宋仁宗庆历年间，一年暮春时节，宰相晏殊到西湖观景，见微风徐来，花瓣逐流水而漂，随口吟出："无可奈何花落去"，却一时接不上下句。乃向江都尉王琪求教。王琪偶见燕子飞过，顿悟下句："似曾相识燕归来。"晏殊其后写《浣溪沙》，即以此两句为下半阕前两句。

　　三、苏东坡一次乘船外出，在港口却遇上船家因船钱而与渡客争执，其后更以一联句："港口撑船，因船钱而讲口"（上联），请苏东坡对句，苏东坡竟一时无语。及至上得岸来，迎头望见一座瓦窑，而顾客和窑主正在摇头晃脑地讨价还价，乃忽然而悟得下联："窑头买瓦，为瓦价以摇头。"

　　四、苏东坡以一上联考苏小妹："水仙子持碧玉簪，风前吹出声声慢"（《水仙子》、《碧玉簪》、《声声慢》都是曲牌），苏小妹一时无对，恰巧一个

说闻解字

侍婢送酒菜来,就此触动灵感,即对曰:"虞美人穿红绣鞋,月下引来步步娇。"(《虞美人》、《红绣鞋》、《步步娇》亦曲牌;但有人考证,苏小妹只是章回小说中人物)

五、明朝主修《永乐大典》之解缙,中了乡试第一名解元后,一日游山口渴,向一卖茶老翁讨茶喝,老翁要他先对通对子:"一碗清茶,解解解元之渴"(上联),一个解字三音三义,解缙有点知难而退;其后,得见壁挂七弦琴,又知道老丈出身乐府,本身姓乐,乃悟得下联:"七弦妙典,乐乐乐府之音",才得喝茶解渴。此联第一个解,读曰姐,动词解除也;第二个解,读曰谢,姓也;第三个读曰介,名词。第一个乐念勒,动词,欢乐也;第二个念岳,姓也;第三个亦念岳,名词。

六、明嘉靖状元林大钦往某地主考,傍晚欲渡汉水而无舟,乃情商一位渔翁助渡。渔翁知其大名,乃言明要渡河,非得对通他的联句不可,说着,以手指船尾插舵的小孔说:"孔子生舟(周)末";林大钦一时无对,正在为难之际,突然雷电大作,狂风暴雨骤至,林大钦灵感顿生,得对句:"光舞(武)起汉中"(下联),渔翁大为叹服,乃在雨停之后,送他过江。

七、明朝末年,有两秀才上山游春,进一山神庙,见塑有一座将军像,一手提着宝剑,一手牵着马准备出征的样子,一时有兴致,乃商定甲吟上联,乙对下联。甲说:"孤山独庙,一将军单枪匹马",乙某一时陷于苦思,幸而就在此际,猛然看见山下江水两岸,各有一位渔公在垂钓,乃得下联灵感对曰:"夹江两岸,二渔公双钩对钓。"

八、清代陕西某知县,因目睹儿子在菜园锄草,突然一只青蛙从菜畦蹦出来,又跳入瓦堆去,终而被儿子挖了出来,乃得一联:"娃挖蛙出瓦",却无法想得下联。直至二十年后,因座骑窜入一户人家青麻地又吃又踩,而被女场主大骂一顿,骂声入于知县之耳,方豁然想到了想了二十年而未得的下联——"妈骂马吃麻"。

九、有喜欢对联之士子张山,一次被同侪所出的上联困思不已:"寒凝冰结,檐滴无云之水。"一日正在旷野漫步苦吟,四野突然刮起一阵大风,霎时间飞沙走石,尘土飞扬,这一阵大风,却催生了他的下联:"风卷尘飞,地起无水之烟。"又有一翰林到寺庙游玩,竟中意上寺内一位由和尚所画之荷,欲向该和尚讨此珍墨。和尚乃出对难之,曰:"画上荷花和尚画"(回文之音同),翰林果然被难倒。受辱回府苦思,不意看到案上每日临写之字帖,乃突然心中一亮,想得下联:"书临汉帖翰林书。"

十、浙江有一十佛寺,经常为士子借宿,寺之一僧喜联,书一联挂于佛殿求对下联:"万瓦千砖,百匠造成十佛寺。"一日,又有两士子借宿,但见此联,却无法对得下联,乃愧而连夜雇舟而去。不觉经过一座四仙桥,见桥触景而想联,突然悟得下联:"一舟二橹,三人摇过四仙桥。"

十一、某秀才夏夜在屋檐下纳凉,瞥见一鼠从屋梁跑过,乃心生一联:"暑鼠量梁,提笔描猫惊暑鼠";但问题来了,想不到下联。及至一日,途经一个晒谷场,几只鸡抢在地上啄谷,女场主就叫在附近玩耍的小童把鸡赶走,小孩就拾起石子赶鸡;此情此景,秀才就想得下联:"饥鸡盗稻,呼童拾石打饥鸡。"

十二、一位卖盐小贩,挑着盐赶集,却在途中遇上大雨,被逼先在一所私塾檐下避雨,但为塾师所嫌。盐贩见塾师不近人情,就出了一联句给塾师对:"盐客挑盐檐下歇,檐水滴盐",并声言,如果塾师能对,他便立刻离开。可是,塾师怎么想也想不出联来,直到傍晚课后回家,经过河边,见一只小舟停在河滩上,乃憬然而悟得:"舟子行舟洲边停,洲沙沾舟。"

以上所举十二例,都是"触景"之后,方能得悟的例子,采访亦然,如果不能"静观"现场,"心不在焉",又怎能看清楚现场,洞悉新闻背后!①

---

① 触景生情,成就了不少好文章。试欣赏一下东晋穆帝(司马聃)永和九年(公元353年)癸丑三月三日,在会稽山阴(今浙江绍兴),王羲之和当时名士孙绰、谢安等人,参与禊事饮宴,为众人诗集写成"行书之祖"的《兰亭集序》,永世不朽;以及唐李白在一个春天的月夜里,于一个风景优美的花园中,同众兄弟欢宴,畅叙天伦之乐之余,并为众家兄弟之诗作,而写了一百十七字的《春夜宴桃李园序》,同样为永垂文坛佳作。《兰亭》以画法而传,例如,在三百廿七字序文中,有二十个"之"字,七个"不"字,(转下页)

附释：风幡之禅宗公案

触景亦可以顿悟，最有名的是发扬禅宗、唐时六祖慧能的风幡之悟。原籍广东新州的慧能俗家姓卢，家贫打柴为活，一日送柴到客店，闻《金刚经》

（接上页）余如"感"、"怀"、"畅"和"会"诸字，亦见重文，但每个字写法都不相同（北宋米芾诗云："之字最多无一似"）；《桃李园序》则以李白之文采和风格而传。

（一）《兰亭集序》

永和九年，岁在癸丑，暮春之初，会于会稽山阴之兰亭，修禊事也。群贤毕至，少长咸集。（叙事）

此地有崇山峻岭，茂林修竹，又有清流激湍，映带左右，引以为流觞曲水，列坐其次。虽无丝竹管弦之盛，一觞一咏，亦足以畅叙幽情。（写景）

是日也，天朗气清，惠风和畅。仰观宇宙之大，俯察品类之盛，所以游目骋怀，足以极视听之娱。（时效）

夫人之相与，俯仰一世。或取诸怀抱，悟言一室之内；或因寄所托，放浪形骸之外。虽取舍万殊，静躁不同，当其欣于所遇，暂得于己，快然自足，不知老之将至；及其所之既倦，情随事迁，感慨系之矣。向之所欣，俯仰之间，已为陈迹，犹不能不以之兴怀。况修短随化，终期于尽。古人云："死生亦大矣。"岂不痛哉！每览昔人兴感之由，若合一契，未尝不临文嗟悼，不能喻之于怀。固知一死生为虚诞（生同死没有分别是假的），齐彭殇为妄作（长寿和短命没有分别也是废话）。后之视今，亦犹今之视昔，悲夫！（抒情，借题发挥）

故列叙时人，录其所述。虽世殊事异，所以兴怀，其致一也。后之览者，亦将有感于斯文。（写此序的原因）

（二）《春夜宴桃李园序》

夫天地者，万物之逆旅也；光阴者，百代之过客也。而浮生若梦，为欢几何？古人秉烛夜游，良有以也。（抒情，借题发挥）

况阳春召我以烟景，大块假我以文章。（写景）

会桃李之芳园，序天伦之乐事。群季俊秀，皆为惠连（南朝宋文学家谢惠连，谢灵运族弟）；吾人咏歌，独惭康乐（谢灵运）。幽赏未已，高谈转清。开琼筵以坐花，飞羽觞而醉月。不有佳咏，何伸雅怀？如诗不成，罚依金谷酒数。（叙事，此序之由来）

（晋富豪石崇，家有金谷园，经常有宴饮，即席赋诗。石崇《金谷诗序》有云："遂各赋诗，以叙中怀，或不能者，罚酒三斗〔杯〕。"因此，"罚依金谷酒数"就是罚酒三斗〔杯〕。）

触景生情来灵感

"应无所住而生其心"（抛却一切执着而不生妄念），即有"省悟"，前往湖北黄梅参见五祖弘忍，得弘忍收留，之后作出《慧能偈》："菩提本无树，明镜亦非台，本来无一物，何处惹尘埃"，遂得弘忍传其衣钵。其后，他辗转到了广州法性寺（一说制旨寺）听印宗法师讲《涅槃经》。时寺挂着幡旗，印宗令诸听僧讨论幡动之义。

一说："幡是无情，因风而动。"一说："风与幡俱无情，如何能动？"一说："风与幡有缘，和合而动。"一说："幡是不动的，风自己动而已。"慧能说："既不是幡动，也不是风动，而是诸位之心在动罢了。"幡动、风动、心动，是物理现象，也是"动"的定义问题，更是一种感受；但"心动"更加添了宗教哲理，是一种触景顿悟。

52. 字谜

猜谜，虽似日渐式微，但每年农历上元正月十五元宵夜赏灯，八月十五日中秋节提灯，也还小场面、大场面的相沿着此俗。猜谜，不但是文字游戏，更是一游戏文字，此则张清徽教授说得好："六书为我国文字制作应用的方法，四声为我国文字读音上阴阳平仄的概括大略。加上我国文字是一字一音的单切语，又是词性不明，不受限制的孤立语，因此应用起来，变化多端，巧妙百出；……意味隽永，情致谐谑。……无论就文字的组织，就文学的形态，就修辞的意义，就声韵的繁衍，就训诂的引申，在在都极见作者才思的表现以及心血的功夫。"①

中国猜谜活动起源甚早，古代称庾词或隐语，而咸信东汉蔡邕之读《曹娥碑》，因题"黄绢幼妇、外孙齑臼"，以射"绝妙好辞"四字为其滥觞（黄绢，色丝（绝）；幼妇，少女（妙）；外孙，女子（好）；齑臼，捣椒蒜小瓷钵，为受辛之物（辝，同辞）。而有汉一代类似射覆游戏，已蔚成流俗：将物置于有布覆盖的盆中，由术家卜测之（见汉班固《汉书·东方朔传》），此种文人余庆，至唐仍盛（唐李商隐《无题》："隔座送钩春酒暖，分曹射覆蜡灯红。"②）至南朝刘宋鲍照，在其所著之《鲍参军集》，即有井、龟、土字谜"诗"三首（卷六）；例如，其龟字谜诗云："头如刀，尾如钩，中央横广，四角六抽。右面负两刃，左边双属牛。"故与鲍照同朝代的刘勰，

---

① 张清徽：《我国文字应用中的谐趣——文字游戏与游戏文字》，《幼狮学志》，1978年1月号，台北：幼狮出版社。

② 明刘伯温《烧饼歌》，即是朱元璋把咬过一口之烧饼以碗覆盖，硬要刘伯温射覆而得名的。刘伯温说："半似日兮半似月，曾被金龙咬一口，此食物也。"既然亿则中矣，朱元璋就借机问他天下后世之事。

对谜语已有解释："自魏代以来，颇非俳优，而君子嘲隐，化为谜语。谜也者，回互其辞，使昏迷也。或体目文字，或图象品物，纤巧以弄思，浅察以衒辞，义欲婉而正，辞欲隐而显。"（《文心雕龙·谐讔》）

武则天称帝，中书令裴炎密函以"青鹅"两字，答应徐敬业于十二月共谋反叛，不幸被武则天破解，得知其隐语为"十二月（青）我（鹅之我边）自与（鸟像'自、与'上下并字，与是舆、与俗写）"，结果不幸为武则天所戮。灯谜始于宋而盛于明，但有宋一代，元宵灯谜，已成风俗，当时叫商谜。宋周密《武林旧事》："有以绢灯剪写诗词，时寓讥笑，及画人物，藏头隐语，及旧京诨话，戏弄行人。"《蔗境外集》云："仁宋朝，四海升平，岁丰民乐。元夜前后，灯火六街，士人游赏彩灯之余，竞作谜条，悬奖征射，名曰商灯。"宋耐得翁之《都城纪胜·瓦舍众伎条》亦记载有："商谜旧用鼓板吹《贺圣朝》，聚人猜诗谜、字谜……""谜必用灯，不知何人作俑"，"商则取商榷之义"（《橐园春灯话》），而灯虎大概取其射之（猜）之意。明《万历钱塘县志》则记载："元宵张灯五夜更，或黏藏头诗于灯上，揣知者揭去。"明郎瑛之《七修类稿》，则称谜语为"独脚虎（……更做三句以成诗，独有一句更难于谜，故号曰：'独脚虎'）"。至清康乾之世，谜风日盛，时称春灯或春灯谜，此即《潇湘戏墨》所说："猜灯，或称猜灯猜；灯虎，或称文虎，俗谓之射文虎（取虎难以射中之意）。元夜、秋夜，皆有盛会。"又因灯谜重文义，故称"文义谜"，一般谜语则多重以事物特征隐射谜底，故称为事物谜。

谜风既盛，花样即多，发展下来，谜语设计，使谜底谜面配合，又或者提供解谜线索者，其得称之为"谜格目"的，竟有二十四格之多（更有谓三十三格），常用的，也有十八格（明末扬州马苍山编有《广陵十八格》一书，收录卷帘、粉底、虾须、燕尾和碎锦诸格，确立了应用谜格）。实在可以令人"殚精竭虑"，茶饭不思。清无名氏《打灯虎》诗说得妙："几虎商灯挂粉墙，人人痴立暗思量。秀才风味真堪笑，赠采无非纸半张。"[①] 幸而，最习见者，

[①] 见清李虹若著：《朝市丛载·都门竹枝词》，北京：北京古籍出版社，1995年。

多以拆字、会意和卷帘为正格。析言之，以字谜为例来说，常用以作谜之格者，大略有：

一、会意格：也就是"用脑筋一想就知道了"，谜底谜面之间，关系直接，无须另费周章去思量，故通常是不加以注明的。例如谜面："上不在上，下不在下，不可在上（不、可），且宜在下（且、宜）"，射一字——谜底："一"；另一个类似的是"土"——"走"在上面，"坐"在下面，"挂"在当中，"埋"在两边。不过，会意格也有较深奥曲折的，叫"重门格"，意即要猜两次，才可以射得谜底。例如，谜面："无边落木萧萧下"，射一字——谜底："日"。此句诗谜出自唐杜甫《登高》诗句："无边落木萧萧下，不尽长江滚滚来。"此谜首先得猜"萧萧下"是何所指——为六朝时齐梁萧衍、萧道成（国姓，其下为陈〔霸先〕）；其次，在射得陈（陳）字之后，得把它去了边（无边，"阝"旁），再去"木"字（落木），"日"字就"跃然而出"了（有人称此种方式，为"重门拆字格"）。同理，"春雨绵绵妻独宿"，也就是"一"——"春雨绵绵"乃无日，"妻独宿"乃无夫，春字无日、无夫，非一为何？（又有以"三个日人"为此谜之谜面）类似这种不论谜面字数多少，但谜底只是一个字的，就叫"一字谜"。字数少的，如："噢！正午十二点了"（谜面）——"许"（谜底，言午也）；字数多的，如猜"去"之谜面："上头至下头（去字上面为至字之下面部分），下头至上头（去字下面为至字上面部分），两头至中间（至字中间为去字之足与头），中间至两头（去字中间为至前缀、尾两画）"；本谜面如果将"去"字代"至"字，谜底即为"至"。会意格也多兼拆字格。

二、谐音格：破解谜底，要用同音或音近的字，才可以成理。例如，谜面："别丢掉"——谜底："去"；别与撇音近，故此句为："（丢字之那一撇）撇（丿）丢掉了"。

三、拆字格：把字组合组件，例如，部首、偏旁拆开、减损、增加、合并，来重组成谜底之字。例如："一知半晓（日）"，射一字——"智"字是也；余如，"我在讲话"（语也，吾、言），"潮州话"（访，方言），"公而忘私（厶）"（八），"该言不言"（亥），"竹竿断了"（干），之类属之。

四、碎锦格：将谜离形，以切合谜面。例如：皆大欢喜——筷，⺮=竹=个、个（两个个），个个快乐也。

我国文人雅士，自古即好作谜言，彼此把玩，明嘉靖八才子之一的李开先，更称谜为诗禅（所编之谜书，即名《诗禅》）。例如：

一、王安石之字谜

· 画时圆，写时方，冬时短，夏时长——日字。其后他的好友吕吉甫又制同一字谜来"解释"此谜（日），谜面则改为：东海有一鱼，无头又无尾，更除脊梁骨，便是这个谜。

· 左七右七（女），横山（、）倒出（帚）——妇（婦）。吕吉甫又接另一谜说："一上、一下（二字也），春少一日，你猜我猜，恰是一对"——夫字也。（据说朱元璋起兵时，曾幸一民妇王吉妇，并留下一字条为日后相认凭据："二十一〔王〕。古之一〔吉〕。左七右七，横山倒出〔妇〕。得了一〔子〕，是谓〔为〕之士之一〔王〕。"即"王吉妇得子为王"之意。）

· 目字"加"两点，不作具字猜。具字"欠"两点，不作目字猜——贺、资。（见《钱氏私志》）

· 四个口，尽皆方，十字在中央，不作田字道，不作器字商——图（圖）。（见《钱氏私志》）有一妙联以图、伞两字为酬酢："四口同图，外口皆由内口管；五人共伞（傘），小人全仗大人遮。"

· 一月复一月，两月共半边（公用）。一山又一山，三山皆倒悬。上有可耕之田，下有长流之川。六口共一室，两口不团圆——用字也。（见《齐东野语》，李开先谜）

· 李开先另有"累"字谜：上种田，下养蚕（丝），难济十口（田）之饥寒，命如一缕（纟）之孤悬。

二、陈亚《亚字谜》

· 若教有口便成哑，且要无心为恶。中间全没心肠，外面任生棱角。

三、宋费衮字谜

- 一人立，三人坐，两小人，一大人，其中更有一二口，教我如何过（通过去）——俭（儉，见宋费衮《梁溪漫志》；《鸡肋编》也有同样一个谜："兄弟四人两人大，一人立地三人架。坐中更有一两口，便是凶年也好过"）。

四、方彦卿《极字谜》

- "木了又一口"，非杏亦非呆，勿作查字说，勿作困字猜——极（極）。

五、明徐文长字谜

- 问管仲——他（语出《论语·宪问第十四》："问管仲。曰：'人也。'"）
- 何"可"废也，以"羊"易之——佯（语出《孟子·梁惠王上》）。
- 长十八，短八十，八个女儿下面立——楼（樓）。
- 上又无画，下又无画——卜。
- "两"下里，做人难——入。
- 先写"了"（乛）一撇（丿），后写"了"（乛）一画——孕。
- 四山纵横，两日绸缪（紧密也）。富是他起脚，累是他起头——田。田字谜面甚多，如："旱天雷"（无雨），"鱼肚"，"没心思"（去心字），"横冲直撞（十），四面包围（囗）"，"三横三直，出产粮食"。
- 晚清《金桂生随笔》载有沈启南之《咏田字》诗一首："昔日田为富字足，今朝田成累字头。拖下脚来成甲首，申出头时不自由。田在心上常思量，田放虚中虑不休。当初只望田成福，谁知田多迭成愁。"
- 北魏杨衒之记王肃与高祖殿会，高祖举酒云："三三横，两两纵（羽）。谁能辨之赐金钟（白字，金钟为大酒杯，可以浮一大白）"——习（習）也（见《洛阳伽蓝记》）。
- 以《寄小读者》一篇而得名的五四时期作家冰心，尝自谓最喜欢的一个字谜是："侍中人（亻）不在，出去半山归"——峙。

有些字谜则活用诗句，或谜面写得像诗句般美，例如：

字谜

- 万国衣冠拜冕旒——命，卷帘格（由下往上拆开倒读来切合谜面），命字拆开倒读为"叩一人"。谜句源自唐王维《和贾至舍人早朝大明宫作》："九天阊阖开宫殿，万国衣冠拜冕旒。"
- 有王将南者以《秦字诗》讽大宗伯于公之有妻秦氏，复纳二妾："一大能将二小容（秦），三人齐把小于攻（秦字之禾字像'二小'，又像'小于'）。若把小于攻去了，三人无'日'不春风"——秦字也（见《耳谈》）。秦字谜面，又可作"二画大，二画小"，或半部"春秋"。
- 落花人独立（亻），微雨燕双（人、人）飞——俩（谜句出自唐翁宏《春残》诗，其后，宋晏几道之《临江仙》词，亦引用此两句；传说乾隆以"八"字为谜面，令纪晓岚射宋词两句，纪晓岚即以此两句应之）。
- 无可奈何（亻）花（花费）落去——佽（语出宋晏殊之《浣溪纱》："无可奈何花落去，似曾相识燕归来。"）
- 远树两行（丰、丰）山倒影，轻身一叶水平流（心）——慧字也。
- 竹疏（彡）宜入画，树少不成村——彭（见《谈虎录》），此字谜面有作：好面花腔鼓，皮破难修补（鼓字去了皮——支），拿住一只彪，走了一只虎（彡）。
- 想长年绿鬓婆娑，烟云绕客懒揣摩。自归君手，青少黄多，腰肢挺直，烟散云过。历尽几许风波，受尽几许折磨。莫提起，提起青泪滴江河。会意格，猜一字。谜底——篙（见《饭余录》）。
- 何处合成愁，离人心上秋——愁（语出宋吴文英《唐多令》句）。

有些特殊的字谜，更令人印象深刻。例如：
- 以"便舍船"射"边"（边字，谜用"启下体"，出自晋陶渊明《桃花源记》："便舍船从口入。"从口入解释成"自穴方走（辶）"——边（邊）字也。
- 唐虞有，尧舜无；商周有，汤武无；古文有，今文无——口字也。
- 以地支"子丑寅卯辰巳午未申酉亥"十一个字，射岁字——"止少一戌"也；但因"戌"属狗，故射蜀字亦可——"独"（獨）无狗也（相传三国时东吴仆射薛宗，即曾以（蜀者）"无犬为蜀，横目勾身，虫入其腹"，挫西蜀使臣张奉之狂妄自大。"蜀"原从罒、勺，像蚕之吐丝状，后来加上"虫"而成蜀，又再加虫而成蠋）。

- 有"音"却无影，"日日"泣泪枯，"立"在两日旁，却不见阳光——暗。
- 远望一只"狗"，"追"去已逃走，追到"市"头上，一"点"全没有——狮（獅）。
- 以"寒"则重重叠叠，"热"则四散分流，四个在县，三个在州，村里只在村里，市头只在市头，射部首之"、"。"、"，部首，音主，为主的本字，灯中火炷也，丸、凡、舟、主、丼、兵和丽等字属之。有一对联描写火中之炷十分生动：白蛇（油灯里之灯蕊）渡江（浸在油灯里），头顶一轮红日（火炷，"、"）；乌龙（一把大长秤）卧壁，身披万颗金星（秤上之点点准星）。
- 倚"阑"干，东君去也（门）。霎时"间"，红日西沉（门）。灯"闪闪"，人儿不见（门）。"闷"淹淹，少个知心（门）——射一门字，会意拆字格。
- 南宋女诗人朱淑真曾作谜底是一至十字的展曲《断肠谜》："下楼来，金簪卜落（一）。问苍天，人在何方（二）？恨王孙，一直去了（三）。詈冤家，言去难留（四）。悔当初，吾错失口（五）。有上交，无下交（六）。皂白何须问（七）。分开不用刀（八）。从今莫把仇人靠（九）。千里相思一撇消（十）。"另外又有一"弃妇寻夫谜"，亦以词扣"一二三四五六七八九十"数目字为谜底："上"长街，去"卜"卦（一）。"天"乎！"人"在谁家（二）。恨"玉"郎，不说"一点"直心（丨）话（三）。叫奴欲罢"不能"罢（四）。"吾"只得闭"口"不言他（五）。论"交"情，也不差（乂，六）。"皂白"不能头上加（七）。"分"不开，用"刀"割下（八）。抛得我，寻"仇"无"人"（九）。"思"想起，他"口""心"都是假（十）。（见《味甘斋札记》，一说是清末一位妙龄深闺怨妇顾春，于元宵夜忆夫所作之《玉房怨》，内容大同小异：好元宵，兀坐灯光下〔一〕。叫声天，人在何家〔二〕。恨玉郎，无一点直心话〔三〕。事临头，欲罢不能罢〔四〕。从今后，吾口绝不言他〔五〕。论交情，也不差〔乂〕〔六〕。染成皂，讲不得清白话〔七〕。要分开，除非刀割下〔八〕。到如今，抛得我才空力又差〔九〕。细思量，口与心儿都是假〔十〕。）

- 一轮明月挂天边（有），淑女才子并蒂莲（好）。碧波池畔酉时会（酒），细读诗书不用言（卖）。——传是明朝广东状元伦文叙为"状元坊"酒家所题之诗谜，一说原诗为：明星朗月大半天，少女嫦娥伴子眠。三点酉时来问候，诵读诗书不在言。

- 远树疏林（丰）饶画意，高山流水（氵）是相思——沣（澧）字也（张起南制谜）。

- 两弦上下（门，門）一轮中（月）——闲（閒）字也（张起南制谜）。

- 一个大（马），一个小（蚤），一个跑（马），一个跳（蚤）——骚字也（见《邃汉斋谜语》）。

- 闰四月——巽，夏朝时正月建寅(月)，二月建卯，三月建辰，四月建"巳"，闰四月"共"两个巳（月）（翁传钟制谜）。

其他有趣字谜，会意、拆字格还可以找到：
- 呆——出自幽谷（口），迁于乔木（木）。
- 脚——"月"字（丶）去（丶）"了"一直（"丨"〔卩〕）。
- 月——肩上有，背上有，胸上有，脚上腿上都有。头上无，耳上目上无，手指上俱无。
- 三位一体／一十一不是二——王。
- 易——会"点"成汤（湯）。
- 赏——生员与和尚口角，和尚不像和尚，生员不成生员。
- 东方既白——查，"木"属东方，既白为"旦"。

- 诗仙（李白）绝代（无子）——柏。
- 半票——西或示。
- "木多一"撇——移。
- "木少一"撇——秒。
- 判决无罪——皓。
- 两边耳朵不一样——耶。
- 落花流水——各。
- 一寸佳人——夺（奪）。
- 升冠格（"上"删"一"个字）、脱靴格（"下"删"一"个字）——卜（薛凤昌制谜）。
- 其左善射（矢），其"右"有辞（口）——知也（夏粲制谜）。
- 自东自西，自南自北——十也（孙运衡制谜）。
- 共食不饱——饿（我食就好了，杨梦熊制谜，会意格）。
- 一"心"咒"笋"（筍）莫成竹——恂（林白贞制谜）。
- 半作蝌（虫）蚪（虫），半作篆——蠢。
- 乘"人"不备——乖。
- （我）头可砍（少了一"丿"），身可断——找。
- "自小"在一起，"目"前"少"联系——省。
- 多少"心""血"得一"言"——谥（謚）。
- 后半"部"续前半"部"——陪。
- 纵横一"川""水"——洲。
- "女"真侵"宋"分南北——案。
- 他去"也"（亻），"怎"（乍）把"心"儿放——作。
- 扉——阐，扉为单扇门。
- 胆——评，月旦，批评也。
- 不是因（音）缘（员）不并头——韵（韻）。
- 裹（包）脚（𧾷，足）——跑。

字谜

- 焚林——樵。·国（國）中——或。·宝岛姑娘——始。
- 心不在焉——忩。　·自言自语——记。
- 上下其"音"——昱（日、立互调）。
- 无上下之"交"——八也（交字去"亠"、"乂"也，谜面见四书）。
- "达"（達）不离"道"——详也（何森制谜，"达"〔達〕为小羊，"道"者，言也，谜面见《孟子·尽心上》）。
- 灭"下阳"——宫（刑）也（黄淮舟制谜，会意格）。
- 你（亻）我（戈）各半——伐。
- 九十九／一百缺一／枯泉（泉无水）——白。
- 谢"身"而去——讨。
- 巧夺天工（工）——人。
- 含羞带喜——善。·缴粮——程。·西妇——要。
- 闰月——朋。·邮差——储（信、者，储）。·脱口而出——咄。
- 上无兄长——歌。·半"放""红""梅"——繁。·黄昏——晒。
- "只"差一点点——口。
- 视而不见——示。·见手就拉——立。·昨日不留——乍。
- 诗无以言——寺。·半推半就——掠。·相差一半——着。
- 半真半假——值。·伊人不见——尹。·弄瓦之喜——姓。
- 干旱——沙。·念头——今。·草（丶）上飞——早。
- 九点——丸。·十五日——胖。·正月无初一——肯。①

---

① 本篇字谜参考、采材自：

- 曾永义：《贰、谜语》，《俗文学概论》，台北：三民书局，2003年。
- 陈香：《谜语古今谈》，台北：台湾商务印书馆，1993年。
- 杨昶、宋传银编著：《测字术测评》，台北：云龙出版社，1994年。
- 钟文出版社编著：《妙联妙诗妙文》，1992年。
- 李梵编著：《文字的故事》，台北：好读出版公司，2002年。

本篇测验：

1. 夕阳（月）倚在云脚下（厶），花飞片片（匕），马蹄娇（灬）——射一字（会意拆字格，是一种动物）。

2. "去"了上半截，"有"了下半截，"比"成两半截，"无"有下半截——想得否？①

---

① 民间字谜，有趣者甚多，兹再采集些例子如下：

- 家在"吴"头"楚"尾——踞也（王大鲲制谜，家在——居，足〔𧾷〕——"吴"字之头，"楚"字之尾也；谜面见《荆州亭词·吴城·小龙女句》）。
- 只是近黄昏——酱（酱，吴二酉制谜，黄昏为酉时，即傍晚5—7点之间，将者近也）。
- 有"一"不善——歹（陈向昌制谜，夕上加一为歹，故言；谜面出自苏轼《刑赏忠孝之至论》）。
- 乾坤一掷——非也（林文彬制谜，《易》曰："乾三连（☰），坤六段（☷）"，三连掷一——成"11"）。
- 逢"一"进"一"，逢八进"一十"——辛也（辛之头"亠"有作"二"，"六"〔六之两点似八〕之下为"干"，一十也）。
- "俏"冤家，勿作"小""人"（亻）行径（月）。倘若"肯"时，不"止"如今"肯"（月）。谁说"情"无（月）？"腰板"看来瘦半边（月），你若有意，待"明"朝"日"落时（月），可在门前等！——月字也（相传清乾隆游江南，至杭州，适逢元宵，一时兴致，猜得此谜）。
- "虎"老"灯"残打不成——戏（戲）字也（清翰林陈克勋制谜，虎老余皮（虍），一灯如"豆"之暗，打者，"伐"也，打不成，拆为"伐"不成之"亻、戈"，拆字会意格）。
- 另类"田"字谜：四座高山山对山；四张小口口对口；四个十字翻又翻；四条河川川套川，四面有山不显；二日碰头相连；居家一十四口；两王横行中原，山字尖对尖；四口紧相连；老王当中坐；双日在两边。
- 东头到西头，南头到北头，请问多少头，四十八个头——井字也。
- 一点一横一大撇，两个弯弯四小撇，左一撇，右一撇，一撇一撇、又一撇——廖字也。
- "一"来就挂"帅"，多"一"笔教学——师字也。
- "一"去不成"师"，少"一"笔带兵——帅字也。
- 每"日"歌"一曲"——曹。（转下页）

（接上页）

- 无头"奇""案"，败"柳"残"荷"——柯字也。
- 头在海里游泳（鱼），尾（日）在天上发光——鲁字也。
- "千"字不像千，"八"字排两边（禾），有个风流"女"，和"鬼"两相牵；八千女鬼——魏字也。
- 一"点"（、）"一"画长，"口"字在中央，大"口"嘴半张（冂），小"口"里面藏——高字也。
- 上面是小山（丘），下面是大"山"，两山相结合，果然是大山——岳字也。
- 左边绿（禾），右边红（火）；右边怕水，左边怕虫——秋字也。
- 食"古"不化——固字也。
- 八人一口——谷字也。
- 及"早"自"立"——章字也。
- 两"人"隔"江"望断"水"（氵）——巫字也。
- 刀出鞘；省（工）不成"功"，加"工"就成"功"；加把"劲"——力字也。
- 六十少一"点"，八十多一"点"；"六"十不足，八十有余——平字也。
- "宋字"没有头（宀），"杏"木是"木头"——木字也。
- 十八子——李字也。
- 林海无边（木、每）——梅字也。
- 一昼一夜——明字也。
- "讨"（求）"衣"裳——裘字也。
- 一"波"三折——皮字也。
- 做中（做字中心）；夜（月）云罩"湖"不见"波"（氵）；舌头（丿）不见了——古字也。
- 大"火"烧到"耳"朵边——耿字也。
- "人"（亻）在"街"心（圭，佳），两"眼"亮晶晶——瞿字也。
- 霍霍刀声——韶字也。
- 半价（亻）出（山）售（隹）——催字也。
- 武——斐字也（非文也）。
- 有"手"就"打"，"打""手"（扌）不见了；"宁"少上头，"不"少两边（八），"宁"少上身，"不"缺袖子（八）——丁字也。（转下页）

说闻解字

附录

一、张欢笑之《群言谜语》(《群言》杂志十周年庆特刊)

·群言——谐 ·公道话——评 ·普通话——谅 ·热心话——谈

·有的放矢——谢 ·《水经注》——训 ·苏白——误 ·少言寡语——诫

·胡说八道——谎 ·陈腔滥调——试 ·吞吞吐吐——诺

·一肚子委屈——谓 ·童话——讶 ·请帖——谏 ·多语症——计

·算命——讣 ·说话人——诸

·阿弥陀佛——诗 ·恭喜发财——诘

二、猜谜，有更上层楼曰诗虎或虎谜者，即用诗句为谜面的谜语。如谜面："雪衣雪发青王嘴，群捕鱼儿溪影中。惊飞远映碧山去，一树梨花落晚风"（唐杜牧之《鹭鸶》）；谜底——鹭鸶。诗虎，也叫敲诗或打诗宝，是用长纸条写上生僻古诗一句，并隐去一二字，另写五或十个字于其旁，让人据此而猜出所隐去之字。例如，谜面："铠甲生□虮，万姓已死亡"——甲胄失维修！谜底：虮（虮虱），生锈也，出自曹操《蒿里行》。

（接上页）

·一轮残月（乚）带三星——心字也。

·人有它大，天没它大——字也。

·明明水少，却成水多——泛字也。

·嵌上金，变成铁——失字也（铁，古鐵字）。

·牵来一匹马，竟成一头驴——户字也。

·又——叛也（反字之一半）。

·其"实"不少——伙（夥）也（果、多）。

53. 零碎字零碎谈

一、"竣工"与"严峻"

峻与竣的字根是夋；夋，繁体字是夊字部，四画。夊，音衰，行走缓慢的样子，通绥；汉许慎《说文》："夊，行迟夊夊也，象人两胫有所躧也（音屣，徐行貌）"，《诗》："雄狐夊夊（绥绥）"（雄狐走得慢），今则成了夋、夏、爱（愛）和忧（憂）等字的字脚。夋，音逡，一解同为行走舒迟的样子（《说文》："夋，行夋夋也"），另一解则为蹲踞（《说文》："夋……一曰倨〔踞〕也"）；从甲骨文古字去看，夋很像一个人向后回顾的神情，因而有了动作慢的意涵，后来，又分化出"允"字。

夋的字族有：

- 梭，木部，常读曰缩，为牵引纬线的织布器，苏轼《百步洪》："佳人未肯回秋波，幼舆欲语防飞梭"；剑术有"玉女穿梭"一式；成语"日月如梭"。

- 浚，水部，音浚，义同，疏浚（《孟子·万章下》："使浚井"）；原解作挹取也（《说文》："浚，抒也。"段玉裁注："抒者，挹也。取诸水中。"）；压榨强取也（左丘明《国语·晋语九》："浚民之膏以实之。"注："浚，煎也"）；深邃也（《诗经·小雅·小弁》："莫高匪（那）山，莫浚匪（那）泉。"）但"浚"：（一）通陵，《书·皋陶谟》："夙夜浚（大）明有家"；（二）通骏，疾速，《盐铁论·盐铁取下》："'浚发尔私'，上让下也"；（三）通踆，兽低伏不动的样子，《古文苑·刘歆·遂初赋》："兽望浪以穴窜兮，鸟胁翼之浚浚。"

- 焌，音俊，火部，点火也。
- 唆，音梭，口部，唆弄、教唆。
- 悛，音逡，心部，悔改，《左传·隐公六年》："长恶不悛，从自及也。"注"悛，止也"，其后有成语"怙恶不悛"；也同恂（信心），或解作次序同恭敬。
- 俊，音峻，人（亻）部，也作儁、雋，才智通人也；通峻，高大貌。
- 狻，音酸，犬（犭）部，兽名，狻猊即狮子。
- 骏，音峻，马部，优良的马；同俊，才能出众的人；也通峻，严厉也。
- 鵔，音迅，鸟部，鸟名。
- 羧，羊部，毛织品。
- 竣，音俊，立部，居也、蹲也；亦解作事毕（明张自烈《正字通》："竣，事毕也"），如竣工、竣事；又解作退、退伏（《国语·齐语》："有司已于事而竣〔退〕。"）
- 踆，音逡，足部，退也；同竣，同俊，皆古蹲字，亦即踞也；亦通逡，天体的运行也。
- 逡，音皴，辵部，退让也（汉班固《汉书·公孙弘传》："有功者上，无功者下，则群臣逡"）；通骏，疾速也；又通鵔（兔部），兔名（《战国策·齐策三》："东郭逡〔鵔〕者，海内之狡兔也。"）
- 痠，音酸，疒部，通酸，人身肌肉过度疲劳，或因病引起的刺痛。
- 朘，一音嘴，肉部，男孩性器官，同峻（血部）；另一音读曰镌，缩也、减也（《汉书·董仲舒传》："民日削月朘，寖以大穷"）；也指汁少的肉羹。
- 捘，音圳，挤也、掐也。
- 鵔，音俊，兔部，古狡兔名。
- 峻，音俊，山部，高峭也（《国语·晋语九》："高山峻原，不生草木"）；重大、伟大也（《礼记·大学》："克明峻德，皆自明也"）；严酷、峭刻（《史记·酷吏传·张汤》："禹酷急，至晚节，事益多，吏务为严峻，而禹加缓，而名为平。"）很明显，从字形来说，峻是意指山高，攀行缓慢之貌。

- 酸，音酸，酉部，醋味；通痠，痛楚也。
- 畯，音俊，田部，农夫，古代掌管农事的官；通俊，指才能杰出的人。
- 皴，音村，皮部，皮上的小皱纹，又指皮肤坼裂（《梁书·武帝纪下》："执笔触寒，手为皴裂"），皮肤受严寒而坼裂，亦称皲裂（皲，音君，明宋濂《送东阳马生序》："皮肤皲裂而不足"）；而土地因干旱而裂开者，则曰龟裂（此处"龟"为多音字，仍应读为军）。
- 陖，音俊，陗高也，急也。

所以，尽管浚与陖、骏、踆通假，俊与峻、骏、畯通假，踆与竣通假，逡与骏通假；但在这二十二个夋字的字族中，"竣"与"峻"是不通假的，不能互"通"的，是"两码子"的字。

二、肉（月）的纹与弦月的云

要分别肉部的字（如胖、胞、股、肖、肯、育、膏、胡、胁、能、脉），与月部的字（如朋、服、有、朗、朝、朕、期、望、朔），实在十分有趣。说真的，为何月的字会与肉的字"混"在一起，其实是其来有"字"的，试作些解释：

- 因为太阳用了圆的日来表示（日，中间之"一"是云），而月除望日（十五）月圆之外，其余日子，例如蛾眉月、上弦月、下弦月、凸月和残月，阙形都像弦，故用像弦之半"月"来表示，因此晚出的楷体月字中间的"="，其实不是二字而是两画（=），可能象征云；字典里，月部的字并不很多（后来又分化出夕字），大都与月有关。而⺼，却是肉块的纹，其中间的两点，原像古冰字的那两点"冫"，不是"="，但都误写成"="，成了"月"，连一些字典也归入月部，然后说，同肉。更有趣的是，月部有"朒"字，音忸，指初一晚，月见于东方，是月形收缩而不圆展（缩朒）之意，引申为害羞或退缩不前的样子。

说闻解字

不过朋字原本不是"双月"的,从甲骨文来看,原像一串贝之形,是一（计钱）货币兼饰物单位（就如一条金颈链）。古时以五块玉或五个贝串在一起为一系,两系相合为一,就叫朋,后来把人字加入去,表示人相辅助之意,在手书变迁之下,成了今日之朋字;在小篆里,朋字很像一只鸟,所以,《说文》以为是神鸟（凤,从鸟,凤声）。

朝,原本也不是从月部,《说文》："朝,旦也",又说"水朝（音昭,早晨）宗于海,从水、朝（早晨）省",意即早上太阳尚于林中未升而看到潮水来临的时刻。

朕,原亦不是从月。朕,我也,第一人称;秦灭六国之后,朕始为皇帝专用。但从甲骨文来看,确如《周礼·考工记·函人》所说："视其朕,欲其直也"——像双手持工具（关）以塞船板间的隙缝（月）的样子。

- "服"字有月、没月作偏旁,其实是一样的,其右边主体文从卩、从又（手）,卩,制伏之意,故指的是以手制伏他人,使之服从。

- "有",《春秋传》曰："日月有食（蚀）之（时）",故引申其义,即"本不当有而或（竟）有（之）"。明广东才子伦文叙有一句诗说"有"字说得甚为传神："明星朗'月''大'半天。"

- 朗,今作良月之"朗",明亮也,《诗·大雅·既醉》："昭明有融,高朗令终",笺注："融,长;朗,明也。"

- 期,日期、期限和期望,从月、从其。其,原是簸箕之形,象形,月则借喻时年。望,《说文》："月满,与日相望,似朝臣也。从臣（亡）、从壬。壬,朝廷也",从甲骨文和金文来看,都像人挺立在地上,抬头远望（加个月亮做望的对象）,或站于高地去望,使视野更远大,《说文》："望,出亡在外,望其还也";之所以变臣为亡,因为亡是眼睛没有眼珠之意,就更显得远景茫茫。朔,月之始日（初一）,从月,从逆之辵（辶）省（《说文》说此字是不顺之意,甲骨文则像个倒逆的人,是逆流而上之意）,故朔亦有逆算而再始之意。

肉字原就像一般牲体的大块肉块之形,它后来多了一个主要用作偏旁的月字简省字；论字数，它比从肉的还要多得多，也许如果它的肉纹（〣）写得潦草些，就和月亮的月字一模一样之故吧，现在几乎是月、月不分了。

再举些字的例子：

- 胖：半，物中分也（《说文》），从八从牛（中分牛体之意），音判，原是古代祭祀用的半体牲肉；又读曰原音胖时，就是肥胖之意；也可读曰盘，舒泰也（《礼记·大学》："富润屋，德润身，心广体胖。"）
- 胞：即胎衣（《说文》："儿生裹也，从肉包。"）
- 股：大腿（《说文》："股髀也，从肉殳声"）；殳，音殊，有棱而无刃之竹木制兵器，盖言股处之骨粗大，需用殳敲打，以助切割、截断。
- 肖：骨肉相类似（《说文》："骨肉相类似也，从肉、小声，不似其先，故曰不肖也"）；读曰宵时，指细微，肖通宵；又可作衰微解。
- 肯：骨肉紧紧交接的骨间之肉，"止"是骨字之"月"上半部省减、改变笔画而成；肯是许可，愿意，能、得之意（杜甫《草堂》："唱和作威福，孰肯辨无辜"）；又解作会（唐《李商隐《柳》："如何肯到清秋日，已带斜阳又带蝉"）；也是岂的意思（肯料）。
- 育：同毓，从甲骨文、金文和小篆去看，育像孩子自母体而出，毓则是妇人生下孩子之状；除了生育之外，育还作养育、教育、培养和滋长解。
- 膏：肥、脂油，恩泽，心脏下部（横膈膜为育，有成语"病入膏肓"），以及甘美之意。
- 胡：原是牛颈，或泛指兽类之颈下垂肉；左边之古字，《说文》谓是"十口识前言"，即我们常说的"十口相传"（够古了），但从甲骨文、金文和小篆去看，很像一具作警示的敲击器；胡是个多义的字，又可解作遐、寿、黑、何、乱等诸义。
- 胁：指身体两侧自腋下至肋骨尽处，亦即两旁臂所挟之处，故引义为逼胁、威胁、胁持、责求和收敛之义。
- 能：兽名，形如熊，而足似鹿；《说文》："能兽坚中，故称贤能，而强壮称能杰也"，故而引义为才能，胜任，亲善，及、到，只和徒。"能"的通假字不少，例如：通"乃"（《管子·权修》："二者不失，则民能可得而官也"）；

通"而"（《易·履》："眇能视，跛能履"）；

通"恁"，这样，如斯（宋欧阳修《玉楼春》："南园蜂蝶能无数，度翠穿红来复去"）；能样，也解作如此，像这样；

通"宁"（宋苏轼《六和寺冲师闸山溪为水轩》："出山定被江潮浼，能为山僧更少留"）；

通"态"（《荀子·天论》："耳、目、鼻、口形能，各有接而不相能也"，《集解》引王念孙曰："形能当连读。能，读为态。《楚辞·招魂》注曰'态，姿也'。形态即形也"）；

通"耐"（《汉书·晁错传》："鸟兽毳毛，其性能寒"，注"能读曰耐"），故现在我们说能耐，是骈字重义。

· 脉：脉为俗字，也作脈，血管也；从永，《说文》说是水长也，像水径理之长，而在甲骨文、金文和小篆里，永字像是沿着河流岸边来建筑道路的样子；正写之脉，其右旁原是永字之俗写字，像百川归河的白描，用来形容血管的分布，甚为传神。

三、推事、法官

推事，实即法官，两者皆有所据，只是法官称谓更为现代化而已。宋代大理寺设置左、右推事，审理诉讼案件，以推断事理、推求案情，为民众平定曲直，负责起诉的检察官就叫提刑官。而由法官来掌理法令和刑狱的，很古早就有这样的讲法了；例如，《商君书·定分》说："遇民不循法，则问法官"，北宋欧阳修等《新唐书·百官志一》更说："九曰推鞠得情，处断平允，为法官之最。"古之法字——灋，从独角神羊（其字就是省减了草字头的荐字〔廌〕，廌音豸）、从水、从去三字，象形；盖法者，刑也，因为据古代传说，判案时，是以一只独角神羊，触有罪者而去之，而持法当如水之平而不偏不倚，故而有此字义，后省减为现在之法字。官，从"宀"加"䟖"（两小土堆，《说文》："吏事君也"）；从甲骨文和小篆来看，都像是一间没有夯打地基的临时屋舍（宀），作为吏的办事处。不过，在清朝，被地方官封赏职位的道士，也被尊称为法官（清曹雪芹《红楼梦》第廿九回："早有张法官执香披衣，带领众道士，在路旁迎接"）；另外，为人庆生的道士（红头师公），民间也尊称为法官。

四、晋入四强、谋个进身

说世界网球男子单打锦标赛，某君晋入四强；某老先生八十一岁华诞，贺他八秩晋一，都用晋字。晋，是进，原是从双至"臸"，从日；《说文》："晋，进也，日出而万物进"，《易·晋·象》："晋，进也。明出地上，顺而丽乎大明，柔进而上行"，疏："古之晋字，即以进长为义。"从字型的演变来看，晋字甲骨文是日上两倒矢，跟两至同义，表示时光连续而至之意，故有行进之义，减省为晋。进，登也，升也，前进也，向前也，增进也（《易·乾·文言》："君子进德修业"）；进字从"隹"、从辵，在甲骨文里是由彳和止（趾）合成，《说文》说是"乍行乍止"之意——脚行于路中，故进是短尾鸟之隹行于路的白描；而"进身"是比喻获得职位之意。

五、雍正·古董·骨董

在清室诸帝中，雍正是牵涉民间传说最多的一位。在坊间演义武侠小说里（如清末拳勇小说《万年青》），他与能在百步之内取人首级的血滴子交往，利用他们的超人武艺，将传说康熙藏于高处之"传十四子"遗诏，矫诏将"十"字改为"于"，成了"传于四子"伪诏；但得位之后，则毁此"诏"，另造"传皇四子"诏典藏，并一个一个地追杀血滴子，只有大侠白泰官、甘凤池逃过劫难（此事真假待查，但在清史中，确有十二血滴子名称，出现过大侠甘凤池、白泰官等名称，见诸张其昀主编《中华五千年史》，1962年）。明末清初之际，通朱熹、程颢之学的吕留良（号晚村），誓不仕清，死后却以文字狱牵涉，不但被戮尸,还全家遭祸。故坊间又传他的孙女、擅用金钱镖、江南八侠之一的吕四娘,杀了雍正的头,为吕氏报了仇。

　　雍正的雍字,《说文》说,从隹、邕声,渠也。从甲骨文、金文和小篆去看,像极养有鸟、有水池的宫苑;所以,甲骨文作地名时,有"其田雍麓"、"王田雍,往来亡灾"等句,皆地名,金文则指拥有("雍我邦小大猷"、"敬雍德经")。正则是是也,端正,不偏不斜,正道和合适之意,从甲骨文来看,正从口(后转为一),从止(趾),口像极为脚步前进之目的地,故正蕴含征伐之意(甲骨文有"王勿惟土方正",金文有"唯王正刑方"等句)。但因为雍正两字,相传又引起一场文字狱。其时开科取士,有一主考官出题:"邦畿千里维民所止"(原是《诗经·商颂·玄鸟》之句,见《大学》;原意在解释什么是止于至善——京畿千里之地,就是人民理想止息之处),却遭人诬陷,谓是"杀雍正之头"(维、止),竟遭大戮。①(清龚自珍《咏史》有诗句说:"避席畏闻文字狱,著书都为稻粱谋",令人凄然。)古帝制设有"左史"记(王之)言,作为史录,以传后世,因此,受人"笔录其口"为"君"。雍正有"为君难"刻章,观乎其无端起浪的文字狱,恐是"有口难言"的内心写照吧!

---

①　坊间流传,此即家世显赫的礼部侍郎海宁查嗣庭;但据学者研究,查嗣庭任江西主考时,并未出过此一考题,而只在考《易经》时,次题是"'正'大而天地之情可见矣",在考《诗经》次题时,题目是"百室盈'止',妇子宁止",在考《易经》第三题时,题目是"其旨远,其辞文"。

因为隆科多曾经举荐过他,雍正便视他为隆科多同党,要借故将他和隆科多一起铲除,便硬将已铲除了的年羹尧幕僚汪景祺所写的《西征随笔》之《历代年号论》,来作"佐证"——说他非议雍正朝之"正"字,有"一止之象",故凡带正字之朝代,都是不祥之兆,而诬陷查嗣庭在此三条考题中用上了"正、止"两字,又暗示两字"其旨远、其辞文"(正、止两字要联系起来去想、去解),因而实指"一止之象"之意。不过,查嗣庭其后被指大逆罪戮尸时,理由却是他暗地里写的两本日记,有攻击和非议康熙皇帝的内容。例如,日记中有说戴名世所著之《南山集》,内有明末清初鸿儒徐述夔诗句:"大明天子重相见,且把壶(胡)儿搁一边",因而肇祸,正是雍正朝之典型文字狱。

零碎字零碎谈

雍正文物展之骨董，以前称古董，不过骨董之骨正字，应由匚、勿、曰三字合成之匫——匫董；匫，音忽，见《通雅》，《说文》："匫，古器也"，用骨董代表古器，范围和意指似乎都较为褊狭了些。也许，骨字比较普世吧。

六、谁识竹篙

竹篙是竹制的船篙，用以撑船，白居易《开龙门八节石滩》云："竹篙桂楫飞如箭，百筏千艘鱼贯来。"不过，由于时代演变，除了村落某些河道（如小三峡），仍用竹篙撑小船之外，城市人大多已不知竹篙为何物，徒留"竹篙斗菜刀"（竹篙为晾衣竹，此句表面意义之一是勉强、胡乱凑合、磨合之意），"一竹篙打翻一船人"（以偏概全，因一人之事而骂翻所有的人）之类俗谚，博君一粲而已！

本篇虽曰零碎字零碎谈，举一隅而冀三隅反，其实任何一个汉字，都可以大谈特谈。这该是媒介的天职，可惜媒介经常未尽此责。

54. 成语的"门槛"

1917年,时任北京大学教授的胡适,在陈独秀办的《新青年》上,提出《文学改良刍议》,认为若要建设新文学,则应推行"国语的文学,文学的国语",而真正的现代文学,更必须言之有物,务去烂调套词,不用典(《建设的文学革命论》);陈独秀继而以《文学革命论》一文,为胡适声援,疾呼推倒陈腐的、铺张的古典文学,推倒迂晦艰涩的山林文学,建设通俗的社会文学。

从现在传播理论和新闻写作的经验来看,这个时期文学理论的氛围,若以讯源(source)即作者代替媒介,即合乎传播理论上的魔弹理论(Bullet theory)、打针论(Hypodermic Needle theory)和刺激反应论(Stimulus-Response theory)等此类理论。总之是媒介(作者)的威力无穷(威力理论,Power theory),要向谁传递,谁就一定"中箭下马";不过,这"一厢想法"的"作者论",其实是忽略了目标读者(target audience)的特性——他是主动的阅听人(active audience),是主动去寻找信息报酬(reward)的顽强阅听者(the obstinate audience),在使用与满足(use and gratifications)的动机之下,会有选择性地阅读和理解。这些传播上的"读者论"内涵,其或可以稍息五四时期力捧"白话文"的诸君子的疑虑——历经数百年之"铺张的古典文学"和"艰涩的山林文学",自有其作者、读者,不想看的人,没有受到强迫,不爱看就不会在意去看了,情况并不如想象中严重,对于大众文化伤害,也在未定之天。简单地说,什么人写什么样的作品,什么人看什么东西,悉随尊便,环境会自然调整。在多元观点观照之下,若只有一种"白话"文体,也是重蹈历史覆辙。何况,大众传媒一经蓬勃发展,必然注意其大众了解和沟通层面,自然注重其"平易近人"的大众文化写作角度,艰涩的文字,恐怕只能存活于专文或副刊之中,供同好玩赏。

所以，与其说五四时期是以白话"革"文言的命，倒不如说是今文体松旧文体的绑。否则，以几个"的呢了吗"的白话文常用虚字，代替了"之乎者也"的文言常用虚字，硬说白话语体普罗，文言实为"没落贵族"，文化上的意义可能不大。① 如果，由于白话文的"成功"，而令能为"文言文"的人，变得可遇而不可求；新文学普遍了，而迫使古典文学进入"风烛残年"期，白话文的"缺点"，又全然不作讨论，"口语文"充斥，则对文化的延续，又有何益？更何况青少年所用之"火星文"，只能看作是网络传递的一种"符号"。

朱执信先烈曾说，写好的白话文，"其吞吐流转，正须脱胎古文"，方能使一字一句的涵义，"全数评量，至于极准"，方不致流于"散漫冗长"、"平直板滞"，委实发人深省。然而五四之后，用成语入文者仍多，成语是否为文章必要之恶呢？余光中教授早有"先说之明"，他在《怎样改进英式中文？——论中文的常态与变态》一文中就提到："大凡有志于中文创作的人，都不会认为善用四字成语就是创作的能事。反之，写文章而处处仰赖成语，等于只会用古人的头脑来想，只会用古人的嘴来说，绝非豪杰之士。但是，再反过来说，写文章而不会使用成语，问题就更大了。写一篇完全不带成语的文章，不见得不可能，但是很不容易；这样的文章要写得好，就更难能可贵。"在本段中，余光中教授就用了两句四个字的"类"成语——"豪杰之士"和"难能可贵"。在文章中使用成语，如庖厨时以花椒、八角来"提味"，能画龙点睛、一语中的，似无太大争议。

与朱执信说的一样，余光中教授在另一篇大作《九十论百里》（台北《联合报》，2009.05.03），更明白、直接地指出："文言其实是以成语的身份传了下来……而一篇白话文更需要一些简洁、铿锵，甚至对仗的成语来滋润、变化，或加强。无论口头或书面，如果禁用成语，势必松散而累赘，费力又耗时。何况许多成语都含有生动的比喻，例如'釜底抽薪'、'破釜沉舟'、

---

① 五四时有两对妙联："文言难免之乎者也，白话不过的了吗呢"；"孙行者惯翻筋斗，胡适之反对文言"。

说闻解字

'心血来潮'、'目光如豆'、'孤掌难鸣'、'众志成城'。"

尸位素餐也属此类。尸位，是古代祭祖时，以样貌最像祖先之子孙，穿上祖先之衣服，"扮作"祖先神象（尸），正座而受各子孙拜祭；素餐，只管吃喝，不须任何付出。成语"尸位素餐"，源于《汉书·朱云传》："今朝廷大臣，上不能匡主，下亡（无）以益民，皆尸位素餐。"注："尸，主也；素，空也，尸位者，不举其事，但主其位而已；素餐者，德不称官，空当食禄。"全句意指居位食禄而不管事，也作（一）"尸禄素飡"（《说苑·至公》："尸禄素飡，贪欲无厌"）；（二）"尸禄素餐"（《后汉书·五行志一》："宰相多非其人，尸禄素餐，莫能据正持重，阿意曲从"）；（三）"伴食宰相"（《旧唐书·卢怀慎传》："开元三年迁黄门监，怀慎与紫微令姚崇对掌枢密。怀慎自以为吏道不及崇，每事皆推让之。时人谓之伴食宰相。"）

所以，尸位素餐原只是对失职官员的指责，但若借用其义，泛指一般人占用了资源而不谋振作，则似亦可解。

另外，"屹立不动"与"有则改之，无则加勉"这两句成语，也是见诸经典的。"屹立不动"，喻威严坚定，固立如山（《宋史·施师点传》："师点屹立……不肯少动"）；"有则改之，无则加勉"，是说有错就改，没错则可以赞励（朱熹《论语集注·学而》"三省吾身"："曾子以此三者日省其身，有则改之，无则加勉，其自治诚切如此，可谓得为学之本矣。"）

到底什么叫成语呢？

细看一下辞书、寓言和通俗文学，这可真是个复杂的俗文学研究领域。姑且先不作学术上之分门别类、经典说法和定义上的斟酌，而从成语周边"衍生性"功能之各种语类，引些例句白描地、大略地叙述一下。

一、佳句（punch line），如："一个人一生恋爱一次是幸福的，不幸，我比一次少了一次。"

二、口号（slogan）：如，"学琴的孩子不会坏。"

三、标语：如："童叟无欺"、"货真价实"。

四、老话（old sayings）、古语（熟语），如"未贫出逆子，未富出娇儿"；

"国之将兴，必有祯祥；国之将亡，必有妖孽"（《中庸》第二十四章）；"in for a penny, in for a pound"（一不做二不休）。

五、替代式市井隐语，例如，粤人忌空字（与凶同音），故称空屋为吉屋，又称"遮"而不称伞（与散同音）；牛一即生日。此外，尚多百业行话，例如，清末民初，南方理发业理发行话为"度山"，剃胡子叫"捉蚁"；称儿童启蒙老师为"猢狲王"；旧江湖行话（秘密背语）叫银子（锭）为"老瓜"，碗子叫"莲花子"，子弹叫"莲子羹"，"马"指妓女，"入马"即"勾上了"之类（目前多已不通行；有些地方，例如香港，江湖暗语是不可以见之于媒介的，政府新闻处编有指引，列明条目）。

六、惯用语（idiom），如，混账，乱笼，吃干醋，露出马脚，岂有此理，"有志者事竟成"，"you are barking the wrong tree"（你骂错人了）；"turn up like a bad penny"（讨厌的人又来了；为一非正式口头语），再如"go Dutch"、"go AA"（各付各账）之类属之。习惯语有时是只可意会，而不可言传的。

七、精警语（catchphrase），如"逢人只说三分话，未许全抛一片心"；"a penny for your thoughts"（问人在想什么）。

八、隽语（epigram），如"好男不打妻，好狗不捉鸡"，"精人出口，笨人出手"，"it's better late than never"（迟到总比不到的好）。

九、格言（proverb），如"临崖勒马收缰晚，船到江心补漏迟"（要及早预防），"live each as it comes"（做一日和尚敲一日钟）。

十、箴言（apothegm），如"严以律己，宽以待人"，"Don't put all eggs in one basket"（毋孤注一掷）。

十一、座右铭（motto），如"毋骄毋馁"，"God grant me the serenity to accept things I can not change, courage to change things I can, and wisdom to know the difference"（愿上帝赐我雍容大度，去接受我所不能改变的事物，有勇气改变我能力所及的，并且有智慧知道两者的区分）。

十二、俚语（slang），同俚谚，即粗俗口语，方言意味特强。如一般人所说的蛊惑仔、包打听、倒米寿星（夭寿）之类，又如美式英文用"What's up？"代替"How are you？"《新五代史·王彦章传》："彦章，武人，不知书，常为俚语：'豹死留皮，人死留名。'"后仍有"人死留名，雁过留声"之俗谚。

十三、鄙语、粗话（indecent language），如骂人"臭三八"、"剐千刀"、英文"4 letter-word"之类属之。

十四、词组（phrase），此指英语居多，如"under the weather"（不舒服、生病），"at half past three"（这一刻三点半）；中文如"三三两两"、"乱七八糟"等类属之。

十五、歇后语，由两句词组组成，一明一隐，明说的是譬喻，隐的才是真正要说的本意，解释通常是约定俗成，令人一听（看）便明白个中所说为何。歇后语非常之多，往往令人会心一笑，例如，外甥打灯笼——照舅（照旧）；狗掀门帘子——全凭一张嘴；泥菩萨过江——自身难保；张翼德卖人头——人强货扎手；张翼德卖豆腐——货软人硬；新上市棉花——免弹（免谈）；猫哭老鼠——假慈悲；披蓑衣救火——惹祸（火）上身；刘备借荆州——有借没回头；千里送鹅毛——物（礼）轻情义重；竹篮打水——一场空；大水冲到龙王庙——自家人打自家人；十五个吊桶——七上八落；等等。

十六、谚语，亦即俗语。大概有"何经何典"做后盾的，就雅称谚语，而只出于传言的、挂在嘴边的，就泛称俗语。前者如"得黄金百斤，不如得季布一诺"（《汉书·季布栾布列传》），"快马健儿，不如老妪吹篪"（《洛阳伽蓝记·城西》，秦民语），又如"人莫知其子之恶，莫知其苗之硕"（《礼记·大学》）；其后，则有诸如"生子不知子心肝"、"买苹果不知苹果心（核）是好是烂"等谚俗语析出。再如弄巧成拙、逢场作戏（庆）、抛砖引玉、大惊小怪、胡思乱想和翻来覆去等，多出自释氏和宋儒言录（见清钱大昕《恒言录·俗语》），后者则如：好汉不吃眼前亏，一毛钱逼死英雄汉，巧妇难为无米之炊，闻名不如见面，见面不如闻名，宁为鸡口、毋作牛后和一白挡三丑等类属之。俗语有其流行的时代性。例如，相传东汉时郑玄家的牛能识字，故古谚有"郑玄家牛，触墙成八字"之语（唐白居易《双鹦鹉》云："郑

成语的"门槛"

牛识字吾常叹，丁鹤能歌尔亦知"之句）；北宋晏殊幕僚张亢肥胖、王琪瘦弱，二人联话："张亢触墙成分字"（王琪讽张亢为肥牛），"王琪望月叫三声"（张亢反讽王琪为瘦猴——古诗："猿啼三声泪沾裳。"）

唐代俗语有赌咒式之"虫霜旱潦"（或"虫霜水旱"），盖此四者为农田四大害，此句原是饮酒行酒令时，不甘意外受罚，自叹倒霉时的用语，类似现在所说"死的人多"。唐又有俗语"犹古自"，尚且之意（《西厢记·赖简》："淫词儿早则休，简帖儿从今罢。犹古自〔还是〕参不透风流调法。"）元代俗语继之，不过却成了"犹兀自"（佚名《小张屠》第四折："迎门儿拜母亲，犹兀自醉醺醺"），其后则"兀自"之意析出。《拍案惊奇》卷二也引用了一句古谚语"慢橹摇船捉醉鱼"，意即把人灌醉了才下手逞奸。

地方化的俗语，往往俏皮得一语中的，而又令人莞尔。例如，广东俗语"市桥蜡烛假细心"（相传广东番禺市桥市所制之蜡烛，其外面烛端之蜡蕊引很细，但内里之芯实则很粗，所以，蜡相对就少了），"苏州过后没船搭"（错过就来不及），"陆荣廷睇（看）相自找晦气"（陆荣廷是二十世纪二十年代广西军阀，曾装成平民找一位有名相士看相，结果被识穿）；"赶狗入穷巷"（穷寇莫追之意）。又如闽南语俗谚有"食无油菜，困无脚眠床"（喻十分吝啬），"给天公借胆"（竟然做出人神共愤之事），"乞食赶庙公"（喧宾夺主），"乞食也有三年好运"（人总有好运之时），"食棰仔——竹仔枝炒肉"（被藤条打，挨揍了），"腌臢食腌臢肥"（随便吃都会胖），"竹笋穿篾仔"（公牵孙），"稻草箍秧仔"（爸养仔）等句。再如上海话俗说"much、much"是"麦克、麦克"外，又有地方俗语说"熟皂隶（基层官差）打重板子"（托熟人办事更碍事），有点类似"黄枇树上八哥——择（相）熟的吃"，再如上海人说"崇明人阿爹"，即意指被坑、买了上当货之意。

至于成语，英文虽然有成语学（phraseology）一字，但我们所说的、常见的四字成语，在俗文学发展史上是比较晚出的。诚如清赵翼的《陔余丛考·成语》所说，虽然有些通俗得可以"望文生义"，例如不容置疑、勉为其难等句，但大多数都有典故（寓言）来源出处。

说闻解字

王荣文先生在《远流活用成语辞典》出版前言中，对成语有极佳之定义、诠释和组成要素的胪列："成语，是定型而意义完整的词组或短句（1），以四字居多。其语源，或为一则故事所引申之名言佳句，或为口语相传之警世箴言，散见于历代典籍中（2）。它具有文化的传承性（3），为约定俗成之习惯用语（4），其结构组织不可任意更易（5），亦不得随兴杜撰（6），每句成语均蕴含着古人智慧光芒（7），更可视为先民生活的写照（8）。"这八大点就是成语之所以为成语或可以对号"入座成语"的门槛；一个四字词组或短句，几乎得具备由（1）至（6）条件，才能"堂堂正正"的称之为成语。例如下面故事，即是成语源头：

《新序·杂事四》：

春秋时齐乱，鲍叔奉公子小白奔莒，管仲奉公子纠奔鲁。后公子纠败，小白立为桓公，管仲自鲁囚送到齐，桓公用以为相。"桓公与管仲、鲍叔、宁戚饮酒。桓公谓鲍叔：'姑为寡人祝乎？'鲍叔奉酒而起曰：'祝吾君无忘其出而在莒也，使管仲无忘其束缚而从鲁也，使宁子无忘其饭牛于车下也。'……此言常思困隘之时，必不骄矣。"谓人得志之日，应常思困顿之时，方不致流于骄奢逸乐。

《史记·田单传》：

战国时，燕遣乐毅攻齐，破齐七十余城，齐仅保有莒、即墨二城。齐坚守莒城，生聚教训，并立田单为将军，以即墨拒燕；单以反间计使骑劫代乐毅，出奇计以火牛阵大破燕军，遂复齐国。后世遂以此史实，为以寡击众之史例，激励大众，以期忍辱负重，发愤图强。

"勿忘在莒"就这样成了后世所用成语。而三十而立、三八运动、三寸不律（笔也）、三寸金莲、三子不全（高寿、子孙贤、财富多）、三千弟子、

成语的"门槛"

三元及第、三世之交、三世因果和三言两语等等，就跨不入成语"门槛"，顶多是"类成语"而已。

附录

一、成语、谚语经典溯源速览

成语、谚语在中华文化中，源起甚早，始自《周易》而后世转相引用，兹摘录若干，以便浏览。

- 天行健，君子以自强不息。（《周易》卷一《乾卦》）
- 同声相应，同气相求。水流湿，火就燥，云从龙，风从虎。（《周易》卷一《乾卦》）
- 积善之家，必有余庆；积不善之家，必有余殃。（《周易》卷一《坤卦》）
- 不速之客来，敬之终吉。（《周易》卷一《需卦》）
- 夫妻反目，不能再室也。（《周易》卷一《小畜卦》）后有"反目成仇"之语析出。
- 虎视眈眈，其欲逐逐。（《周易》卷一《颐卦》）
- 方以类聚，物以群分。（《周易》卷三《系辞上传》第一章）后有"物以类聚，人以群分"之语析出。
- 仁者见之，谓之仁；知（智）者见之，谓之知。（《周易》卷三《系辞上传》第五章）后有"见仁见智"之语析出。
- 二人同心，其利断金。同心之言，其臭（香）如兰。（《周易》卷三《系辞上传》第八章）
- 岂敢爱之，畏人之多言。仲（人名），可怀也，人之多言，亦可畏也。（《诗经·将仲子》）后有"人言可畏"之语析出。
- 赳赳武夫，公侯腹心。（《诗经·兔罝》）后有"赳赳武夫"、"心

腹之患"诸语析出。（罝，音居，捕兽网）

- 投我以木瓜，报之以琼瑶。匪（非）报也，永以为好也。（《诗经·木瓜》）后有诸如"投桃报李"之语析出。
- 瞻彼中林，牲牲其鹿。朋友已谮，不胥以谷。人亦有言，进退维谷。（《诗经·桑柔》）后有"进退维谷"之语析出。
- 既明且哲，以保其身。（《诗经·烝民》）后有"明哲保身"之语析出。
- 朽木不可雕也，粪土之墙不可杇（粉饰）也。（《论语·公冶长第五》）粤谚"烂泥扶不上壁"源于此。
- 后生可畏。（《论语·子罕第九》）
- 季文子三思而后行。（《论语·公冶长第五》）
- 死生有命，富贵在天。（《论语·颜渊第十二》）
- 不怨天，不尤人，下学而上达，知我者其天乎。（《论语·宪问第十四》）
- 人无远虑，必有近忧。（《论语·卫灵公第十五》）
- 割鸡焉用牛刀。（《论语·阳货第十七》）
- 四体不勤，五谷不分，孰为夫子。（《论语·微子第十八》）
- 天作孽，犹可违；自作孽，不可活。（《孟子·公孙丑上》另见于《书·太甲中》："天作孽，犹可存；自作孽，不可活。"）
- 天时不如地利，地利不如人和。（《孟子·公孙丑下》）
- 上有好者，下必有甚焉者矣。（《孟子·滕文公上》）
- 为富不仁矣，为仁不富矣。（《孟子·滕文公上》）
- 人之患，在好为人师。（《孟子·离娄上》）
- 富贵不能淫，贫贱不能移，威武不能屈。（《孟子·滕文公下》）
- 今之为仁者，犹以一杯水救一车薪之火也。（《孟子·告子上》）后有"杯水车薪"（无济于事）之语析出。
- 春秋成人之美，不成人之恶。（《春秋谷梁传·鲁隐公元年正月》）后有"君子成人之美"之语析出。

成语的"门槛"

- 大隧之中，其乐也融融。(《春秋左氏传·鲁隐公元年五月》)后有"其乐融融"之语析出。
- 辅车相依，唇亡齿寒。(《春秋左氏传·鲁僖公五年冬》)
- 一鼓作气，再而衰，三而竭。(《春秋左氏传·鲁隐公十一年秋七月》)后有"再衰三竭"之语析出。
- 入境而问禁，入国而问俗，入门而问讳。(《礼记·曲礼上》)
- 大方无隅，大器晚成，大音希声，大象无形。(《老子·第四一章》)
- 井蛙不可以语于海者,拘于虚(环境)也;夏虫不可以语于冰者,笃(局限)于时也。(《庄子·秋水》)后有"井蛙之见"、"夏虫语冰"诸语析出。
- 意有所随，意之所随者，不可以言传也。(《庄子·天道》)后有"只可意会，不可言传"之语析出。
- 夫哀莫大于心死，而人死亦次之。(《庄子·天道》)后有"哀莫大于心死而身死次之"之语析出。
- 战阵之间，不厌诈伪。(《韩非子·难一》)后有"事贵应机"、"兵不厌诈"之语析出。
- 鄙谚曰："长袖善舞，多钱善贾。此言多钱之易为工也。"(《韩非子·五蠹》)后有"多钱善贾"之谚，但多说成"多财善贾"。
- 一手独拍，虽疾无声。(《韩非子·功名》)后有"孤掌难鸣"、"一个巴掌拍不响"诸语析出。
- 狡兔尽则良犬烹，敌国灭则谋臣亡。(《韩非子·内储说下》)后有"飞鸟尽，良弓藏；狡兔死，走狗烹"(《史记》卷四一《越王勾践世家》)、"鸟尽弓藏"、"兔死狗烹"诸语析出。
- 夫良药苦于口，而智者劝而饮之，知其入而已疾也。忠言逆于耳，而明主听之，知其可以致功也。(《韩非子·外储说上》)后有"苦口良药"、"良药苦口利于病"、"忠言逆耳(利于行)"诸语析出。
- 不积跬步，无以至千里；不积小流，无以成江海。(《荀子·劝学篇》)后有"涓涓不息，将成江河"、"千里之行始于足下"诸语析出。

- 流丸止于"瓯臾"（地坑），流言止于智者。(《荀子·大略》)后世多说成"谣言止于智者"。谣言止于记者？——摒弃八卦新闻。所谓"六耳不传道"（天然痴叟《石点头·乞丐妇重配鸾俦》），"人多口杂，以谎传真"（李绿园《歧路灯》第一〇二回），此八卦新闻写照也。
- 学不可以已。青，取之于蓝，而胜于蓝；冰，水为之，而寒于水。(《荀子·劝学篇》)后有"青出于蓝"、"冰寒于水"诸语析出。
- 悬牛头于门，而卖马肉于内。(《晏子春秋》)等同后世"挂羊头卖狗肉"之说。
- 以汤止沸，沸愈不止，去其火则止矣。(《吕氏春秋·尽数》)后有"与其扬沸止沸，不如釜底抽薪"之语析出。
- 此鸟不飞则已，一飞冲天；不鸣则已，一鸣惊人。(《史记》卷一二六《滑稽列传》)
- 积羽沉舟，群轻折轴；众口铄金，积毁销骨。(《史记》卷七〇《张仪列传》)
- 道家之言：当断不断，反受其乱。(《史记》卷五二《齐悼惠王世家》)后有语"当机不断，反受其乱"。
- 陛下用群臣，如积(堆)薪耳，后来者居上。(《史记》卷一二〇《汲黯列传》)后有语曰"后来居上"。(方言：迟来早上岸)
- 智者千虑，必有一失；愚者千虑，必有一得；故狂夫之言，圣人择焉。(《史记》卷九二《淮阴侯列传》)
- 谚曰："桃李不言，下自成蹊。此言虽小，可以喻大也。"(《史记》卷一〇九《李将军列传》)
- 此所谓福不重至，祸必重来者也。(西汉刘向编《说苑》卷一三《权谋》)
- 秦以刑罚为巢，故有覆巢破卵之患。(《新语》卷上《辅政第三》)世亦有孔融所说"覆巢之下，岂有完卵"。
- 太(泰)山不可丈尺量也，江海不可斗斛也。(《淮南子·泰族训》)

成语的"门槛"

后无名氏之《小尉迟》则说"凡人不可貌相,海水不可斗量"。

- 夫善游者溺,善骑者堕;各以其所好,反自为祸。(《淮南子·原道训》)世亦有"阴沟里翻船"、"老马失蹄"(方言)诸语。

- 子贡曰:"臣终身戴天,不知天之高也;终身践地,不知地之厚也。"(《韩诗外传》卷八)世亦有语"不共戴天"、"不知天高地厚"。

- 夫耳闻之,不如目见之;目见之,不如足践。(《说苑》卷七《政理》)世亦有语"耳闻不如目见"、"闻名不如见面"、"见面不如闻名"。

- 恃国家之大,矜民人之众,欲见威于敌者,谓之骄兵,兵骄者灭。(《汉书》卷七四《魏相传》)世有"骄兵必败"、"兵骄将悍"之语。

- 差以毫厘,谬以千里。(东汉班固《汉书》卷六二《司马迁传》)

- 家有敝(弊)帚,享之千金。(《东观汉纪》卷一《光武帝纪》)

- 高树靡阴,独木不林。(《达旨》)世有语曰"孤阴不生,独阳不长"。

- 亡国之臣,不敢语政;败军之将,不敢语勇。(《吴越春秋》卷七《勾践人臣列传》)世有语曰"亡国之臣,不可以言忠,败军之将,不可以言勇"。

- 不入虎穴,不得虎子。(《后汉书》卷七七《班超传》)后引转为"不入虎穴,焉得虎子"。

- 效季良不得,陷为天下轻薄子,所谓画虎不成反类狗者也。(《后汉书》卷五四《马援传》)后转引为"画虎不成反类犬"。

- 览古今之举措,睹兴败之征符,轻荣财于粪土,贵名位于丘岳。(《后汉书》卷一〇四《袁绍传》)后有"钱财如粪土,仁义值千金"之语析出。

- 谚曰:"救寒莫如重裘,止谤莫如自修。斯言信矣。"(《三国志》卷二七《王旭传》)

- 病从口入,祸从口出。(傅玄《口铭》)

- 瓜田不纳履,李下不正冠。(《古乐府·君子行》)后有"瓜田李下"成语析出。

- 当得其意,勿忘形骸。(《晋书》卷四九《阮籍传》)后有"得意忘形"

成语析出。

- 谚曰："豹不足，狗尾续。"（《晋书》卷五九《赵王伦传》）后有"狗尾续貂"成语析出。

- 覆车于前，殷鉴不远。（《晋书》卷一〇二《刘聪载记》）后有"前车之鉴"、"殷鉴不远"诸语析出。

- 德政与帝旧相昵爱，言无不尽。（《北齐书》卷三〇《高德政传》）后有"知无不言，言无不尽"之语析出。

- 高祖（高欢）尝试观诸子意识，各使治乱丝，帝（高洋）独抽刀斩之，曰："乱者须斩。"（《北齐书》卷四《文宣帝本纪》）。后有"治丝益棼"、"快刀斩乱麻"诸语析出。

- 管中窥豹，时见一斑。（《晋书》卷八〇《王献之传》）后有"管窥"、"窥其全豹"、"可见一斑"诸语析出。

- 桓温既而抚枕起曰："既不能流芳后世，不足复遗臭万载。"（《晋书》卷九八《桓温传》）曹操亦有语："纵不能流芳百世，亦要遗臭万年。"

- 当局称迷，旁观必审。（《新唐书》卷二〇〇《元行冲传》）后世有语"旁观者清，当局者迷"。

- 《景德传灯录》："好事不出门，恶事传千里。"（卷一二）"落花有意随流水，流水无情恋落花"。（卷二九）后有"落花有意，流水无情"之语。

- 不经一事，不长一智。（《联灯会要》卷一八）

- 《五灯会元》："羊羹虽美，众口难调"（卷一五）；"逢人只可三分语，未可全抛一片心"（卷一五）；"真人面前不说假话"（卷一六）；"一字入公门，九牛车不出"（卷一七）；"人贫志短，马瘦毛长"，"相骂无好言，相打无好拳"（卷一九）。

本文古文引据、取材，参阅孟守介编著《汉语谚语词典》（北京：北京大学出版社，1990年）以及郑学檬《传在史中》（北京：文化艺术出版社，2001年）两书。

成语的"门槛"

55. 成语·今语

不管怎样解释,"心余力绌"只能算是"类成语",正牌的是"心劳日拙"之"今语"。当然,此语如果不给人像成语的错觉,而只是一句词组,表示心有余而力不足,则是可以说得通的。因为"绌"是减省、不足之意(《荀子·非相》:"与世偃仰,缓急羸绌");也通黜,是退、贬损之意(《荀子·不苟》:"不能则恭敬缚绌以畏事人");故力绌,是可以通的。

但如果讲的是"正牌"成语,则应是"心劳日拙",正如说"夜以继日"一样(见《孟子·离娄下》:"周公思兼三王以施四事,其有不合者,仰而思之,夜以继日;幸而得之,坐以待旦")。根据字典解释,心劳日拙是费尽心力却愈做愈糟之意,《尚书·周官》:"作德,心逸日休;作伪,心劳日拙",也有心力交瘁的意涵。

时代演展,世人对成语的认识也因为渐少使用而通常不能恰如其意,粤谚"咸鱼翻生"就是一例。粤谚有"买咸鱼(去)放生",双关意义是"不知死活"(不知危机之将至),盖咸鱼已是"木乃伊"鱼了。所以,咸鱼翻生的意思是,几乎是不可能的事而竟然幸运地绝处逢生、败部复活。可是,一再口传之下,成了"咸鱼翻身"。不过在中国功夫拳式中真有一招从地上一跃而起的,就叫"鲤鱼翻身"。

56. 年度字杂说

一、变

美国前总统奥巴马（B. Obama），以变（change）为选举口号，日本则以"变"为 2008 年代表字。我国《易经》之英译之一，即是"The Book of Change"——"穷则变，变则通，通则久"嘛，"变易"，令人抱有希望，心君泰然，译得非常之好。

变是迷人的，变字的 DNA 及其字族，也令人目眩。变字的字根是䜌（亦）。䜌，音挛，言部，十二画。《说文》对它的解释有三点：（一）乱也，段注："治丝易棼，丝亦不绝，故从丝，会意"；（二）治理；（三）连绵不绝。不过，从它的字源来看，却又有两个不同的看法。一是如《说文》所说，治丝易棼，言字同"辛"，辛是柴薪，就是把丝挂在柴薪上，如何能不乱呢？另一说法则是，既然"言"是长管之箫，则从丝就是把丝带系在长箫上，故应该是军乐仪仗器饰，故䜌前缀见于金文，在金文意思除了为蛮方之外（有"用征䜌方"之句），也指銮饰（有"䜌旂攸勒"之句）。

䜌成了"相像字"后，又成了音符，因此，从它的形象和音符，就配搭出许多"貌合义杂"的字来，变是第一个字。

变字䜌字下半部"夂"，亦是部首，它音绥，亦通绥；但同变字骈字时，则音衰，无论其音绥或衰，都指行走缓慢的样子。《说文》："夂，行迟曳夂夂也，象两胫有所躧也。"《诗经》："雄狐夂夂。"（《诗·齐风·南山》作："雄狐绥绥"）从甲骨文来看，它同止（趾）位形并不相同，而是把一个人同它的脚，画得愈来愈简单化——只把人字一直笔拉长，与脚板（𠂆）连接；后来，人的那一画脱画了，就成了夂，成了变（變）、夏、夋、爱（愛）和忧（憂）

等诸字字脚。值得留意的是，部首另有一个夂字，同夊看起来十分相似，容易搞混。夊，音只，从后送上也；夂音终，是终字古文。

变字可作多义解释：（一）更改，转化，《礼记·王制》："一成而不可变（成语"一成不变"），故君子尽心焉。"《淮南子·原道训》："而五音之变，不可胜听也"；（二）移动，《礼记·檀弓上》："夫子之病革矣，不可以变"；（三）权宜，《后汉书·贾逵传》："《左氏》义深于君父，《公羊》多任于权变"；（四）灾异，《汉书·诸葛丰传》："邪秽浊溷之气上感于天，是以灾变数见，百姓困乏"；（五）祸乱，《后汉书·虞诩传》："今凉土扰动，人情不安，窃忧卒然有非常之变"；（六）叛乱，《史记·淮阴侯列传》："其舍人得罪于信，信囚，欲杀之。舍人弟上变，告信欲反状于吕后。"变字与人事关密切，如：

- 变心，原指改变心意，《史记·张仪列传》："乃且愿变心易虑，割地谢前过以事秦。"今多指男女间感情变化。
- 变天，原指我国东北方天空。《吕氏春秋·有始》："东北曰变天，其星箕斗牵牛。"注："东北，水之季，阴气所尽，阳气所始，万物向生，故曰变天。"今指天气由晴转阴雨或政治国势变化。
- 变化，改变旧形，名为变；自无而有，谓之化，《易·乾·彖》："乾道变化，各正性命。"《古诗十九首》："四时更变化，岁暮一何速。"
- 变色，其一指因恐惧或愤怒而现之于脸部表情，《史语·范雎蔡泽列传》："群臣莫不洒然变色易容者。"其二，指变幻之意，骆宾王《代徐敬业讨武曌檄》："喑呜则山岳崩颓，叱咤则风云变色。"
- 变更，改变，《史记·曹相国世家》："（曹）参代何为汉相国，举事无所变更，一遵萧何约束。"（成语"萧规曹随"）同变改，《汉书·地理志下》："国土变改，民人迁徙。"也同变易，《韩非子·亡征》："法禁变易，号令数下者，可亡也。"
- 变法，改变旧的法制，创立新的法制，《商君书·更法》："今吾欲变法以治，更礼以教百姓，恐天下之议我也。"《史记·秦本纪》："卫鞅说孝公变法修刑，内务耕稼，外勤战死之赏罚，孝公善之。"同变革，《周书·卢辩传》："宣帝嗣位，事不师古，官员班品，随意变革。"
- 变卦，原指《周易》六十四卦之某卦，由于一爻之变动，而成另一新卦，后用以借喻已定之事，却突然有所改变。明施耐庵《水浒传》第六七回："宋江道：'那厮们知得，必然变卦。'"
- 变故，遇到意外事故或变化，《汉书·杨敞传》："遭遇变故，齐给便捷而不感。"
- 变相，从原来的形象，变易而成新样貌，但通常是原形"分身"。
- 变通，顺应情况，用变以求通，《易经·系辞下》："变通者，趣（趋）时者也。"
- 变异，常指自然界不正常的灾变异怪，《后汉书·安帝纪》："而阴阳差越，变异并见。"
- 变动，变化移动，《易经·系辞下》："变动不居，周流六虚。"
- 变诈，机变诈伪，《后汉书·蔡邕传》："变诈乖诡，以合时宜。"
- 变灭，变化而幻灭，宋苏轼《海市》："新诗绮语亦何用，相与变灭随东风。"
- 变乱，通常指政治形势的动乱，《汉书·宣帝纪一》："夫继变乱之后，必有隽异之德，此贤所以推天命也"；亦指因变更而产生紊乱，《书·无逸》："此厥不听人乃训之，乃变乱先王之正刑。"
- 变节，常指改变本来的志节、操守，《淮南子·主术训》："不为秦楚变节，不为胡越改容"；亦指折节向善，《汉书·朱云传》："年四十，乃变节从博士白子友受《易》。"
- 变态，原指变动的状态，宋程颢《秋日偶成》诗名句："道通天地有形外，思入风云变态中。"
- 变脸，即变嘴脸——面部表情突然改变，表示生气或决裂。

戀字成了音符之后，它的字族就跟着多起来，如：

年度字杂说

- 娈，女部，音挛，同恋，顺从、美好貌。
- 孪，子部，音挛，双胞胎；孪孪，同恋恋（依恋不舍，《楚辞·王逸·九思·伤时》："顾章华兮太息，志恋恋兮依依。"）
- 恋，心部，音练，想念、爱慕，苏武诗句："征夫怀远路，游子恋故乡。"恋土，依恋乡土，慕恋故里，同恋本（《晋书·荀勖传》："分割郡县，人心恋本，必用嗷嗷。"）恋豆，贪恋禄位（蔡伸《蓦山溪》："区区恋豆，岂是甘牛后"），同恋皁，苏轼《哭刁景纯》："华堂不见人，瘦马空恋皁"，又同恋栈（如驽马之贪恋栈棚豆料），宋陆游《题舍壁》："尚憎驽恋栈，肯羡鹤乘车。"
- 恋枕，贪睡懒起（张养浩《晨起》："恋枕嫌多梦，开帘曙色迷。"）
- 恋胸，胸为脯，好食肉也（《盐铁论·非鞅》："此则谓恋胸之智，而愚人之计也。"）
- 恋群，依恋同群（李绅《忆放鹤》："好风顺举应摩日，逸翮将成莫恋群。"）
- 恋爱，原指留恋所爱慕的人或事物，同恋慕，今多指男女之相悦爱慕。
- 恋嫪，依恋思慕，同恋惜（韩愈《荐士》："念将决焉去，感物增恋嫪。"）
- 恋旧，怀念故土、故人（《三国志·魏志·司马朗传》："父老恋旧，莫有从者。"）
- 峦，山部，音銮，泛指山之小而锐峭，或山形狭长；或指山脊，圆形的山峰；或迂回连绵的样子。
- 弯，弓部，音湾，如水湾、港湾，曲折、不直也（唐张籍《樵客吟》："日西待伴同下山，竹担弯弯向身曲"）；湾跧（音全），身体蜷缩。
- 栾，木部，音鸾，植物名，栾栾，身体瘦弱的样子。
- 挛，手部，音挛，互相牵系也；也是手足挛曲的一种病症，同挛踠、挛躄（蔽）、挛癖，俗称痉挛为抽筋。挛屈，蜷曲；挛弱，蜷曲不伸，或瘦弱之谓也。
- 脔，肉部，音銮，大块之肉也；脔脔，极小的肉块，借喻瘦瘠的样子。
- 銮，金部，音鸾，系在马勒两旁的铃，也是铃声，通鸾，举凡与銮字相关物品，古代多与天子相关。

- 鸾，鸟部，通銮，原是凤凰之一种，后多指车饰物。鸾文，原指文章之妍丽，但由鸾童（乱童）口述而写出来的句语，亦叫鸾文；鸾凤，指夫妇，鸾凤和鸣，男女结婚祝语（卢储《催妆》："今日幸为秦晋会，早教鸾凤下妆楼"），鸾凤又可指贤能、俊美或善良之人（《后汉书·刘陶传》："公卿所举率党其私，所谓放鸱枭而囚鸾凤"）；鸾销，喻妇女丧亡；鸾觞，指酒杯；鸾交凤友，喻男女情谊；鸾翔凤集，喻人才的聚集；鸾翔凤翥（音煮），喻笔势生动神妙；鸾飘凤泊，比喻夫妻的离散或才士失志，也可指书法的笔势秀丽。鸾字与天子、神祇关系密切。
- 蛮，虫部，音瞒，泛指古代南方种族，四川人就称俾女为蛮；又是很、非常之意，《海上花列传》第三回："三先生也蛮明白哚。"今则多用"满"代蛮，作非常之意。蛮字多与古称南方之种族相关，例如，蛮瓜（丝瓜）、蛮荒、蛮烟、蛮貊、蛮貉、蛮毡和蛮蛮（比翼鸟）之类。
- 圝，囗（围）部，音銮，圆也，或作圞，俗作圝，孟郊《惜苦》："可惜大雅旨，意此小团圝。"

二、新

2009年，日本所选汉字代表字为新，次选为药，政为第三字。

新，斤部，九画，薪本字，用斧（斤）砍柴，故《说文》说："新，取木也。"段注："引申之为凡始基之称。"其他诸义尚有：（一）初次见面，与旧相对，《论语·为政第二》："温故而知新，可以为师矣"；（二）更新，除旧为新，《礼记·大学》："汤之盘铭曰：'苟日新，日日新，又日新。'"《荀子·不苟》："故新浴者振其衣，新沐者弹其冠，人之情也。"与新字骈成词而有深意者，则有：

- 新人：（一）新娶的妻子，别于原来的妻子而言，杜甫《佳人》："但见新人笑，那闻旧人哭"；《古诗十九首·上山采蘼芜》："新人工织缣，故人工织素";(二)指新娘子,《元曲选·关汉卿·玉镜台剧三》:"声声慢慢唱《贺新郎》,请新人出厅行礼";(三)妇人称其新嫁的丈夫,蔡琰《悲愤》:"托命于新人,竭心自勖厉";(四)新生的一代。

- 新月,农历每月初三、初四的娥眉月,花蕊夫人《宫词》:"玉宇无人双燕去,一弯新月上金枢";也指新满的月,白居易《八月十五日夜禁中独直对月忆元九》:"三五(十五日)夜中新月色,二千里外故人心。"

- 新正,农历新年正月,白居易《喜入新年自咏》:"白须如雪五朝臣,又入新正第七旬";也指元旦,皎然《送邬傪之洪州觐兄弟》:"久别经离乱,新正忆弟兄。"

- 新民,使人民振起自新,《礼记·大学》:"康诰曰:'作新民。'《诗(大雅文王)》曰:'周虽旧邦,其命维新。'"

- 新句,诗文中新颖的句子,唐张籍《使回留别襄阳李司空》:"回首吟新句,霜云满楚城。"

- 新交,戴叔伦《感怀》:"新交意虽密,中道生怨尤。"

- 新年,庾信《春赋》:"新年鸟声千种啭,二月杨花满路飞。"

- 新竹,新生的竹,宋周邦彦《浣溪沙》:"新笋已成堂下竹,落花都上燕巢泥。"

- 新法,新的政令、制度,《韩非子·定法》:"晋之故法未息,而韩之新法又生。"

- 新雨,初春的雨,江总《侍宴玄武观》:"诘晓三春暮,新雨百花朝";也指刚下的雨,白居易《赠江客》:"江柳影寒新雨地,寒鸿声急欲霜天。"

- 新知,新交朋友,骆宾王《帝京篇》:"故人有湮沦,新知无意气";新故,指新交与故友(成语"旧雨新知"),杜甫《将适吴楚留别章使君留后兼幕府诸公得柳字》:"相逢半新故,取别随薄厚。"

- 新恨,新生的忧恨,戴叔伦《赋得长亭柳》:"送客添新恨,听莺忆旧游。"

说闻解字

- 新春，指农历新年，也指初春，杨巨源《城东早春》："诗家清景在新春，绿柳才黄半未匀。"
- 新秋，初秋，农历七月，庾信《拟咏怀》："残月如初月，新秋似旧秋。"
- 新酒，白居易《府中夜赏》："闻留宾客尝新酒，醉领笙歌上小舟。"
- 新特，新配偶，《诗小雅·我行其野》："不思旧姻，求尔新特（新匹配）。"
- 新阳，初春，谢灵运《登池上楼》："初景革绪风，新阳改故阴。"
- 新晴，杜甫《晴》："久雨巫山暗，新晴锦绣文。"
- 新诗，初成之诗，杜甫《解闷》："陶冶性灵存底物，新诗改罢自长吟"，今指白话诗。
- 新岁，宋之问《新年作》："乡心新岁切，天畔独潸然。"
- 新愁，薛能《叶落》："客心空自此，谁肯问新愁"；宋吴文英《唐多令》："何处合成愁，离人心上秋。"
- 新声，张祜《听歌》："只是眼前丝竹和，大家声里唱新声。"
- 新鲜，李咸用《谢僧寄茶》："倾筐短甑蒸新鲜，白纻眼细匀于研"；今有用生鲜代此词者。
- 新发于硎，锐气风发也，《庄子·养生主》："是以十九年而刀刃若新发于硎。"
- 新愁旧恨，苏轼《四时词》："新愁旧恨眉生绿，粉汗余香在蕲竹。"

三、药

药，草（艹）部，十五画，俗作药；苦口良药，《史记·商君传》："苦言药也，甘言疾也。"药，可作围栏解（高翔麟《说文字通》："李正已曰：'药阑，非花药之阑，阑即药。药阑犹言围援。'"药字，有两句成语：

- 药店飞龙：喻人失意不遇，形销骨立，有如中药店里出售的龙骨，李商隐《垂柳》："旧作琴台凤，今为药店龙。"
- 不可救药：已无法挽救；同药石无灵。

四、政

政，攴（攵）部，五画，音正，可解作：（一）政治、政事，《论语·为政第二》："为政以德"；（二）政权，《论语·季氏第十六》："天下有道，则政不在大夫"；（三）禁令，治事法则，《大戴礼记·盛德》："德不盛则饰政"；（四）管理某种政务的人，《大戴礼记·盛德》"均五政"注："五政谓天子、公、卿、大夫、士"；（五）常道，《大戴礼记·盛德》"亦有六政"注："六政谓道、德、仁、圣、礼、义也"；（六）维持民生要件，《尚书·洪范》："次三曰农用八政"；（七）适，恰好，通正；（八）读若征，义同，如征税、征伐。政字，多与政治相关，如政治文化（political culture）、政治革命、政治神话（political myth）、政治哲学（political philosophy）、政治真空和政治参与之类。

五、盼

2009年台湾的代表字是"盼"，其次是假，第三为苦。

盼，原是眼睛黑白分明的样子，故从目、从分，分是以刀把物分成两半，《说文》："分，别也，从八、从刀，刀以分别物也。"《诗经·卫风·硕人》："巧笑倩兮，美目盼兮。"盼，因而用以形容女子目光流转、灵活动人的样子（宋玉《神女赋》："目略微盼，精彩相授"），成语"顾盼自如"；盼，又指顾望（《宋书·谢晦传》："与羡之、亮等同被齿盼"）；盼，也指希望（左思《咏史》："左眄澄江湘，右盼定羌胡"），同盼望。

盼睐是眷顾的样子，盼辰勾更是殷切的期待。辰勾，水星也，极为难见，故借用为比喻期盼希望渺茫的事（《元曲选·马致远·青衫泪》："比及我博的个富贵荣华，恰便似盼辰勾，逢大赦。"）不过，盼刀，却是相法中头低而仰视之翻白眼，为凶目之相。

六、假

假者：（一）不真；（二）暂代，摄理，《史记·项羽本纪》："乃相与共立羽为假上将军";（三）借，通叚，《左传·成公二年》："唯器与名，不可以假人"；叚，见之金文，其在金文之义有：1.遐远（有"天子不〔丕〕叚不〔丕〕其〔基〕"之句）；2.长寿（有"敢对扬天子丕显休命"之句）；3.瑕疵（有"为德无叚"之句）；4.休暇（有"余不叚妄宁"之句）；（四）雇赁，《汉书·韩延寿传》："及取官钱帛，私假繇使史"；（五）凭借，《庄子·大宗师》："假（因）于异物"；（六）宽容，《后汉书·安帝纪》："今方盛夏，且复假贷，以观厥后"；（七）大也，《书·大禹谟》："不自满假（大）"；（八）请求，《吕氏春秋·士容》："其邻假（请）以买取鼠之狗"；（九）譬，借以为喻，《荀子·性恶》："假之（譬如）人有弟兄资助而分者"；（十）如果，《列子·杨朱》："杨子曰：'世固非一毛之所济。'禽子曰：'假（如果）济，为之呼？'"；（十一）但、只是，《庄子·德充符》："奚假鲁国"；（十二）通嘏，祝福，《礼记·曾子问》："不旅不假（嘏），不绥祭。"

假，可音驾，通驾，又通嘉，休息、假期也。

假，可音暇，已，终了，或上升之意；通暇（闲暇），通瘕（病了），又通遐（远也，遐迩）。

假，可音格，同佫，至也，到达。

假，骈字甚多，举例而言，如：

- 假合：佛家语，指众缘的和合（如人身基本元素的地、水、火、风为四大，色、受、想、行、识为五蕴），但和合是暂时的，后必有离散。
- 假言：虚假不实的言语，《颜氏家训·勉学》："假言而奸露，不问而情得之察也。"
- 假惺惺：假情假意，故意假装，《元曲选·乔古·金钱记剧一》："想当日，楚屈原，假惺惺醉倒步兵厨。"
- 假撇清：假装表示与自己无关，清曹雪芹《红楼梦》第九二回："这会子又假撇清，何苦呢？"
- 假力于人：借他人的力量以成事，《列子·汤问》："耻假力于人，誓乎剑以屠黑卵。"

- 假公济私：假公事之便，而达私人目的、利益，《警世通言》第廿一回："你把我看做施恩望报的小辈，假公济私的奸人，是何道理？"
- 假誉驰声：也作驰声假誉，文人相捧也，《旧唐书·薛登传》："比来荐举，多不以才，假誉驰声，互相推引。"

七、苦

苦者，除了指大苦（黄药）、苦菜（荼）之外，还有以下各种解释：

- 五味咸、苦、酸、辛、甘的一种，与甘、甜相对。韩愈《苦寒》："草木不复抽，百味失甜苦。"
- 艰辛，《礼记·礼运》："饮食男女，人之大欲存焉；死亡贫苦，人之大恶存焉。"
- 劳累，《孟子·告子下》："天将降大任于斯人也，必先苦其心志，劳其筋骨，饿其体肤，空乏其身，行拂乱其所为，所以动心忍性，增益其所不能。"
- 病痛，《隋书·艺术传·许智藏》："帝每有所苦（病）……智藏为方奏之，用无不效。"
- 遗憾、厌烦，《后汉书·岑彭传》："人苦（恨）不知足，既平陇，复望蜀。"（成语"得陇望蜀"）曹操《短歌行》："譬如朝露，去日苦多。"
- 偏、极，杜甫《成都府》："自古有羁旅，我何苦哀伤。"
- 多、久，杜牧《吴宫词》："鹤鸣山苦雨，鱼跃水多风。"
- 佛家语，苦有多种，如五苦——"生老病死"苦、"爱别离"苦、"怨憎会"苦、"求不得"苦、"五阴（色受想行识）盛"苦等诸苦。
- 通枯（枯萎），《庄子·人间世》："此其能苦（枯）其生者也。"
- 音古，粗劣也，《管子·小匡》："今夫工群萃而州处……辨其功（坚美）苦（滥恶）。"

苦之骈字亦多，如：

- 苦力，难苦尽力，《江淹·自序传》："人生当适性为乐，安能精意苦力，求身后之名哉！"搬运重物劳动者，沪人称"苦力"，是英语"coolie"之意译。
- 苦口，味苦的口感，《史记·留侯世家》："且忠言逆耳利于行，良药苦口利于病。"（成语"忠言逆耳"、"良药苦口"）孙楚《为石仲容与孙晧书》："夫治膏肓者，必进苦口之药；决狐疑者，必告逆耳之言。"苦口，亦指忠诚恳切的规劝（成语"苦口婆心"），即苦言或苦语（苏轼《送欧阳推官赴华州监酒》："临分出苦语，愿子书之笏。"）
- 苦心，辛苦的考虑，仔细的筹划，《古诗十九首·东城高且长》："晨风（鹯鸟）怀苦心，蟋蟀伤局促。"
- 苦水，咸水，苦涩的汤水，或以之比喻心中之郁结、苦闷。
- 苦手，痛打，或指以严厉的手段处置。
- 苦句，挖苦、讽刺人的话，《宋书·谢灵运传》："如此者五六句，而轻薄少年遂演而广之，凡厥人士，皆加剧言苦句（加盐加醋），其文流行。"
- 苦行，刻苦修行，如挨饿、刺身体之类，以忍受身心难以忍受的行为，以表示虔诚，或者得到解脱。
- 苦李，有苦味的李子，借喻才能笨拙。
- 苦吟，为推敲诗句而重复吟哦，杜牧《残香独来南亭因寄张祜》："仲蔚欲知何处在，苦吟林下拂诗尘。"贾岛《三月晦日赠刘评事》："三月正当三十日，风光别我苦吟身。"
- 苦空，佛家语，指人世一切烦恼是苦，一切事物本体都是空，唐张籍《书怀》："别后诗客求方法，时到僧家问苦空。"
- 苦雨，久雨不停，西晋陆机《赠尚书郎顾彦先》："凄风迕时序，苦雨遂成霖。"（成语"凄风苦雨"）
- 苦毒，恨毒，《二刻拍案惊奇》第廿二回："那儿子顽到兴头上，那里肯走,年纪虽小,也到(倒)晓得些光景(通些人事),便苦毒道:'你们自要入港(交合),干我甚事?只管来碍着我。'"

- 苦苦,竭力祈求,苏轼《钱道人有诗云直须认取主人翁两绝戏之》:"主人苦苦令侬认,认主人人竟是谁?"(成语"苦苦哀求")也指佛家语三苦——苦苦、坏苦和行苦之一的苦苦,指精神和肉体上的苦上加苦。
- 苦酒,指醋或含有酸味的酒。
- 苦海,指佛家语,比喻人世的烦恼痛苦,如海一样无涯(成语"苦海无边"),《六祖坛经·行由品》:"世人生死事大,汝等终日止求福田,不求出离生死苦海;自性若迷,福何可救?"也嘲称那些众多令人厌恶的应酬诗文,如钱谦益之《苦海集》,即这些诗文的合集。
- 苦荼,是苦菜,也是茶,《尔雅·释木》注:"今呼早采者为荼(槚),晚取者为茗,一名荈,蜀人名之苦荼。"义疏:"今茶字古作荼……至唐陆羽著《茶经》始减一画作茶,今则知茶不复知荼矣。"
- 苦船,晕船;苦车,晕车。
- 苦寒,为严寒所苦,陆机《苦寒行》:"剧哉行役人,慊慊恒苦寒。"也指酷寒,杜甫《捣衣》:"已近苦寒月,况经长别心。"苏轼《辛丑十一月十九日既与子由别于郑州西门之外马上赋诗一篇寄之》:"苦寒念尔衣裘薄,独骑瘦马踏残月。"
- 苦恼,可怜、烦恼。
- 苦恶,质劣,《史记·平准书》:"县官作盐铁,铁器苦恶,贾(价)贵,或强令民卖买之。"
- 苦楚,苦痛,杜荀鹤《秋日怀九华旧居》:"烛共寒酸影,蛩添苦楚吟。"
- 苦业,佛家语,一般指招来苦果,诸如杀生、偷窃等恶劣行为之业(孽)行,但亦包括一切乐果的善恶行为(乐果,佛家语,又称坏苦,是苦果的一种)。
- 苦慢,低劣,不坚固,《淮南子·时则训》:"工事苦慢,作为淫巧,必行其罪。"

- 苦节，过分自我抑制，《易经·节》："苦节，不可贞。"疏："节须得中，为节过苦，伤于刻薄，物所不堪，不可复正，故曰苦节，不可贞也。"也指在逆境中，仍能坚守志节，张说《送郭大夫元振再使吐蕃》："远图待才智，苦节输筋力。"
- 苦箴，忠诚的规戒，《宋书·傅亮传》："文王小心，《大雅》咏其多福；仲由好勇，冯河贻其苦箴。"
- 苦战，奋战、力战，李白《赠张相镐》："苦战竟不侯，当年颇惆怅。"
- 苦颜，苦嘴苦脸，痛苦的表情，李白《关山月》："戍客望边邑，思归多苦颜。"
- 苦虫，活该受苦的动物，明冯梦龙《警世通言》第廿四回："知县大怒，说：'人是苦虫，不打不招。'"
- 苦怀，凄苦的情怀，刘禹锡《答柳子厚书》："相思之苦怀，胶结赘聚。"
- 苦哈哈，苦混混，都指穷人。清《三侠五义》第一一四回："若把这七天费用帮了苦哈哈，包管够过一辈子的。""又有那穷小子苦混混儿说：'可惜了（鸟）儿的，交朋友不过是了就是了，人在人情在，那儿犯的上呢！'"
- 苦啾啾，悲悲切切，明凌蒙初《拍案惊奇》卷十一："那里有心去睡，苦啾啾的挨到天明。"
- 苦脑子，可怜也，也指可怜的人儿。
- 苦艳艳，味道苦极。
- 苦心孤诣，努力去做，造诣独到。
- 苦中作乐，困顿中强作欢乐。
- 苦尽甘来，明冯梦龙《警世通言》第卅一卷："今日苦尽甘来，博得好日，共享荣华。"
- 苦绷苦拽，辛苦地东挪西凑。

八、乱

乱，乙部，十二画，不治，紊乱也，《说文》："乱，不治也。"从金文和小篆去看，乱字右边是两手（上"爫"，下"又"），同时动作去解线轴上乱丝的样子，故要治理使之顺；金文指治理（有"用乱剌疾"之句），指乱（有"余弗敢乱"、"乃多乱"之句），也指丝织饰物（有"朱乱弘靳"之句）。故乱之义为多重，例如：

- 无秩序、无条理；杂乱；惑。
- 无道，《荀子·君道》："有乱君，无乱国。"
- 叛逆，《左传·文公七年》："兵作于内为乱，于外为寇。"
- 任意妄为，《尚书·无逸》："乱罚无罪。"
- 妄言，《淮南子·说山训》："乱谤乃愈起。"
- 不公平，《左传·昭公六年》："乱狱滋丰。"
- 淫乱，《大戴礼记·本命》："乱家子不取。"
- 神智不清，《左传·宣公十五年》："疾病则乱，否从其治也。"
- 横流直渡，《尚书·禹贡》："入于渭（水），乱于（黄）河。"

乱字的骈字有：

- 乱亡；乱（逆）子；乱化；乱民（扰乱秩序的民众／政府侵扰人民）；乱妄（胡作妄为）；乱目（迷乱眼睛）。
- 乱山，重叠峙立的群山，姚揆《村行》："乱山啼蜀魂，孤棹宿巴陵。"
- 乱臣，能臣／叛臣（乱臣贼子）；乱行（为非作歹／扰乱〔军兵〕行列）；乱邦（不安宁国度，《论语·泰伯第八》："危邦不入，乱邦不居"）；乱兵（暴乱的兵／称兵作乱）；乱法（混乱的法令／导致暴乱的法令／破坏法令，《史记·平准书》："不轨之臣，不可以为化而乱法"）；乱纪（混乱的时代）。
- 乱世（暴乱的事情）；乱流（水流杂乱／急流横渡／任意恣行）；乱首（祸首／祸乱的根源／披头散发）；乱政（治理政务／败坏的政治／无道的

政治）；乱风（荒乱的风俗）；乱俗（败坏风俗）；乱家（伦常败坏的家庭）；乱真（十分之真）；乱根（紊乱的根源）；乱国（纷扰不安的国家／扰乱国家，《管子·法禁》："上以蔽君，下以索民，此皆弱君乱国之道也。"）

· 乱阶（祸乱的根源，《诗经·小雅·巧言》："无拳无勇，职为乱阶"）；乱源（祸乱的根源）；乱道（以邪说乱正道／自谦文章写得差）；乱贼（作乱的恶贼，《礼记·礼运》："盗窃乱贼而不作"／扰乱为害，《墨子·兼爱下》："人家不相乱贼"）；乱谋（作乱的阴谋）；乱离（即离乱，为避兵祸而散佚）；乱辞（混乱无理的言词）；乱臣贼子（《孟子·滕文公下》："孔子成《春秋》，而乱臣贼子惧。"）

九、骗

骗，原指跃上马背而骑乘，同䮍；今已作欺骗、欺诈，《正字通》："骗，今俗借为诓骗字。"清吴敬梓《儒林外史》第五一回："呆妮子！你是骗钱，我是骗人！一样的骗，怎的就慌？"

骗的骈字如：

· 骗局，刘克庄《庚申召对》："臣惟国家三数年来，凶相弄权，以富强自诡，辅圣天子而行霸政，为天下宰而设骗局。"
· 骗马，轻佻、轻浮的行为。从马，从扁，《说文》："署也。从户册。户册者，署门户之文也"；从小篆去看，是编册成门户的样子，其形扁平。《西厢记·赖简》："你本是个折桂客（文人），做了偷花汉。不想去跳龙门，学骗马。"

十、惨

惨，狠毒，残酷也，从心（忄），从参。《说文》："参，商星也，从晶（厶）。"参，首见于金文，其字很像一个跪坐着的人，头戴着一顶有三个饰物的帽子，一副星星的扮相，"彡"则似是磷光，以像一闪、一闪。金文指数目（有"若召公寿若参寿"之句），又指为伍成群（有"下民无智参之蚩蚘"之句），也指衣饰；其余则有余下解释：

- 严峻、严厉；悲痛、哀伤（《楚辞·屈原·九章·哀郢》："慘郁郁而不通兮，蹇侘傺而含戚"）；
- 忧愁的样子，通懆，陈子良《萧平仲诔》："宿草衰兮凝秋露，白杨慘兮生悲风"；
- 通黪，颜色黯淡，景象凄凉；
- 通憯，语气词（曾、乃）。

慘之骈字有：

- 慘切，凄慘哀切，江淹《效阮公》："仲冬正慘切，日月少精华"；慘怛，悲伤失意；慘怛，凄慘哀痛，《史记·屈原生传》："疾痛慘怛，未尝不呼父母也"（慘者，毒也，怛者，痛也）。
- 慘毒，狠毒，《后汉书·殇帝记》："贪苛慘毒，延及平民"；亦作怨愤解；慘恻，凄慘哀伤；慘紫，浅紫色。
- 慘烈，严寒，张衡《西京赋》："雨雪飘飘，冰霜慘烈"；又指景象凄厉，或荷重；慘阴，暗淡不明；慘杀（煞），甚慘之谓也。
- 慘虐，残酷、凌虐；慘悸，悲伤害怕；慘暗，暗淡不明。
- 慘淡（澹），暗淡无色，景象凄凉萧索，白居易《南湖晚秋》："慘淡老容颜，冷落秋怀抱"；欧阳修《秋声赋》："盖夫秋之为状也，其色慘淡，烟飞云敛"；成语"慘淡经营"，原指绘画时落笔位置的筹布——先以浅色勾勒出轮廓，然后经营其位置（杜甫《丹青引赠曹将军霸》："诏谓将军拂绢素，意匠慘淡经营中"），后引申之意谓辛苦策划、布置（楼钥《它山堰》："想得慘淡经营时，下上山川应饱看"，又杜甫《送从弟亚赴安西判官》："踊跃常人情，慘淡苦士志"）；慘然，忧戚的样子。
- 慘裂，土地因酷寒、干燥而裂开（李陵《答苏武书》："胡地玄冰，边土慘裂。"）

- 惨舒，（一）指忧郁和舒畅（张衡《西京赋》："夫人在阳时则舒，在阴时则惨，此牵乎天者也"）；（二）指严峻和宽舒（庾信《奉和永丰殿下言志》："未论惊宠辱，安知系惨舒。"）
- 惨栗，悲痛之极；也指酷寒、凛冽（《古诗十九首·孟冬寒气至》："孟冬寒气至，北风何惨栗。"）
- 惨怆，凄凉悲伤（司马迁《报任少卿书》："见主上惨怆怛悼，诚欲效其款款之愚。"）
- 惨腹，伤害肠胃（晁补之诗句："文词如苦李，惨腹人莫食。"）
- 惨惨，忧戚不乐的样子（《诗经·大雅·抑》："视尔梦梦，我心惨惨"）；也指昏暗的样子（王粲《登楼赋》："风萧瑟而并兴兮，天惨惨而无色。"）
- 惨酷，残酷、暴虐（《后汉书·陈宠传》："其后遂诏有司，绝钻钻诸惨酷之科，解妖恶之禁。"）
- 惨绿，淡绿色；成语"惨绿少年"，原指爱穿淡绿色衣服的青少年，引申为好讲求衣着的青少年。
- 惨狱，严峻、苛刻的刑狱；惨愦，指心情极端烦乱。
- 惨懔（凛），阴暗寒冷的样子（扬雄《甘泉赋》："下阴潜以惨懔兮，上洪纷而相错"；陆游诗句："发毛惨凛谁复支，性命么微不禁吓。"）
- 惨顇（悴），忧愁憔悴；惨变，悲惨的变故。
- 惨礉，执法惨急而严厉苛刻，《史记·老子韩非传赞》："韩子引绳墨，切事情，明是非，其极惨礉少恩。"
- 惨绿愁红，同愁红惨绿，花（红）叶（绿）之受风雨摧残；柳永《定风波》："自春来，惨绿愁红，芳心是事可可。"

从年度代表诸字的字型、字之演进、字之偏（边）旁组合，组合元素之独立及合成字之意义，其各个骈字，骈字之意义，皆可得见选字者的想法及忧虑，掌政者可不三思其义而使民之所欲长在我心乎？

年度字杂说

57. 可识犬马之字？

我华夏之世，自古即与狗马共同生活，善烹地羊（狗）之肉，善用马之劳动力。成为宝马如乌骓、赤兔之流还好，而除了郎世宁为乾隆画的各种狗外，狗就比较倒霉，没有什么显赫历史，连二郎神的哮天犬也不讨喜，老子也觉得狗是注定受人欺凌的动物，他借狗来阐释他的道理说："天地不仁，以万物为刍狗；圣人不仁，以百姓为刍狗。"故李密《陈情表》力言："臣不胜犬马怖惧之情。"

狗肉自古就是一道普通的家常菜，自然的"然"字，小篆就作肰，月是肉片，后来底下加了四点的火，就是烤狗肉的意思。越王勾践为了复国，十年生聚，十年教训，鼓励百姓生育，凡生一男者，送狗两只以为贺（并补身体以期再接再厉）。了解勾践为人的范蠡对文种说："飞鸟尽，良弓藏；狡兔死，走狗烹。"劝他早日远离政治是非之圈（汉司马迁《史记·越王勾践世家》）。狗肉又是主要祭品之一，以犬肉作祭品，称为羹献。《礼记·曲礼下》："凡祭宗庙之礼……鸡曰翰音，犬曰羹献。"疏："人将所食羹余以与犬，犬得食之（至）肥，肥献祭于鬼神，故曰羹献。"所以，献字，也就是供奉犬牲以祭祀鬼神之意（《说文》："献，宗庙犬羹献，犬肥者以献。"）

狗这个动物字是怎么来的呢？从形象去看，犬字原是犬侧立的形象，有头、有脚、有尾巴，后来由于字形变化，便与原来"字貌"脱了节，只剩作偏旁的反犬旁（犭），还留了点原貌。《说文》："犬，狗之有县（悬）蹏（蹄）者也。象形。孔子曰：'视犬之字如画狗也'。"《礼记·曲礼上》："效（带）犬者左牵之。"疏："狗，犬通名。若分而言之，则大者为犬，小者（未成毫）为狗。"今则犬狗不分矣。甲骨文对于犬这种兽早已有多项记载，例如，做犬牲（甲骨文："今日燎三羊三豕三犬"）；一种官职（甲骨文："乎多犬网鹿于农")；又是方国之名（甲骨文："令多子族从犬侯璞周"）。正如《三字经》所说："马牛羊，鸡犬豕，此六畜，人所饲。"似乎，吾祖很早就察觉到可以饲养的犬类众多，例如《本草纲目·兽部·狗》就指出："狗类甚多，其用有三：田犬，长喙善猎；吠犬，短喙善守；食犬，体肥供馔。"至于根据狗的用途，将狗分为牧羊犬、猎犬、警犬、玩赏犬和居家守门犬，则是近代的事了。不过，从文字去看，因为历史悠久，对狗的描写，却是十分丰富的，例如：

- 狗的种类：犴，音寒，生于北方的野狗；狡，音绞，小犬，同猤，同猦（音倭）；猔，音综，同猣，母犬一胎只生一只之犬也（通常母犬一胎生三只小犬）；猗，音衣，阉犬也；犺，音抗，同猛，硕犬；猈，音罢，短腿的狗；獢獢（音赫器），是短嘴猎犬；猃，音险，长嘴狗；獰，音农，多毛犬；猱狮狗，卷毛小狗；犳，音砚，勇猛的犬；狂、狛、猘、猁（音制）、獟（音要），皆是狂犬——发疯之狗。

- 狗的描写、形容：犮，音播，犬走貌；猋，音标，犬奔跑貌；猖，狗急而跳；猝（音促），狗骤然疾出扑人；狋，音夷，犬怒的样子，同獳（音褥）；犷（音广），狗凶不可靠近；狧，音舐，狗以舌舔食；昊，音殉，犬视貌；猥（音萎），犬吠声，同犾（音银），同猲；獒（音敲），众犬杂吠也；獟（音铙），犬受惊而吠，同獲、猋；独，两犬相遇而斗；狱，两犬相争；犾（音银），两犬互咬；獜（音邻），挂在犬颈上缨环的铃声。

得宠之狗，走起路来，左昊右昊，其猭之甚（猭，音串，神气也），会獦落水狗（獦，音赫，欺凌也）；被人遗弃时，即成傻㹱（㹱音更，硕犬也），故谚语有狗仗人势，打狗看主人脸，《礼记·曲礼上》："尊客之前不叱狗"，古人对狗，还有一定的人狗关系和法度，若恁令流浪狗满街走，果真狗瘦主人羞也。近代吃狗肉被认残忍和不仁道，但还是有人爱吃的，更坏的是，有人去跑狗、斗狗，把它们视为摇钱树。

至于马，则更多彩多姿！《说文》："马，怒也，武也。象马头髦尾四

可识犬马之字？

足之形。"马字，从字形来说，它是一个侧面象形字，有头、眼、耳、鬃毛、两脚和马尾，后来由于字形演变，眼和鬃毛变成了像"王"字的头，两根马尾毛和两脚合成为四条腿，成了正楷的马字。《周礼·廋人》认为"（高）六尺以上（至七尺）为马"。《管子·形势解》："马者，所乘以行野也。"从甲骨文来看，马字就是一只马的全角，它指马匹（甲骨文有"奚不其来白马五"，"乎取马于插以三月"，"马五十丙"以及"王畜马才兹厩"等之句），又指马官（甲骨文有"令多马卫于北"之句），马队（甲骨文有"肇马左右中人三百"之句）；金文亦同指马匹（金文有"赏御正卫马匹"和"白懋父锡召白马"之句），以及马官（金文有"右走马嘉自乍行壶"之句）。

由于马是千百年来最重要、最快捷的交通和军用工具，所以对马的描述和叙述，也就是有关马字的种种，比狗多了不知多少倍，例如：

- 关于马的年龄，䮕（音还）、駮（音玄）是一岁小马；駣（音陶）、䭜（音倪）是两三岁的马；馭（音八）、駘（音白）是八岁的马。
- 关于马的高度：馯（音仰），马头很高；骄，高六尺的马；騋（音来），高七尺以上的马；騉，高八尺的马（又叫龙马）；驨（音嘴），则是很小的马。
- 关于马的体型与外貌及称谓：䲹（音鱼），眼睛像鱼的马；駆（音匡），马耳弯曲；骞（音牵），马的腹部低陷；騻（音唐），指马的毛色；驳，马毛色不纯；騃（音晏），白尾马；駆（音握），杂色马；騢（音遐），赤白的杂色马；騌（音耆），马头上的鬣毛；騥（音柔），黑色而鬣毛很多的马（鬣，音猎，马领毛）；騚（音前），四蹄全白的马；騂（音宰），青白色混杂的马；騤（音溪），前脚白色的马；骦（音黄），黄色相间的马；騟（音俞），紫色的马；騩（音匮），浅黑色的马；驔（音颠）、駒（音的），白额马；騝（音岸），自额到唇都是白色的马；骓（音锥），青白色相杂的马；駽（音宣）、駒（音句）、骐（音奇），青黑色的马；骹（音龙），青色的马而颡全白；駯（音朱），黑嘴马；騡（音全），白毛而黑唇的马；駩（音劫），黑毛马；騠（音郎），白尾巴的马；

骃（音因），黑白毛相杂的马；骆，身白尾黑的马；骊，深黑色的马；骍，赤色的马；騂（音注），右后足白色的马；驒（音谭），黄背脊的马；骦（音丧）、骉（音桑），黄色白尾巴的马；騔（音育），胯间长白毛的黑马；驓（音增）、骢（音聪），青白色的杂毛马；駴（音煜），足胫毛很长的马；骅、骝、騛（音飞）、骏、骥（音冀）、骜（音傲）、骧，都是好马；骔（音浑）、𬳿（音师），都是野马；驸（音父），驵（音脏）、駣（音咨）、骝、骏、骘（音蹢）、騍（音课），駊（音跛）、𩨂，都是公马；騲、骒（舍），都是雌马；𫘝、骟（音扇），都是阉马。

- 对马的形容和动作描写：蠢（音春）、騺（音蠢），驽钝的劣马；驯、𩢛（音咸）、騛（音谐），个性温和、顺服的马；骉（音列）、騝（音觅），凶恶会咬人的马；騜，不驯服的马；骲（音沛）、驹、駉（音回），壮马；毟（音毛），马长毛；駼（音尹），马毛不顺；䯁（音介），马尾毛打结；䭿（音印），马发怒；骯（音胆），马睡觉的样子；騺（音站），马卧于土上；骇（音拨），马摇头；駜（音必），马吃饱了；骟（音产），不绑鞍辔的马；驒（音弹），马喘息的样子；䭿（音印）、骇，马受到惊吓；驮（同駄，音驼），马负物品；駗（音轸）、驙（音遭），马载负太重，以致行走困难；駘（音台），马衔脱落；騫（音寒）、駪（音申）、駙（音妇），马很多的样子；驷，四马共驾的车乘；駊（音跋），马行走时一匹接一匹的样子；驸，驾副车的马；骈、騑（音骈），两马驾一车；䯇（音令），众马之声；駠（音列）同駕（音列），马排列整齐；骖、騑（音非），驾车马匹在两旁者，称参马，中间夹车辕的，叫服马；驰，马多也；駥（音逐）、馸（音洫），群马相逐；骊、驾，马车并排而行；鸗（音沤），马奔驰不齐；騵（音独），两匹马并驱时的蹄声。

- 关于马行走、骑、乘、奔跑的描写：驻，马站着；骑，乘马；驀，骑者上马；駉（音冑），赛马；駛（音步），学习驾马；駢（音辣），摇衔使马开步走；骟（同騽），跃上马背而乘；䮄（音闲），马步娴熟；

可识犬马之字？

骚，刷马；骳（音披）、駅（音亦）、駢（音半）、騂（音岸）、騀（音俄，同骖、骛）、䯱（音腔）、騽（音烟）、騵、驫（音坳），马开步走；騽（音集），马行舒畅的样子；鷽（音觉），马行由慢转快；骋（音逞），纵马奔驰；䯀（音细）、駾（音退）、骉（音奔）、騵（音饪）、駋（音务）、驣（音细）、冯、骤、駃（音快）、駓（音批）、驶、駚（音佚）、騔（音葛）、骎（音侵）、䯄（音分）、駧（音洞）、驫（音聂）、马快跑也；駻（音翰），马突然奔跑；騺（音至），马徘徊不前；驪騛（音辣踢），马不肯前进；駶（音局），马局促不安地跳跃逃跑；骙（音逵），马行勇壮威猛貌；騎（音枨），马停止不前行的样子；騲（音卓）、鷽，马怀疑不前进的样子。

世有伯乐而后有千里马，千里马常有，而伯乐不常有。当今之世，除了少数族裔仍然用马作运输工具，以及保留骑警警力之外，"千里马"只沦为赛马场上赌马投注者的"梦财神"而已！赛马花式表演是贵族式"雅玩"，大马戏团亦已不多见，走得快的蒙古马，虽然曾帮助成吉思汗横扫亚欧，但今时今日的赛马名贵气，已拱手让与了澳洲马。马与人的长远历史关系，已然陌生！

犬马之字，大部分已走进历史，成为字典里的古董字，识与不识，似已无关紧要。不过，这些字，却告诉我们，中国人了解犬马，对犬马之认识和研究，可以自天地玄黄算起——数千年之久呢！

附录

其他有趣的马型字尚有：

騁（音惩）、骉（音淼）、䯁（音腾）、駻（音冲）、駈（音群）、騸（音兔）、驢（音路）、鷷（音龙）、驦（音旁）、骚、骤、驴、驠（音燕）、驢（音驴）、鸢（音肺）、骉（音风）、駓（音华）、駪（音梳）、骘（音制）、襂（音鸟）、鸸（音渠）、骼（音格）、䯞（音搓）、憗（音头）、骊（音缅）、骥（音粪）、骆（音路）、骚（音蛋）、駞（音烟）。

可识犬马之字？

58. 与人事牵扯的"动物字"

有些繁体字,分明是动物字,或动物字部首,却与人事牵扯在一起,十分有趣,看一下下述例子就知道(也许,有些早已忘记,脑子里只留似曾相识的印象)。

- 牛:牛刀,比喻大材(《论语·阳货》:"夫子莞尔而笑曰:'割鸡焉用牛刀?'"),牛刀割鸡,嗣后同"牛鼎烹鸡",大材小用也;牛子,古时绿林中人对所获人质的称呼;牛毛,众多、细小(杜甫《述古》:"秦时任商鞅,法令如牛毛",苏轼《读孟郊》:"夜读孟郊诗,细字如牛毛");牛衣,麻草编成寒衣(苏轼《示过》:"合浦卖珠无复有,常年笑我泣牛衣");牛耳,称霸,古诸侯国君会盟,割牛耳歃血为誓,以示信守;牛后,从属地位(成语"宁为鸡口,毋作牛后");牛脊雨,夏日天空一边晴、一边下雨的骤雨;牛马走,仆役或如牛马般供人使唤(司马迁每喜自喻为"牛马走");牛眠地,据云是风水好的墓地;牛鼻子,对道士的嘲弄(道士头上高髻似牛之鼻子);牛山濯濯,笑人秃头无发;牛心拐孤,牛脾气;牛不出头,谜语射午字;牛一,生日也;牛鬼蛇神,尽是坏人;牛骥同皂,贤愚不分;牛头不对马嘴,牛不喝水强接头。牵:引,进荐、引用;牵羊,原意为臣服,今义为偷(成语"顺手牵羊")。犒:犒劳,犒赏。牺:牺牲。

- 犬:犬儿、犬子、小犬;犬牙(犬牙交错);犬马(人臣对国君自称谦词,效犬马之劳);犬马之齿、犬马之龄、犬马之年,对自己年龄谦称;犬马齿鬖,年迈。

- 羊,羊肠小道、羊肠鸟道;羊僧(愚痴鲁钝之僧);羊头(挂羊头卖狗肉);羊公鹤,名不副实;羊皮纸(parchment);羊痫风(Epilepsy);

羊胃羊头，滥授官职；羊狠狼贪，贪婪凶暴；羊踏菜园，嘲笑忽得美食，大嚼一顿而致肠胃不适；羊质虎皮，外强内弱，虚有其表；羊毛出在羊身上。羔：羔羊（弱者，成语"代罪羔羊"）。羌：羌无故实，只用白描，不用典故作诗。美：美刺，扬善而讽恶（《谢灵运·山居赋》："家传以申世模，篇章以陈美刺"）；美利，极大利益；美疢（明知有害而曲意顺从）；美拜、美除、美授，授与好的官职；美禄，美好的赐与；美男破老，利用宠臣进谗言，诋毁忠心老臣。羞：羞口羞脚，因害羞而不敢开口，不敢上前。羡：羡力，多余的力量；羡卒，多余的兵卒。羼：羼戏（票友票戏演出，羼音颤）。

- 虎：虎口、虎穴、虎吻，虎穴龙潭，虎窟龙潭，危险之地；虎臣，勇武的臣子；虎冠，残暴的人；虎威（寓言成语"狐假虎威"）；虎视（成语"虎视眈眈"）；虎伥（成语"为虎作伥"）；虎残（同成语"虎之余生"）；虎舅（猫）；虎饱（贪得无厌）；虎榜，武科进士榜（即龙虎榜）；虎唬，威吓；虎踞，地势险要（成语"龙蟠虎踞"）；虎据，强占；虎翼，益增威势（成语"如虎添翼"）；虎貔、虎鸷，勇猛的将士；虎须，不容侵犯的（成语"捋其虎须"）；虎而冠，衣冠楚楚却残暴不仁；虎刺孩，强盗（蒙古语）；虎急急，急急忙忙；虎辣八、虎拉巴（忽然）、虎入羊群，势不可当（成语"送羊入虎口"），虎口之厄，被吞食之虞；市虎，汽车；虎口余生，遭大险而终于逃脱；虎（毒）不食子（尚有仁心）；虎尾春冰，危险之至；虎咒出柙，让猛虎出柙害人（喻做事不尽责，有亏职守）；虎背熊腰，身体壮硕；虎咽狼吞，饮食贪婪猛急的样子；虎狼之国，贪暴凶狠的国度；虎挂佛珠，外表慈祥而实则凶残；虎圈啬夫，小官也；虎饱鸱咽，贪官污吏凶暴贪得；虎头蛇尾，做事有始无终；虎啸风生，英雄豪杰应运而起；虎掷龙挐，挐，音拿，同龙争虎斗；虎落平阳（深坑）被犬欺。虐：虐政，酷政；虐刑，酷刑；虐威，以残酷暴虐的刑罚威吓人民；虐病，重病；虐烈，残酷暴烈；虐暑，酷暑。虔：虔心，诚心；虔婆（老虔婆，三姑六婆类）；

虔诚；虔祈（虔诚祝福）；虔虔，尊敬；虔刘，抢夺杀害。虚：虚左（成语虚左以待，虚尊位以待贤）；虚白，虚室生白，心能虚静，光明自生；虚声（虚张声势）；虚有其表；虚名（虚名自累）；虚生浪死（苟且偷生）；虚往实归；虚与委蛇；虚骄恃气；虚嘴掠舌；虚应故事，虚声恫喝；虚怀若谷；虚灵不昧。

- 虫：虼蟆（音咯蚤）脸儿，面子不够大。蚤，同早，蚤知之士，蚤寝晏起。蚊：蚊力，力量小；蚊负，无法胜任。蚌：老蚌生珠，年龄大生小孩。蚩：蚩研，美丑；蚩拙、蚩駮、蚩儜，愚拙；蚩辱，轻慢侮辱；蚩蚩，敦厚老实；蚩鄙，粗俗鄙陋。蛇：蛇行，曲折而行（蛇行鼠伏）、蛇豕、蛇虺（音伟）、贪婪残暴；画蛇添足，蛇鼠一窝；蛇蛇，大言不惭，轻率浅薄（《诗经·小雅·巧言》："蛇蛇硕言，出自口矣"，安舒的样子，韩愈《南海神庙碑》："蜿蜿蛇蛇，来享饮食"）；蛇吞象（人心不足蛇吞象）；蛇心佛口，蛇兔联盟，喻强者引诱弱者合作，然后又将弱者兼并；蛇雀之报，自述感恩图报；蛇心狡肚，坏心肠；蛇蝇粪秽，极其鄙贱的东西。蛩：蛩恑，惊惶；蛩蹶，相依为命；蛩蛩，形容文章节音，如蟋蟀、寒蝉之秋吟（明吴讷《文章辨体·歌行》："悲如蛩蛩曰吟，委曲尽情曰曲。"）蛟龙得水，人尽其才。蛙鸣蝉噪，声音扰人。蟀贼，危害社会国家的人。蛛丝马迹。蜃楼（海市蜃楼，幻景）。蛹卧，隐居不出仕。蜑妹，蜑家女。蛾：蛾眉（娥眉）；娥扬，娥眉扬起，美人之笑也；蛾术，即蚁术，学问是累积的；蛾蛾，锋利貌，败乱状；蛾翠、蛾黛、蛾眉曼睩，美女之眉。蜂：蜂午，豪杰亟起；蜂出，群涌而出；蜂至，群集而至；蜂起，成群而起；蜂气，锐利的气势；蜂准，隆准；蜂腰，细腰；蜂聚，群聚；蜂拥而至；蜂蛰，祸害；蜂屯蚁杂，纷乱错杂；蜂目豺声，凶恶之人；蜂扇蚁聚，起不了作用；蜂虿有毒，物虽小也能害人。蜀犬吠日，少见多怪。蜜：蜜里调油，感情极好；蜜饯砒霜，口蜜腹剑。螘：螘旨，急速运输粮米；螘语（螘短流长）；螘英腾茂，称颂人的声名事业日盛；螘蓬之问，不合仪法程序之问；蜚声鹊起，声名大噪。蜿：蜿蜒曲折；蜿蝶，自相迫促貌；蜿蝉，盘屈貌。蜷局、蜷伏，屈曲不伸貌。蜻：蜻蜓点水，浅尝即止；蜻蜓吃尾巴，各付各的账；蜻蜓撼石柱，力量小而工作重，不能胜任。蜮祥，灾变将至之象。蜩沸，喧哗；蜩螗，掉头也；蜩螗沸羹，纷扰不宁。蜪伴，人群相随也。蜲蛇，同委蛇。蚀既，日、月全食。虿：虿官，奸诡害人的坏官；虿斗，人为为小事而斗；虿如轮，眼力极好；虿子皮袄，繁琐棘手而不易处理了结之事；虿处裈中，喻见识狭小，不能解除困境；虿胫虮肝，细微之事也；虿处头而黑（下句为"麝食柏而香"，即近朱者赤，近墨者黑，见《文选·嵇康·养生论》）。蝶：蝶化，喻人生虚幻，周密《悼杨明之》："帐中蝶化成真梦，镜里鸾孤枉断肠"；蝶梦，梦也，黄庚《俞景仁教谕相过》："花怯晓风寒蝶梦，柳愁春雨湿鹦声"；蝶粉蜂黄，本指妇女粉面额黄的化妆，后比喻为处子之身。虾：虾荒蟹乱，战争预示；虾蟆日夜鸣，讲至口干而人不听（多言无益）。蝎：蝎潛，喻从内部而生的谗言；蝎蝎螫螫，太过注重细节。蝟（猬）：猬集，事情繁多而错杂；猬缩，同龟缩，畏缩不前；猬结蚁聚，群聚在一起。蜗：蜗居、蜗舍、蜗室、蜗庐，喻居陋室；蜗战，因小事而打将起来；蜗篆，蜗牛爬过的痕迹；蜗角之争，因小事而争；蜗角虚名，喻所争者极其微小。蝮：蝮鸷，喻人凶狠残暴；蝮蛇螫手，壮士断臂之意。萤：萤烛之光，力量微薄；萤窗雪案，喻苦读。融：融化、融解；融合、融和、融通、融会，融合而通者也；融泄，浮动的样子；融洽、融融（其乐融融，融融泄泄，安和快乐的样子）；融会贯通。螓：螓首蛾眉，额广眉弯，美人也。蚂：蚂蚍（大蚂蚁）叮腿，喻紧咬不放；蚂蝗见血，喻见心爱之物，不肯离开。螣：螣（腾）蛇入口（相术用语，喻口旁俗称法令之嘴纹，延展像伸入口中，而非顺口形而下，特指人之晚年有挨饿到死之虞）；螣蛇无足而飞，喻苟用心专一，可获成功。蛰伏；蛰蛰，众多貌。蟊贼，为害大众之小人。蟉虬，音蝼球，盘曲的样子。蟠行，以背滚行。螳螂捕蝉（歇后语：黄雀在后），喻顾得了目前而顾不了后患；螳臂当（挡）车，同以卵击石。蝼：蝼蛄之材，本事多但无一专精；蝼蚁尚且贪生，生命可贵。蟪：蟪蛄不知春秋，喻寿命短而见识小。虫：虫篆，喻雕虫小技；虫蚀；虫臂，微小也；虫虫，热气蒸人貌；虫鸡，虫鸡得失，事情琐碎细微，得或失皆无关要紧，刘克庄《送张守秘丞》："虫鸡一笑何须较，鱼鸟相疎恐被弹"；虫沙猿鹤，喻战死士卒或因战乱而罹难的百姓；虫霜水旱，农田四大害；虫臂鼠肝，微贱之物。蝉：蝉纱，如蝉翼似的轻而薄之纱；蝉连，同蝉联；蝉蜕，解脱；蝉娟，同婵娟，形态典雅美好的女子；蝉不知雪，同夏虫不可语冰，喻见识浅薄；蝉衫麟带，衣着华丽；蝉腹龟肠，喻饥饿困乏。蟠：蟠道、蟠蜿，盘回弯曲的道路；蟠满，通达周至，无所不在，《管子·内业》："上察于天，下极于地，蟠满九州"；蟠际，气势盛大，柳贯《过大野泽》："蟠际渺西东"；蟠蚷，同盘踞；蟠龙、蟠萦，回旋、盘曲、环绕状。蚁丘，窄小之地；蚁行，喻人之得意时，不宜急进，宜稳步前行，谦抑自持；蚁合、蚁众，乌合之众；蚁动，纷扰也；蚁术，同蛾术，勤学不倦，《礼记·学记》："蛾子时术之"；蚁聚，众多；蚁鼻，轻微也；蚁溃，溃败；蚁慕，仰慕；蚁磨，沉迷世局，劳碌一生；蚁观，轻视之意。蝇营，蝇营狗苟，形容小人的贪心无厌跟无耻钻营。蝇营，像苍蝇那样到处逐食腐物，狗苟，像狗那样四处苟且觅食。蝇头小（微）利；蝇点，喻受小人逸谤诬蔑；蝇蝇，往来不定；蝇粪点玉，喻邪恶害善。蟹行，横行。蝮屈，不得志而屈身退隐。蠢动，同蠢蠢欲动。蠲去，蠲，音捐，删去也。蠹书虫，死读书人。蚕食，鲸吞蚕食；蚕绩蟹匡，同蟹匡蝉緌，喻事情虽然表面上好像相关，但其实不然。

・豕：豕突狼奔，奔突乱窜；豕视，反白眼；豕喙，口形尖长，形容贪婪嘴脸；豕祸，天气寒冷；豕交兽畜，对人没礼貌，像待猪一样。豚子，豚儿，豚儿犬子，对人谦称自己儿子。象恭，外貌恭敬；象齿焚身，喻人因钱财而招祸。豪汰，过度奢侈，浪费；豪宕，豪放不羁。豫附，心悦诚服来归附。豺狼当道，喻统治者的暴虐凶狠。豹隐，退隐。貂裘换酒，喻名士之旷放不羁。狸德，贪得无厌。猫鼠同处，上下狼狈为奸；猫噬鹦鹉，排挤恶类。

- 隹：隼质，凶狠本性。隻（只）：只凤，无配偶男子；只轮不反，全军覆没；只鸡絮酒，喻祭品菲薄，但情意甚重。雀：雀角鼠牙，强暴、遭讼。雀儿肠肚，器量狭小。雄：雄鸡断尾，怕被用作祭品而自毁形体。雉：雉求牡匹，喻淫乱之人，不守礼法，越轨相求。雞（鸡）：鸡窗，书房；鸡胸，畸形之佝偻病；鸡眼，硬固角质块；鸡斯，古束发髻之物，疑是筓纚音误；鸡碑，比喻聪明，丁用晦《芝田录序》："予才惭鼠狱，智昧鸡碑"；鸡坛，朋友相会之处，史谨《答殷尚质次韵》："鸠仗待看他日赐，鸡坛不负旧时盟"；鸡群鹤，鹤立鸡群；鸡头肉，喻妇女美乳房；鸡口牛后（"宁为鸡口，毋为牛后"）；鸡犬不留，喻赶尽杀绝；鸡犬不宁，喻被极度骚扰；一人得道鸡犬升天，讥讽一人一朝居高位，亲信皆受重用；鸡犬相闻，住得近；鸡毛蒜皮，喻微不足道事物，同鸡零狗碎；鸡皮疙瘩，毛管悚然耸起，浑身不自然，同鸡皮栗子；鸡皮（肤）鹤发，人老也；鸡肘博士，讽写了错别字的人；鸡争鹅斗，因细故而争吵不休；鸡骨之床，指居丧守孝，伤心哀毁消瘦；鸡豚同社，乡人餐叙之谓；鸡鸣狗盗，借喻只有雕虫小技而无大才干之人；鸡虫得失，喻世事难料，或得失细微，无关紧要；鸡鹜争食，喻小人相互争利；鸡同鸭讲，语言不通，或语无交集；鸡食放光虫，心知肚明（放光虫即萤火虫，此喻自己做事自己知）。雏凤声清，喻后生可畏，李商隐《韩冬郎即席为诗相送因成二绝》："十岁裁诗走马成，冷灰残烛动离情。桐花万里丹山路，雏凤清于老凤声。"雙（双）：双丸，日和月，朱德润《题陈直卿一碧万顷》："日月双丸吐，江山万古愁"；双珠，同双璧；双凤，兄弟并美也；双清，存心、行事皆清亮无邪；双栖双宿；双豆塞聪，被蒙蔽，一无所闻；双虎之功，功勋极大；双柑斗酒，喻春游；双瞳剪水，美目也。離（离）：离次，离弃职守,同离局;离列,离群,同离披、离析;离沮,散离沮坏;离坼,坼裂;离奇,木根盘曲;离贰,有叛离的心意;离了眼,走了眼;离了格兜,超出范围,不成样子。难(難)驳,攻讨反击。

·马:马前卒,为人做先锋打手;马后炮,失效、过了时的动作、言语;马不停蹄,忙碌之极;马牛襟裾,穿着衣服的马牛,喻不懂礼仪;马耳东风,喻对所闻毫不关心;马仰人翻,打败仗狼狈样子;马往犬报,互相投赠,送礼丰而回礼薄;马首是瞻,跟别人进退;马革裹尸,战死沙场;马马虎虎;马迟枚速(西汉时,司马相如文章好,但写得慢,而枚皋文笔虽稍逊于司马相如,但却是快笔,此喻创作才能虽异,但各有所长)。冯:暴虎冯河(徒手搏虎,徒步涉水,喻做事有勇无谋,冯同凭);冯怒,盛怒;重(再)作冯妇(冯妇,孟子口中善搏虎之晋人,比喻重操故业或重扮以往角色);冯冯,盛多貌;冯隆,高大貌;冯闳,空旷;冯资,依赖;冯轼,双手握车前横架,上体前屈,表示敬意;冯翼,辅助。驷不及舍(一言既出,驷马难追);驷马高车,权贵人家。鲐:鲐背(鲐,音台;此谓背皮像鲐鱼,享高寿也);鲐荡,放荡;鲐藉,踏践、挤压。驾驭,同驾御,控制也。驽马恋栈豆(栈豆,马槽中豆料,此喻能力低的人迷恋禄位)。骈拇枚指,多余无用的东西。駪駪,众多貌。骎骎,急速也。骏骨,喻贤才;骏发,才华洋溢;骏逸,超凡出众。骐骥一毛,珍贵物品极小一部分。骑:骑虎之势(同骑虎难下);骑马寻马,另找出路;骑驴觅驴,忘了自己已有,又向外追求;骑鹤上扬州,喻妄想、奢望。腾蛟起凤,喻才华优异。骖靳,喻先后相随。

驴:驴王,凶残恶狠的人;驴年,没有期限的;驴券(为文,说话不得要领,《颜氏家训·勉学》:"邺下谚云:'博士买驴,书券三纸,未有驴字'");驴生戟角,不可能之事;驴前马后,喻人自甘落后;驴唇马嘴,瞎说一番;驴鸣犬吠,喻文章鄙俗;驴唇不对马嘴(同驴头不对马嘴,牛头不对马嘴);驴贩盐车,喻埋没贤士良才。骥:骥子龙文,称美别人子弟。骊:骊歌(道别的歌,《骊驹之歌》简称:"骊驹在门，仆夫俱存；骊驹在路，仆夫整驾"；骊驹，纯黑色的马）。驵：驵子，流氓。骏：骏子，愚笨的人；骏冶，娇憨美艳；骏女痴男，天真而沉迷于情爱的少男少女。

- 鱼：鱼水相逢（同鱼水之欢，喻夫妇和谐之乐）；鱼目混珠，以假乱真；鱼沉雁杳，音信断绝；鱼游釜中，喻处境危急；鱼网鸿离，喻所得非所冀；鱼溃鸟散，军队溃败惨状；鱼质龙文，喻虚有其表；鱼龙混杂，杂聚在一起；鱼将化龙，行将大用；鱼烂土崩，败溃；鱼鳞马齿，人烟稠密。鲂：鲂鱼赪尾，赪音赤，义同，此句喻人之劳苦。鮠：鮠断，圆通而无棱角，好好先生也。鲁：鲁男子，喻见女色而能不乱之人；鲁殿灵光，硕果仅存的人或事物；鲁卫之政，喻相类似的事物。鲐稚，鲐，音台，此喻老人与小孩。鲍鱼之肆，喻小人聚居之所。鲜车怒马，喻豪华奢侈。鲠谔，说话正直。鲸鲵，喻凶暴不义之人。鳡人，鳡，音浅，此喻无才小人。鰀，音泼，鱼掉尾声音。鳣序，学校；鳣庭，同鳣堂，讲堂也。

- 鸟：凫乙，各自以为是，而各有所蔽。鳳（凤）：凤毛济美，喻子有父风；凤毛麟角，喻极珍贵；凤去秦楼，喻人去楼空；凤泊鸾飘，喻不得志，到处飘泊；凤拆鸾离，喻相爱男女，中途分了手；凤翥龙蟠，同凤翥鸾回，喻笔势多姿；凤鸣朝阳，喻贤才逢时；鸦：鸦巢生凤，喻平庸家庭，出了优秀子孙。鴈（雁）：雁逝鱼沉，音讯断绝。鸭步鹅行，喻步履蹒跚。鸥：鸥视狼顾，凶狠贪婪；鸥目虎吻，相貌凶暴可怕。鸿：鸿冥，弃官隐居；鸿列，伟大功业；鸿基，意义同洪基，帝王大业也；鸿雁哀鸣，灾民饥饿的惨况；鸿毳沉舟，鸟兽细毛，此喻细毛积聚，一样可以沉船。鹊巢知风，防了远祸忘了近患。鹤长凫短，各有所长。鹘入鸦群，骁勇无敌。鸥社，同鸥盟，隐居江湖；鸥鹭忘机，易与人亲近。鹡鸰一枝，勉人要知足寡欲。鹰鹯，勇猛有诛除力之人；鹰拿燕雀，喻手到擒来；鹰视狼步，外貌凶狠；鹰击毛鸷，喻凶狠严苛；鹰瞵鹗视，威猛凶悍；鹰觑鹘望，眼如鹰鹘般锐利。鹦鹉学语，人云亦云。鸾文，文章纤细妍丽；鸾翔凤集，喻人才聚集。

与人事牵扯的"动物字"

- 鹿：鹿马，指鹿为马；鹿独，落拓；鹿死不择音（音，荫的谐声），此喻急时已无所选择。麋蒙虎皮，无自保能力但拥有令人觊觎之物，益形危险。麟子凤雏，权贵子孙；麟角凤距，贵而不实用的东西；麟角凤毛，珍异品。
- 鼠：鼠首偾事，多疑不决，必将败事。

汉语语文，都少不了"动物字"，可见汉语文与动物，早已"打成一片"了！

附录

"鲜"就是"鱻"

羊肉味"羴"（膻），只要稍微碰触，如不洗涤干净，膻味会持久不散；故有俗谚说"没食羊肉亦一身臊"，意即"此事脱不了干系了"。鱼烹调起来，味道固然甚鱻（鲜），但基本上鱼味仍是鯹（腥）的。至于若将生的羊肉和鱼肉放在一起，闻起来更有一种特别的鯹臊（腥臊）味。

将羊肉和鱼肉一起烹调，是否为人间美味？的确有此一说，但不知为何鲜见于食谱。

不过，古人造字，绝对不是指将鱼和羊放在一起烹调，就是"鲜"。因为，"鲜"根本就是一种鱼，产于古时貊国，即今之山东半岛和辽东半岛一带；而鲜味之"鲜"字，古字原作"鱻"——用一大把新鲜的鱼熬汤来喝，你说味道鲜不鲜呢！

59. 溼、濕可以通假，刮刮叫、吓吓叫却是不通

一、溼与濕

繁体字溼之与濕两字虽通，且同为水字部，但若就精准度而言，两字之骈词，仍各有专属。

濕（湿），水部，与燥相对，潮湿也（《易·乾》："水流向湿，火就燥。"疏："水流于地，先就湿处。"）湿，又作润湿解，最著名的解说，出于《庄子·大宗师》："泉涸，鱼相与处于陆，相呴（音吁，吹气）以湿，相濡以沫，不如相忘于江湖。"湿与文辞渗杂，颇有凸显，例如：

- 湿风：庾肩吾《从驾喜雨》："湿风含酒气，阴云助麦寒。"
- 湿姑：生于湿粪土壤中的蝼蛄，李贺《昌谷》："嘹嘹湿姑声，咽源惊溅起。"
- 湿银：月色下，闪动如银的水波，范成大《顷乾道辛卯岁三月望夜》："三更半醉吹笛去，棹入湿银天镜中。"
- 湿湿，一解是浪涛开合的样子，《文选·木华·海赋》："惊浪雷奔，骇水迸集，开合解会，瀼瀼湿湿。"张铣注："瀼瀼湿湿，开合貌。"
- 湿蛰，因为潮湿而有利于虫蛇蛰伏，韩愈《八月十五夜赠张功曹》："下床畏蛇食畏药，海气湿蛰熏腥臊。"
- 湿薪，潮湿的柴薪，《史记·酷吏传·宁成》："为人上，操下如束湿薪。"
- 湿肉伴干柴，谚语，指受刑拷问，《元曲选·武汉臣·老生儿剧一》："但得他不骂我做绝户的刘员外，只我也情愿湿肉伴干柴。"

而溼，同是水部，原指低下之处多水气，故亦指潮湿，汉以后多通作湿。湿有两个极端之骈词，一是佛家语湿生，另一个是指将人活埋的湿梢。湿生

指因湿气而生，是佛家所说的四生之一（《金刚经·大乘正宗分》：“所有一切众生之类，若卵生，若胎生，若湿生，若化生。”）而据《旧唐书·李希烈传》所说：“希烈性惨毒酷……其攻郡州，驱百姓（古之人海战术），今运木土筑垒道；又怒其未就，乃驱以填之，谓之湿梢。”

根据《方言》卷一，湿，可作失意解（“湿，忧也。……自关而西，秦晋之间，凡志而不得，欲而不获，高而有坠，得而中亡，谓之湿”），至今，粤谚仍称遇着困难为“湿滞”。但元萨都剌用湿透来描写落花，却是曼妙：“落红湿透胭脂腻，半幅凌波剪秋水。”（《绣鞋》）

湿字水旁之“㬎”字，初文见于小篆，《说文》曰：“众微妙也，从日中视丝。”从字形去看，也真像在日下晒湿丝的样子。纵然有学者认为，湿字是自显字析出，显是颈上一双耳环受日照反光而闪烁之象。不过，湿字却早见于甲骨文（有“‘用林于湿风又口’屯”之句，作潮湿解）、金文（有“王才镐京湿宫”之句，作潮湿或宫名解）和小篆，而小篆写法却正是溼，与濕字原字“异了型”。未见过甲骨文的许慎，则是取小篆之湿字而加以解为未干的样子。因是言之，溼虽与濕早就通假，但湿肤之湿字似乎还是用濕字较利俗从。

二、顶刮刮胜嘎嘎叫、吓吓叫和呱呱叫

说人家厉害得不得了，一般俗说有三个形容词——嘎嘎叫、吓吓叫和呱呱叫，文雅一点的，则说顶刮刮。可是：

- 嘎嘎（音加加），原指鸟鸣声（李山甫《方千隐居》：“咬咬嘎嘎水禽声，露洗松阴满院清”），但也借喻笑声，如嘎嘎大笑。
- 吓，是个多音字，读曰夏时，为怒斥声（《庄子·秋水》：“于是鸱得腐鼠，鹓鶵过之，仰而视之曰：‘吓！’”）；读曰鹤时，是恐吓人之谓（《庄子·秋水》：“今子欲以子之梁国而吓我也。”）而骈词吓吓（音呵呵），则指笑声（《通俗编·声音》：“唐张鷟《朝野佥载》引谚：‘正月三白〔落雪，表示雨量充足〕，田公〔家〕笑吓吓。’”）

·呱呱(音姑姑),原是指婴儿的啼哭声,亦泛指一切哀声或鸟兽的鸣叫声。

因而,顶刮刮纯是口头语,失其原义。

其实,由是观之,不论嘎嘎叫也好,吓吓叫也好,呱呱叫也好,顶刮刮也好,最合理的写法应该是:顶刮刮(音瓜瓜),或者通俗一点,借音写成顶瓜瓜或顶括括。清吴研人《二十年目睹之怪现状》第五五回就有此词:"这瓶药水,顶括括啰!顶括括啰!有仿单在此,你拿回去一看,便明白了。"而刮刮叫则是吴越方言,清李伯元《官场现形记》第四回:"咱班子里一个老生,一个花脸,一个小生,一个衫子,都是刮刮叫,超等第一名的脚色。"

淫、濕可以通假,刮刮叫、吓吓叫却是不通

第三篇

附篇

1. 汉字的变幻特色

一、文字画

由于繁体字是方块形（chunking）、文字画的取向，字中有画，画中可以示字，故此，它的"变形字"和字的排列阵矩，皆可以另成学问。其一是诗的"神智体"（迷象诗），它是一种以字形图画化，加上组合而"凑成"一首诗；因为得费精神、智慧去"猜想"而得，故名神智体。

神智体的源起，据宋桑世昌之《回文类聚》所记：宋神宗熙宁年间有辽国使者到汴京，自夸能诗，神宗便令苏轼作陪，辽使以诗问难苏轼，轼说："作诗容易，看诗困难。"因用十二"怪"字，写了一首七律《晚眺》："亭长景短无人画，老大横拖瘦竹筇。回首断云斜日暮，曲江倒蘸侧山峰。"（见图1-1）令辽使大为惊讶，自是不敢与苏轼再谈诗。自后神智体诗即屡有佳作，如另一首："日圆山高路口长，横云细雨倒斜阳。扁舟横渡无人过，风卷残花半日香。"（见图1-2）

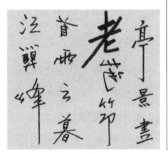

图1-1 苏轼《晚眺》　　图1-2

二、同音文

用音近之字，拗口成文，最著名的是语言学家赵元任之《施氏食狮史》：

> 石室诗士施氏，嗜狮，誓食十狮。施氏时时适市视狮。十时，适十狮适市。是时，适施氏适市。施氏视十狮，恃矢势，使是十狮逝世。施氏拾是十狮尸，适石室。石室湿，施氏使侍拭石室。石室拭，施氏试食十狮尸。食时，始识是十狮尸实十石狮。试释是事。

不过，如以粤语发音，则下面《饥鸡集机记》，似更传神（转引自江澄格《奇文妙字说不完》）：

> 唧唧鸡，鸡唧唧。几鸡积挤集机脊。机疾极，鸡饥极。鸡冀已技击及鲫。既济蓟畿，鸡计疾机激几鲫。机疾极，鲫极悸，急急挤集矶级际。继即鲫迹极寂寂，继即几鸡既饥即唧唧。

三、几何距阵汉字排列法

（一）宝塔诗

也称"一至七字诗"，言其最短之"句"由一字起，最长之句为七字；其排列形式成三角（△）宝塔形，诗中字数随着诗句，逐句一字一字地增加，形成一种排列形式感，有类白话新诗之长短句形式。有谓宝塔诗之源起，是隋代沙门释慧英者，著有一、三、五、七、九之"诗"一首，（首、二句之后，每两句加两字），双句押韵，叠聚起来，像个宝塔，因而得名。其诗见图1-3，其韵为：愁、抽、流、秋及州。此外，唐白居易、清吴敬梓亦有宝塔诗之作，见图1-4、图1-5；《全宋诗·孔平仲集》有倒宝塔诗之作，见图1-6。

图1-3 释慧英 宝塔诗

```
      遊
      愁
     赤縣遠
     丹思抽
    鷲嶺寒風馳
    龍河激水流
   既喜朝聞日復日
   不覺年頹秋更秋
  已畢者山本願誠難駐
  終望持經振錫往神州
```

图1-5 吴敬梓《儒林外史》宝塔诗

```
      呆
     秀才
    吃長齋
   鬍鬚滿腮
   經書揭不開
   紙筆自己安排
   明年不請我自來
```

图1-4 白居易《诗》

```
      詩
     綺美
     瑰奇
     明月夜
     落花時
    能助歡笑
    亦傷別離
   調清金石怨
   吟苦鬼神悲
   天下祇應我愛
   世間唯有君知
   自從都尉別蘇句
   便到司空送白辭
```

图1-6 《全宋诗·孔平仲集》倒宝塔诗

```
仕宦千憂出海濤 · 功名一笑付秋毫
 榮望棄如脫屣 · 歸心斷若操刀
  東堂展圖畫 · 北牖綴風騷
   晴煎越茗 · 寒汎宮醪
    越世網 · 釋天彄
     就逸 · 辭勞
      高 · 高
```

汉字的变幻特色

（二）重句诗

又名叠辞（字）诗，指在诗词中，有类十字诗，将部分文字反复重叠运用，因而成诗。据传宋苏东坡曾以"赏花归去马如飞（，）酒力微醒时已暮"十四字重叠字句、排列组合而成《赏花》七言绝句一首。（见图1-7）

（三）衔头接尾诗

又名藏字折字诗或离合藏头诗，特色是每句最后一字的偏旁，用作第二句句首开头第一个字，各句循环援用以成诗句。例如，清万树所著之《分飞鸿雁》七言律诗（见其所著之《璇玑碎锦》），诗、图见图1-8。另一首《才秀进京古学开衔头接尾》诗，则直如"迷踪诗径"，见图1-9。

图1-7 苏轼重句诗《赏花》

图1-8 清 万树《分飞鸿雁》

图1-9 《才秀进京古学开衔头接尾》诗

2. 汉字书法集论摘要

⌘ 晋王羲之《书论》：

　　　用尖笔落锋混成，无使毫露浮怯，举新笔爽爽若神，即不求于点画瑕玷也。（参见图 2-1）

清代的阮元将书法分南北两派，他认为三国魏之钟繇（参见图 2-2）、卫瓘是南北两派的共同始祖。至晋怀帝司马炽、愍帝司马业先后败降，为刘聪、刘曜掳获之后，西晋亡；司马睿（元帝）迁都建业（南京），是为东晋，成了南北朝对峙之局。此时，汉字书法也随而出现了南北不同风格。南派（宗）以东晋王羲之为宗主，传王献之（羲之子，参见图 2-3）、王僧虔（南齐）、僧智永（陈，羲之七世孙）等等；北派以晋索靖为宗主，传崔悦（后赵，学卫瓘）、卢谌（晋，学钟繇）、高遵（后魏）、姚元标（北齐，善草隶）和赵文深（北周）等人。阮元以为南派长于书牍，北派长于碑版；又说江左风气比较疏放，北派继承中原古法，比较拘谨拙陋。他在《北碑南帖论》说：
"短笺长卷，意态挥洒，则帖擅其长。

图 2-1　王羲之小楷《乐毅论》

界格方严,法意深刻,则碑据其胜。"后书法家认为,北派多承汉碑之法,故魏碑结体多存隶法;而南派书法不尽是"南派"书法,只因为被禁止立碑,故少流传,但并非绝对没有,如晋碑《爨宝子》(图 2-4)和宋碑《爨龙颜》(图 2-5)就是。

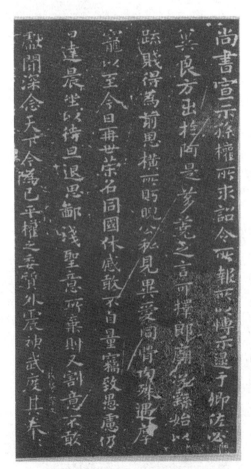

图 2-2 钟繇小楷《宣示表》

图 2-3 王献之小楷《洛神赋》

(原 13 行)

图 2-4 晋碑《爨宝子》

图 2-5 宋碑《爨龙颜》

⌘ 唐虞世南《笔髓》：

假笔转心，非毫端之妙，必在澄心运思，至微至妙间，神应思彻。字虽有质，迹本无为，禀阴阳而动静，体物象而成形，达性通变，其常不住。（参见图 2-6）

⌘ 元盛熙明《书法考》：

翰墨之妙，通于神明。故积学累功，心手相忘。当其挥运之际，自有成书于胸中，乃能精神融会，悉寓于书，或迟或速，动合规矩，变化无常，而风神超迈。

汉字书法集论摘要

❋ 清邓石如：

　　字画疏处可以走马，密处不使通风，常计白以当黑，奇趣乃出。练字有"永"字八法，而论书法则有"书法九势"，此即：落笔、转笔、藏锋、藏头、护尾、疾势、掠笔、涩势、横鳞竖勒。（参见图2-7）

图2-6　唐　虞世南楷书碑《夫子庙堂碑》

图2-7　清　邓石如篆书

3. 更多的重文叠字和趣字

- 十,廿,卅。一,二,三。二,三(双二),籀文"四"字。仁;仨(三)。
- 卩,吅,同巽,仕转切,船上声,义同弝;㔾,音纪。
- 厶,厽,鲁水切,累上声,累坂土为墙壁之形。
- 又,叐,古友字;双;叒,音若,顺也,道相似也;叕,音椴。
- 口,吕,品;吅,音喧,吵杂也。㗊,音灵,众声也;吕,膂古字。
- 囗,回。
- 言,誩,音敬;譶,音踏;矗,音踏。
- 舌,舙,同话;舙,话字古文。
- 夕,多,古文作夥。
- 夫,扶,薄旱切,音半,行也;辇字析出。夫,㚘,音皎。
- 男,嫐,音鸟,软美之貌;嬲,同嬲,音鸟,怒也;娚,音喃,义同。
- 女,姦,姣字古文;奻,音男,讼也;奸(姦),奸也。
- 子,孖,音兹,双生子也,粤音妈;孨,以转切或旨兖切,音"转"或近"剸",谨慎也,又,孤露可怜也;孨,音你。
- 亅,了;亽,音屌;孖,音奶。
- 八,仌,别字古文。
- 刀,刅,同从(從);又音剥,为剥古字;刕,音荔,女生也,又为古"州"字。
- 力,劦,音从,又音剥,为刅(从)之讹;劦,音协,义同。
- 丶,丷,音一,伊也,音义同。
- 乙,乩,会古字。
- 予,孖,音序,《山海经》内之鱼。
- 人,从,从古字;众,众古字;仌,音冰,义同;众,虞字古文。

- 人，从，音两，义同。
- 个，쑈，音奇，参差也。
- 小，尛，么字古文，音麻、吗、么，见《文汇补》；㝏，音小，小也。
- 小，少；尐，音渺，小也。
- 大，犬，比字古文，亦作毕；夶，音琵，明也；龘，古同夶。
- 工，玨，展字古文。
- 心，忈，音反；惢，音锁，㤺，音肆；恶，音悟，恋，音之；忠；念；忿；忎，音仁。
- 歹，歺，"布"字古文（见《说文解字》）；又音喘，残也。
- 干，幵，音间，平也，像二干相对；干为盾牌。
- 旡，簪古字，兓，《集韵》作日于切，音赞，二人屈己以赞之意。
- 先，兟，音莘，进也；兓，音凶，入声。
- 幺，音邀，小也；幺，幻字古文；玄，音幽，微也。
- 户，戸，音卯，亦户也；靐，灵古字。
- 手，拜，音拱，义同；抙，音近泼，用双手捧物；㩎，音扒，义同偷。
- 斤，所，音垠，二斤也。
- 日，昍，音喧，明也；晶，音精，亮也；曐，音某。
- 月，朋，鹏古字，又义同友；朤，音晶；朤，音朗。
- 白，皕，音帛，与白同；皛，胡了切，音迥，或皎，白也。
- 大，天；叒，音皎；太，㚏，音天；夫，㚏，音皎。
- 儿，光；兟，音光。
- 石，砳，音矶，两石相击之声，同礐；磊，众石也。
- 玉，珏，同珏，音倔。
- 火，炎，炏，苦戒切，开去声，炽火盛也；焱，以冉切，音焰，火花也；燚，音坦；燚，音亿。
- 水，沝，音捶，二水也；淼，音渺。
- 木，林；森；棥，音某；蘱，音彦。

说闻解字

⌘ 木，果；㮋，楚亚切；槑，音软。

⌘ 木，枣（棗）；棘；棗，音棘。

⌘ 木，东（東）；棘，音枣。

⌘ 金，銿，音干；鑫。

⌘ 土，圭；垚，音、义同尧；竞，丘召切，音翘，高也。

⌘ 欠，欮，欠字古文。

⌘ 止，此，音歧，歧路也；歮，同涩。

⌘ 毛，毦，音驴，同毻、毸；毳，此芮切，音翠，兽之细毛也。

⌘ 爻，叕，音丽，二爻也。

⌘ 丬（爿），音墙，床也；爿爿，卯字古文。

⌘ 片，牉，音折，版也。

⌘ 玄玄，兹，古文作丝，音优。

⌘ 田，畕，音比，田也；畾，音罍，义同。

⌘ 耳，聃，音跌；聂。

⌘ 目，眗，俱遇切，音句，左右视也；朂，墨角切，音卯，美目也。

⌘ 目，直；矗。

⌘ 示，祘，祺古字。

⌘ 禾，秝，音历，稀秝，言疏远也。

⌘ 屮，草也；艸，音毁，草总称；茻，音莽。

⌘ 立，竝，音并，义同；竝，音立。

⌘ 老，耄，音昏，耄也。

⌘ 而，需，需俗字。

⌘ 至，銍，音至，到也。

⌘ 贝，賏，音映，颈饰；贔，通作赑，音备；赑负，用力壮猛貌。

⌘ 彳，行。

⌘ 彳亍，音斥触，慢行貌。

⌘ 走，赫，今作奔；赾，音抽，足病。

更多的重文叠字和趣字

- 飞（飛），飝，音飞，义同。
- 风（風），飌，音抢，或香；飍，音飙，或音咻。
- 水，淼；𣵡，音泉；㵘，音泉。
- 厂，原；厵，音原。
- 隶，待戴切，音代，及也，通逮；靤，息利切，音四，豖声也。
- 面，𩈓，音算，面愽也；𩈢，音涵，酡𩈢也；𩈪，呼内切，音海，同䫉，面肥貌。
- 页，頨，音撰，选具；𩒺，皮媚切，音必，眉也。
- 香，馫，音香，非常之香也；馫，音兴，香气也。
- 骨，骵，体（體）字古文。
- 鬲，音历，鼎典之脚也；𪔂，音沥，去滓也。
- 牛，牪，音彦，牛件也；犇，音鬼，牛也；犇，奔也，奔字古文。
- 犬，狱，同狱，语斤切，音断，两犬相契（咬）也；猋，音飙，义同。
- 羊，羴，音膻，义同，羊臭也。
- 兔，毚，《玉篇》作芳句切，音富，急疾也。
- 马，騳，音独，马走也；驫，音沤，马驰不齐也；驦，音骋；驫，音飙。
- 虫，蚰，音昆；蟲。
- 鱼，鱻，音鱼，二鱼也；鱻，音鲜，义同，鱻，音业，鱼多盛貌。
- 隹，雔，同雠；雥，集字古文。
- 鸟，鸤，奴了切，音鸟，鸟名。
- 卜，丽，古文丽（麗）字，同丽。
- 齿，齼，陟立切，音絷，齿也。齹，音差；齌，音斋。
- 云，雲，三个云字叠合，徒罪切，音憝，云貌；䨺，四个云字叠合，音农。
- 雷，靐，三个雷字叠合，浦应切，音凭，雷声也；䨻，四个雷字叠合，音迸，雷声也。䨻，音雷。
- 龍，龖，音香，飞龙也，又震怖也；龘，三个龙字叠合，音沓，龙行也；龘，四个龙字叠合，音哲。

说闻解字

- 臼，兴（興）；䲜，三个兴字叠合，音瓮；䲜，四个兴字叠合，音郑。
- 奇，崎，音几，立不正也。
- 吉，喆，音哲；嚞，音哲。
- 井，뀨，音刑，酒器也；䢸，音井。
- 巿，帗，音拜（巾部，十巾相连），行貌；䶂，音脑，撴斗也。
- 甲，畾，初瓦切，音搓上声，雪中行也。
- 車，轏，音印，义同車；轟（轟），大声也。
- 音，䶵，音软，乐器也。
- 百，皕，音秘，二百也，奭字析出。
- 夋，音矮，义同。
- 㩻，音聂，声绝也。
- 虎，杜兮切，音啼，卧也。
- 甴，音拂，鬼头也。
- 灷，盗古字。
- 伯，信古字，同訫。
- 愢，同愿。
- 旮旯，隙缝也。
- 迡迡，音至特，流浪也。
- 㐃，三个秦字叠合，音国。

（"串"非两"中"，"出"非两"山"。据坊间流传，苏小妹曾以"剪断出字两重山"，助夫婿秦少游对通苏东坡之上联"踢破磊桥三块石"。其字理实误。）

4. 本书图文举例

今文(楷书)	甲骨文	金文	小篆	么些文	纳西文	楚系简帛文字
巫						
鬼	鬼面（音扶）					
冬						
五						
七						
九						
十						
廿						
卅						
文						
言						
雨						
水						
火						
申(電)						

说闻解字

续表

今文(楷书)	甲骨文	金文	小篆	么些文	纳西文	楚系简帛文字
衣						
灾						
鬥						
岳			（嶽）			
兌						

图 4-1 凤纹（马家窑出土）

图 4-2 斧字之甲骨文释义

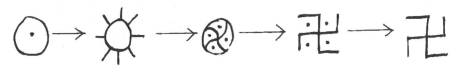

图 4-3 太阳纹、字（日）的演变

本书图文举例

430

 5.　　　　字隅

图 5-1　甲骨文

图 5-2　大篆（籀文）体系
　　　　西周　石鼓文

图 5-3　钟鼎文　西周　矢人（散氏）盘

说闻解字

图 5-4 钟鼎文 西周 毛公鼎

图 5-5 秦篆（诏版）

统一权（秤锤）、量（斗斛）的诏书

图 5-6 小篆（秦篆）

传是李斯所写之泰山石刻

图 5-7 汉隶石刻 曹全碑

字隅

图 5-8 三国 曹魏篆书 三体石经

图 5-9 唐人小篆

李阳冰：三坟记（宋人重刻）

图 5-10 汉隶 袁安碑

图 5-11 汉隶石刻 石门颂

说闻解字

图 5-12　东汉　熹平石经

图 5-13　熹平陶瓶题字

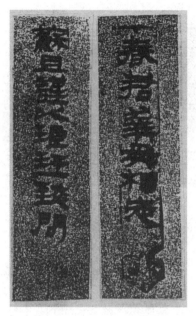

图 5-14　汉代木简

图 5-15　魏晋楷书　谷朗碑（吴碑）

图 5-16　唐楷书碑
欧阳询《九成宫醴泉铭》

图 5-17　唐　褚遂良
《孟法师碑》

图5-18 唐 颜真卿《颜勤礼碑》

图5-19 唐 柳公权《神策军碑》

图5-20 元 赵孟頫《妙严寺记》

图5-21 行楷 唐 李邕《岳麓寺碑》

字隅

 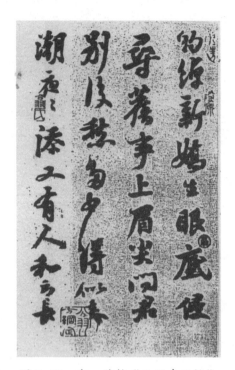

图 5-22　行书　唐　欧阳询《张翰思鲈帖》　　图 5-23　宋　苏轼《天际乌云帖》

 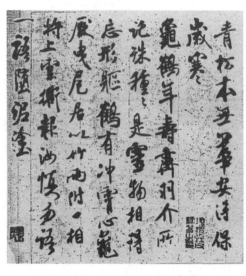

图 5-24　宋　黄庭坚《松风阁诗》　　图 5-25　宋　米芾《蜀素帖》

说闻解字

图 5-26 行草 元 鲜于枢

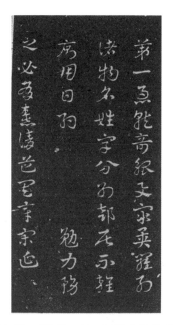
图 5-27 草书 汉 史游《急就章》

图 5-28 狂草 唐 张旭《肚痛帖》

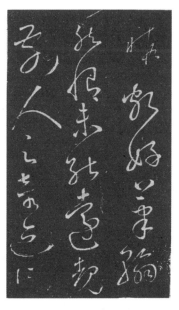
图 5-29 唐 怀素《自叙帖》

字隅

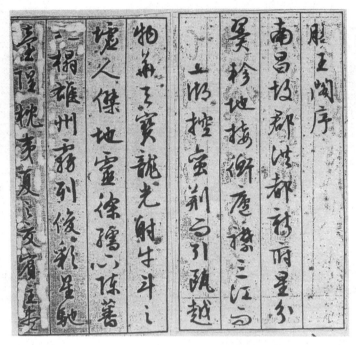

图 5-30　明　文征明《滕王阁序》

图 5-31　行书

唐冯承素摹本（勾空心字之双勾填墨摹法）王羲之《兰亭序》

参考书目

（汉）扬雄：《方言》。
（汉）刘向：《说苑》，长春：吉林大学出版社，1992年。
（汉）刘歆：《西京杂记》，长春：吉林大学出版社，1992年。
（汉）刘熙：《释名》。
（东汉）王充：《论衡》，长春：吉林大学出版社，1992年。
（东汉）班固：《白虎通德论》，长春：吉林大学出版社，1992年。
（东汉）许慎：《说文解字》，北京：中华书局，1963年。
（三国魏）张揖：《广雅》。
（南朝梁）昭明太子：《昭明文选》。
（北齐）颜之推：《颜氏家训》，长春：吉林大学出版社，1992年。
（唐）唐玄度：《九经字样》。
（唐）张参：《五经文字》。
（唐）颜元孙：《干禄字书》。
（五代南唐）徐锴：《说文解字系传》，北京：中华书局，1987年。
（宋）丁度等编：《集韵》。
（宋）司马光等编：《类编》。
（宋）陈彭年等编：《玉篇》。
（宋）陈彭年等编：《广韵》。
（元）李文仲：《字鉴》。
（元）周德清：《中原音韵》。
（元末明初）罗贯中：《三国演义》，台北：文源书局，1986年。
（明）张自烈：《正字通》。
（明）梅膺祚：《字汇》。
（明）冯梦龙：《醒世恒言》，上海：上海古籍出版社，1987年。
（明）万民英：《改良三命通会》，台北：文海出版社，1979年。
（清）王念孙：《广雅疏证》，台北：广文书局，1971年。
（清）任大椿：《字林考逸》。
（清）朱骏声：《说文通训定声》，北京：中华书局，1984年。

（清）朱骏声：《说文通训定声》，台北：世界书局，1968年。
（清）吴大澄：《字说》，台北：艺文书店。
（清）吴任臣：《字汇补》。
（清）俞樾：《古书疑义举例》，台北：广文书局，1972年。
（清）段玉裁：《说文解字注》，上海：上海古籍出版社，1988年。
（清）纪晓岚：《阅微草堂笔记》，台北：大中国图书公司，1974年。
（清）桂馥：《说文解字义证》，北京：中华书局，1987年。
（清）毕沅：《释名疏证》，台北：广文书局，1971年。
（清）刘淇：《助字辨略》，台北：开明书店，1973年。
（清）戴震：《方言疏证》，台北：中华书局，1974年。
《三元句解》，香港：锦华出版社。
《中西对照阴阳合璧万年历》，台北：大众书局，1978年。
《中国文字学》，台北：广文书局，1980年。
《文史辞源》，台北：天成出版社。
《古诗源笺注》，台北：华正书局，1982年。
《唐诗三百首》，香港：永新书局，1950年。
《鬼谷算命术》，香港：上海印书馆，1964年。
《康熙字典》，台北：启明书局。
《潮汕字典》，澳门：新生出版社。
《绘图重增幼学故事琼林》，香港：陈湘记书局。
《辞海》，台北：中华书局，1979年。
《辞源》，台北：台湾商务印书馆，1978年。

丁邦新：《台湾语言源流》，台北："台湾省政府"新闻处，1970年。
卜文编选：《中国历代短篇小说选》，香港：上海书局，1959年。
三民书局大辞典编纂委员会：《大辞典》，台北：三民书局，1985年。
上海文化出版社编著：《咬文嚼字（2009年合订本）》，上海：上海文化出版社，2009年。
上疆村民重编、唐圭璋笺注：《宋词三百首笺注》，台南：平平出版社，1975年。
中国书法社编：《中国书法源流浅说》，香港：太平书局，1971年。
孔仲温：《中共简化字异形同构现象析论》，《大陆情势与两岸关系学术研讨会论文集》，1992年，第369—388页。
孔仲温：《类篇字义析论》，台北：学生书局，1994年。
孔仲温：《玉篇俗字研究》，台北：学生书局，2000年。
孔晁注：《逸周书》，长春：吉林大学出版社，1992年。

少余生：《少林演义》，台南：大东书局。
尤达人：《达人命理通鉴》，香港：上海印书馆，1967年。
文以战：《汉字的笔画和笔顺》，香港：邵华文化服务社。
文若稚：《广州方言古语选释（合订本）》，澳门：澳门日报出版社，2003年。
文若稚编著：《广州方言古语选释续篇》，澳门：澳门日报出版社，1993年。
方师铎：《国语构词学》，台北：益智书局，1976年。
王力：《同源字典》，台北：文史哲出版社，1983年。
王力：《中国语言学史》，香港：骆驼出版社，1987年。
王力：《汉语音韵》，北京：中华书局，2000年。
王元鹿：《比较文字学》，南宁：广西教育出版社，2001年。
王天昌：《汉语语音学》，台北：国语日报社，1973年。
王宏源：《字里乾坤——汉字形体源流》，台北：文津出版社，1998年。
王明嘉：《字母的诞生》，台北：积木文化，2010年。
王昕若编著：《正字正词正句手册》，北京：中国国际广播出版社，1995年。
王初庆：《中国文字结构析论》，台北：文史哲出版社，1980年。
王初庆：《中国文字结构——六书释例》，台北：洪叶文化事业公司，2006年。
王晋光：《粤闽客吴俚谚方言论》，香港：鹭达文化出版公司，2006年。
王宁：《汉字学概要》，北京：北京师范大学出版社，2001年。
王凤阳：《汉字学》，长春：吉林文史出版社，1989年。
王辉、程学华：《秦文字集证》，台北：艺文印书馆，1999年。
王显：《略谈汉字的简化方法和简化历史》，《中国语文》，1955年第4期，第21—31页。
兓妄子（莫天赐）：《预言天书：推背图》，香港：宇宙出版社，2007年。
古凌辑：《新闻辞典》，台北：联合报社，1984年。
司马特编著：《谁还在写错字》，台北：商周出版社，2002年。
司马特编著：《错别字出列》，台北：商周出版社，2003年。
史式：《汉成语研究》，成都：四川人民出版社，1979年。
左秀灵编：《错别字辨正》，台北：台湾商务印书馆，1992年。
瓦历斯·诺干：《字字珠玑》，台北：Kuo Chia出版社，2009年。
任毕明编著：《龙虎集》，香港：香港集成图书公司，1966年。
字解文说工作室编著：《同音字大不同》，台北：商周出版社，2002年。
安子介：《劈文切字集》，香港：瑞福公司，1987年。
朱歧祥：《甲骨文字学》，台北：里仁书局，2002年。
朱歧祥：《甲骨文研究》，台北：里仁书局，1997年。

朱歧祥：《图形与文字——殷金文研究》，台北：里仁书局，2004年。
朱芳圃编：《甲骨学文字编》，北京：商务印书馆，1933年。
朱恪超编著：《古今巧联妙对趣话》，台北：云龙出版社，1994年。
朱起凤：《辞通》，台北：开明书店。
何九盈等《中国汉字文化大观》，北京：北京大学出版社，1995年。
何琳仪：《战国文字通论》，北京：中华书局，1989年。
何琳仪：《战国文字通论（订补）》，南京：江苏教育出版社，1998年。
余秉昭著：《同音字汇》，香港：新亚洲出版社，1990年。
吴玉章：《关于汉字简化问题》，《中国语文》，1955年第4期，第3—5页。
吴仰天：《中国预言纵横谈》，台北：台湾商务印书馆，1995年。
吴在野：《河洛闽南语纵横谈》，台北：东大图书公司，1999年。
吴昊：《港式广府话研究》，香港：次文化堂，2006年。
吴东权：《中国传播媒介发源史》，台北：中视文化事业公司，1988年。
吴添汉等：《新说文解字》，上海：上海科技教育出版社，1998年。
吴裕成：《十二生肖与中华文化》，台北：百观出版社，1993年。
吕自扬：《历代诗词名句析赏探源》，台北：河畔出版社，1997年。
吕叔湘：《文言虚字》，香港：大光出版社，1971年。
吕叔湘：《中国文法要略》，台北：文史哲出版社，1975年。
吕叔湘：《语文常谈》，香港：三联书店，2003年。
吕思勉：《文字学四种》，上海：上海教育出版社，1985年。
宋永培：《说文汉字体系与中国上古史》，南宁：广西教育出版社，1996年。
宋耀良：《中国岩画考察》，台北：联经出版事业公司，1998年。
［瑞典］林西莉著，李之义译：《汉字故事》，台北：猫头鹰出版社，2006年。
李守奎：《楚文字编》，上海：华东师范大学出版社，2003年。
李孝定：《汉字的起源与演变论丛》，台北：联经出版事业公司，1986年。
李周龙：《易学窥余》，台北：文津出版社，1991年。
李明译：《苹果橘子经济学》，台北：大块文化出版公司，2008年。（原著：Steven D. Levitt & Stephen J. Dubner，Freakonomics，2005.）
李圃主编：《异体字字典》，上海：学林出版社，1997年。
李国正：《汉字解析与信息传播》，北京：文化艺术出版社，2001年。
李梵编：《文字的故事》，台中：好读书出版公司，2002年。
李植泉编：《新版别字辨正》，台北：正中书局，2009年。
李圆正：《汉字解析与信息传播》，北京：文化艺术出版社，2001年。
李零主编：《中国方术概观》，北京：人民中国出版社，1993年。

李荣主编：《东莞方言辞典》，南京：江苏教育出版社，1997年。

李凤行：《十二生肖的传奇》，台北：汉威出版社，1993年。

李乐毅：《汉字演变五百例》，北京：北京语言学院出版社，1993年。

李学勤：《古文字学初阶》，台北：万卷楼图书公司，1993年。

李铁笔：《紫微斗数命运学》，台北：益群书店，1993年。

杜学知：《汉字三论》，台北：艺文印书馆，1975年。

沉默士：《阴阳学衡》，香港：东亚研究所，1970年。

汪仲贤撰文：《上海俗语图说》，上海：上海书店出版社，1999年。

汪澄格：《奇文妙字说不完：谈奇特的汉字与奇妙的文学》，台北：商周出版社，2003年。

周月亮：《中国古代文化传播史》，北京：北京广播学院出版社，2000年。

周有光：《世界字母简史》，上海：上海教育出版社，1990年。

周有光：《世界文字发展史》，上海：上海教育出版社，1997年。

周有光：《比较文字学初探》，北京：语文出版社，1998年。

周宏溟编：《成语俗语对照辞典》，长春：吉林教育出版社，1992年。

周春才编著：《漫画易经》，台北：先智出版公司，2004年。

周振鹤、游汝杰：《方言与中国文化》，台北：南天书局，1988年。

孟世凯：《中国文字发展史》，台北：文津出版社，1996年。

孟守介等编著：《汉语谚语词典》，北京：北京大学出版社，1991年。

季旭升：《这个字你认识吗？》，台北：城邦文化事业公司，2002年。

屈万里：《诗经诠释》，台北：联经出版事业公司，1986年。

易雪凝：《先秦经子僻字解》，台北：正中书局，1992年。

易麟阁编：《汉字考正》，香港：汉文出版社，1960年。

林尹：《文字学概说》，台北：正中书局，1975年。

林尹：《训诂学概要》，台北：正中书局，1992年。

林宜学：《中国预言之谜》，台北：希代出版公司，1977年。

林宜学：《八字的奥秘》，台北：龙吟文化事业公司，1992年。

林启元编：《中国万年历》，香港：香港荣光出版社。

林庆勋等编著：《文字学》，台北：空中大学，1996年。

邱濬：《成语考》，澳门：新生出版社。

邱濬：《明心宝鉴》，澳门：新生出版社。

金文明等：《经典成语故事大全》，香港：商务印书馆，2008年。

俞新：《诸神的起源——中国远古太阳神崇拜》，北京：光明日报出版社，1996年。

南方朔：《语言是我们的星图》，台北：大田出版社，1999年。

南怀瑾：《易经系传别讲》，台北：古老文化事业公司，1992年。

姜尚贤：《李清照词欣赏》，香港：大众出版社。
姜亮夫：《古文字学》，杭州：浙江人民出版社，1984年。
姜宝昌：《文字学教程》，济南：山东教育出版社，1987年。
姚学遂主编：《中国文字学史》，长春：吉林教育出版社，1995年。
段宝林主编：《中国民间文艺学概要》，澳门：澳门大学出版中心，1998年。
洪干佑：《闽南语考释》，台北：文史哲出版社，1992年。
洪富连编著：《辨字集锦》，高雄：复文图书出版社，1998年。
洪燕梅：《汉字文化与生活》，台北：五南图书出版公司，2009年。
纪德袼：《汉字拾趣》（修订本），上海：复旦大学出版社，2002年。
约斋编著：《字源：汉字字形基本知识》，香港：邵华文化服务社，1954年。
范增：《范增说十二生肖》，香港：天地图书公司，2010年。
香港城市大学语文学部编著：《中文传意》，2001年。
唐汉：《图说汉字密码》，香港：中华书局，2007年。
唐诺：《文字的故事》，台北：联经出版事业公司，2001年。
唐兰：《中国文字学》，香港：太平书局，1988年。
夏传才：《诗经研究概要》，台北：万卷楼图书公司，1994年。
孙海波撰集：《甲骨文编》，北京：燕京学社，1934年。
容庚：《金文续编》（秦汉金文），北京：商务印书馆，1935年。
容庚：《金文编》（商周金文，增订本），北京：商务印书馆，1959年。
容庚：《商周彝器通考》，台北：文史哲出版社，1985年。
容若：《常误词辨正》，香港：明窗出版社，2001年。
容若：《一字之差——英王写别字》，香港：明窗出版社，2003年。
徐中舒主编：《汉语古文字字形表》，成都：四川人民出版社，1980年。
徐世荣：《汉字正音》，合肥：安徽教育出版社，1987年。
徐超：《中国传统语言文字学》，台北：五南图书出版公司，1999年。
班吉庆：《汉字学纲要》，南京：江苏古籍出版社，2001年。
马如森：《殷墟甲骨文引论》，长春：东北师范大学出版社，1993年。
高本汉：《汉语词类》，台北：联贯出版社，1976年。
高名凯：《汉语语法论》，台北：开明书局，1985年。
高享：《文字形义学概论》，香港：邵华文化服务社。
高明：《古文字类编》，台北：中华书局，1980年。
高明：《中国古文字学通论》，香港：文物出版社，1987年。
高流水、林恒森：《慎子、尹文子、公孙龙子全译》，贵阳：贵州人民出版社，1996年。
高树蕃：《形音义综合大字典》，台北：正中书局，1984年。

高树蕃：《国民常用标准字典》，台北：正中书局，1985年。
高树藩编：《正中形音义综合大字典》，台北：正中书局，1989年。
国学萃编、正中书局编审委员会编著：《文字学纂要》，台北：正中书局，1989年。
常晓帆编：《实用成语词典》，北京：知识出版社，1984年。
康家珑：《中国语文趣话》，新北：云龙出版社，1993年。
康殷：《古文字形发微》，北京：北京出版社，1990年。
张玉金、夏中华：《汉字学概论》，南宁：广西教育出版社，2001年。
张光裕、曹锦炎：《东周鸟篆文字编》，香港：翰墨轩出版，1994年。
张治：《对联之研究与学习》，台北：商务印书馆，1986年。
张秉权：《甲骨文与甲骨学》，台北：编译馆，1988年。
张书岩主编：《异体字研究》，北京：商务印书馆，2004年。
张国臣：《中国少林文化学》，郑州：河南人民出版社，1999年。
张清徽：《我国文字应用中的谐趣——文字游戏与游戏文字》，《幼狮学志》，台北：幼狮出版社，1978年1月号。
张涌泉：《汉语俗字丛考》，北京：中华书局，1995年。
张琨：《汉语方言》，台北：学生书局，1993年。
张舜华：《原装正字》，香港：博益出版集团公司，2007年。
张敬文：《唐宋诗词研究》，台北：商务印书馆，1972年。
张毅：《常用谚语词典》，上海：上海辞书出版社，1987年。
张锦华等译：《传播符号学》，台北：远流出版社，1995年。（原著：John Fiske, Introduction to Communication Studies，1990.）
张应斌：《中国文学的起源》，广州：广东人民出版社，2003年。
曹先擢：《字里乾坤》，香港：商务印书馆，1988年。
曹荣汾：《字样学研究》，台北：学生书局，1988年。
曹锦清、马振骋译：《文字与书写：思想的符号》，台北：时报文化出版公司，1994年。
梁东汉：《中国文字学》，香港：邵华文化服务社。
梁湘润：《铁板神数考释》，台北：新文丰出版公司，1975年。
淡江大学中文系编：《每日二字：这样用就对了》，台北：时报文化出版公司，2010年。
庄淑燕：《简化字自学通》，香港：明天出版社，1990年。
庄泽义：《省港民间俗语》，香港：海峰出版社，1999年。
许地山：《扶箕迷信底研究》，台北：商务印书馆，1980年。
许威汉：《汉语文字学概要》，上海：上海大学出版社，2002年。
许进雄：《古文谐声字根》，台北：商务印书馆，1995年。
许锬辉：《文字学简编（基础篇）》，台北：万卷楼图书公司，2009年。

郭锡良：《汉字知识》，北京：北京出版社，1981年。
陈伯辉：《论粤方言词本字考释》，香港：中华书局，2001年。
陈伯辉、吴伟雄：《生活粤语本字趣谈》，香港：中华书局，1998年。
陈志明：《汉字学基础》，北京：中国书籍出版社，2002年。
陈虹编：《中国的风云人物趣事》，台北：兰溪图书公司，1980年。
陈飞龙：《说文无声字考》，台北：文史哲出版社，1991年。
陈香：《谜语古今谈》，台北：商务印书馆，1993年。
陈淑梅等：《汉字》，香港：海峰出版社，1999年。
陈雄根等：《追本穷源：粤语词汇趣谈》，香港：三联书店，2006年。
陈新雄：《训诂学》，台北：学生书局，1994年。
陈瑞端：《生活错字》，香港：中华书局，1998年。
陈炜湛、唐钰明：《古文字学纲要》，广州：中山大学出版社，1988年。
陈铁君主编：《远流活用成语辞典》，台北：远流出版事业公司，2002年。
陆贾：《新语》，长春：吉林大学出版社，1992年。
彭文盛编：《辨字通》，香港：山边社，1994年。
彭志铭：《正字正确》，香港：次文化堂，2007年。
彭志铭：《正字审查》，香港：次文化堂，2007年。
彭家发：《传播研究补白》，台北：东大图书公司，1988年。
彭家发：《变局中的港台媒介》，香港：星岛出版社，1988年。
彭家发：《媒介·媒介人·媒介批评》，台北：亚太图书公司，2001年。
惠伊深：《字海拾趣——成语故事》，香港：中华书局，1999年。
惠伊深：《字海拾趣——知识掌故》，香港：中华书局，1999年。
曾子凡、温素华编著：《广州话对译普通话口语辞典》，香港：三联书店，2007年。
曾永义：《俗文学概论》，台北：三民书局，2003年。
曾忠华：《常用字探源（一）》，台北：五南图书出版公司，2001年。
曾国藩：《曾文正公全集》，台北：大东书局，1967年。
曾嘉琪批注：《绝妙好词欣赏》，台南：文国书局，1998年。
汤余惠主编：《战国文字编》，福州：福建人民出版社，2001年。
程祥徽：《繁简由人》，香港：三联书店，1991年。
程灵凡：《符咒研究》，台北：龙吟文化事业公司，1992年。
舒梦兰选：《白香词谱》，香港：香港锦华出版社。
冯作民：《格言谚语》，台北：汉威出版社，1990年。
冯庆辉：《阴阳五行与五饼二鱼》，香港：施珀公司。
冯静等：《名正言顺——中国名字的文化奥妙与解读》，乌鲁木齐：新疆青少年出版社，

1997 年。
黄氏：《粤语古趣谈》，香港：文星图书公司，1993 年。
黄永武：《字句锻炼法》，台北：洪范书店，1986 年。
黄先登：《北平传说》，台北：长春树书坊，1979 年。
黄伯荣、廖序东主编：《现代汉语》，北京：高等教育出版社，1994 年。
黄沛荣：《汉字教学的理论与实践》，台北：乐学书局，2006 年。
黄振民评注：《历代诗评注》，台北：大中国图书公司，1994 年。
黄盛村：《台湾客家谚语》，台北：唐山出版社，2004 年。
黄尊生：《中国语文新论》，香港：弘文出版社，1978 年。
黄敬安：《闽南语考证》，台北：文史哲出版社，1977 年。
黄德宽、陈秉新：《汉语文字学史》，台北：联经出版事业公司，2008 年。
黄锡凌：《粤音韵汇》，香港：中华书局，1974 年。
黄耀德：《江湖算命书》，香港：香港上海印书馆，1964 年。
杨五铭：《文字学》，长沙：湖南人民出版社，1986 年。
杨秀芳：《台湾闽南语语法稿》，台北：大安出版社，1991 年。
杨金鼎主编：《古文观止全译》，台北：东华书局，1993 年。
杨思鉴编著：《科学的姓名学》，香港：编著者，1963 年。
杨昶、宋传银编著：《测字术注评》，台北：云龙出版社，1994 年。
杨海明：《宋词三百首鉴赏》，高雄：丽文文化事业公司，1995 年。
杨复竣：《易经神话传说》，香港：骆驼出版社，1996 年。
杨树达：《中国文字学概要・文字形义学》，上海：上海古籍出版社，1988 年。
万籁声：《武术汇宗》，香港：香港锦华出版社。
叶明灵：《命学不求人》，香港：文英出版社。
叶籁士：《简化汉字一夕谈》，北京：语文出版社，1995 年。
葛兆光：《汉字的魔法——中国古典诗歌语言学的札记》，香港：中华书局，1989 年。
葛兆光：《汉字魔方》，香港：中华书局，1989 年。
董琨：《汉字发展史话》，台北：商务印书馆，1993 年。
裘锡圭：《古文字论集》，北京：中华书局，1992 年。
裘锡圭：《文字学概要》，台北：万卷楼图书公司，2008 年。
詹绪佐、朱良志：《中国古代测字术》，成都：四川大学出版社，1993 年。
詹鄞鑫：《汉字说略》，沈阳：辽宁教育出版社，1992 年。
达世平、沈光海：《古汉语常用字字源字典》，上海：上海书店出版社，1989 年。
雷铎：《天书——图说易经，解读命运，改造一生》，台北：汉阳出版公司，1995 年。
廖国辉：《粤语论文集》，香港：鹭达文化出版公司，2002 年。

台北市立图书馆编著：《灯谜选粹》，1986年。
台湾中华书局编辑部编：《中国文学发达史》，1976年。
褚柏思：《文学的趣味》，台北：商务印书馆，1985年。
赵元任：《中国话的文法》，香港：香港中文大学出版社，1980年。
赵元任：《国语语法》，台北：学海出版社，1981年。
赵翼：《廿二史札记》，沈阳：辽宁教育出版社，2000年。
齐骋邨：《报章常见的错别字》，台北：商务印书馆，1986年。
刘一之编：《汉语大词典》，郑州：河南人民出版社，1985年。
刘成德：《简明文字学》，兰州：兰州大学出版社，2002年。
刘百闵：《经子肄言》，台北：远东图书公司，1964年。
刘志侠译著：《预言者之歌》，台北：远景出版公司，1995年。
刘志基：《汉字文化通论》，南宁：广西教育出版社，1996年。
刘复（半农）、李家瑞编：《宋元以来俗字谱》，北京：中央研究院历史语言研究所，1930年。
刘嘉琦：《古文中的几个语法》，台北：商务印书馆，1982年。
刘洁修：《成语》，北京：商务印书馆，1985年。
潘文国等：《汉语的构词法研究》，台北：学生书局，1993年。
潘重规：《中国文字学》，台北：东大图书公司，1977年。
潘重规等：《敦煌俗字谱》，台北：石门图书公司，1978年。
蒋荫枬、贾双虎：《容易用混的词》，北京：北京出版社，1981年。
郑天福：《台语探源》，台北：汉风出版社，2000年。
郑昭明、陈学志：《汉字的简化对中文读写的影响》，《中国文字的未来》，台北：海峡交流基金会，1992年，第83—113页。
郑学檬编著：《传在史中——中国传统社会传播史料选辑》，北京：文化艺术出版社，2001年。
邓富泉：《黄飞鸿传略》，银川：宁夏人民出版社，2007年。
学海出版社：《易经读》，1983年。
卢国屏、黄立楷：《当代文字学概论》，台北：五南图书出版公司，2008年。
萧遥天：《中国人名的研究》，槟城：槟城教育出版公司，1970年。
钱南杨：《谜史》，台北：东方文化出版社，1970年。
龙宇纯：《中国文字学》，台北：学生书局，1987年。
龙异腾：《基础汉字学》，成都：巴蜀出版社，2002年。
龚乐群：《论语疑考》，台北：巨浪出版社，1981年。
濮之珍：《中国语言学史》，台北：书林出版社，1990年。

薛平：《成语的结构和运用》，香港：骆驼出版社，1977年。
谢冰莹等编译：《新译四书读本》，台北：三民书局，1999年。
谢宝笙：《易经之谜是如何打开的》，香港：明窗出版社，1994年。
钟肇鹏：《谶纬论略》，台北：洪叶文化事业公司，1993年。
韩雨墨编著：《中华太阴万年历》，台北：武陵出版社，1988年。
罗秋昭编著：《有趣的中国文字》，台北：五南图书出版公司，2008年。
罗香林：《中国通史》，上、下册，台北：正中书局，1961年。
［日］藤枝晃著、李运博译：《汉字的文化史》，香港：中华书局，2005年。
苏秉琦：《中国文明起源新探》，香港：商务印书馆，1997年。
苏培成：《现在汉字学纲要》，北京：北京大学出版社，1994年。
钟文出版社编：《妙联妙诗妙文》，台北：钟文出版社，1992年。
饶宗颐、曾宪通：《楚帛书》，香港：中华书局，1985年。
饶秉才等：《广州话方言词典》，香港：商务印书馆，2001年。
顾正：《文字学》，兰州：甘肃教育出版社，1992年。
顾雄藻编：《字辨》，香港：商务印书馆，1992年。
衬叔编：《鬼才伦文叙全集》，香港：陈湘记书局。